근대 동아시아의 불교학

동·아·시·아
불교
연구
총서

근대 동아시아의 불교학

동국대학교 불교문화연구원 엮음

동국대학교출판부

| 머리말 |

　불교학 이른바, 불교를 '연구'한다고 하는 것은 근대 이전의 동아시아 문화와는 매우 이질적인 것이었다. 불교는 오랜 세월동안 전통문화의 일부였지 연구와 분석의 대상이 아니었다. 대중에게는 신앙의 대상이었으며 승려나 학자들에게는 배우며 따라 가야할 길 즉, 법(法) 혹은 도(道)의 하나였다. 그래서 불교를 불법(佛法) 혹은 불도(佛道)라고 불렀는데, '불교'라는 명칭 자체가 근대에 정착된 것과 같이 불교학 역시 근대의 산물로 새롭게 수용되었다. 그러나 불교학은 불교전통의 계승에 중요한 역할을 담당하기 때문에 근대 동아시아 불교학은 신앙과 교학, 그리고 포교라는 다양한 배경 속에서 전개되어 왔다.

　최근 들어 동아시아 국가들의 민족주의와 불교학의 관계가 중요한 의미로 대두되고 있다. 불교와 민족주의와의 관계는 기왕에 조명된 바가 적지 않았지만, 불교학을 중심에 두고 이를 고찰하는 시도는 흔치 않았다. 한국·중국·일본을 중심으로 한 동아시아 불교학은 각각 시대적 상황과 조건이 다르기 때문에 그 양상과 성격 또한 차이가 있지만, 전체적으로 이들 국가의 불교연구가 민족주의와 깊은 연관성을 가지면서 전개된 것은 공통된 현상이었다.

　동국대학교 불교문화연구원은 학술진흥재단의 중점연구소 지원사업 프로젝트(연구주제명 : 동북아 삼국의 근대화와 불교문화의 변용 비교)의 일환이자, 근대 동아시아에 있어서 불교의 위상, 그리고 동아시아 불교에 있어서 근대의 의미를 밝히고자『동아시아불교연구 총서시리즈』를 기획하였다. 본서는 시리즈 두 번째 출간물로서 불교학을 중심 테마로 하여 근대 동아시아와 불교와의 관계성을 조명하고자 하였다. 본서의 구성은 다음과 같다. 우선 1부에서는 근대 불교학과 민족주의 출현의 관계를 살펴보고, 제2부에서는 제국주의가 불교연구에 어떻게 작용하였는가를 고찰하였다. 그리고 마지막으로 제3부는 불교연구에 기반한 근대 불교교육의 개황을 다루었다.

이 가운데 민족주의와 불교학은 한국과 중국의 경우를 대상으로 하였다. 박한영을 비롯한 한국 불교지성들의 연구활동과 중국 신불교운동이 갖는 '근대성', 그리고 금릉각경처를 중심으로 한 불교부흥운동에서의 민족주의적 성격 등이 검토되었다. 두 번째로 제국주의와 불교학은 한·중·일의 순서로 구성하였는데, 일본 제국주의가 한국과 일본의 근대불교학에 미친 영향을 살펴보고, 중국의 불교학에 있어서 중화주의와 티벳불교 연구의 상관성을 규명하고자 하였다. 마지막으로 근대불교의 성립에 큰 역할을 차지하는 교육이 동아시아 불교에서 어떤 양상으로 전개되었는지 살펴보았다. 한국에서는 승가교육과 자주화 문제를 중심으로, 중국에서는 청말의 불교교육사업을 일으킨 묘산흥학을 중심으로 검토하였다. 그리고 일본의 경우에는 여성교육과 대장경 편찬사업 등을 통한 불교의 국가주의적 전개를 확인하였다. 이와 같은 동아시아 근대불교의 연구와 교육의 다양한 양상에는 근대성, 제국주의와 민족주의 등이 유기적으로 작용하였음을 알 수 있다.

이 책은 근대에 성립한 불교학 자체에 대한 역사적 검토와 반성적 사유를 위해 기획하였다. 그러나 본격적인 불교연구에 대한 연구로서는 아직 많은 부분이 부족하다. 작은 시작이지만 총서가 거듭될 수록 불교학의 새로운 지평을 열어가는데 도움이 될 것으로 기대한다. 근대 불교학을 읽음으로써 미래 불교연구에 대한 비전을 찾고자 하는 이러한 노력에 독자 여러분의 많은 질책과 조언을 부탁드린다. 끝으로 그동안 어려운 여건에서도 근대불교 연구모임을 진행하면서 논문을 집필하느라 고생했던 본 연구원 연구교수들께 격려의 말씀을 전하며, 어엿한 총서로 엮어준 동국대출판부 관계자 분들께 감사의 말씀을 드린다.

2008. 8.

연구총괄책임
불교문화연구원장 慧諶 합장

| 차 례 |

머리말 ——————————————————————— 5

제1부 | 민족주의의 발현과 근대 불교학 ——————— 11

　◉ 한국 불교지성의 연구활동과 근대불교학의 정립 ——— 13
　◉ 박한영(朴漢永)의 저술 성향과 근대불교학적 의의 ——— 57
　◉ 중국근대 신불교 운동과 『대승기신론』 논쟁 ————— 83
　◉ 양문회의 불학사상과 금릉각경처 ——————————— 111

제2부 | 제국주의와 불교연구 ———————————— 141

　◉ 개화기 일본불교의 전파와 한국불교 ————————— 143
　◉ 근대 중국의 티벳불교 연구와 중화주의 ———————— 171
　◉ 대동아공영권의 형성과 쿄토학파의 화엄교학 원용 ——— 195
　◉ 일련주의의 불법호국론과 국체론 —————————— 223

제3부 | 근대화와 불교교육 ──────────── 257

- 근대기 한국 승가의 교육체제 변혁과 자주화운동 ──────── 259
- 청말 묘산흥학과 근대불교의 부흥 ──────────────── 297
- 메이지 말기 가족국가관의 형성과 불교계 여학교 ─────── 315
- 다이쇼시대 일본 불교계의 대장경(大藏經) 편찬사업 ────── 357

저자소개 ───────────────────────── 387

근대 동아시아의 불교학

제1부 민족주의의 발현과 근대 불교학

한국 불교지성의 연구활동과 근대불교학의 정립
박한영(朴漢永)의 저술 성향과 근대불교학적 의의
중국근대 신불교 운동과 『대승기신론』 논쟁
양문회의 불학사상과 금릉각경처

1

한국 불교지성의 연구활동과
근대불교학의 정립

Ⅰ. 한국의 근대와 불교학

　19세기 말에서 20세기 전반에 이르는 한국 근대의 전환기적 성격은 불교에도 그대로 적용된다. 이 시기의 정치·사회와 문화·종교 등 급격하게 진행된 내외적 변화 속에서 한국 불교 또한 전근대적 속성과 모순에서 벗어나 교단제도와 구성원의 의식 등 여러 측면에서 이전 시대와는 크게 다른 모습을 형성해간 것이다. 이같은 전환기적 성격의 불교를 우리는 근대불교라고 불러왔다.

　그러나 이 같은 근대불교는 항상 그 내용상의 함의가 문제된다. 흔히 근대불교라고 말할 때 그 대부분은 근대시기의 불교를 지칭하기 때문이다. 다시 말하면 그것은 서유럽과 북미주에서부터 시작해 온 역사적 경험으로서 또는 그 일본적 수용을 거쳐 온 근대사상이나 근대성을 내용으로 하는 불교가 아니다. 19세기말 이후 한반도에서 일어난 불교적 사건과 체험을 중심으로 하는 시대 개념의 불교인 것이다. 이 때문에 '근대'는 불교에 '주어진' 것이며, 따라서 '근대불교'와 '근대시기의 불교'는 구분해야 한다는[1] 비판적 지적도 설득력을 얻는다.

이 같은 논란은 한국 근대불교의 내용과 성격에서 기인하는 것이지만, 그럴수록 우리가 더욱 관심을 기울일 필요가 있는 것은 그 주어진 근대에 불교가 처해있던 시대상황과 그 속에서 펼쳐온 불교인들의 활동이다. 그 가운데서도 근대성의 문제와 관련하여 당시 불교지성들의 시대인식과 자각적 활동은 특히 주목의 대상이 된다. 이들 불교지성의 활동을 제외하고 달리 불교의 근대성과 근대화를 논할 수는 없다는 점에서이다. 이 글은 근대 불교지성들의 학문적 연구와 그 결과로서 드러나는 근대불교학의 모습을 밝혀 보려는 것이다. 이는 이른바 '근대불교'의 내용과 성격에 대한 검토의 의미도 함께 지니는 만큼, 한국 근대불교의 이해에도 필요한 작업이 될 수 있을 것으로 본다.

그리고 이 같은 문제에 대해 먼저 언급해야 할 것은 근대불교의 시기설정 문제이다. 근대불교의 출발에 대한 견해가 관점에 따라 다르기 때문인데, 이 글에서는 한국의 근대와 직접 연관이 되는 개항을 그 출발점으로 삼는다.[2] 따라서 1876년 개항으로부터 1940년대 후반의 해방공간까지를 근대불교로 설정하고, 먼저 이 시기 불교지성의 동향 및 불교 학자군의 연구활동 배경을 살펴보도록 하겠다. 그리고 이어서 근대 불교학의 개척과 정립 상황의 전모를 파악하기 위해 불교학자들의 연구개척과 그 성과를 몇

---

1 조성택, 「근대불교학과 한국 근대불교의 시작」, 『한국 근대불교의 인문학적 조명』(2006년 민족문화연구원 정기학술대회 자료집), 고려대학교 민족문화연구원, pp.2~4.
2 근대 불교의 출발 시점에 대해서는 ① 한국이 서구 중심의 새로운 국제질서에 편입하는 계기로서의 개항(1876) ②조선조 배불정책의 한 상징이던 승려 입성금령의 해제(1895)가 주로 거론된다. 그 밖에 ③국호를 대한제국으로 고친 광무 원년(1897) ④근대불교의 의미 있는 역사적 사실인 원흥사 설립(1899)을 그 첫 시점으로 삼기도 한다. ①은 개항 직후 일본불교의 한국 상륙 및 개화 초기 불교인 그룹의 역동적인 개화선도를, ②는 배불정책의 중식과 국가 차원의 불교 관리 및 자유로운 불교활동의 개시를 그 논거로 들고 있는데 이 글은 ①의 논거에 주목한다.

가지 주요 분야로 구분하여 중점적으로 검토할 것이다.

Ⅱ. 한국근대 불교지성의 동향

　어떤 역사에서이든 시대 현실을 자각하고 그것을 개척해 나가는 앞선 사람들이 있기 마련이다. 순탄치 않았던 한국 근대불교의 전환기적 시대 상황 속에서도 그런 인물들이 적지 않게 출현하였다. 근대불교의 선각적 지성이라 할 그들은 교단체제를 비롯하여 불교의 교육·포교·문화·사회활동 등 여러 분야에서 저마다 새 길을 모색하고 변화를 주도해 갔다. 근대의 불교학은 이같은 지성활동이 다방면으로 전개되는 시대적 토양위에서 배태되고 성장해 온 한 분야의 결실이다. 다시 말하면 시대전반의 앞선 의식과 지적 역량을 바탕으로 근대 불교학 또한 그 성장이 가능했다는 뜻이다. 근대 불교의 선각적 지성들의 동향을 살펴보는 것도 이런 이유에서이다.

　여기서 가장 먼저 언급해야 할 것이 근대불교 출발 무렵의 개화 관련 움직임이다. 1876년의 문호 개방으로 시작되는 개화기 초에 일단의 불교인들이 시대 전면에 등장하여 개화운동을 선도해 갔음이 그것이다. 개화사상의 형성과 그 실천에는 불교사상의 영향 및 불교인들의 역할이 컸으며, 더구나 출가인과 재가인이 뜻을 함께해 간 근대불교 최초의 선각적 지성 활동이었다는 점에서 이는 특기할 만한 동향이라 하겠다. 선각적 불교개화 그룹으로 불러도 좋을 이들 불교인 가운데 주로 거론되는 이름은 유대치·오경석·이동인·탁정식 등이며 그 중에서도 한의사이던 유대치와 범어사 승려 이동인은 그 중심 인물로 손꼽힌다.

익히 알려져 왔듯이 불교에 조예가 깊었던 유대치는 젊은 개화파 인사들에게 불법의 지도와 개화사상의 고취로 절대적인 영향을 끼쳤다. '선담(談禪)을 좋아했던 그를 따르면서 도를 묻는 거사(居士)들로 한때 경성(京城)에 선풍이 성행했다'는 이능화의 기록에서 짐작되듯이 그는 재가수행자의 풍모를 느끼게 한다. 이동인은 승려의 신분으로 개화의 실천에 직접 뛰어들어 일본 밀항을 결행하고 관계(官界)로 진출하는 등[3] 파격적인 개화 행적을 보인다. 이 때문에 그는 승려로서 보다는 오히려 개화의 정치적 인물로서 더 강한 인상을 남긴다. 어쨌든 개화사상의 절대적 존재였던 유대치와 개화승 이동인으로 대표되는 선각적 불교개화 그룹의 활동은 근대불교 초입(初入)을 특징짓는 불교지성의 한 동향을 보여주는 것임에 틀림없다.

불교인들의 시대의식과 그 실천적 행동이 돋보이는 이 같은 개화기 끝 무렵부터는 다시 불교의 근대적 교육활동이 눈길을 끈다. 1906년 5월 한국불교 최초의 근대교육기관으로서 명진학교가 설립되어 청년 승려들에 대한 신교육이 시작된 것이다. 이 근대학교의 설립은 홍월초·이보담 2인의 선구적 역할로 이루어진 일이지만, 그 연원은 1902년 사사(寺社)관리서에서 발표한 국내사찰현행세칙에서부터 찾을 수 있다. 즉 36조의 현행세칙 제29조에서 '사찰의 사정에 따라 학교를 설립하고 총준(聰俊)한 승려를 교수(敎授)한다'고 규정하고 있음이 그것이다. 이 같은 규정이 아니더라도 관립(官立) 및 기독교계의 학교 설립이 이미 활발하게 진행되고 있던 현실에 비추어, 불교계 또한 교육을 통한 불교 발전의 필요성과 그 실현의지를 다졌을 것임은 상상하기 어렵지 않다.

이에 1906년 일본 정토종의 영향을 받으면서 원흥사에 불교연구회를

---

3 졸고, 「근대 한국불교의 역사와 정체성」, 『회당학보』, 회당학회, 2001, pp.102~103.

조직하고 그 운영에 나선 화계사 승 홍월초와 봉원사 승 이보담이 맨 먼저 근대불교학교의 설립에 눈을 돌린다. 그 결과로서 같은 해에 오늘의 동국대학교 전신인 명진학교가 문을 열게 된다. 이후 홍월초·이보담 2인은 전국 상당수의 사찰을 회원으로 하는 불교연구회의 회장과 총무로서 또는 명진학교의 이사장과 교장으로서 서로 역할을 교대해가며 근대 불교학교의 초기 발전에 크게 기여하였다.[4] 명진학교는 근대불교의 교육과 포교의 확산, 서울 및 각 지방사찰의 교육기관 설치에도 결정적인 영향을 주었다. 따라서 불교의 근대 교육기관을 이 땅에 처음 마련한 홍월초·이보담 2인의 선각적 의식과 노력은 분명 그 시기 불교 지성활동의 한 표본이 된다. 한국불교 교단의 질적 향상을 도모한다는 내적 문제로서, 또는 신교육을 통한 불교의 시대선도와 구제라는 교단 외적으로 더욱 확장된 이념면에서도 그렇게 말할 수 있다.

불교 지성의 동향은 교단의 구심체로서 새롭게 등장한 종단의 활동 속에서도 그 일면을 엿볼 수 있다. 근대불교는 1908년 전 교계의 여망을 모아 전국적인 종단으로서 원종을 창설하였다. 그러나 이내 원종 종정 이회광의 일본 조동종과의 연합체결 추진을 발단으로, 1911년 또 다른 종단으로 임제종이 설립된다. 이같은 종단의 양립에 대해서는 일본불교에의 예속 및 친일적 색채의 원종과 민족주의적·항일적 성격을 지닌 임제종의 대립으로 보는 것이 일반적 경향이다. 그러나 양종이 대립하는 상황적 문제성에도 불구하고 어느 쪽이든 종단의 설립과 활동 그 자체는 분명 선각적 의식의 반영으로 볼 수 있다. 그런 뜻에서 짧게 끝나고 만 근대불교 초기의 종단 활동 역시 불교 지성의 한 동향을 말해주고 있는 것이라 하겠다.

종단의 현실에서 예견되듯이 일제의 식민지배가 본격화 한 이후 교단의 활동에는 큰 변화가 나타난다. 상당부분 활동이 크게 위축되는가 하면 오

---

4 『동국대학교 백년사』 ① 백년의 길·역사, 동국대학교, 2006, pp.60~71.

히려 더욱 활발하게 진행되는 부분도 없지 않았던 것이다. 이같은 활동은 때로 친일 또는 항일이라는 대비적인 구도로 규정되기도 한다. 그러나 어느 쪽이든 이는 일본불교 내지 식민정책의 영향이 그만큼 중대해 갔음을 반증한다. 불교를 새롭게 건설해야 한다는 불교 개혁론이 활발하게 제시되고 있는 것도 이런 현실 속에서였다. 불교지성들의 한 동향으로서 이같은 불교개혁에 관한 공론화는 권상로의 「조선불교개혁론」을 시작으로 1912년부터 1930년대까지 다양하게 제시되고 있다. 근대불교의 개혁론 및 이에 해당할 만한 사항들을 정리해보면 다음과 같다.

① 권상로 : 「조선불교 개혁론」,[5] 《조선불교월보》 3~18호(1912.4~1913.7)

② 한용운 : 『조선불교유신론』, 1913.5(1910년)

③ 박한영 : 「불교개혁사상」,[6] 《조선불교월보》 등 기고문

④ 이영재 : 「조선불교혁신론」, 《조선일보》에 총27회 연재(1922.11~12)

⑤ **백용성** : 「불교혁신사상」, 저술・기고문 및 행적

⑥ 백학명 : 「독(獨)살림 법려(法侶)에게 권함」, 『불교』71호(1930.5) 등 행적

⑦ 한용운 : 「조선불교 개혁안」, 『불교』 88호(1931.10)

⑧ 박중빈 : 『조선불교혁신론』(1938)

이 같은 불교개혁론 및 혁신론들은 구태의연한 불교의 현실을 쇄신하고자 하는 동일한 목적을 갖고 있다. 결국 근대에 합당한 새로운 불교 건설을 향한 지성활동인 것이다. 따라서 이들 개혁론의 관점과 입론(立論)에는 다소 차이가 보이지만 대체로 그 내용은 ① 불교의 사회화・대중화 ② 불교

---

5 『退耕堂全集』 권8에는 이 글의 혁명에 대한 논지를 고려한 때문인지 『朝鮮佛敎革命論』의 제목으로 실려 있다.
6 근년에 '佛敎講師의 頂門金針' '불교의 興廢所以를 탐구할 今日' 등 박한영이 잡지에 실었던 글 6편을 모아 「조선불교현대화론」이란 제목으로 정리되기도 하였다. (한종만 편, 『한국근대 민중불교의 이념과 전개』, 한길사, 1980, pp.144~164)

권상로

청년교육과 적극적인 포교 ③ 교단운영과 행정 등 각종 제도의 개혁 ④ 불교 전통의 수호를 통한 정체성 확립 ⑤ 수행과 생산 활동의 겸행 ⑥ 식민지 불교의 현실 극복 노력 등으로 요약할 수 있다. 사찰령 공포 이후 불교계의 각성과 식민지 불교 정책에 대한 수용 또는 저항 등의 문제가 표면화하면서 갈등을 겪고 있던 시기에 이처럼 불교 지성들은 각기 그 이념과 이상으로서 문명·진보·변화와 같은 근대적 주제에 상응하는 불교의 구현을 추구해 간 것이다.

한편 근대 불교교육 기관을 통한 청년교육 활동에서 불교 지성의 동향은 더욱 뚜렷하다. 근대 불교교육기관은 명진학교(1906~1910)로 출발한 이후 교단의 변동과 내부 사정에 따라 불교사범학교(1910~1914), 불교고등강숙(1914~1915), 불교중앙학림(1915~1928), 불교전수학교(1928~1930), 중앙불교전문학교(1930~1940), 혜화전문학교(1940~1946), 동국대학(1946~1953)으로 이어지면서 교명과 학제가 변경되어 왔다.

명진학교는 최초의 근대불교학교로서의 의욕과 위상을 말해주듯 당시 최초의 불교학 권위자와 신학문 전공자로 교강사진을 구성했던 것으로 알려져온다. 2년 학제의 명진학교 교강사진을 보면 전임교사로서 이사장 홍월초가 종교사와 종교학을, 교장 이보담이 범망경·화엄경·포교법 등 불교학을 강의하였고, 관립한성한어학교 교관을 지냈고 『산학통편』의 저자로 유명한 이명칠(李命七)은 일어·산술·이과·측량학 등을 가르쳤다. 또 윤치호·서광범·어윤중 등 개화파 인사들이 초빙강사로 참여하였고, 그 밖에 이민설·이능화·장지연 같은 지성계의 원로들도 강사진에 동참하거나 특강을 통해 학생들을 지도하였다.[7] 근대식 불교학교로의 발전을 위한 명진학교의 의지와 노력은 이같은 교강사진의 구성에서부터 짐작해 볼 수 있는데, 이어지는 각 학교에서는 교과목 및 교강사진이 더욱 확대 강화되고 있다.

명진학교 이후 교육에 참여한 불교계 인사들을 담당 과목과 함께 대강 살펴보면, 불교사범학교에서는 이회광·김경운이 교사로, 진진응·김보륜이 강사로서 불교학을 가르쳤다. 이어 불교전수학교와 중앙불교전문학교 시대에는 송종헌(금강경), 김경주(조계종지·지나불교사·국민도덕), 박한영(조계종지·계율학·염송·유식학), 권상로(조선문학강독·조선종교사·조선문학사·한문강독·조선불교사·지나문학사), 김영수(구사학·인명학·조선불교사), 김법린(서양철학), 백성욱(철학·윤리학·논리학), 윤태동(조계종지·금강경), 김두헌(윤리학 및 윤리사·논리학), 최남선(조선종교사·조선어학), 김잉석(화엄학·지나철학사·불교개론·천태학·정토학), 김태흡(사회문제 및 사회사업), 강유문(삼론학·포교법·인도불교사) 등이 교강사로서 활동하였다.[8]

---

7 앞의 책, 『동국대학교 백년사』, p.71.

일제 말기의 강압적인 식민체제의 교육에 매몰될 수밖에 없었던 혜화전문시대에는 일본인이 교장으로 부임하면서부터 김경주·김영수·김잉석·박윤진·강유문·이병도·이유복·이종택 등 한국인 교강사들이 강제 파면되어 학교를 떠나야 했다. 이런 상황에서 김두헌(수신·윤리학·철학·심리학·논리학), 권상로(조계종강요·불교강독·조선불교사 개설·선학), 김동화(구사학·유식학·불교강독·천태학·인도불교사·불교윤리) 등 극소수 한국교계 인사들만이 교육에 참여할 수 있었으며, 해방 직후 조명기가 교수로 합류하였다.[9]

  이같은 교육활동과 함께 불교학자들의 연구·저술 등 학문활동은 더욱 불교지성의 중요한 동향으로서 관심을 갖지 않을 수 없다. 이들의 학문연구와 그 성과가 곧 근대 불교학의 정립으로 나타나기 때문이다. 그러나 당시 불교학 연구에 매진했던 학자층은 그리 두터운 편이 아니었으며 더구나 근대적 학문연구의 방법론 또한 충분히 갖추어지지 못한 형편이었다. 비록 이런 한계를 갖고 있기는 했지만 이들이 이룩한 저술 등 학문적 업적은 결코 적지 않다. 불교지성의 학문활동 상당부분이 각종 불교잡지의 간행과 이를 통한 논문발표 등 근대적 지적활동의 전개 속에서 이루어지고 있던 것이다. 한국불교인이 간행한 근대의 불교잡지는 1910년에 창간되었다가 2호를 내고 종간한 『원종』을 시작으로 1945년 해방이전까지 23종에 이른다.[10] 이 가운데서도 『조선불교월보』(1912.2 창간, 통권19호), 『해동불교』(8호), 『불교진흥회월보』(9회), 『조선불교』(22호), 『금강저』(26호), 『불교』(108호), 『일광』(10호), 『신불교』(1937.3~1944.12, 통권67호) 등은 근대불교학 연구에 있어서도 중요한 활동의 장이 되었다. 이들 잡지의 편

---

8 각 불교학교 시대의 교·강사 및 담당 과목은 『동국대학교 90년사』 및 『동국대학교 백년사』 해당 학교 부분에서 발췌함.
9 위의 같은 자료를 참고함.
10 김광식·이철교 편, 『한국근현대불교자료전집』, 제13권~60권, 민족사, 1996년 참조.

집 또는 발행인이 권상로·박한영·이능화·이영재·한용운·김영수·김태흡·허영호 등 거의 전부가 근대불교학자들이었던 데서도 그것을 확인할 수 있다.

이 밖에 승려가 아닌 일반 불교지성의 동향 또한 언급하지 않을 수 없다. 1914년에 설립된 불교진흥회를 중심으로 이능화를 비롯하여 최동식·양건식·장지연·이명칠·송석헌 등 당시 대표적 지식인들이 펼쳐나간 거사불교운동이 그것이다. 이들의 한국문화 및 불교의 전통 확인과 학문적 불교계몽 활동은 분명 이 시대 불교지성의 한 흐름을 형성하고 있다.[11] 또한 청년 승려들의 외국 유학과[12] 불교계의 3·1운동 참여 및 1920년 이후 정교(政敎)분리와 사찰령 폐지를 주장했던 불교청년운동에서도 불교의 지성적 동향을 논할 수 있지만 여기서는 생략하기로 한다. 이상과 같이 불교 지성은 사회와 교계 각 부분에서 다양하고 활발하게 활동해 왔으며, 근대불교학은 그런 선각적 지성들의 역동적인 동향 속에서 싹트고 성장해올 수 있었다.

Ⅲ. 불교학자군과 연구활동 배경

근대기 학문활동을 중심으로 불교지성을 논할 때 먼저 주목하게 되는 대상은 전통적인 교학자들이다. 근대 불교학 또한 이들의 연구활동과 분

---

11 고재석, 『한국근대문학지성사』, 깊은샘, 1991, pp.27~46.
12 1914년 1월 현재 일본 유학생은 京都 등지에 14명이 있었으며 1918년에 1차로 金智光·金晶海·李混惺 3인이 유학을 마치고 귀국하였다. 이후 승려들의 일본 유학이 계속됨으로써 졸업생 수도 해마다 증가하여 1926년에 金泰洽 등 9명, 1927년에 11명, 1928년에는 22명에 이르렀다. 한편 중국에는 문화대학·북경대학 등에 金鳳煥·金星淑 등 6명이 유학하였고, 유럽 유학승으로는 독일에 백성욱, 불란서에 김법린이 있다.(유병덕, 앞의 글, pp.177~179 참조)

리되지 않는다. 그 출발과 성립과정에서 전통교학자들의 역할이 그만큼 컸던 것이다. 당대의 강백(講伯)으로 이름 높던 이들의 활동은 불교학교의 신교육과 함께 근대 불교학의 성립에도 밑거름이 되었다. 이에 해당하는 교학자들로는 우선 김경운·진진응·송종헌·박한영을 들 수 있으며,[13] 그 가운데서도 특히 근대 불교학교의 교육에도 크게 기여한 박한영은 강학자(講學者)로서의 활동이 두드러진다. 다시 이들 외에 근대 불교학을 일구어 온 불교지성으로는 전통 교학자에 속하면서도 그들과 구분되는 학문활동으로 큰 업적을 남긴 몇몇 불교학자들을 들 수 있다. 여기에는 권상로와 김영수가 있으며, 출신과 학문배경을 달리하지만 이능화가 당연히 함께 손꼽힌다. 이들 또한 신교육 활동에 헌신하는 한편 많은 저술과 논문 등을 써서 근대 불교학의 초석을 다지고 있다.

다음으로는 교육활동과 학문탐구 뿐만 아니라 그 연구 방법론 측면에서 새로운 경향을 보여주는 계층으로 외국 유학 출신 불교학자들이 있다. 서양 유학파로서 백성욱(독일 뷔르츠부룩 대학)·김법린(프랑스 파리대학), 일본 유학파인 허영호(대정대)·김경주(동양대)·김태흡(일본대)·강유문(대정대)·김잉석(용곡대)·김동화(입정대)·조명기(동양대) 등이 그들이다. 이들은 이전 세대 학자들과는 분명 다른 학문적 성향과 연구 방법론을 통해 근대 불교학 연구를 진척 시키고 있다.

근대 불교학 연구에 기여한 지성은 사회참여 운동 및 개혁적 실천가 중에서도 찾을 수 있다. 백용성과 한용운이 그 대표적인 예이다. 선사 혹은 개혁가로서 뚜렷한 면모를 보여주는 이들을 불교학자의 범주에 포함시킬 수 있는가의 문제가 제기될 수도 있다. 그러나 이들의 사회참여 및 활동 과

---

13 이능화, 앞의 책, p.549. 이능화는 당시 한국불교계를 교종과 선종으로 구분하고 특성별로 양종의 대표적인 인물들을 적고 있다. 즉 교종에는 ①戒律爲最: 김환응·서해담·박호은 ②講學爲主: 서진하·김경운·박한영·진진응·송종헌 ③事功爲主: 이회광·강대련 ④改革爲主: 권상로·한용운, 선종에는 ①苦行爲主: 송만공·백용성이라 하였다.

▲ 이능화

정에서 나온 저술·논설 및 경전의 번역 등은 전문 학자들의 그것과 다름이 없으며, 오히려 양적인 풍부함이나 질적인 독창성이 돋보이기도 한다. 따라서 이들의 학문적 활동 또한 근대 불교학의 정립에 적지 않게 기여하고 있는 것이다. 또 근대기 불교학연구는 최남선 등 교단 밖의 일반학자들에 의해서도 이루어졌으며,[14] 특히 한국불교 관련 연구는 국내에서 활동한 몇몇 일본인 학자들이 주목할 만한 업적과 성과를 남겼다. 다카하시 토오루(高橋 亨)·누카리야 카이텐(忽滑谷快天)·에다 토시오(江田俊雄) 등이 곧 그들이다. 이들 일본인 학자들에 대해서는 연구 성과와 함께 뒤에서 다시 검토할 것이다.

---

14 교단 밖의 학자들로서 최남선·박은식·신채호·문일평·이광수·양건식 등도 근대불교학 연구에 관련된 부분들이 있지만 학문 분류상 이들이 남긴 연구는 그대로 불교학 범주에 넣기는 어렵다. 다만 최남선의 「조선역사에 대한 불교」(『불교』 제7호, 1925)·「朝鮮佛敎-東方文化史上에 있는 그 地位」(『불교』 제74호, 1930)·「조선불교의 지위」(『일본정신연구』 제8호, 1936) 등은 한국불교의 특성을 논한 뚜렷한 연구들이다.

학문 활동과 관련한 근대의 불교지성을 대략 살펴보았거니와, 다시 이들의 연구업적과 성과를 기준으로 근대 불교학자의 계보를 이루는 학자군을 파악해 본다. 그럴 경우 박한영·이능화·권상로·김영수를 전통 교학자 그룹으로, 백용성·한용운을 실천적 교학자 그룹으로 분류할 수 있다. 또 유학출신 그룹에는 백성욱·김법린·김경주·김태흡·허영호·강유문·김잉석·김동화·조명기가 속하며, 그 밖에 일본인 학자들이 있다. 근대 불교학은 결국 이들 계보에 드는 학자들의 연구경향 및 방법론을 포함한 학문 활동을 통해 개척·정립되어 온 것이다.

다음으로 검토할 문제는 불교학자들의 연구 활동에 작용하고 있는 여러 가지 배경적 요소들에 관해서이다. 위에서 살펴 온 불교학자들을 눈여겨보면 이능화를 제외하면 모두 승려들이라는 공통적 특징을 지닌다. 근대기 불교계의 시류와 현실의 반영인 셈이지만 이들 대부분이 재가(在家)승려로서 생활하며 불교학 연구에만 전념하고 있는 점 또한 동일한 모습이다. 불교신자인 이능화의 경우처럼 예외가 있기는 하지만, 근대 불교학은 대부분 전통 교학자 또는 새로운 학문 연구 방법론을 익힌 승려학자들이 주도해 온 것이다. 따라서 이같은 신분적 특징은 불교학 연구 활동에 있어서 충분히 한 배경적 요소로 작용했을 것으로 본다. 다만 이들의 학문적 연찬 과정과 활동 범위에 차이가 있는 것처럼 그 연구 성향과 방법론에도 차이가 드러나는 것은 사실이다. 그러나 이들의 연구활동에는 각기 종교적 실천과제를 안고 있는 승려이자 학문적 과제를 추구해야 할 불교학자로서의 신분적 자각이 항상 수반되었을 것임을 짐작해 볼 수 있다. 그런 뜻에서 승려학자라는 이들의 신분적 상황이 근대 불교학 연구 활동의 기본적인 배경이 되었다고 본다.

전통적으로 불교학이 일반 학자들의 관심과 활동 분야가 아닌 거의 학승들의 독점적 분야였다는 점에서 이런 현상은 자연스러운 일이기도 하다.

그러나 전통교학과 비교하여 근대 불교학이 갖는 성격을 감안할 때 그 연구활동의 공통적 배경으로서 또 다른 요소를 생각하지 않을 수 없다. 그것은 두 가지 측면을 상정할 수 있는데, 하나는 일본의 불교문화 및 불교학의 영향이며, 또 하나는 불교 지성계 전반의 시대인식이다.

문호개방 이후 일본불교 각 종파들은 경쟁적으로 한국에 진출하여 자파의 교의와 영향력 확대를 위해 거의 제한 없이 활동하였다. 이 같은 일본불교의 모습은 낙후와 침체에서 막 깨어나기 시작한 당시 한국 불교인들에게 경계심보다는 오히려 호감과 선망의 대상이었다. 그만큼 일본불교에 경도하는 현상이 여러 가지로 나타나거니와 본산 주지 등 한국불교의 지도급 인사 대부분이 일본불교 시찰에 나서고 있는 것도 그런 사례의 하나로 볼 수 있다.

1907년부터 1928년까지 수차례에 걸친 일본 시찰단 파견은[15] 곧 한국불교인들을 포섭·동화시키기 위한 총독부의 계산된 식민정책 사업의 일환이었다. 이런 사업에 자의든 타의든 불교계 지도자들이 대거 참여하였고, 여기에는 물론 이능화(1907년), 권상로(1917년) 등 불교학자들도 포함되어 있었다. 그런데 이들에게서 일본불교에 대한 부정적 시각 혹은 비판의 흔적은 찾아 볼 수 없다. 1907년에 3개월 간 일본 시찰을 다녀온 이능화의 경우, 그 제도나 규모 등에 있어 세계적인 위상을 지닌 일본불교에 대해 큰 감동과 놀라움을 금하지 못한다.[16] 이런 태도는 일본불교를 시찰한 모든 사람들이 마찬가지였을 터이다. 한국 불교인들은 일본불교의 현실을 보면서 일종의 문화적 충격을 경험하고 있는 것인데, 발달한 일본 불교학에 접하는 한국 불교학자들의 감회 또한 이와 다르지 않았을 것이다.

여기서 일본의 근대 불교학을 잠시 개관해 보기로 한다. 일본 근대불교

---

15 한국 불교인사들의 일본 시찰은 기록에 나타난 것만 해도 1907년부터 1928년까지 5회에 걸쳐 대략 120여명에 이른다. (정광호, 앞의 글, p.81. 참조)
16 이능화, 「內地에 佛敎視察團을 送함」, 『조선불교총보』 제16호, 1919. 9.

학의 역사는 메이지유신(1868) 초기에 단행된 정부의 폐불에 대한 자각적 움직임의 하나로 새롭게 불교학 연구가 일어나면서부터 개막된다. 그것은 유럽의 발달한 불교학과 학문 연구 방법론의 도입과 함께 시작하고 있다. 한역불전을 중심으로 하는 전통적 교학과는 달리 산스크리트어나 팔리어 불전문헌을 통한 인도철학·불교학 연구가 이루어지고, 한문 경전 연구에 있어서도 서구학자들의 엄밀하고 체계적인 연구 방식이 도입된 것이다. 이같은 일본의 근대 불교학은 거의 유럽에서 유학하고 온 불교학자들이 주도해 갔다.

유럽 근대 학문의 방법을 배워 온 최초의 일본인 불교학자는 쿄토의 본원사 유학승으로 영국 옥스포드대학에서 8년간 산스크리트어와 인도학을 공부하고 1884년에 귀국한 난죠 분유(南條文雄)였다. 이후 주로 승려학자들의 유럽 유학이 줄을 이으면서 메이지(明治)시기(1868~1912)에는 난죠 분유를 필두로 다카쿠스 준지로(高楠順次郎)·오기하라 운라이(荻原雲來)·나가이 마코토(長田眞琴)·아네자키 마사하루(姉崎正治)·다치바나 슌도(立花俊道) 등이 초기불교 및 팔리불교 연구를 개척해 나갔다. 또 다이쇼(大正)·쇼와(昭和, 1926~1976) 시기에는 키무라 다이켄(木村泰賢)·우이 하쿠주(宇井伯壽)·아카누마 지젠(赤召智善) 등 많은 학자와 이들에게서 배운 제자들로 이어지면서 다양한 분야에 걸쳐 근대 불교학을 발전시켜왔다.[17]

일본 근대불교학은 무라카미 센쇼(村上專精, 1851~1929)의 교학개혁 및 불교 각종(各宗)의 통일을 주장한 저술『불교통일론』이나 대승비불설(大乘非佛說)을 주장한『대승불설론비판』[18]이 말해주듯이, 서구의 연구 방

---

17 일본 근대불교학의 역사와 발전에 대해서는 한국유학생 인도학·불교학 연구회 편,『일본의 인도철학·불교학 연구 – 그 역사와 현황』, 아세아문화사, 1996, 참조.
18 '대승비불설'은 에도시대 중기의 사상가인 도미나가 나카모토(富永仲基, 1715~1746)의 저술『出定後語』에서 이미 주장됨으로써 영향을 미쳐왔다.

법론 도입 이전에도 객관적이고 과학적인 연구의 지향이 있어왔다. 또 선적(禪的) 순수 경험사상이라 할 『선(善)의 연구』를 발표하고, 서양철학을 동양의 선불교 입장에서 주체적으로 수용하고 있는 니시다 키타로(西田幾多郎, 1871~1945)의 영향력도 함께 고려할 수 있다. 이같은 토양 위에서 원전불교의 연구와 함께 보다 엄밀하고 체계적인 연구 방법이 도입됨으로써 불교학 각 분야가 더욱 폭넓게 개척되어온 것이다. 불교학의 근본자료로서 활자본으로는 가장 우수한 장경으로 평가받고 있는 『대정신수대장경(大正新修大藏經)』100권의 간행(1924~1934)과 팔리어 원전을 번역한 『남전대장경(南傳大藏經)』65권 70책이 간행(1935~1941)된 것도 이런 일본 근대불교학의 저력과 수준을 입증하는 결실들이다.

한국 학자들이 접한 일본 불교학의 현실이 대략 이상과 같았다면 그 감회가 어떠했을지는 미루어 짐작할 수 있다. 한국 학자들은 전통적인 불교학과는 크게 다른 일본 불교학의 연구 방법론과 다양성을 목격하면서 한국 불교학 연구와 관련하여 느끼는 바 컸을 것이다. 따라서 일본 불교학으로부터의 자극과 영향이 그들의 불교학 연구에 공통적 배경이 되었을 것임은 분명한 일이다.

다시, 불교학자들의 연구 활동에 또 하나의 공통적 배경이 된 것으로 근대불교 지성계의 시대인식을 들어야 할 것이다. 이는 당시 지식인 사회에 크게 유행하던 시대사조와의 연관에서부터 찾을 수 있다. 즉 불교지성들 대부분이 그 시대를 풍미하던 사회진화론을 수용함으로써 그것이 그들의 시대인식 형성과 활동에 한 원천으로서 작용했기 때문이다.

사회진화론은 영국의 허버트 스펜서(1820~1903)가 정립한 사상적 이론으로 생존경쟁과 이를 통한 진화·발전이라는 두 개념의 축을 근간으로 하고 있다. 그러나 이것이 동아시아에 소개되었을 때는 주로 전자, 즉 생존경쟁의 개념이 더 크게 부각되었다. 때문에 물경천택(物競天擇)·우승열패(優勝劣敗)·적자생존(適者生存)·생존경쟁(生存競爭) 등으로 상징화되어 알려졌다.[19] 이 같은 사회진화론의 사조는 중국의 양계초(梁啓超)가 망명지 일본에 머물면서 1903년에 간행한 잡지 『신민총보(新民叢報)』·『음빙실문집(飮氷室文集)』을 통해 근대 한국 지식인들에게 널리 읽히면서 사회 전반에 깊은 영향을 주었다.

사회의 이같은 지적 조류 속에서 불교 지성계 또한 한국 불교의 발전을 모색하는 과정에서 사회진화론을 폭넓게 원용하였다. 불교계 여러 측면의 현실에 진화론을 대입하여 그 해답을 얻으려 한 것이다. 불교계 최초의 잡지로 탄생한 원종 기관지 『조선불교월보(朝鮮佛敎月報)』(1912)가 그 창간 자체를 진화라는 관점에서 거론하고 있는 것이나,[20] 권상로가 같은 잡지에 「조선불교 개혁론」을 연재하여(1912. 4~1913. 7) 불교의 개혁을 처음으로 공론화하면서 '조선불교진화자료(朝鮮佛敎進化資料)'라는 부제를 달고 있음은 이런 경향을 단적으로 말해 준다. 또 한용운이 『조선불교유신론(朝鮮佛敎維新論)』(1913)에서 우승열패와 약육강식을 자연의 법칙으로 인정하고 당시 불교의 열패성과 약육성을 진단하면서 포교의 당위론을 강조하고 있는 데서는[21] 보다 적극적이고 구체적인 진화론의 대입을 보여 준다.

불교 지성계의 진화론 수용은 학문의 연구 활동에서도 그대로 드러난다. 가까운 예로서 최초의 한국불교사 기술인 권상로의 『조선불교약사(朝鮮佛敎略史)』(1917)와 이능화의 『조선불교통사(朝鮮佛敎通史)』(1918)와 같은 기념비적 대작을 비롯한 여러 저술과 논문들은 신앙·종교성을 중심으로 하는 전통적인 역사인식을 극복하고 진보라는 개념으로 역사를 파악

---

19 김종인, 「권상로의 '朝鮮佛敎革命論' - 한국 근대기 불교의 정체성과 근대성」, 『불교 근대화의 전개와 성격』, 조계종출판사, 2006, p.151.
20 姜大蓮, 「進化는 在月報」, 『조선불교월보』, 창간호, 1912.2, p.42.
21 한용운, 『조선불교유신론』 8. 「포교」, 李元燮 역, 만해사상연구회, 1983, pp.67~70.

하고 있다. 근대 불교학 연구는 이처럼 사회진화론적인 진보사관에 입각하여 연구하는 방법 즉 역사학적 접근 방법으로부터 출발하고 있는 것이다. 이 같은 학문 방법은 박한영과 김영수의 경우에서도 엿보이는데, 그만큼 사회진화론은 불교학자들의 연구 활동에도 폭넓게 원용되었음을 알 수 있다.[22]

사회진화론은 이처럼 근대 불교 지성활동 전반에 큰 영향을 미쳤다. 그러나 불교지성의 시대인식과 활동의 원천에는 이 밖에 다른 요인들 또한 적지 않게 존재한다. 다시 말하면 당시 불교 지성계의 활동에서는 사회진화론만으로는 설명되지 않는 훨씬 다양한 관심과 주제들이 드러나며 '불교적' 입장의 근대적 문제의식을 보여주고 있는 것이다. 가령 근대에 간행된 각종 불교 잡지들에 나타나는 다원적 종교상황에 대한 인식, 과학과 종교의 문제, 특히 종교와 철학의 구분점 및 세속적 지식과 불교 교리간의 소통문제 등이 그러하다.[23] 이런 현상 또한 근대 불교 지성계의 시대인식을 반영하고 있음에 틀림없다. 이렇게 보았을 때, 불교 지성들은 사회진화론의 수용과 더불어 다양한 관심과 불교적 입장의 문제의식으로 그 시대를 파악하고 문제를 개선하고자 노력했음을 알 수 있다. 그리고 이 같은 불교 지성계 전반의 시대인식이 불교학 연구활동의 또 하나 중요한 배경으로서 작용하고 있는 것이다.

---

[22] 이재헌, 「근대 한국불교의 타종교 인식」, pp.291~295 ; 고영섭, 「대한시대 불교학 연구의 지형」, 『불교근대화의 전개와 성격』, pp.323~324. 참조.
[23] 조성택, 앞의 글, p.13.

IV. 분야별 연구 개척과 성과

한국 근대불교학의 형성과정에 있어서 전통교학자와 근대불교학자의 역할이 뚜렷하게 구분되지는 않는다. 그만큼 전통과 근대적 학문 연구가 병행・혼재하는 가운데 점차 근대불교학의 분기가 이루어져 왔기 때문이다. 그런 의미에서 신・구를 막론하고 이들 학자군이 이룩해 온 연구업적들은 함께 근대불교학의 범주에 넣을 수 있겠다. 그러나 근대 불교학의 정립을 말하기 위해서는 이들 연구 업적 전반을 다시 세부적으로 검토할 필요가 있다. 문제는 이들 연구업적에서 드러나는 관심분야가 의외로 다양하고 광범위하다는 점이다. 불교학 이외의 연구를 제외하더라도 불교학 안에서도 그것은 한국불교와 교학 및 불교사상의 범위를 훨씬 넘어선다. 본격적인 연구라고 말하기는 어렵지만 불교문학, 불교와 정치, 원전언어로서의 범어학(梵語學), 포교문제, 종교와 사회복지 등 다양한 연구 관심들이 포함되어 있는 것이다. 따라서 검토의 편의를 위해 이들을 몇 가지 연구 분야로 묶어 구분하기로 한다. 즉 ① 불교학 연구의 기본자료 ② 한국불교와 한국 불교사 ③ 교학 및 불교사상 ④ 석가모니와 인도불교 ⑤ 불교 신앙 및 포교 ⑥ 종교사・종교학 ⑦ 불교사회・문화・기타의 분야가 그것이다. 이 같은 구분은 각 분야의 불교학연구 개척 상황과 그 성과를 좀 더 구체적으로 살펴봄으로써 근대 불교학 정립의 실제를 확인하기 위함이다.

1. 불교학 연구의 기본자료

학문 연구를 위한 기본 자료의 중요성은 불교학에서도 예외가 아니다.

불교 전래 및 각 시대의 교단 전개와 종파 형성 등 한국불교사연구는 물론 각종 교학과 불교사상 등의 연구에도 그것은 불가결의 요소가 된다. 근대 불교학자들의 업적 가운데는 이 같은 불교학 연구의 기본 자료들이 적지 않은 비중을 차지한다. 근대 학문 활동의 단계나 연구자들의 학문적 소양을 감안할 때 이는 자연스러운 현상으로 볼 수 있다.

기본 자료의 범위에는 불교와 관련된 각종 사료는 물론 넓은 의미에서 대소승 경전과 선서(禪書)의 번역 및 주석, 승전류(僧傳類) 등까지도 함께 포함시킬 수 있다. 이 분야를 앞장 서 개척해 온 것은 박한영·이능화·권상로·김영수 등 주로 전통 교학자들이다. 근대 불교학 연구의 선두에 나섰던 이들에 의해 불교학의 상당수 기본 자료들이 구축되어온 것이다.

박한영의 저술 가운데『정선치문집설(精選緇門集說)』·『정선염송설화(精選拈頌說話)』는 선학(禪學)에 대한 연구이기도 하지만 불교학 기본자료로서의 성격도 함께 지닌다고 말할 수 있다. 그러나 이 분야에서 큰 성과를 이루어낸 학자는 단연 권상로이다. 중앙불전 교수 에다 토시오와 함께 3년간의 공동작업으로 완성한『이조실록불교초존(李朝實錄佛敎鈔存)』, 1940년대에 집필한 유고(遺稿)『한국사찰전서』는 한국불교학 자료로서 오늘에도 여전히 크게 활용되고 있는 그의 대표적인 노작(勞作)들이다. 그 밖에『한국불교자료초』·『삼국사기불교초존』·『증보문헌비고불교초존』·『고려불교초존』 등도 그의 한국불교학 기본자료 구축을 위한 연구 노력의 결과물들이다.

이능화의『조선불교통사』는 우선 한국불교의 통사적 연구서로서 가치를 지니지만, 한국불교학 기본 자료로서도 보고(寶庫)와 같은 것이다. 한국불교 전반에 걸친 방대한 자료를 모아 정리·분류·집대성해 놓은 이 책에 대해서는 저자 스스로 '조선불교에 대한 참고 자료를 제공하려는 동기에서 자료 수집에 착수한 것'임을[24] 밝히고 있다. 또 이능화·권상로의 불교외적 연구의 결과물들인 『조선무속고』・『조선도교사』・『한국고대신앙의 일연(一臠)』・『종교사료』・『조선문학사』 등도 불교학 연구를 위한 참고 자료가 된다. 이들 역시 불교와의 관련이 적지 않은 것이다.

그 밖에 불교학 기본자료에 해당하는 역경에는 김영수의 『국역금강반야바라밀경』과 『국역선문염송』이 있으며, 포교목적을 위한 백용성의 『선한문(鮮漢文) 선문촬요』・『조선글 화엄경』・『조선어 능엄경』・『대승기신론』 등 다수의 역경과 몇몇 학자들의 주석적 연구들도 이에 해당한다. 또 원효 교학 및 승전류의 기본 자료로는 조명기 간행의 『원효학 전집』(전10책)과 『장외잡록(藏外襍錄) 제1집(해동고승전)』・『장외잡록 제2집(동사열전)』이 있다. 이상에서 확인되듯이 불교학 기본자료는 약간의 역경 및 주석서를 제외하고는 그 대부분이 한국불교 관련 자료들이다. 한국불교 및 불교사 부분에 집중되어 있는 근대 불교학 연구의 경향을 그대로 보여주고 있는 것이다.

2. 한국불교와 한국불교사

한국불교, 특히 한국불교사 연구는 근대 불교학의 성과 면에서 가장 눈에 띄는 분야이며, 그 첫 장을 연 것은 권상로와 이능화이다. 1917년의 권상로의 『조선불교약사』가 간행되고 이어 1918년에 이능화의 『조선불교통사』가 나온 것이다. 국한문 혼용의 편년사적 기술인 『약사』는 한국불교의 연도별 사실과 역사적 사건들을 단순하게 소개하고 있는 정도이다. 권상로는 책의 서문에서 인도 중국 일본 등과 달리 유독 조선에만 불교사가 없음을 개탄하고 완사(完史)는 아니지만 우선 약사라도 저술하였음을 밝히고 있어, 한국불교사 연구에 대한 그의 각성과 역할을 보여준다. 이 책은 제목 그대

---

24 李能和, 「朝鮮佛敎通史에 就하여」, 『조선불교총보』 제6호, 1917.

로 사실(事實)과 사실(史實)들을 별다른 해석 없이 단순하게 나열한 약사에 불과하지만, 한국불교 전체의 윤곽과 역사 전개를 보여주고자 한 최초의 저술이라는 점에 그 의의를 둘 수 있다.

이에 비해 『통사』는 우선 그 방대한 양과 다양한 내용면에서 대조된다. 한국 불교에 관한 모든 자료를 망라하여 한문 그대로 집술(輯述)한 이 대작(大作)은 2권 상·중·하 3편으로 구성되어 있다. 고구려 순도의 전법으로부터 저자가 활동하던 시대에 이르기까지의 불교 역사를 편년사적으로 서술한 상편「불화시처(佛化時處)」, 석가모니 전기와 인도·중국 각 종파의 연원 및 임제종과 조선 선종과의 관계를 밝힌 중편「삼보원류(三寶源流)」, 한국불교 관련사항 2백개 주제와 인명(人名)·사암(寺庵)·탑상(塔像)·기타 사실 등을 서술한 하편「이백품제(二百品題)」가 그것이다. 이들 서술에는 '비고' 및 '참고'라는 항목을 통해 많은 자료를 나열하였으며, 참고문헌을 일일이 밝혀 놓았다. 『통사』는 순한문자료의 집성 및 전통적이고 도시적인 불교사 서술 등 몇 가지 면에서 근대 학문으로서의 미흡함을 지적할 수 있다. 그러나 이 책은 저자의 주체적인 역사관 및 한국불교 정체성에 대한 신념이 반영된 연구 결과임에 틀림없다. 이에 더하여 방대한 자료 수집에서 느껴지는 초인적인 노력과 정성에서는 그의 한국불교연구에 대한 뚜렷한 개척의지를 읽을 수 있다.[25] 그만큼 이 책은 한국불교 연구의 초석이 되어왔고 오늘에도 여전히 크게 활용되고 있다.

권상로와 이능화의 한국불교·불교사 연구는 물론 『약사』와 『통사』의 저술로 다한 것은 아니다. 이후로도 계속해서 잡지의 논문과 저술 등을 통해 이 분야 연구를 보완 확장해 갔음은 이들의 연구 업적이 보여주는 바와 같다. 이와 함께 다시 한국 불교연구에서는 일본인 학자들의 활동과 그 성

---

[25] 이능화, 앞의 글. 이 책의 집필 동기, 자료수집의 과정, 책의 구성 등이 밝혀져 있는 이 글에서 『조선불교통사』의 자료수집이 1907년도부터 착수된 것임을 알 수 있다. 그의 한국불교 연구 개척 노력이 이 때 이미 시작되고 있는 것이다.

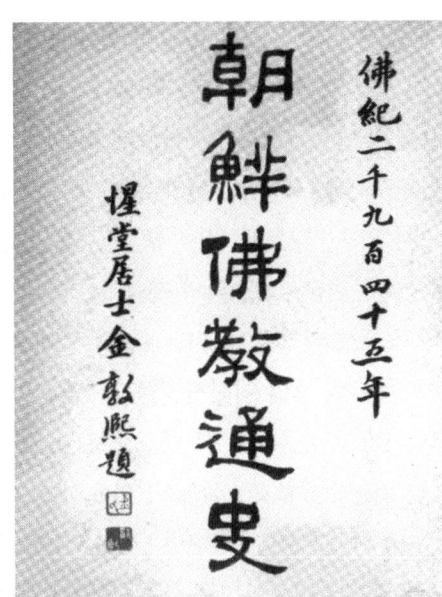

❋ 이능화의 조선불교통사

과가 주목된다. 다카하시 토오루의 『이조불교』(1929), 누카리야 카이텐의 『조선선교사(朝鮮禪敎史)』(1931), 에다 토시오에 의한 일련의 한국 불교사 연구가 그러하며, 그 밖에 이마니시 류 등 일본인 학자들의 연구도 간과할 수 없다.

『이조불교』는 조선총독부로부터 조선의 종교조사 업무를 위촉받아 고서와 금석문 수집 등 업무를 수행해 온 저자가 『조선사상사대계』의 제1책으로 간행한 것이다. 조선 총독부와의 관계가 말해주듯이 한국불교에 관한 그의 연구에는 식민주의적 관점이 산견(散見)된다. 『이조불교』의 서설에서 그는 "조선불교가 중국불교의 한 분파에 지나지 않는 것은 조선유학이 중국유학에 있어서 그러한 것과 마찬가지이다"라고 말하면서, 억불정책 아래서의 조선불교의 무기력성과 사상적 독창성의 결여 등을 논하고 있다.[26] 한국불교에 대한 그의 이같은 관점에 대해서는 별도로 논할 수 있는 문제이지만, 이로써 그의 연구의미와 가치가 감소하지는 않는다. 그는 『이조불교』에서 조선시대의 불교를 일관하여 불교정책, 교단제도, 선종 문파의 발전과 침체, 사찰토지 및 승직의 변천 등의 문제를 광범위하게 취급하고 있다. 그만큼 이 저술은 사회사와 관련한 불교정책사, 교단사, 제도사 및 사상사적 한국불교 연구의 길을 개척해 보인 것이다.

『조선선교사』는 책의 제목 그대로 한국불교 역사 전반을 선과 교의 경향 속에서 파악하고 있다. 4편으로 된 이 책은 불교 전래로부터 신라 말 선법(禪法)의 도입 이전까지를 제1편 「교학전래(教學傳來)의 시대」, 신라 말의 선법 유입을 제2편 「선도울흥(禪道蔚興)의 시대」, 고려불교사를 제3편 「선교병립(禪教竝立)」, 조선불교사를 제4편 「선교쇠퇴(禪教衰頹)의 시대」로 분류하여 서술하고 있다. 이는 이능화가 『조선불교통사』에서 한국불교사 전체를 ① 경교창흥(經教創興) 시대(삼국 중세 이후 약 5백년) ② 선교울흥(禪教蔚興) 시대(신라 헌덕왕 이후 고려 초까지 약 2백년) ③ 선교병륭(禪教竝隆) 시대(고려 초부터 말까지 약 4백년) ④ 선교통일(禪教統一) 시대(조선 초 150년의 선교쇠미(禪教衰微) 시대 이후 350년) ⑤ 선교보수(禪教保守) 시대(메이지 44년, 1911년 이후)로 구분한 것과[27] 거의 동일하다. 따라서 독창적인 관점을 제시하지는 못하였지만 이 책은 한국불교사 전반을 선(禪)·교(教)의 틀로서 체계적으로 서술한 최초의 연구서라 하겠다.

에다 도시오는 하나의 통사적인 한국불교사를 저술하지는 않았지만 수많은 논문들을 통해 한국불교 각 부문의 이해에 크게 공헌하였다. 그의 사후에 간행된 『조선불교사의 연구』에는 1920년대 말부터 1956년 세상을 떠나기 전까지 그가 남긴 한국불교에 관한 논문 29편이 수록되어 있다. 이

---

26 高橋亨, 『李朝佛教』, pp.1~3.
27 李能和, 『朝鮮佛教通史』 하, pp.5~7.

들 논문은 한국불교의 일반적인 시대적 특징, 신라불교의 수용문제, 정토교 및 신라승의 교학관계, 한국선의 형성과 그 성격, 간경도감의 불전 번역과 불서 간행 등 그의 광범한 관심범위와 함께 학문적 객관성과 통찰을 잘 보여준다. 이 때문에 그는 제국주의적 일본인 학자들과는 달리 '비교적 학문적 공정성을 잃지 않고 있으며, 종전의 기계적이고 평면적 연대기적 연구를 능가함으로써 한국불교사 연구와 인식을 한 단계 고양시킨 것'으로[28] 평가받는다.

단행본 저술이 아닌 논문으로써 한국불교 연구에 기여한 일본인 학자들이 적지 않지만 그 가운데 이마니시 류의 한국불교에 관한 논문도 언급할 만하다. 그는 삼국으로부터 조선에 이르기까지 역사 및 문화 연구에 주력한 학자이지만, 그 연구과정에서 불교가 제외될 수 없었을 것이다. 그리하여 도선(道詵)·일연(一然) 등의 인물과 「해동고승전 연구」, 삼국유사 및 불교관계 전적의 연구, 조선 재가승(在家僧)에 관한 조사와 같은 불교문화사적 연구 등을 통해 한국불교 연구의 다변화에 일조하고 있다.

한편 한국불교사 연구로서 또 하나 주목받는 저술로 김영수의 『조선불교사고(朝鮮佛敎史藁)』(1956)가 있다.[29] '우리말로 쉽게 풀어 쓴(국한문 혼용) 최초의 한국불교 전반의 개설서로서 의미를 갖는' 이 책에는 신라시대의 오교구산(五敎九山) 성립, 고려시대의 오교양종(五敎兩宗) 등과 같은 한국불교 종파사의 구도가 서술되어 있다. 그는 일찍이 『진단학보』에 「오교양종에 대하여」(제8집, 1937)와 「조계선종에 대하여」(제9집, 1938)를 발표하였다. 이 두 편의 논문은 각주 하나 없고 사료를 주관적으로 서술하

---

[28] 길희성, 「한국불교사연구의 어제와 오늘」, 『한국종교연구』 제1집, 서강대학교 종교연구소, 1999, p.62.
[29] 이 책은 『한국불교사상사논고』에는 '1956년 油印本 간행'으로 되어 있다. 그러나 그것이 불교전문학교 및 각 지방 강원 교재로 사용된 것이라 하므로 (김영태, 「한국불교사 연구의 회고와 전망」, 『한국불교사의 재조명』, 불교시대사, 1994, p.20), 김영수가 중앙불전에 교수로 취임한 1928년 이후 무렵에 이미 교재로 나왔던 것 같다.

고 있다는 문제성 등이 지적되기는 하지만 본격적인 학술지에 처음 실린 불교 학술논문으로 이 분야 연구 개척의 노력을 말해 주고 있다. 김영수가 주장한 오교구산·오교양종설에 대해서는 현대에 이르러 비판적인 견해가 제시되어 있지만[30] 당시로서는 한국불교 종파 형성에 관한 독창적인 연구였고, 그것은 오늘에도 거의 그대로 수용되고 있다.

이후의 한국불교·한국불교사 연구는 『한국사찰전서』·『신찬조선불교사』·『한국선종약사』·『이조실록불교초존』 등 주로 권상로의 저술을 통한 보완 및 자료구축 노력이 주류를 이룬다. 또한 강유문이『신불교』에 3회에 걸쳐 연재한 「조선불교연표」 작성도 이 분야 연구 노력의 일단으로서 참고되며, 그 밖에 김동화의 한국불교사상연구 및 조명기의 신라·고려불교 관계 연구 등이 논문으로 발표되면서 현대로 이어져 온다.

3. 교학 및 불교사상

이 분야 연구는 전통 교학자들 보다도 유학하고 돌아온 신진학자들의 저술과 논문에 의해 개척되어 왔다고 말할 수 있다. 물론 전통 교학자 그룹의 교학 및 불교 사상 연구가 없었다는 뜻은 아니다. 그러나 이들의 연구 대부분은 선교(禪敎) 및 대승경전의 주석이나 번역 및 강설이 주류를 이룬다. 박한영의『정선치문집설』·『정선염송설화』를 비롯하여, 이능화의『돈황사본단경(敦煌寫本壇經)』(현토·구결), 권상로의『균여전(均如傳) 역주』, 김영수의『국역금강반야바라밀경』·『국역선문염송』 등이 그러하다. 또 백용성의『선문촬요(禪門撮要)』와『화엄경』 등 대승경전들의 번역 및 과

---

30 김영태,「五敎九山에 대하여」,『불교학보』제16집, 동국대 불교문화연구소, 1979 ; 김영태,「九山禪山의 형성과 조계종의 전개」,『한국사론』제20집, 국사편찬위원회, 1990. 김영수가 신라에서 성립된 것으로 주장한 열반·법성·계율·화엄·법상의 오교종(五敎宗)은 사적(史的) 근거가 없다는 것과, 구산(九山) 또한 신라 때가 아니라 고려 초에 완성되었다는 것이 비판의 요지이다.

해(科解), 한용운의 『십현담주해(十玄談註解)』도 같은 예에 속한다. 이들 저술은 한국불교 전통교학의 두 축인 화엄과 선에 대한 고전주석학적 연구 경향을 그대로 보여준다.

그러나 이런 경향 속에서도 박한영의 또 다른 연구부분으로서 인명학(因明學)과 계율학(戒律學)은 이채를 띤다. 그는 『인명입정리론(因明入正理論)』〔샹카라바민(天主) 조(造), 현장 역〕을 회석(會釋)하고, 『대승백법명문론(大乘百法明門論)』〔바수반두(世親) 조(造), 보태 보주(補註)〕을 합본하여 역시 회석함으로써 불교 논리학 부분 연구를 개척하고 있다. 근대불교학에서 각별한 의미를 부여할 수 있는 인명논리학 연구의 선구자로서 그는 유일하게 저술까지 남기고 있는 셈이다. 또 율사로서도 크게 존경받았던 그는 승려들의 지계(持戒) 의식 고취를 위해 『계학약전(戒學約詮)』을 지었다. 총서계체(總敍戒體)·별현계상(別顯戒相)·경권수학(結勸修學)의 3부로 구성되어 있는 이 책은 교학으로서의 계율학 정립의 의미도 동시에 지닌다. 박한영이 이를 중앙불전의 계율학 교재로 사용했던 것에서도 그 학문성을 짐작할 수 있다.

교학 분야 저술로서 『불교요의(佛敎要義)』와 『불교교리발달사』를 남긴 김영수의 연구개척 노력도 인정되어야 한다. 『불교요의』는 석존의 출가고행과 무상정각(無上正覺) 이후 화엄으로부터 일승교법에 이르는 교설내용을 분류하고, 진언밀교와 격외선종을 설명한 다음, 선악 인과법을 통한 왕생정토의 권유로 끝을 맺는 매우 간략한 저술이다. 특이한 것은 이같은 내용의 서술 전체가 7언의 한문 게송으로 이루어져 있다는 점이다. 10장으로 구성된 『불교교리발달사』 역시 315항에 이르는 주제를 모두 5언 4구의 게송으로 나타내 보인다. 다만 이 책에서는 근본 불교로부터 격외 선종에 이르기까지 그 내용을 평이하게 서술하는 방식을 취한다. 불교교리 발달의 각 단계를 요약 서술하여 교학적 이해를 돕고 있는 것이다. 그러나 이 같은 연구들에는 기존의 교판에 입각한 불교이해의 틀과 한문 게송을 통한 서술 등 전통교학적 연구방식과 성향이 그대로 드러난다. 근대적 의미의 불교학 연구라는 면에서는 한계를 보여주고 있는 것이다.

그 밖에 백용성·한용운의 저술에서도 교학 연구 노력을 엿볼 수 있다. 백용성의 저술은 불교개혁운동 및 포교활동의 이념을 뒷받침하려는 목적을 수반한다. 그러나 목적이 어디에 있든『심조만유론(心造萬有論)』·『각해일륜(覺海日輪)』의 저술과『대승기신론』의 번역은 그 내용상 여래장(如來藏)사상에 주목한 연구라 할 만하다. 또 한용운이 중국 당나라 안찰선사(安察禪師)의 선화게송집(禪話偈頌集)을 주해한『십현담주해』(1926)는 조선 전기에 김시습의『집현담요해』에 이어지는 선게송(禪偈頌)에 관한 드문 저술이다. 이는 교학연구로서 보다는 선문학적(禪文學的) 관심의 반영이라고 할 만하다.

대체로 이상과 같은 전통적 교학 및 불교사상 연구가 유학 출신 신진학자들에 이르면 그 주제와 내용 및 연구방법론 면에서 훨씬 다양화된다. 이들이 비록 단행본 저술을 많이 내지는 않았지만 각 잡지에 진지한 학구적 논문들을 왕성하게 발표하고 있는 것이다. 백성욱은 그의 뷔르츠부룩 대학 철학박사 학위논문 *Abhidharma/Buddihstische Metaphisik*를 초역(抄譯)한『불교순전철학(佛敎純全哲學)』을『불교』지에 싣고 있다. '붓다'와 '달마'에 대한 해석과 함께 '세계의 기시(起始)'와 '중생의 기시' 문제를 다룬 것이다. 오늘의 관점에서라면 이는 학문적 기여를 말할 수 있을 정도의 치밀한 연구로 보기는 어렵다. 그러나 이 논문은 어원학적·해석학적 연구방법을 응용하고 있다는 점에서 교학 연구의 새로운 경험축적으로 이해할 수 있겠다.

유학 출신 가운데 교학 및 불교사상 분야를 양적·질적인 면에서 크게 성숙시킨 것은 특히 허영호와 김동화의 저술과 논문들이다. 허영호의 연구는 대소승의 주요 교학을 병행하고 있지만 그 중에서도 반야경 연구가 중심을 이룬다. 그의 저술로는 『불타(佛陀)의 원리』와 사성제를 해석한 『사종(四宗)의 원리』・『구사론대강(俱舍論大綱)』이 있다. 또 잡지에 「십이연상법(十二緣相法)에 대해서」・「구사론의 요의(要義)」와 같은 초기・부파교학의 논문을 쓰고, 또는 '조선불교의 교지(敎旨) 확립'을 위한 「입교론(立敎論)」・「본존론(本尊論)」・「불성론(佛性論)」과 같은 독특한 논문 및 「원효불교의 재음미」를 8회에 걸쳐 연재하는 등 한국불교사상에도 관심을 기울였다.

이처럼 저술과 논문을 통한 초기 불교교학 및 구사론 연구도 주목되지만 그러나 그의 대부분 연구는 반야사상에 모여 있다. 「'프랒냐-파-라미타-마음'경」・「금강경 성립에 대한 사견」・「반야부경 지나전역고(支那傳譯考)-반야경연구」・「대소품 반야경의 성립론-반야경 연구」・「대품반야에 보이는 보살의 십지(十地)사상」・「[범(梵)・한(漢)・조(朝) 대역(對譯)] 능단(能斷) 금강반야바라밀경 주석」 등이 그것이다. 이들 논문 대부분은 수차례에 걸쳐 불교 잡지에 연재되고 있어 그의 진지한 학구적 노력을 짐작하게 한다. 허영호는 또 안혜의 『요별삼십송석(了別三十頌釋)』과 용수의 『십이문론(十二門論)』을 번역하기도 하였다. 연구관심이 유식과 중관 여래장사상에까지 미치고 있는 것이다.

김동화의 학문적 성과는 1960년대 무렵부터 구체적으로 드러나지만, 그의 불교학 연구개척은 30년대 말경부터 시작된다. 그의 연구 역시 대소승 교학이 중심을 이루며 여기에는 뒷날 그의 가장 큰 업적으로 평가되는 불교교리발달사 부분 연구가 함께 포함된다. 교학사상에 관한 대표적인 논문으로는 「불교교리발달의 중심문제」・「대승불설의 재음미」를 비롯하여, 『신불교』에 각각 6회, 7회씩 연재한 「대승불교의 사상적 고찰」・「본각사상의 발달」과, 「불교유식사상의 발달-원시불교의 심식설(心識說)」 및

「원시불교의 철학사상」을 들 수 있다. 이 밖에 고구려·백제·신라의 불교사상에 관한 논문[31]을 쓰는 등 그는 교학 및 불교사상의 연구 개척에 한결 같이 매진하고 있다. 이렇게 축적되어온 그의 연구 역량은 한국불교 최초의 『불교학개론』(1954) 저술로 나타난다. 일본 유학시절부터 불교교리체계에 관심을 기울여 연구해 온 그는 이 책의 저술에 앞서 불교 종립학교 교재용으로 『불교독본』(상)(권상로 공저, 1952)을 저술하기도 하였다. 한국 불교학계에 우선적으로 필요한 것이 불교개설서[32]라는 생각에서 쓴 『불교학개론』은 그 체제구성과 내용 등에 있어서 비로소 근대 학문적 성과를 말할 수 있는 최초의 교학 관련 저술로 평가 받는다.

한편 직접적인 교학연구는 아니지만 이와 관련하여 반드시 언급해 둘 만한 개척부분도 눈에 띤다. 매우 드물지만 범어에 관한 연구관심이 그것이다. 이 부분에 대해서는 권상로가 「범어유집(梵語類輯)」(1912)을 잡지에 맨 처음 실은 이후 이능화의 「범어역해」(1915)와 역시 권상로의 「범어약해」(1916)로 이어진다. 이들 내용은 한자로 음역(音譯)된 범어 단어들을 모아 이를 해석하는 정도의 것이어서 본격적인 범어학 연구라고 말하기는 어렵다. 범어에 대한 이 같은 연구관심은 1930년대의 허영호에 이르면 다소 진전된 모습을 보인다. 그는 「범파양어(梵巴兩語)의 발음법에서 본 조선어 발음법에 관한 일고찰」(1931)을 발표한 데 이어 「범한조대역(梵漢朝對譯)능단금강반야바라밀경주석」(1930)을 『신불교』에 5회 걸쳐 연재하였다. 팔리어에 대한 부분적인 관심을 포함하여 산스크리트어·한문·한글 대역(對譯)의 금강경 주석이 나오고 있는 것이다.

원전 언어에 대한 이같은 연구개척의 경향은 1940년대 후반에 하나의 성

---

[31] 그 결과로서 1963년에 『삼국시대의 불교사상』이 간행된다.
[32] 불교 전반의 개설서에 미치지는 못하지만 김동화의 『불교학개론』이 나오기 이전에는 김태흡의 『불교입문』(1935)과 강유문의 『佛敎精要』(1936)가 있으며, 그 이후로는 김잉석의 『불교학개론』(공저, 1959)이 간행되었다.

과로서 드러난다. 중앙불전 출신인 김달진편의 『범어학(梵語學)』(1947)이 간행된 것이다. 연구관심이 크게 미치지 않았던 이 부분에서 본격적인 단행본 저술이 나온 것은 하나의 성과라고 말할 수 있다.

4. 석가모니와 인도불교

교조 석가모니와 인도불교에 관한 연구는 불교의 원류에 대한 관심을 반영한다. 석가모니에 대해서는 전기적(傳記的) 연구가 인도불교에 대해서는 그 역사와 사상적 연구가 우선적인 과제였을 것으로 생각할 수 있는데, 이 분야에서도 소략하지만 연구 개척 노력이 보인다.

석가모니에 대한 관심은 백용성의 저술『팔상록』(1922)에서 처음 표면화된다.『팔상록』은 중국의『석가보(釋迦譜)』·『석가씨보(釋迦氏譜)』·『석씨원류응화사적(釋氏源流應化事蹟)』가운데 '불타전(佛陀傳)'의 190화(話)에서 177화를 가려 뽑아 만든 한국판 석가모니의 전기로서, 1913년 이교담이 먼저 간행한 바 있다. 그것이 백용성에 의해 순 한글로 다시 쓰여진 것인데 소설형식을 빌어 팔상성도(八相成道)를 중심으로 적고 있다. 이어 1936년에는 그것에 다시 본생담(本生譚)이 추가된『석가사(釋迦史)』가 간행된다. 비록 중국에서 쓴 내용을 모아 편술한 것이기는 하지만 이 두 책은 석가모니에 대한 최초의 한글 저술들이다.『석가사』의 간행에 앞서 백성욱은 「석가모니와 그 후계자」(1926)를 조선일보에 실었고, 김경주도『불교』에 「현하세계 불교대세와 불타 일생의 연대고찰」(1931)을 싣고 있다. 교조에 대한 전기적 이해를 도모하고 있는 것이다.

인도불교에 대해서는, 허영호가「상좌대중 2부의 분열에 대해서」(1931)를 발표함으로써 역사적 학문적 접근 노력을 보여준다. 이어 김경주도「아육왕과 그의 불교상의 불후의 공적」(1933),「불교흥기 이전의 인도사조의 일별」(1936)을 써서 인도불교사의 주요 문제를 다루고 있다. 그러나 빈약할 수 밖에 없는 이 정도의 인도불교연구는 김영수의 저술『인도불교사』(1954)와『인도철학』(1955)에 의해 어느 정도 영세성을 면할 수 있게 된다.

『인도불교사』는 그의『불교요의』·『불교교리 발달사』와 마찬가지로 한문 게송으로 되어 있다.「대성출세(大聖出世)」로부터「나란타사(那蘭陀寺)의 역사와 계현지광(戒賢智光)의 교판」에 이르기까지 16장으로 구성된 이 책은 7언 4구의 게송으로 각 장의 내용을 서술하고 있는 것이다. 이 책에는 초기불교·부파불교·대승불교의 상황들과 주요논사와 교의 등 인도불교의 중요한 사실(史實)들이 요약되어 있다. 10장으로 구성된 간략한『인도철학』역시 한문게송으로 서술한 것이다. 고대 인도의 6파철학의 요지 설명에 이어「근본불교」와「업감연기교(業感緣起敎)」·「뢰야연기교(賴耶緣起敎)」를 인도철학에 포함시킴으로써 인도철학상에 있어서 불교의 위치를 비교해 볼 수 있게 한 점이 주목된다. 전통적인 한문 서술방식으로 인한 근대 학문 연구의 한계성에도 불구하고 김영수의 이같은 저술들의 역할은 적지 않다. 그의 개척적인 노력이 이 분야 연구의 공백의 상당부분을 메워주고 있는 것이다.

5. 불교신앙 및 포교

신앙이나 포교와 같은 문제는 학문적 연구와는 어느 정도 구분되는 측면이 있다. 그러나 그것이 실천불교 또는 응용불교의 영역에 속한다고 볼 때 역시 학문으로서의 접근이 가능하며, 실제로 근대 불교학에서도 이 분야 특히 포교문제는 중심적 과제 가운데 하나가 되고 있다.

근대 불교학 연구에서 이 분야와 관련지을 수 있는 것은 불교성전류의 편찬과 함께 대중을 위한 경전의 변역 및 설법집·영험집 등의 저술들이다. 우선 권상로의 경우 그의 업적에는 이들 내용의 저술이 모두 포함되어 있다.『신편 불교성전』·『불교영험류초』와 자신의 설법 모음집인『광명의 길』을 비롯하여『관음예문 강의』·『부모은중경』 등의 번역이 그러하다. 그 밖에 백용성의『조선글 화엄경』(1928)·『천수경』(1930) 등의 번역, 한용운의『불교대전』(1914), 김태흡의『불타의 성훈(聖訓)』(1936),『불교정전(正典)』(1943)과『장수왕의 자비』·『보덕각씨(普德覺氏)-관세음보살의 영험』(1936) 등의 저술, 그리고 허용호의『불교성전』(1936)도 같은 예에 속한다.

이들 저술의 간행은 학문적 연구로서보다는 신앙심의 증진과 포교에 기여하고자 하는 교화활동의 일환으로 볼 수 있다. 그러나 이같은 활동 대부분이 근대의 불교학자들에 의해 이루어지고 있음은 그것이 학문 활동과도 무관하지 않음을 말해준다. 그런 관점에서 백용성의 포교목적을 띤 몇몇 저술들은 더욱 주목해볼 만하다. 그의 많은 저술 가운데서도『불심정로(佛心正路)』(1922)·『불심론(佛心論)』(1936)은 마음 닦는 바른 길 또는 참선 수행법을 내용으로 한 것이다. 이에 비해『대각교의식(大覺敎儀式)』 (1929)·『대각교 가집(歌集)』·『대각교 아동교과서』 등은 포교를 위한 실용적인 저술들이다. 백용성이 새 불교운동으로서 주창한 대각교의 포교를 위해 이 같은 새로운 형식의 저술들을 내고 있음은 어느 점 신앙 및 포교분야의 학문적 접근 노력으로 이해할 수 있다.

한편 이 같은 저술들과는 별도로, 근대기 학자들의 사상과 불교개혁론에서는 거의 예외 없이 포교문제가 다루어지고 있다. 포교를 개혁과제의 하나로 인식하고 그 중요성과 실천 방안에 대해 논하고 있는 것이다. 박한영에게서 엿보이는 불교현대화사상 가운데에도 포교의 시대화가 주요 주제가 된다. 그는「장하이포교이생호(將何以布敎利生乎)아」(1913),「조선의 설법과 세계의 포교」(1914)라는 논설 등에서 포교의 내용과 방법을 시대에 맞게 개선할 것을 강조한다. 부녀자 및 영혼만을 위하는 종래의 설교로는 중류 이상의 지성계층은 흡수할 수 없다는 것이다. 따라서 장차의 포교는 세계종교일반의 포교의식 등을 참고 할 것과 문학・과학・사회학 등 다양한 지식들을 불교교리에 부합시켜 미신 포교를 지신(智信) 포교로, 이론적인 포교를 실천적 포교로, 과장된 포교를 실질적인 포교로 전환하여 포교로써 이생(利生)할 것을 촉구한다.

권상로는 불교개혁문제를 최초로 공론화한 그의 「불교개혁론」(1912)에서 조선 불교계의 급선무로 간경과 참선 그리고 전도와 포교의 두 가지를 들고 있다. 포교와 교학의 진흥에 평생을 바쳐 온 그에게 이 두 가지는 별개의 사항이 아닌 상보적인 과업이다. 그는 「불교 보급적 2대사업」(1915)・「포교사 추천 검정을 마치고」(『신불교』제63호, 1944) 등의 글에서도 포교와 교학의 중요성을 강조하고, 설교・강연 포교보다 문자 포교의 중요함을 일깨운다. 남다른 그의 교학진흥 업적은 그 자체가 포교적 실천의 결과임을 느낄 수 있게 한다.

이영재의 『조선불교혁신론』(1922)[33] 또한 포교를 당면과업의 하나로 들고 있으며, 그 구현을 위한 의욕적인 방안들을 제시하고 있다. 즉 사원 및 교회(포교당)의 신도 자치 운영, 지역문화와 민중의 생활 향상을 도모할 수 있는 여러 가지 방안의 강구, 간도(間島)・러시아령 및 하와이 거주 동포들에 대한 해외포교 등을 주장하고 있는 것이다. 김법린이 잡지에 실은 「민중본위적 불교운동의 제창」(1929), 「사회 중심으로서의 조선사원 개조론」(1931)과 같은 글들도 포교문제와 연결 지을 수 있다. 그는 신앙과 포교문제를 개인 차원을 넘어서 민중적・사회적 운동의 관점에서 논하고

---

33 『조선불교혁신론』은 일본대학 종교학과 3년에 재학중이던 유학승려 이영재가 1922년 11월 24일부터 12월 30일 까지 모두 27회에 걸쳐 조선일보에 연재 발표한 것이다. 이 가운데 전반 7회분을 제외한 20회분이 동국대 도서관 이철교에 의해 『계간多寶』(불기 2536년 겨울 초)에 신발굴 자료로 소개, 수록되어 있다.

있다.

불교신앙 및 포교 분야에 대한 관심은 이처럼 불교성전의 편찬, 경전의 번역과 저술, 또는 개혁론의 주요 주제와 논설 등으로 다양하게 표출되어 왔다. 이같은 지대한 관심과 활동에도 불구하고 이 분야에서 학문적 의미가 담긴 성과를 지적해 말하기는 쉽지 않다. 이런 아쉬움을 어느 정도 채워주는 것으로는 강유문의 『포교법개설』(1938)이 있다. 저자가 밝히고 있듯이 나카노 테루모토(中野隆元)의 『일반교화법』을 중심으로 여러 종류의 포교서를 참고하여 편역한 이 책은 3편과 부록으로 구성되어 있다. 1편 「능화(能化)」, 2편 「소화(所化)」, 3편 「방법(方法)」은 교화의 주체와 교화 대상 그리고 포교의 방법을 논한 것이며, 강연회 자료 등을 부록으로 실어 놓았다. 비록 독자적인 저술이 아니라는 점에서 아쉬움이 남지만 이 책이 갖는 의미는 적지 않다. 학문적으로 크게 진전된 오늘에도 포교학 관련 저술이 거의 미미한 실정을 감안할 때, 근대의 포교학 관련 저술로서는 유일한 『포교법개설』은 이 분야에서도 연구 개척 노력이 경주되어 왔음을 보여주고 있기 때문이다.

6. 종교사 · 종교학

종교사 및 종교학이 그대로 불교학의 범주에 해당하지는 않지만 이 분야는 근대의 불교학 연구와도 상당한 관련을 갖는다. 불교의 위치를 파악해 볼 수 있게 하는 종교사 연구 및 불교를 중심에 둔 비교종교학적 연구 자체가 근대불교학 성립의 한 양상을 보여주기 때문이다. 이 같은 연구는 거의 이능화, 권상로에 의해 개척되어 왔다. 그만큼 비교적 근대불교학 초기에 종교사 · 종교학 연구 대부분이 이룩된 것이다. 그 밖에 백용성은 불교의 입장에서 기독교의 교리를 논하는 저술을 냈으며, 이후 몇몇 학자들도 종교관련 논문들을 잡지에 싣고 있다.

종교분야 연구로서 가장 먼저 들 수 있는 업적은 이능화의 『백교회통(百敎會通)』(1912)이다. 세계의 종교들을 비교의 관점에서 본격적으로 다룬 한국 최초의 종교학 저술이라 할 이 책은 「대조(對照)」, 「불교요령(佛敎要領)」, 「대변(對辯)」의 세 부분으로 구성되어 있다. 먼저 「대조」는 모든 종교를 11개로 분류하여 간략하게 서술하고 이를 각각 불교와 비교해 놓은 것이다. 11개 종교는 도교·귀신술수(術數)의 교·신선교·유교·기독교·이슬람교·바라문교·태극교·대종교(大倧敎)·대종교(大宗敎)·천도교(天道敎)로서, 고대의 종교 및 세계종교와 한국의 신창(新創) 종교까지 망라되어 있다. 이어 「불교요령」에서는 불교의 주요교설을 20개 항으로 설명하고, 「대변」에서는 세인(世人)들의 불교비판에 대해 저자 자신이 불교인의 입장에서 이를 11개항에 걸쳐 변명한 것이다.

결국 이 책은 다원적 종교상황 속에서 불교의 유용성과 우수성을 전통적인 회통론(會通論)의 형식을 빌어 구명(究明)함으로써 한국불교의 정체성을 확인하고자 한 것으로 볼 수 있다. 따라서 그것에서는 비교종교학적인 안목과 종교다원주의적 사고방식이 드러나기도 하지만 가치중립적인 입장보다는 거의 불교를 변증하는 방향으로 기울어 있으며, 그 서술방식 또한 순한문체로 되어 있다. 그 만큼 객관적인 종교학 연구 또는 근대 학문 형식으로는 미흡함이 드러나는 것이다. 그러나 이 같은 새로운 연구방법과 종교학적인 안목으로 불교학을 재구성하려 했다는 점에서 『백교회통』은 한국 근대불교학의 성립에도 빼어놓을 수 없는 중요한 업적으로 평가할 수 있다.[34]

이능화의 또 다른 종교관계 저술들과 그 연구에 대한 언급은 생략하지

---

34 이재헌, 『근대한국불교학의 성립과 종교인식 - 이능화와 권상로를 중심으로』, 한국정신문화연구원 한국학 대학원 박사논문, 1998, p.90.

만, 그는 「다신교·일신교·무신교」(1915), 「종교와 시세」(1918) 등의 글을 통해서도 특히 유교·불교·기독교를 비교종교학적 관점에서 논하면서 불교의 특성과 장점을 부각시켜 보이고 있다. 그러나 그의 종교관계 연구가 불교중심의 호교론적 관점에서만 머문 것은 아니다. 그는 한국 종교 및 종교문화의 기원을 추구하는데도 큰 노력을 기울이고 있으며, 관심을 종교의 근원적 동일성 및 인류 종교문화의 보편성 탐색으로까지 확장시킴으로써 종교사와 종교학 연구를 크게 진척시키고 있다.

권상로 역시 종교관계 연구에서 괄목할 만한 업적을 남기고 있다. 그의 종교분야 저술로는 『조선종교사초고』가 대표적이며, 종교사에 관계되는 자료집으로 『종교사료』, 『유(儒)에 관한 잡초(雜抄)』, 『사전산립(史田散粒)』, 『한국 고대신앙의 일연(一臠)』이 있다. 그 밖에 설법모음집인 『광명의 길』과 잡지에 발표한 여러 편의 글에는 불교를 중심으로 한 그의 종교비교의 관점이 잘 드러나 있다.

총 34장으로 되어 있는 『조선종교사초고』에서 권상로는 종교학 및 종교사에 대한 그 나름의 정의를 내리고 있으며, 종교사 연구의 방법론에 대해서도 언급하고 있어[35] 이를 통해 그의 종교학적 소양을 엿볼 수 있다. 우선 그는 종교학에 대해서 "일반 민중의 심리에 기인하여 어떠한 사상·신앙 또는 연구가 어떻게 발달되어서 어떠한 종교를 형성하였다는 것을 논술하는 것"이라고 말한다. 종교사에 대해서는 "어떠한 종교의 기원·유포·성쇠 또는 사회민중에게 신앙의 협흡(浹洽), 이익의 부여가 여하(如何)한 것을 말하는 것"이라고 정의하고 있다. 요컨대 그는 '인간의 심리에 근거한 발달 양태로서의 종교연구'를 종교학으로 보고, '종교 자체의 전개 양상의 탐구'를 종교사로 보고 있는 것이다. 종교사 연구방법론에 대해서는 헤겔의 연구법과 반(反)헤겔파의 연구법을 병용해야 한다고 말한다. 이로써,

---

[35] 권상로, 『조선종교사 초고』, 『퇴경당전서』, 제10권, pp.846~847.

그가 근대 종교학 태동 이후에 종교학의 2대 방법론으로 각광받았던 진화론과 비교법, 다시 말해서 통시적인 연구방법과 공시적인 연구방법에 대해 정확하게 이해하고 있음을 알 수 있다.[36]

이같은 종교학・종교사에 대한 이해 위에서 그는 한국의 종교를 고종교(古宗敎)・불교・선교(仙敎)・유교・기독교・신흥종교 여섯 가지로 분류하였다. 그가 중시하고 있는 것은 물론 불교이지만 이 책에서 그는 특히 중국・한국의 고대종교를 통한 종교의 기원을 중점적으로 탐색함으로써 당시 유행했던 진화론 또는 민족주의 사학의 입장에 선 연구경향을 보여준다.

권상로는 비교종교학적 연구의 저술을 별도로 내지는 않았다. 그러나 『광명의 길』과 잡지에 발표한 수 편의 글들에서는 윤리관・구원관 등 여러 관점에서 불교와 타종교를 비교하고 있다. 이는 이능화가 그러했던 것처럼, 다종교 상황에 대한 인식과 서양종교 특히 기독교에 대한 경계의 흔적이 역력하다. 그런 가운데 불교의 우월성을 변증하거나 혹은 민족의 문화적 주체성 확립을 추구하고 있다. 말하자면 그 나름의 비교종교학직 연구라 하겠는데, 역시 전통적인 호교론의 입장에서는 벗어나지 못하고 있는 것이다.

이와 동일한 입장과 관점은 백용성의 저술『귀원종정(歸源正宗)』(1913)에서 더욱 뚜렷하다. 이 책은 기독교와 유교를 논박하는 내용이지만 특히 기독교가 그 주대상이다. 그가 지리산 칠불선원에 종주(宗主)로 있던 1910년에, 기독교의 불교배척에 대응하는 책을 하나 써줄 것을 바라는 호은장로 등 대중의 청을 받고 저술한 것으로 되어 있다.[37] 1913년에 간행된 이 책은 그 자체로서 종교관련 연구서라고 말하기는 어렵다. 그 동기에서부터 호교론적 저술임을 분명히 밝히고 있는 셈인데 어쨌든 기독교에 대한

---

36 이재헌, 앞의 글, p.137 참고.
37 백용성,『귀원정종』「緖言」(『龍城大宗師全集』 권8);「저술과 번역에 대한 緣起」(한보광 앞의 책, p.141 부록)

불교측의 교리적 논박서로는 이 책이 처음이라 할 수 있다.

그러나 근대기의 종교에 대한 관심과 연구는 이같은 호교론적인 경향 외에, 불교와 서구철학과의 대비 또는 서양의 종교현황에 대한 이해의 노력으로 나타나기도 한다. 김법린의 「헴의 종교론」(1928), 김태흡의 「소펜하웰의 염세철학과 그의 불교사상」(1929), 「플라톤의 이데아와 불교의 열반사상」(1931), 김경주의 「종교의 본질과 철학의 극치」(1931)와 같은 글들이 그러하다. 또 한용운은 「현대 아메리카의 종교」(1933), 「신로서아의 종교운동」(1933), 「나치스 독일의 종교」(1937)를 통해 세계의 종교적 현황에도 눈길을 돌리고 있으며, 「체논의 비시부동론(飛矢不動論)」과 「승조(僧肇)의 '물불천론(物不遷論)'」(1937)을 발표함으로써 수학과 철학상의 운동과 연속에 관한 제논의 유명한 역리(逆理)를 승조의 중관학적(中觀學的) 견해와 비교하기도 하였다. 몇몇 학자들에게는 부분적으로나마 종교학 자체에 대한 관심 또는 서양철학 및 종교와 불교사상을 대비하여 이해하려는 객관적 연구모습도 찾을 수 있는 것이다.

7. 불교 문화·사회·기타

문학·예술을 포함한 불교문화 또는 불교와 사회·정치 등 기타 분야에 대한 학문적 연구는 상대적으로 영세한 편이다. 그런 가운데서도 이 분야에서 눈길을 끄는 것은 불교문화에 대한 지대한 관심과 개척 노력이다.

이능화의 폭넓은 학문적 관심 및 연구저술들은 민족사학·한국불교의 정체성·문화전통과 주체성 등의 기초가 중심이 되거니와, 그런 뜻에서 그의 연구 태반은 불교문화에 대한 재인식과 가치정립에 크게 기여한 것이라고 말할 수 있다. 여러 저술들에 반영되어 있는 그 구체적인 내용과 경향 외에도, 불교문화에 대한 그의 강한 자부심과 이로부터 기인하는 연구 노력은 잡지에 실린 몇 편의 글에서도 읽을 수 있다. 다소 장황하지만, 그의 「불교신앙의 과거시대와 불교신앙의 현금시대를 논함」(1915)에서 일부를 인용해 본다.

> 불교가 해동에 수입된 이래로 …… 그 거대한 위력과 넓고 넓은 덕화가 실로 불가사의한 바가 있으니, 오늘날 표면상 현저한 것만 말하더라도 경주의 석굴암은 동양미술의 제1의 지위를 점하며, 합천 해인사의 장경판은 세계의 진보(珍寶)로 일찍이 비할 데 없는 찬사를 들었고 …… 조선의 역사를 불적(佛蹟)으로 주요(主要)를 삼지 않을 수 없으며 조선 역내(域內) 명승지에 일산일봉(一山一峰)과 일암일석(一岩一石)이 하나도 불보살의 이름을 하지 않음이 없으니, 따라서 조선 지방을 불토(佛土)로 인정하지 않을 수 없으며 …… 가곡지보(歌曲之譜)는 영산(靈山)이라 이름했으니 조선의 악장(樂章)이 불도(佛道)에서 나왔으며, 4월 8일에 만민오락지절(萬民娛樂之節)과 7월 보름에 백종유희지사(百種遊戲之事)는 곧 조선의 풍속이 많이 불사(佛事)에서 나왔음이니 …… 역사도 이와 관련이 있고 문화도 여기에 있으며 인물도 여기서 나왔으며 풍속도 여기에서 나온 것이로다.

불교문화에 대한 이능화의 이같은 깊은 통찰과 자부심은 단지 선언적인 발언에서 그치지 않는다. 그것은 「해동불교(海東佛敎)의 범패(梵唄) 원류」(1915)나 「영산회상곡의 연기(緣起)」(1915)와 같이 불교음악에 대한 구체적인 연구로도 이어진다. 또 그의 「의정불식화혼법(擬定佛式花婚法)」(1917)과 같은 글에서는 불교문화의 재창조 의지가 읽혀진다. 그것은 오늘날에도 거의 그대로 준용되어 불교의 독특한 화혼의식으로 자리잡고 있다. 비록 학문적 연구가 아니더라도 그의 불교문화에 대한 가치인식과 새로운 불교문화 개발의 노력이 영향을 미치고 있는 것이다.

한국의 불교문화에 대한 긍지와 학문적 관심은 권상로의 경우도 크게 다르지 않아 그의 저술 또한 이런 경향이 현저하다. 그는 국학관계 저술들 외에, 「조선불교와 일본문화와의 관계」(1930) 등의 글을 통해 한국불교와 불교문화의 영향력을 논하기도 하였다. 또 김경주도 「조선문화와 불교」(1932)의 글을 써서 한국문화상에 있어 불교의 위치를 확인시켜주고 있다.

한편 한국문학사에서 불멸의 위치를 접하는 것으로 평가받는 한용운의 시집 『님의 침묵』(1926) 또한 불교문화의 관점에서 조명할 수 있다. 『님의 침묵』은 분명 불교문학인 동시에 그것을 뛰어 넘는다. 선승으로 혁명가로 시인으로 치열하게 살아온 한용운의 정신세계와 삶의 진폭을 반영하듯, 그것은 근대 불교문학의 한 상징으로서 또는 그 이상의 문학세계로서 무한한 정신적 깊이와 넓이를 보여준다. 허영호도 「불교문학의 건설에 대해서」(1932)를 써서 불교문학의 가능성을 모색한 바 있다. 이처럼 문학·예술 등 불교문화에 대한 근대 학자들의 관심은 학문적 연구로서 또는 실제적 활동으로 그 길을 개척해간 것이다. 그 밖에 불교와 사회·정치 등 기타 부분에서도 단편적이나마 학문적 연구관심의 흔적을 찾아볼 수 있다. 김법린은 「정교분립(政敎分立)에 대해서」(1932), 「3·1운동과 불교」(1946)를 통해 불교와 정치·사회문제를 논하였다. 조명기의 「조선불교와 전체주의」(1940), 김동화의 「불교의 호국사상」(1956) 역시 불교와 사회 또는 국가와의 관계에 대한 고찰이다.

김태흡의 「불교의 여성관」(1929), 김경주의 「불교의 여성관」(1936), 조명기의 「원효의 여성관」(1940)도 흥미로운 글들이다. 오늘에도 여전히 관심사가 되는 주제가 이미 근대 불교학에서부터 나타나는 것이다. 특히 많은 포교관련 저술과 글들을 써 온 김태흡은 「불교와 사회사업 발달 연구」(1926~1928), 「종교의 본질과 구제사업에 대하여」(1927), 「불교의 경제관」(1928) 등 그의 유학시 전공분야를 잡지에 발표하였다. 또 강유문의 「성도(成道)의 사회성」(1938), 「조선불교 중등교육문제」(1939)와 같은 글들도 있다. 이같은 글들은 본격적인 연구로까지 이어지지는 않았지만 근대 불교학자들의 또 다른 학문적 관심의 폭을 짐작해 볼 수 있게 한다.

VI. 한국근대불교학 정립의 의의

　근대 불교지성의 연구 활동과 근대 불교학의 정립을 살피는 일은 곧 한국불교의 근대정신 및 근대성을 이해하는 작업으로서도 일정한 의미를 갖는다. 근대불교학은 19세기 말 20세기 초의 한국불교가 처한 대전환기적 시대상황과 함께 불교지성의 다양한 동향 속에서 싹트고 성장해 왔다. 즉 근대사회로의 급격한 변화와 일본의 식민정책 하에서 교육·문화·불교개혁·외국유학 활동 등 불교지성들의 근대적 지적 동향을 바탕으로 근대 불교학이 싹트고 성장해 온 것이다. 근대 불교학을 이끌어 온 주역들은 물론 그런 시대상황과 동향 속에서 형성된 일단의 불교학자들이었다.

　근대 불교학자군에 포함시킬 수 있는 인원은 대략 20명 내외로 헤아려지며, 학문적 배경 및 연구 성향에 따라 이들은 다시 몇 그룹으로 구분할 수 있다. 전통교학자, 실천적 교학자, 유학 출신 신진학자의 그룹이 그것이며, 한국불교학 연구에 기여한 일본인 학자들도 한 그룹을 이룬다. 이들 근대불교학자들은 몇몇을 제외하고는 거의 대부분이 재속자(在俗者)로서 생활했던 승려신분으로, 이런 현상은 당시 한국불교의 한 특징적인 시류(時流)를 반영한다. 어쨌든 종교적 과제를 안고 있는 승려이자 학문적 과제를 추구해야할 불교학자로서 이들의 신분적 자각은 불교학 연구 활동의 기본적 배경이 되었다. 또한 일본의 불교문화 및 근대화된 불교학의 영향 그리고 불교 지성계 전반의 근대에 대한 시대인식 속에서 표출되고 있는 활발한 불교개혁론의 제기, 신학교기관을 통한 청년교육 활동, 근대적 지적 활동으로서의 다양한 불교잡지의 간행과 논문 발표 등은 불교학 연구의 또 다른 배경을 구성한다.

근대 불교학자들이 이룩한 연구업적은 양적인 면에서 의외로 방대하며 연구주제와 내용 또한 다양하고 풍부한 편이다. 근대불교학의 정립은 곧 이 같은 학문적 업적과 성과를 말함이다. 따라서 그것을 ①불교학 기본자료 ②한국불교·한국불교사 ③교학 및 불교사상 ④석가모니·인도불교 ⑤불교신앙 및 포교 ⑥종교사·종교학 ⑦불교사회·문화·기타의 주요 연구분야로 묶어 검토할 때, 우리는 근대불교학의 대략적인 윤곽을 그려 볼 수 있다. 이 가운데서도 특히 주목할 만한 분야는 ②와 ③이다. 근대 불교학 연구의 출발 계기와 주요 과제가 우선 한국불교의 정체성 확립에 있었다 할 때 한국불교 및 한국 불교사 분야에 연구의 관심과 노력이 집중되고 있음은 당연한 현상이다. ②의 분야가 주로 전통교학자들에 의해 큰 성과가 나왔다면, ③의 교학 및 불교사상 분야에서는 신진학자들의 연구 개척 노력이 돋보인다.

근대불교학은 물론 그 자체로서 완성태는 아니다. 근대정신 및 근대성에 합당한 연구 업적과 성과를 충분하게 이루었다고 말하기는 어렵기 때문이다. 그러나 이상과 같은 연구들을 통해 근대불교학이 정립함으로써 이를 기반으로 이후 한국불교가 불교학 연구에 더욱 새로운 지평을 열어 갈 수 있게 되었음은 분명한 일이다. ▮이봉춘

2

박한영(朴漢永)의 저술 성향과 근대불교학적 의의

Ⅰ. '개화기'와 근대 한국불교계의 학승 박한영

  우리 역사의 19기세 말에서 20세기 전반은 전환기적 성격을 가진다. 그것은 그 때가 전근대에서 근대로 넘어오는 시기로 한국 사회의 다양한 분야에서 전통적 구태를 씻어내고 서양에서 물밀 듯이 들어오는 새로운 문화와 삶의 방식에 적응해 나가려는 도정의 모습을 보이고 있기 때문이다. 다른 말로 이 시기를 '개화기(開化期)'라고도 한다. 이른바 '개화(開化)' 또는 '개명(開明)'이라고 하는 근대 서양의 자본주의 물질문명의 물결에 당시 온 나라가 휩싸이고 있었기 때문이다. 그런데 당시 이 땅에 범람하고 있던 개화의 물결은 서양사람들만이 밀고 온 것이 아니었다. 서양 문명에 우리 보다 앞서 노출되어 그에 적응한 일본 제국주의자들도 그 대열에 합류하여 개명이란 이름으로 이 땅을 무단 점령해가고 있었다. 이 시기 한국 불교 또한 이러한 개화의 물결을 비껴 갈 수 가 없었고, 일부 불교계 인사들은 불교와 불교계의 '유신(維新)'을 주장하며 이에 적극적으로 대응할 것을 계몽하며 촉구하였다.

　석전(石顚) 박한영(朴漢永, 1870~1948)은 바로 이 시기 한국불교계의 대표적인 학승(學僧)이면서 우리 불교와 불교계의 유신을 강력하게 주장하고 외세에 대응한 근대적 선각승(先覺僧)으로 알려져 있다. 그런데 박한영은 출가와 더불어 전근대적 불교 교육을 통해서 불교를 인식하고 체험한 전통적인 불승이었다. 따라서 그에게서 소위 '근대적 속성'을 찾는 것은 어불성설일 수 있다. 그러나 그의 생애와 불교 활동을 면밀히 들여다보면 그는 전근대의 우수한 불교 전통을 충실히 이으면서도 이른바 '근대적 각성(覺性)'을 통해 불교와 불교계의 유신을 주장하고 실천한 선각자였다. 뿐만 아니라 '개화'란 말로 포장된 서구 자본주의 물질문명의 폐해를 예리하게 파악하고 그것의 한계를 넘어서기 위한 새로운 패러다임을 생각했던 것으로 보인다. 다시 말해 그는 전통적 불교 교육 방식을 통해 얻은 지식과 지성으로 서구 자본주의 물질문화의 전 세계적 범람과 일본제국주의의 침략이란 한국 근대기의 격량을 헤쳐 갔다. 석전은 일본제국주의의 앞잡이 역할을 한 일본 불교의 침략적 행태에 강력하게 저항하며 한국불교의 전통을 수호하여 주체성을 확립하고자 하였고, 불교 잡지를 발행하여 한국불교의 전근대적인 모습을 쇄신하려는 논리를 전개하고 계몽을 촉구했다. 나아가 그는 이러한 사업의 지속과 일관성을 위해 근대적 교육제도에 대해 지대한 관심을 가지고 근대적 불교 학교에서 교육활동을 적극적으로 펼치며, 그와 관련된 편찬 작업과 저술 활동을 끊임없이 진행하였다. 이런 점에서 석전을 '근대적 선각승'이라 평가하는 것이다.

　이 글은 근대 한국 불교계의 대표적인 지성의 불교 교학을 살피기 위해 기획된 작업의 일환이다. 따라서 그 교학의 그 주된 성향을 규명하고 그것이 한국 근대불교학을 정립하는데 어떠한 역할을 했는지를 알아보는 일이

박한영

주된 목적이다. 박한영의 저술 성향을 살펴보는 것도 이러한 작업의 일환이다.

Ⅱ. 박한영의 저술과 그 성향

석전 박한영은 박람강기(博覽强記)와 당면한 한국불교의 문제를 해결하기 위해 실학적 불교학을 추구한 학승이었다. 그는 평생에 걸쳐 동서양의 많은 글을 읽고 쓰는 일을 멈추지 않았다.[1] 이러한 석전의 독서와 글쓰기는 자신의 불교적 지성을 닦는 일이면서 당대에 직면해 있던 불교적·

민족적 현실의 어려움을 타개하는데 그 목표를 둔 듯하다. 석전이 이처럼 박학과 실천을 지향하였기 때문에 그의 불교학은 실학적 성향을 지니고 그 결과인 저술의 양도 적지 않다.

필자가 조사한 바에 따르면, 석전은 전통적인 시문집 성격의 『석전시초(石顚詩鈔)』와 『석전문초(石顚文鈔)』를 비롯한 단행본 형식의 역서(譯書)와 저술을 포함한 9책의 단행본류 저서와, 각 종 신문과 잡지에 발표한 것으로 100여 건이 넘는 논설과 수필을 남겼다. 위의 단행본류는 인쇄하여 출판한 것도 있지만 대부분 유인본(油印本)이다. 한편 잡지에 발표한 일부 번역과 역술(譯述)[2] 중에는 본래는 단행본으로 출간할 것을 산정한 것 같으나 여의치 못해 중도에 그친 것으로 보이는 저술이 적지 않다. 청나라 말기의 중국사상가 담사동(譚嗣同, 1865~1898)의 『인학(仁學)』을 번역(한글 현토)한 「인학절본(仁學節本)」, 『육조단경』을 풀이하고 강설한 「법보단경해수일적강의(法寶壇經海水一滴講義)」 등이 그 대표적인 예이다.

『석전시초』는 석전이 평생 지은 한시(漢詩) 중에서 약 600여 수를 스스로 가려 뽑아 최남선의 건의와 주선으로 1939년 발간한 한시 선집이다. 이것은 주로 기행시를 묶은 것인데 석전의 국토에 대한 특별한 관심과 사랑이 형상화된 것이다. 이 저서는 석전의 개인적인 서경과 서정이 중심이므로 이 글에서는 구체적인 논의를 생략하기로 한다.

『석전문초』는 석전 사후 신석정 등의 문도들이 그의 한문 산문 중에서 전할 만한 것을 모아 1962년에 출간한 것이다. 이것은 '석림수필(石林隨筆)'과 '석림초(石林草)'로 구성되어 있는데, '석림수필'은 주로 불교와 시

---

1 석전은 일생에 걸쳐 서화를 포함하여 4만에 가까운 책을 모아서 보고 읽었다고 한다.(운성, 「우리스님 석전 박한영스님을 회상한다」, 『불광』 1981년1월호) '그의 박식함이 어떠했는가를 말해주는 일화이다. 때문에 육당 최남선은 그를 일컬어 걸어 다니는 전고사전(典故事典)'이라 칭송했다고 한다.
2 석전은 한문 원문에 한글로 현토한 것을 '역(譯)'이란 용어를 사용하였고, 한문 원문에 현토하고 자신의 견해를 붙인 것을 '역술(譯述)'이라 하였다.

문(詩文)에 관한 자신의 견해를 자유롭게 펼친 글이고, '석림초'는 근대를 전후한 시기에 살았던 스님들의 비명이나 행략·진찬·탑명·문집의 서발 등과 사찰의 중창건기·상량문 등을 모은 것이다. 이들 모두 한문 글쓰기에 능했던 석전의 문인적 면모를 엿볼 수 있는 저술이다. 특히 '석림수필'에 보이는 석전의 박식함과 실사구시적(實事求是的) 성향은 그의 근대적 각성과 다름이 아님을 알 수 있다. 그리고 '석림초'의 글들 또한 근대를 전후한 시기의 한국 불교사 재구에 빠질 수 없는 사료 모음집 역할을 하고 있는 것으로 판단된다.

이상의 『석전시초』와 『석전문초』를 제외한 석전의 저술은 그 주제와 양식적 성향에 따라 대체로 세 가지 경우로 나누어진다. 곧 불교 교학서의 재편과 그와 관련된 역술, 한국 불교의 역사 자료 정리 저술, 불교계의 각성과 개혁을 촉구하는 시사 논설문이 그것이다. 이제 석전의 세 분야에 걸친 주요 저술을 중심으로 그 성향을 살펴보기로 한다.[3]

1. 불교 교학서의 재편 및 역술(譯述)

1) 불교 기초 교육과 불교인의 자세 강화를 위한 저술

『정선치문집설(精選緇門集說)』은 불교에 막 입문한 출가 수행자를 위한 불교 입문서이다. 1913년에 발간된 이 책은 석전의 발간사가 붙어 있어 지은 경위를 알 수 있다. 발간 서문에 따르면, 이 책의 원 편자는 잘 알 수

---

[3] 박한영의 저술을 살피기 앞서 밝혀 둘 것이 있다. 석전의 저술의 외형적 형태에는 단행본(유인본 포함)류와 잡지나 신문 등에 실린 것이 있다. 그런데 박한영은 잡지에 기고할 때 쓴 필명이 여럿이 있어 주의를 요한다. 자신의 본명인 朴漢永 외에도 映湖生(子), 石顚山人(沙門), 龜山沙門, 靈龜山人 등의 명칭을 쓰고 있다. 이 밖에 석전의 것으로 추정되는 글 중에 필명을 '記者'라고 쓴 것이 있다. 이는 그가 '해동불보사(海東佛報社)'의 발행인이면서 편집인을 겸한 경우에 쓴 것으로 '記者 選'이라고 쓴 기사들은 석전이 썼거나 관여한 것이라 생각된다. 특히 자료적 성격을 지닌 기사들은 당시 석전처럼 해박한 지식을 갖춘 이가 아니면 쓸 수 없는 것들이기 때문이다. 따라서 이 글에서는 『해동불보』에 실린 '記者 選'이라는 필자 명으로 쓰인 것은 모두 석전의 저술로 간주하고 논지를 전개하고자 한다.

없고 명대의 고승 여근(如巹)선사가 속집(續集)한 것을 다시 뽑아 분류하여 편집하고 한글로 현토한 것이다.[4] 석전이 이를 새롭게 정선(精選)한 것은 『치문집설』이 오래 전부터 우리 스님들의 초학 과본(課本)으로 사용되었는데, 분류가 번다하고 문장이 험하며 뜻이 깊은데다 편서가 복잡하여 배우는 이가 병통으로 여긴 때문이라고 하였다. 그래서 문장이 쉽고 뜻도 원만한 것을 골라 계통이 서도록 하여 간략한 형식으로 재편한 것이라고 한다.[5]

이 책은 권학(勸學), 비유(譬諭), 서독(書牘), 잡저(雜著) 등의 4편으로 묶여 있는데, 이미 '권학'과 '경유'라는 용어 등에서 알 수 있듯이 불교에 입문하는 초학자들에게 부지런히 배움에 힘쓸 것을 권하고 경계하며 조심할 일을 다룬 옛 조사들의 가르침을 편집한 것이다. 곧 불교 수행자로서 입지(立志)를 어떻게 가지고 닦을 것인가에 대한 경책이라 할 수 있다. '서독'이나 '잡저'에 실린 글 또한 옛 조사들의 글이 대부분인데, 이 또한 권학과 경유 등의 내용을 담은 것이다. 빈다하지 않고 요령만 간략하게 편집되어 초심자가 익혀야 할 불교 수행의 정수만을 접할 수 있게 되어 있다.

요컨대, 『정선치문집설』은 불교 입문자의 입지와 수학의 정신에 초점을 놓은 것으로, 불가에 몸을 맡긴 자가 한 평생 간직해야 할 초심을 바로 가지도록 하기 위한 것이라 하겠다. 따라서 이것은 어느 시기의 출가 수행자에게 강조해도 지나치지 않을 것이다. 그러나 서양문물의 범람에 따른 당시대를 일대 혼란의 시대로 인식했던 석전으로서는 이에 대해 불교내의

---

4 『해동불보』제5호의 '잡화포(雜貨舖)'난의 『정선치문집설』 신간에 따른 광고에 "本社에셔 多年을 苦心하여 青年界初學者佛敎課本이 될 만 材를 緇門 三冊 中에셔 簡拔ᄒᆞ야 分類 懸吐ᄒᆞ야 現今 出版 印刷하얏스니 朝鮮 寺院에 諸씨는 一次試驗으로 購讀ᄒᆞ심을 千萬敬望ᄒᆞ옵ᄂᆡ다."라고 하여 당시 청년 불교의 초학자들을 교육하기 위한 교과과정에 넣기 위해 편찬한 것임을 알 수 있다. 한편, 위의 같은 잡지 제6호에도 "此書의 新編 出版은 …(중략)… 眞實佛敎初學課本에 唯一無二의 書籍이라 舊日 叢林의 常所嫺見함이라하지만은 其分類와 懸吐를 精確ᄒᆞᆷ으로 學者의 慧機를 激發ᄒᆞ고 日用 案頭에 師友를 如對ᄒᆞᆷ인즉 爭先購覽은 易知할 定例어니와…(후략)…"라 하여, 『정선치문집설』의 일용 교과서적 기능을 자부하였다.
5 『정선치문집설』, 해동불보사, 1915, 「발간사」 참조.

각성과 제대로 된 대응력 증강이 중요하다고 생각했던 것 같다. 때문에 전통을 지키면서도 새로운 물결에 적극적인 대응을 하기 위한 작업의 일환으로 먼저 『정선치문집설』이 기획되지 않았나 생각된다.

『계학약전(戒學約詮)』은 계정학(戒定慧) 삼학(三學) 중의 계율학(戒律學)에 대한 내용을 담은 것으로 불교인의 지계(持戒) 의식을 강화하기 위해서 1926년 중앙불전의 교육교재로 사용하기 위해 편찬된 것이다.[6] 이것은 '총서계체(總序戒體)'·'별현계상(別顯戒相)'·'결권수학(結勸修學)' 등 3장으로 구성되어 있는데, 각기 서론·본론·결론에 해당하는 것으로 계율의 의의와 구체적인 계상, 수학을 권유하는 내용이다. 이것은 전통적으로 중시해온 『사분율(四分律)』·『범망경(梵網經)』 등의 계율은 물론『능엄경(楞嚴經)』 등에서 대·소승율의 예를 들어 계율엄정주의를 주창하고 있는데, 특히 불사음계(不邪淫戒)와 불살계(不殺戒)를 중시하는 『능엄경』을 강조하고 있는 점이 주목된다. 그런데 이것은 승려의 취처론(娶妻論)으로 그가 평소 펼치고 있던 불교유신의 본질이 흐려지는 것을 염려한 데서 나온 것으로 보인다.[7]

이렇듯 석전이 『계학약전』을 지어 계율 엄정주의를 천명한 것은 먼저, 인간의 욕구에 대한 깊은 성찰을 통해서 고등종교로서 불교의 계율이 가지는 의미를 부각하고자 한 것이지만, 무엇보다 쇠퇴한 전통 불교계에 대한 비판적 성찰을 통해서 불교 부흥의 기틀을 세우고자 한 것으로 보인다. 그가 특별히 한국불교의 그릇된 인습으로, 선가(禪家) 수행자들의 무애행(無碍行)에 대해 심히 개탄하고 그것이 선서(禪書)에 대한 잘못된 이해에

---

[6] 김효탄, 『계학약전 주해』, 동국역경원, 2000, p.206 참조.
[7] 『능엄경』은 계율 선정 지혜 삼학 중에 혜학보다는 정학의 수선을 중시하는 입장을 취한다고 한다. 그런데 정학을 계학의 기초로 보고 강조하는 경이 또한 『능엄경』이라고 한다. 석전은 『계학약전』에서 이러한 『능엄경』의 계율 정신을 강조하고 있는데, 이것은 대처육식(帶妻肉食)에 대한 찬반 문제로 갑론을박하는 당시 불교계의 상황을 타개하고자 하는데 그 목적이 있었다고 했다.(김효탄, 앞의 책, pp.241~242.)

서 비롯된 것임을 밝힌 것도 그러한 비판과 뜻에 맥이 닿아 있다고 하겠다. 결국, 계율의 해이가 한국불교 쇠퇴의 커다란 원인이 되었고 시대의 변화에 적응하지 못하는 결과를 가져왔다고 본 것이다.

『불교사람요(佛敎史攬要)』(1930년대)는 불교사의 요점만을 추린 것으로 중앙불교전문학교 교재용으로 쓰인 듯하다. 총론을 보면 석가모니와 인도불교를 비롯해서 그것의 중국 전파는 물론, 한반도 및 일본 등까지의 전파와 전개를 서술하려고 한 듯하다. 그러나 지금 확인되는 것은 석가모니의 일대기를 다룬 '석가본행기'만 남아 있다. 이 책은 통불교사에 대한 기초적인 인식을 할 수 있도록 편찬된 것으로 보인다. 이런 점에서 이 책 또한 불교 교학의 영역에 넣을 수 있다.

이 밖에 석전의 불교통사에 대한 관심을 알 수 있는 것으로 「교주(敎主) 불타(佛陀)의 소역사(小歷史)」(『해동불보』 제1호), 「선문육조대사연기외기(禪門六祖大師緣起外紀)」(『해동불보』 제1호), 「종교사(宗敎史)」(『해동불보』 제6호) 등과 같은 글이 있다.

2) 근대식 불교학교 교과과정에 새로 편입된 교과서류

불교계 최초의 근대식 교육 기관인 명진학교(明進學校)가 설립된 이후, 그 뒤를 잇는 불교계 학교 교과 과정은 기존의 강원 교육제의 교과 과정과는 매우 다른 면모를 보인다. 산수 지리와 같은 근대적 문물을 습득하기 위한 교과가 편입된 것은 물론 불교학 분야에도 변화가 일어나 이전에 없던 유식학(唯識學)과 불교윤리학(佛敎論理學) 분야 교과가 편입된 것이다. 석전이 근대식 불교학교의 교과과정 편성에 관계했는지에 대해서는 잘 알 수 없다. 그러나 아래와 같은 저술들은 모두 이러한 변화된 교과 과정을 위한 저술로 추정된다.

『대승백법(大乘百法)・팔식규구(八識規矩)』(1931)는 『대승백법명문론

(大乘百法明門論)』과 『팔식규구』를 편의상 합본 회석 현토한 것이다.[8] 『대승백법명문론』은 본디 천친(天親)이 지었고 현장이 한역(漢譯)한 것으로 제법을 오위백법(五位百法)으로 나눌 수 있다는 유식학 논서이다. 이것을 현장의 제자 규기가 풀이한 것이 『대승백법명문론해』이다. 석전이 번역하고 회석한 것은 『대승백법명문론』〔현장 역, 규기(窺基) 해(解), 명욱(明昱) 보주(補註), 감산덕청(憨山德淸) 술의(述義)〕을 대본으로 한 것이다. 『팔식규구』는 명대(明代)의 보태(普泰)가 편찬한 『팔식규구보주(八識規矩補注)』(2권)를 석전이 번역하고 회석한 것으로 유식학의 정수이다.[9] 이 논서는 본디 인도의 세친이 유가(瑜伽) 100권의 정수를 뽑아서 만든 30송(頌)에 근거를 둔 것인데, 이것은 후학들이 쉽게 배울 수 있도록 길을 열어주기 위해 편찬한 것이라고 한다.

이상에서 『대승백법명문』이나 『팔식규구』는 유식종의 중요 논서임을 알 수 있다. 그럼에도 유식학 관련 논서나 뒤에서 언급할 『인명론(因明論)』 등은 우리의 전통적인 강원에서는 정규 교과로 채택하지 않았다.[10] 그런데 이 논서들은 당시 근대적 불교 고등교육기관인 중앙학림 예과 교과과정에 들어 있어 그것이 교재로 사용되었음을 알 수 있다.[11]

---

[8] 모두 유식종(唯識宗)의 논서로 본래 각기 한 책이나 편의상 합본한 것으로 보인다. 1984년 백양사에 발행한 『인명론』은 위 두 논서에 『인명입정이론』까지 합본되어 있다. 이것은 석전이 중앙학림에서 교재로 쓰면서 편의상 합본한 것으로 보인다. 백양사본 『인명론』의 「三論序」 참조.
[9] 『불광대사전(佛光大辭典)』 '팔식규구보주(八識規矩補注)' 항목 참조.
[10] 조선 중엽 이후 강원에서는 그 교과과정 교재로 사집과에서는 『서장』・『도서』・『선요』・『절요』 등을, 사교과에서는 『능엄경』・『기신론』・『금강반야경』・『원각경』 등을, 대교과에서는 『화엄경』・『염송』・『전등록』 등을 채택하였다. 이들은 대체로 대승경전이나 선서(禪書)에 속하는 것들이다.
[11] 1915년 인가된 4년제 학교인 중앙학림에서는 예과의 교과 과정에 『백법론』・『팔식규구급인명론』・『유식론』 등을 두어 교수했다.(이능화의 『조선불교통사』 하, 참조.) 백양사본 『인명론』(불기2532년 간행본)의 서문에 따르면 석전의 이 책이 중앙학림의 위 두 교과과정의 교재로 쓰였음이 분명하다. 한편, 당시 중앙학림의 교과과정 설치에 누가 관여했는지는 정확히 알 수 없으나 석전이 당시 중앙학림 강사로 있었고, 그 후신인 중앙불교전문학교의 교과과정에 유식학이 들어있고 그 담당 교수로 석전이 명시되어 있는 것을 보면 석전이 중앙학림 교과과정 개설에 관여했을 가능성이 크다.

유식불교는 근대 동아시아 불교에서 매우 주목된 불교학 분야였다. 유식불교는 본래 인도불교에 속하는 것으로 현장에 의해서 중국에 소개되고 그의 제자 규기에 의해 주석이 가해졌지만 오랫동안 일실되었다가 1900년 이후에 일본에서 중국에 역수입되었다. 중국 근대 불교계에서 유식불교는 논리적이고 분석적인 성격 때문에 칸트나 헤겔 같은 서양 관념론을 대치할 수 있는 좋은 대안으로 여겨졌다. 나아가 그것은 서양과 중국 전통사상의 계합적 역할을 할 수 있다고 생각했었던 같다.[12] 석전은 당시대를 살며 중국 불교계나 일본 불교계의 동향을 알고 있었던 만큼 그것의 근대적 효용성에 새삼 주목했었던 것으로 보인다.[13]

『인명입정리론(因明入正理論)』〔회석(會釋), 1916〕은 인도의 상갈라주(商羯羅主) 보살이 지은『인명입정리론』을 당나라 현장 법사가 번역하고 명나라 서촉(西蜀) 사문(沙門) 명욱(明昱)이 소(疏)한 것을 대본으로 석전이 보해(補解)하여 회석(會釋)한 불교 논리학서이다. 상갈라주는『인명정리문론(因明正理門論)』을 지어 새로운 인명학의 체계를 세운 진나(陳那)의 제자로, 그의『인명입정리론』은 바로 진나의『인명정리문론』을 보정(補整)한 것이다. 이것이 중국에 전해진 것은 현장에 의해서이고 그 제자인 규기가 이것을 해석하여『인명입정리론소(因明入正理論疏)』를 지었다. 규기의『인명입정리론소』는 신인명논소 중에서 가장 믿을 만한 것으로 인명학 공부에서 중요한 책으로 꼽히고 있다.[14] 우리나라에서는 원효(元曉), 도증(道證), 순영(順璟) 등이 인명학에 관한 저술을 남겼으나 지금은 전하는 것이 없다.[15] 박한영의『인명입정리론회석(因明入正理論會釋)』은 앞 선

---

12 김제란,「중국의 근대화와 불교」,『불교평론』22호, 2005. 봄, pp.28~29.
13 석전은 근대 동아시아 불교, 특히 근대 중국 불교계에 관심이 많았다. 그가 불교사상이 녹아들어있는 담사동의『인학(仁學)』을 1912년 처음으로 이 땅에 번역 소개한 것이나, 1933년 중앙불교전문학교 졸업반 학생들과 중국 남경의 중국 근대불교의 산실인 금릉각경처(金陵刻經處)를 다녀온 것도 그러한 관심의 일단이라 할 수 있다.
14 박한영 회석,『인명입정이론』의 3면의 증주(增註) 참조.
15 원효는 일찍이『인명론소(因明論疏)』1권,『인명입정리론기(因明入正理論記)』1권,『판비량

이러한 작업을 모으거나 참고하여 해석한 것이다. 특히 석전의 이 인명서가 주목되는 점은 그가 이 책의 앞부분에서 인명도표(因明圖表)를 넣어 인도의 고인명과 신인명, 그리고 서양의 형식논리학과 비교하여 인명학과 형식논리학의 차이점을 다섯 가지로 설명하고 있는 점이다. 석전은 그 차이점을 아래와 같이 들고 있다.

- 형식논리학인 삼단논법이 사고의 법식인데 비해 인명은 담론의 규정이다.
- 삼단논법이 단안(斷案)을 연역하는 것이라면 인명은 단안을 증명하는 것이다.
- 삼단논법이 사고의 정당함을 목적으로 하는 것이라면 인명은 승패를 목적으로 한다.
- 삼단논법은 인명처럼 과실론(過失論)에 중점을 두지 않는다.
- 삼단논법은 인명처럼 귀납적인 가미(加味)를 포함하지 않는다.

석전은 이러한 비교를 통해서 인명논리는 자신을 깨치기 위한 것[子悟]이라기보다는 상대를 깨치기 위한 논리학[他悟]이라 규정하였다. 한편 고대 인도의 인명학은 본디 족목(足目)이란 이가 개창한 것이라고 한다. 고대 인도에서 여러 종파 간에 자신들의 입장을 세우기 위해 쟁론이 분분한 적이 있는데 인명학파 또한 이러한 종파들 중의 하나라고 한다.[16] 석전은 이러한 인명학의 역사적 역할과 성격을 매우 심각하게 인식한 것 같다. 인명학은 중앙학림은 물론 지방학림과 그 뒤를 이은 중앙불교 전문학교의 교과 과정에 들어 있는데,[17] 석전은 이들 학교에서 강사와 교장을 지내면

론(判比量論)』 1권 등의 불교 논리학서를 지었으나 현재 판비량론만 전할 뿐 나머지는 일실되었다고 한다. 『한국불교찬술문헌총록』, 동국대학교불교문화연구소 편, 1976. p.7. 이정 편, 『한국불교인명사전』의 '한국불교찬술문헌목록' 참조.

16 박한영, 앞의 책, p2, p.3. 참조.
17 불교 중앙학림 교과과정은 이능화 편, 『조선불교통사』 하 참조. 중앙불교전문학교 교과 과정은 중앙불교전문학교 교우회 회보인 『일광(一光)』에 보인다. 중앙불교전문학교에서 인명학을 주로 담당한 이는 김영수이다. 김영수는 석전을 따랐던 승려출신 교수로 그가 사용한 교

서 스스로 회석한『입명입정리론』을 교재로 사용한 것이다.

그렇다면 석전은 왜 인명논리학에 관심을 가지고 회석하기에 이르렀는 가? 석전의 의도를 단정할 수는 없지만 삼단논법에 근거한 서양학문에 맞서 재래의 불교 논리학을 장려하기 위한 것이라 생각된다. 이것은 그가 인명론을 유식학과 더불어 교과과정에 넣어 중시한 것과 동일한 맥락일 것이다. 한국불교사, 특히 선불교가 대세였던 조선시대 불교사에서 인명학에 대한 관심은 거의 없었던 것으로 보인다. 이른바 불립문자(不立文字)를 내세워 논리가 끊긴 적조(寂照)의 경지를 추구하는 선불교에서 논리학인 인명학은 배척될 수밖에 없었을 것이다. 석전은 선불교를 배척하지는 않았지만 선불교 중심의 한국 불교의 유풍이 끼친 폐해, 곧 지나치게 교학 불교를 배척하는 경향과 무애행의 폐해를 누구보다 심각하게 느끼고 인식한 터였다.

3) 선불교 문화 유신을 위한 저술

『정선염송급설화(精選拈頌及說話)』(1932)는 선문염송과 그에 대한 해설인 설화를 엮은 것으로, 석전이 이를 다시 엮고 현토한 것이다.[18] 본래『선문염송집(禪門拈頌集)』은 고려시대 진각국사(眞覺國師) 무의자(無衣子) 혜심(慧諶, 1178~1234)이 선문(禪門)에 전해지던 부처와 조사들의 염(拈)과 송(頌) 등 1,125칙을 채집해서 30권으로 묶은 것이다. 이『선문염송집』에서 그의 제자 각운(覺雲)이 절중한 것을 뽑아 추리고 자세한 해설을 붙여『선문염송설화』30권을 엮었다.[19] 석전은 이 중에서 '대각세존석가모니

재는 석전이 회석한 위의 책이었을 가능성이 높다.
[18] 필자가 확인한 본은 불기2959년(서기1932) 6월 18일 대원암에서 未定抄한 본이다.
[19] 이『선문염송설화』는 동명 이인인 고려말의 선승 귀곡 각운(龜谷覺雲)이 지었다는 설이 있다. 그것은 미천자(彌天子) 월저 도안(月渚道安)의 묘향산판본(妙香山板本)과 설암 추붕(雪巖秋鵬)의 흥양군(興陽郡) 능가사판본(楞伽寺板本)에 그 경위를 알 수 있는 화엄종예(華嚴宗裔) 우주옹(宇宙翁)이란 분의 발문이 빠져 오해되었기 때문이라고 한다. 그러나 무의자의『선문염송』에 해설을 붙인 것은 그 문도였던 각운임이 그 발문을 통해서 확인할 수 있다. 이에 대해선 백파 긍선이 편선한『염송급설화선』본의 유인본(동국대학교 중앙도서관 소장본)에 붙인 발문과 해설 참조.

불(大覺世尊釋迦牟尼佛)' 16칙, '서천응화현성(西天應化賢聖)' 7칙, '종문조사(宗門祖師)' 28칙을 정선한 것이다. 그런데 석전이 염송설화를 정선하면서 대본으로 삼은 것은 백파 긍선(白坡亘璇)의 『염송급설화선(拈頌及說話選)』본인 듯하다. 석전은 백파의 법손(法孫)으로 엄정한 지율(持律) 등 여러 면에서 백파의 가풍을 이었기 때문이다. 하지만 석전은 백파의 『염송급설화선』 중에서도 선문의 맥을 잇는 요점만을 추리고, 그 설화 또한 중복성이 있거나 번거로운 곳은 과감하게 산삭하여 편성했다.[20]

앞서 보았듯이 『선문염송집』은 진각국사 혜심이 1226년 조계산 수선사(修禪社)에 있을 때 엮은 것으로, 선문의 근원과 그 흐름을 정확히 알 수 있도록 하기 위해 작업한 것이다. 때문에 고려 시대에는 선문에서 반드시 읽어야 할 선서로 여겼으나, 조선조에 들어와서는 강력한 배불책으로 말미암아 산사에 깊이 감추어졌고, 조선후기에 이르러서야 다시 간행되기에 이른다.[21] 이것이 승려 교육의 일반적인 교과과정에 편입된 것은 조선 후기 강원교육 제도가 정착되면서부터라고 추정된다. 곧 강원의 대교과에 『화엄경(華嚴經)』, 『전등록(傳燈錄)』 등과 더불어 그 교과과정으로 설치되면서부터였다.[22]

석전이 '선문염송' 및 거기에 붙인 '설화'를 재편한 것은 대원암(大圓庵) 강원(1926년 설립)에서 교재로 사용하기 위해서였다. 그리고 석전은 1930년대 중앙불교전문학교 교장을 지내면서 유식학과 더불어 선문염송 과목을 담당하였는데,[23] 이 때도 이 교재를 사용했을 것이다.[24] 이처럼 석전이

---

20 주로 각운의 해설 부분이 꽤 산삭된 것을 볼 수 있다.
21 운허 용하 저, 『불교사전』, 동국역경원, 1988년 판, '선문염송설화' 및 '선문염송집' 항목 참조.
22 『선문염송집』이 전통 강원에서 교과서처럼 쓰인 것은 강원교육제가 정착되기 시작한 17세기 중엽부터라고 추정된다. 불교 전통 강원의 교육제도에 대해서는 남도영, 「한국사원 교육제도」, 『역사교육』 27집, 역사교육연구회, 1980, pp.43~49 참조. 현행 판본 중에 조선후기 고승인 월저도안이나 설암추붕의 서문이 들어 있는 것을 보아서도 그런 사실을 짐작할 수 있다.
23 『일광』(중앙불교전문학교 교우회 기관지) 제4호 1933년, p.64. '회원일람'항 '담임과목'난에

'선문염송'을 근대식 불교 고등교육과정에 설치하여 교육했던 것은 불교 교육의 외적 형식 요건은 바뀌었다 할지라도 불교교육의 뼈대에서 선문염송이 빠질 수 없다고 생각한 때문일 것이다.

한편, 석전은 전해오던 체재의 『선문염송집』과 그 설화를 그대로 교재로 사용하지는 않았다. 앞에서 살펴본 것처럼 그는 각운이 해설하고 백파가 뽑은 것을 그 대본으로 삼고 그것을 다시 정선한 것을 교재로 사용하였다. 이처럼 석전이 이전부터 전해지던 『선문염송집』과 그 설화를 재편해서 사용한 것은 무슨 의도에서일까? 먼저 그것은 불서 이외에도 근대식 교육 양식에 맞춰 가르쳐야 하다보니 짧은 기간 내에 배워야 할 분량과 맞아야 했을 것이고, 그러면서도 선문의 맥을 전수할 수 있도록 해야 했을 것이었다. 나아가, 『정선선문염송급설화』는 당시 선불교에 대한 불교계 내외의 잘못된 견해와 행태를 비판하고 차단하고자 하기 위한 것이 아닌가 한다. 다시 말해 그는 당시의 오도된 선불교문화를 실사구시적 입장에서 비판하고 새로운 선불교 문화를 정립하고자 하는데 뜻을 두었던 것으로 이해된다. 특히, 석전은 한국 선불교 문화의 무애행적 행태에 매우 비판적이었다. 그는 무애행의 행태가 선서(禪書)에서 잘못 인용하고 고쳐 이해한 데서 비롯되었다고 보고, 『전등록』을 상세히 검토하고 『선문염송』을 수색하여 그것이 잘못 되었음을 밝히고 있다.

석전이 '염송'과 '유식학' 담당자로 되어 있다.
24 한편, 석전은 중앙불교전문학교의 전신인 '불교고등강숙(佛敎高等講塾)'('명진학교' 후신으로 1914년 개교), 그리고 그 후신으로 1916년 개교한 '불교중앙학림(佛敎中央學林)' 등의 강사로 불교학 분야 교과목을 담당하였는데, 이들 학교에서는 불교학에 드는 교과목으로 『화엄경』·『전등록』 등과 더불어 『선문염송』을 두고 있었던 것을 보면 석전은 중앙불교전문학교 이전의 강원이 아닌 근대식 교육기관에서도 선문염송을 강의했던 것임을 추정할 수 있다.(위 근대적 불교학교의 교육과정에 대해서는 남도영의 앞의 글 참조) 따라서 석전은 근대적 교육과정에 맞는 불교학 분야 교과목의 선정과 그 교재의 내용은 물론 양식과 형태에 관심이 많았을 것으로 추정된다. 한편, 중앙학림을 잇고 중앙불교전문학교의 전신인 불교전수학교에 선문염송이 교과과정에 들어 있었는데, 당시 석전 이외는 아무도 그것을 감당할 만한 사람이 없었다고 한다. 그만큼 염송설화 부문에서 석전은 '전문가'였다.

전에 위산이 앙산에게 말하기를 '다만 그대의 눈이 바른 것만 귀하게 여길 따름이지, 자네의 행실은 말하지 않네(只貴子眼正, 不說子行履)'라고 말한 적이 있다. 근래 미친 선승의 무리들 중에 '불설(不說)'이란 두 글자를 고쳐 '불귀(不貴)'로 잘못 만들고, 또 선배의 '다만 도안(道眼)이 밝음만을 귀하게 여긴다(只貴道眼明正)'는 말을 인용하여 간음과 살생, 도적질과 망령된 말을 제멋대로 행하는 것을 무애행의 당연함으로 여겼다. …… 그리하여 와전되어 선문에 통행되길 '다만 그대의 눈이 깨끗한 것을 귀하게 여기고 그대의 행동은 귀하게 여기지 않는다.(只貴子眼(淨), 不(貴)子行履)'라고 되어 있다. 이를 듣는 자가 살피지 않고 오직 그림자만을 쫓고 그 방자한 행동만을 따라 좋아하니 선단(禪團)이 와해되어 그 해가 홍수보다 심하다. 내가 전에 그것을 듣고 회의를 품었다. …… 그리하여 『전등록』과 『선문염송』의 본장을 자세히 검토하게 되었는데 아래와 같은 말이 있었다. (후략)[25]

이 밖에도 그가 선수행의 핵심을 간요하게 소개한 「선학요령(禪學要領)」을 번역한 것이나, 「선화칠난(禪話七難)」, 「야호화석유교의조의(野狐話釋有敎意祖意)」 등의 글, 그리고 선가(禪家)의 불립문자설(不立文字說)이 부처의 친언(親言)이 아니라는 것[26], 깨달음 뒤에도 수행이 이어져야 함을 강조한 것[27] 등도 선수행이나 선에 대한 바른 이해를 도모하고 소위 바른 선불교 문화를 형성하고자한 의도에서 나온 저술행위라 생각된다. 특히 『육조단경』에 대한 강의인 「법보단경해수일적강의(法寶壇經海水一滴講義)」 또한 위와 같은 맥락의 소산일 것이다. 그런데 그의 주장은 모두 철저한 문헌적 근거를 들어 행해지고 있다. 이런 점에서 그의 불교 교학은 학구적이며 실사구시적이라고 할 수 있다.[28]

---

25 박한영, 『석림수필(石林隨筆)』, 제1칙 「一言訛傳害濫洪水」.
26 박한영, 앞의 책, 제19칙 「禪之不立文字功不補過」.
27 박한영, 앞의 책, 제17칙 「悟亦不爲衆禍門乎」.
28 석전은 한국의 전통불교를 뿌리째 무시하고 뿌리째 잘라내고자 한 것은 아니었다. 한국의 선불교 문화에 뿌리박고 있었던 '진귀조사설'이나 '삼처전심설' 또 '공안' 등이 선의 수행이나

4) 번역 및 역술

한편 불교 교학 관련 역서로 담사동의 『인학(仁學)』을 번역한 「인학절본(仁學節本)」이 주목된다. 『조선불교월보(朝鮮佛敎月報)』에 모두 7회에 걸쳐 번역 연재된[29] 『인학』은, 청나라 말기의 사상가 담사동이 1896년에 지은 것이다. 그러나 그것이 세상에 알려진 것은 1899년 1월 2일 일본 요코하마에서 출판된 『청의보(淸議報)』와, 1899년 1월 31일 상해에서 출판된 『동아시보(東亞時報)』에 처음 발표되면서였다.[30] 석전이 어떤 경로를 통해서 『인학』을 접하게 되고 그것을 왜 이 땅에 소개하려고 한 경위에 대해서는 자세히 잘 알 수가 없다.[31] 석전이 『인학』을 『조선불교월보』에 연재한 시점은 1913년 1월로 그것이 출판된 지 15년만이다. 마침 석전이 불교 유신에 뜻을 두고 근대적 언론과 교육에 관심을 가지고 본격적인 근대적인 글을 쓰기 시작할 때였다. 그는 동서양의 다양한 지식에 관심이 많았고 힘이 닿는 대로 서적을 구해 읽었다.[32] 『인학』을 보고 번역 소개한 것도 이러한 과정에서 얻은 결과물일 것이다.

『인학』의 내용은 담사동이 서양에서 들어온 물리학의 '이태(以太, 에테르)' 개념을 빌어 '인(仁)'을 해석한 것이다. 곧 '인'은 천지 만물의 근원이며 그것은 '유심(唯心)'과 '유식(唯識)'에 다름 아니라는 것이다. 아울러 '인'과 '통(通)'의 기본관점에서 불인(不仁)과 불통(不通)한 것은 제거해야

한국 선가의 독특성에 공헌한 것을 인정하면서도, 이를 절대시함에 따르는 상대적인 문제점을 염려하고 그 문제점을 제기한 것이라고 한종만은 석전의 불교적 지향을 지적하고 있다. (한종만, 「박한영의 유신사상」, 『현대한국의 불교사상』, 한종만 편, 한길사, 1988, p.183 참조)

29 조선불교월보 제12호(1913.01)부터 제19호(1913.07)까지 연재되었는데, 『인학』의 50장(章) 중 14장이 번역 연재되다가 '미완'으로 중단됨.
30 蔡尙思·方行 編, 『譚嗣同全集』, 中華書局, 1998. p.7 참조.
31 석전은 『인학』을 번역 연재하면서 그것을 왜 번역해 싣는지에 대해서는 아무런 언급을 하지 않았다. 석전의 모든 저작이 단행본으로 묶여서 간행된 것이 아니면 서문이나 발문이 없다. 따라서 책을 내게 된 자세한 동기나 계기에 대해서는 잘 알 수 없는 것이 대부분이다.
32 석전은 평생 4만에 가까운 도서를 구해서 보고 읽었다고 한다. 그의 장서에는 우리나라의 고서, 중국이나 일본에서 출간된 서적 등을 아울렀다고 한다.

한다고 보았다. '유심'과 '유식'이라는 용어에서 알 수 있듯이『인학』에는 불교사상이 깊이 녹아들어 있다. 그런데 담사동이 인학을 저술한 목적은 자본주의에 바탕한 서양문명의 우수성을 인정하면서도 중국적 사상성으로 중국이 당면한 현실을 개혁해보려는 의지에서였다.[33] 석전이『인학』의 내용에 얼마만큼 공감하였는지 잘 알 수는 없다. 다만 석전이『인학』에 관심을 가지게 된 이유는 그것이 불교사상을 이용한 근대적 결과물이라는 점 때문이었을 것이다. 곧 서세동점의 당대적 상황에서도 담사동이 중국의 미래를 건설할 대안 사상으로 불교를 지목하고 거기에서 희망을 본 점에 공감한 것으로 추정된다.

석전의 역술 작업 중에 주목되는 것은『법보단경』을 역술한 점이다.『법보단경』역술은「법보단경해수일적강의」라는 제목으로『해동불보』제3호(1914.01)에서 제8호(1914.06)까지 연재된 것으로 이 잡지가 폐간되면서 중단된 듯하다. 석전에 따르면『법보단경』은 달마대사의 법을 이은 육조 혜능의 진어(眞語)와 실어(實語)로 교(敎)와 교외(敎外)를 아우르는 종승(宗乘)의 법문(法門)이라 하였다.[34] 그런데 그 판본에 따라 차이가 심해 문제가 많아 육조의 뜻이 제대로 전해지지 않을 수 있다는 문제의식 때문에 당시 유통되던『법보단경』을 바로잡을 생각을 했던 것 같다.

> 壇經은 門人이 粗率筆之어늘 後來者가 妄覯裂之하야 彼此轉寫하야 陶陰이 不分하니 國師所謂把他壇經하야 改換添揉鄙譚하며 削除聖意하니 苦哉라, 吾宗이 衰矣라! 하니 是也니라. 吾欲見其善本하되 訪求無有라. 故로 校讐傳燈계 諸本하야 以加註辨하리라.[35]

---

[33]『사해(辭海)』의 저자는 담사동의 인학에 내재된 사상을, "중국의 현실을 옥죄고 있는 봉건제도와 예교(禮敎)를 배격하고, 서양의 자산계급의 정치와 경제 제도와 윤리 도덕적 원칙을 실현하자는 것이었다"라고 했다.『辭海』, 上海辭書出版社, '仁學' 항목)
[34]「법보단경해수일적강의」,『해동불보』제3호, p.28, p.29 참조.
[35] 앞의 글,『해동불보』제3호, p.30.(지금의 철자법과 띄어쓰기로 고친 것임)

석전이 보기에 『법보단경』은 혜능의 문인들이 거칠게 기록하고 뒷사람들마저 망녕되이 다루어 전사한데다 속된 말로 바꾸어 개작하는 바람에 혜능이 본래 말했던 뜻이 오히려 없어지는 지경에까지 이르렀다는 것이다. 때문에 『전등록』과 다른 판본들을 비교해서 바로잡고 주석을 붙여 변별한다는 것이다. 이 연재가 중도에 그치기는 하였지만 석전으로서는 상당한 결의를 가지고 작업에 임했던 것 같다. 한편 석전은 『법보단경』과 관련해 두 편의 논문을 더 써서 『법보단경』의 중요성을 강조하였다.[36]

이처럼 석전이 『법보단경』을 바로 잡아 역술의 장지(壯志)를 펼치려고 했던 이유는 앞에서 본 것처럼 『법보단경』이 부처의 언사를 기록한 교(敎)와 교외(敎外), 곧 교(敎)로 전할 수 없는 부처의 가르침을 모두 아우르는 종승의 법문이기 때문이었다. 여기서 석전의 선불교에 대한 입장을 볼 수 있는데, 한편 석전의 이런 입장은 한국불교의 중심을 이룬 선불교의 한국불교사적 위상을 인정하면서 한국불교의 정체성을 확인하는 일로 여긴 것은 아니었을까?

2. 한국불교의 역사자료 발굴 및 정리 자료

앞에서 본 것처럼 석전은 불교 교학 체계를 바로 잡고 근대화함으로써 전근대적인 당시불교계의 현실을 개혁할 수 있다고 판단했던 것 같다. 한편 또한 그는 불교계 개혁을 위해서는 한국 불교의 정체성을 확인하고 그 주체성을 확립할 필요가 있다고 생각했던 것 같다.

(전략) 또한 우리 불교인들도 유교사대부들의 습속을 그대로 배워 그 울타리를 한 걸음도 벗어날 수 없으니 습속을 익혔다는 것은 무엇을 이르는가? (그것은) 우리

---

36 『석전문초』의 「一句改造影響殊重」(제2칙), 「石室本出世荷澤立地明正」(제8칙).

동방이 중고 이래로 중국의 풍화를 입어서 눈에 박히고 머리에 든 것이 오직 중국의 것만을 옳게 여기고 나머지는 모르는 까닭에 중국 것 이외는 볼 만한 경전과 역사가 없다고 여기고 중국 것 이외는 말할 만한 시와 산문이 없다고 여기며 중국 이외는 말할 만한 인물이 없다고 여기고 중국 이외는 기록할 만한 사실이 없다고 여기고 심지어 성읍과 산천 누관과 풀 나무의 이름까지도 모두가 중국을 모방한 것이다. 그래서 중국 사람이 우리를 가리켜 '작은 중국[小中華]'이라 하였다. 이 '작은 중국'이라 함이 우리 동방의 영광이고 행운이라 할 것인가 아니면 우리 동방의 불행이라 할 것인가? 오직 이 때문에 우리 동방 사학이 밝지 못한 것이며 또한 이로 말미암아 불교 사학이 밝지 못한 것이다.(후략)[37]

  석전의 이 글은 한국불교의 사적(史蹟)을 찾아 연구해야 하는 목적을 다룬 글의 서문에 해당된다. 보다시피 중국 편향적이었던 우리 지식층 문화를 신랄하게 비판하고 있다. 과거 지배층을 이루었던 유교사대부 문화의 기풍이 오직 중국의 것만을 모방하는데 그쳐, 중국 것만이 옳고 이외의 것은 볼만한 것이 없다고 하는 관념이 심하다는 것이다. 그런데 문제는 우리 불교계 또한 이러한 의식과 풍습에서 조금도 벗어나지 못하고 습용하는 우를 범하고 있다는 비판이다. 석전은 이어진 논의에서 우리 불교사는 한때 동아시아 불교를 대표한 적이 있고, 그 연원이 중국과는 다른 점이 있음을 예시하고,[38] 그럼에도 우리 역사 속에서의 문헌적 열악함 때문에 제대로 밝혀지고 있지 못한 것을 보충하기 위해서 사적을 찾아내 세밀하게 탐구하는 것이 필요하다고 역설하고 있다. 그리고 그 과제로 ① 불교가 들어

---

37 「朝鮮 佛敎와 史蹟 尋究」, 『해동불보』 제8호, pp.2~5.(한문투 원문을 번역하고 지금의 철자법과 띄어쓰기로 고친 것임)
38 곧 가락국이 불타국이며 동해가의 금강산은 중향계란 설을 들어서 이는 인도에서 발생한 불교가 중국에 처음 전해진 것 보다 앞선 것이 틀림없다고 하여 한국불교의 연원이 오래된 것임을 주장하고, 그런데 일반인들에게는 고구려 소수림왕 2년에 처음 들어온 것으로 잘못 인식되어 있다고 하였다.

온 시초를 고구하고[佛法來渡之源委], ② 고승들의 전등 연기 사적을 밝히며[高僧傳燈之起緣], ③ 탑·사찰·불상·보물 등의 연혁을 고구하고[塔寺像寶之沿革], ④ 대장경판 금석문 등의 명칭과 사적을 밝히며[藏板金石之名蹟], ⑤ 건조하고 그린 미술품을 연구하고[建造製圖之美術], ⑥ 범패나 옛 음악을 보존하는 것[梵音古樂之保存] 등의 여섯 가지를 들고 있다. 한국불교의 정체성과 특성을 드러낼 수 있는 사업들이라 할 수 있다.

석전이 한국 불교의 정체성 찾기의 작업으로 크게 위와 같은 사업을 지목했는데, 구체적으로 이룬 성과는 '자료를 발굴한 것', '발굴하여 번역하고 주석한 것', '찬술류 및 논설류' 등이 그것이다.

석전은 먼저 기왕의 불교사에 대한 선인들의 업적에 주목해 번역하거나 주해를 붙여서 소개하고 있다. 여기에 드는 작업으로는 ①「대동선교고(大東禪敎考)」(『해동불보』 제1~6호), ②「조선교사유고(朝鮮敎史遺稿)」(『해동불보』 제6·8호), ③「백월보광지탑비명병서(白月葆光之塔碑銘幷序)」(『해동불보』 제4~8호) 등이 있다. 이 중에 ①은 다산(茶山) 정약용(丁若鏞)의 편저로, 우리나라 문헌은 물론 중국 쪽 기록까지 찾아 한국 불교사를 엮은 것이다. 석전은 이 책의 고구와 찬술의 실학적 면모에 크게 감명을 받고 이것을 번역하여 세상에 알리고 후세에 전한다고 했다.[39]

②는 『경국대전(經國大典)』의 '예전(禮典)' 같은 국가적 기록 문헌이나 성현(成俔)의 『용재총화(慵齋叢話)』 같은 개인의 '잡저(雜著)'를 통해 전해지는 불교 사적을 발췌하여 번역한 것이다. 이 또한 한국 불교사를 보충하기 위한 작업의 일환이라 할 것이다.

한편, ③은 신라 말 최치원(崔致遠)이 왕명을 받들어 지은 사산비명(四

---

[39] 『해동불보』 제2호, p.30 참조. 한편, 석전은 처음 이 책을 소개할 때 이 책의 조술자인 '자하산방(紫霞山房)'이 누구인지를 모르고 있었다. 그러다가 우연히 여러 역사서 가운데 이것이 실린 것을 보고 '자하산방'이 丁茶山임을 알았고, 거기에 발문을 쓴 윤동(尹峒) 또한 강진(康津)의 귤당(橘堂) 윤종수(尹鍾洙)임을 밝혔다. 이에 대한 전말을 변증한 것이 『해동불보』 제8호에 「大東禪敎考紫霞山房辨」이란 기사로 실려 있다.

山碑銘) 중의 하나인 「유당신라국양조국사교시대낭혜화상백월보광지탑비명병서(有唐新羅國兩朝國師敎諡大朗慧和尙白月葆光之塔碑銘幷序[卽聖住寺 無染國師碑])」를 번역하고 주해(註解)한 것으로 이것은 훗날 ⑤ 『정주사산비명(精註四山碑銘)』(1936)의 기초가 되었던 작업이라 추정된다.⁴⁰ 모두 4회에 걸쳐 이루어진 이 작업은 원문 자체가 전고가 많아 해득하기 까다로운 점도 있으나 그것의 난해한 곳들에 적절한 주해를 가하여 독자가 강독하는데 편의를 도모하고 있다. 곧 주해 과정에서 불교 경전과 유교경전, 제자백가는 물론 잡저, 자전류(字典類), 중국 시인들의 시문까지 광범위하게 인용하고 있는데, 주해자의 박식함이 아니면 감당하기 어려운 작업이다.

발굴 자료로는 한국 법등(法燈)의 전수(傳授) 관계를 밝히기 위한 고승 대덕들의 비명 또는 그와 관련된 석문 자료들로 석전이 직접 찬술한『석전문초』의 '석림초(石林草)' 소재한 사적기, 비명, 고승행적 등의 글과 더불어 한국 불교사 재구에 보완 관계를 가진다.

이 밖의 「연담(蓮潭)과 인악(仁岳)과의 관계」(『금강저(金剛杵)』 제20호, 1931)는 조선 후기 특히 18세기 후반의 지방 불교사를 이해하는데 한 관점을 제시해주는 기사이다. 연담과 인악은 18세기 학승으로 각각 호남과 영남지방의 불교 교학에 절대적인 영향을 끼친 인물이라는 것이다. 곧 호남지방의 사찰 강원에서는 연담의 사기(私記)를, 영남에서는 인악의 사기를 교재로 삼아 공부했다는 고증이다.

이상의 한국 불교의 역사 자료 발굴과 정리 작업은 석전과 같은 불교와 사적에 박학한 이가 아니면 감당할 수 없는 작업이다. 일제 강점기 불교 한

---

40 석전은 「精校四山碑銘註解緣起」(『석전문초』)에서 '사산비명'을 교감하고 주해하게 된 계기를 말하고 있다. 『정주사산비명』(『精校四山碑銘註解』와 동일한 책으로 보임)은 아직 필자가 보지 못하였다. 정신문화연구원(현 한국학중앙연구원)의 故 金知見 박사가 1987년 일본에 있던 것을 발견하여 학계에 보고한 바 있다. 김지견, 『정주사산비명 집주를 위한 연구』, 정신문화연구원, 1994, 「3.정주사산비명 발굴기」 pp.14~25 참조.

국학의 바탕을 세웠던 인물 중에 『한국사찰전서』를 편찬한 권상로, 『조선불교통사』를 편찬한 이능화 등과 더불어 석전 박한영은 그 중심적 위치에 있었다.[41]

3. 불교계의 각성과 개혁을 촉구하는 시사 논설

석전이 근대적 글쓰기를 시작한 것은 불교 유신의 뜻을 품고 상경하여 근대적 불교잡지인 『조선불교월보』 등에 글을 기고한 1912년 이후의 일로 추정된다. 따라서 이후에 잡지나 신문에 기고한 글은 대부분 당시 불교계의 폐습을 개혁하고 구시대적인 불교인의 행태를 고발하며 근대적 자각을 촉구하는 글들이다. 또한 불교의 현대적 의의 등을 다룬 글과, 도제(불교인) 양성, 교육, 포교 등을 주제로 쓴 논설과 수상도 여기에 속한다. 그런데 이러한 논설류는 불교에 대한 믿음과 자긍심에 바탕을 두고 전개되고 있음을 볼 수 있다. 그리고 겉만의 유신이 아닌 실질적인 개혁이 되어서 주체적인 불교와 불교계를 형성해야 한다는 주장이 불교적 지성으로 걸러진 어조 속에 녹아 있는 것을 볼 수 있다.

> 부처의 바다[佛海]라고 하는 것은 그 입교(立敎)와 법문(法門)이 왕양충융(汪洋冲融)하여 묘망난측(渺望難測)함을 이른다. …… 이른바 유물적 세계에 대한 학리(學理)는 세계의 전문 박사들에게 물으면 그 방편이 있을 거니와 유심적(唯心的) 학리의 정종(正宗)을 거슬러 올라가 고구해보면 아마도 불교보다 나은 것이 없다는 것이 지금 천하 철학자들의 일반적인 논의이다. 일체법에 대한 유심적 논리는 위로부터 여러 부처와 조사들께서 말씀하셨기 때문에 그 교전(敎銓)과 선칙(禪則)이 만

---

[41] 일본인 불교학자 누카리야 카이텐(忽滑谷快天)이 석전의 구술을 토대로 『조선선교사』를 저술했다는 것은 유명한 일화이다. 한편 근대기의 국학을 대표한 위당 정인보나 육당 최남선 등의 저작을 보면 그들의 국학적 성과에 석전의 영향이 적지 않았음을 알 수 있다.

천을 헤아린다. 그리고 입도(入道)와 행문(行門)이 두 세 방면에 그치지 않고 이렇듯 많은 것은 중생의 근기가 같지 않은 까닭이다. (후략)[42]

석전은 물리적 세계에 대한 학문인 자연학에 대해서는 세계의 전문 학자들의 연구 성과에 기댄다하더라도 인문학이라 할 유심적 세계에 대한 학적 궁리는 불교만한 것이 없다고 했다. 불교는 크게 교(敎)와 선(禪)이라는 두 가지 방편을 통해서 입도 행문하는 것이지만 그것이 또 수천이 되는 것은 중생의 근기에 맞게 대응해서 방편을 설한 때문이라는 것이다. 학리적 넓이와 깊이에 있어서 불교만한 것이 없으니 불교에 근거해서 세계의 모든 학리를 귀납시킬 수 있다는 견해가 가능하다. 이러한 석전의 동서양 학문에 대한 관점은 동도서기적(東道西器的) 관점이 바탕이 된 것이면서도 불교의 인문학적 깊이와 폭에 자부심이 묻어나는 글이다. 한편 그의 글

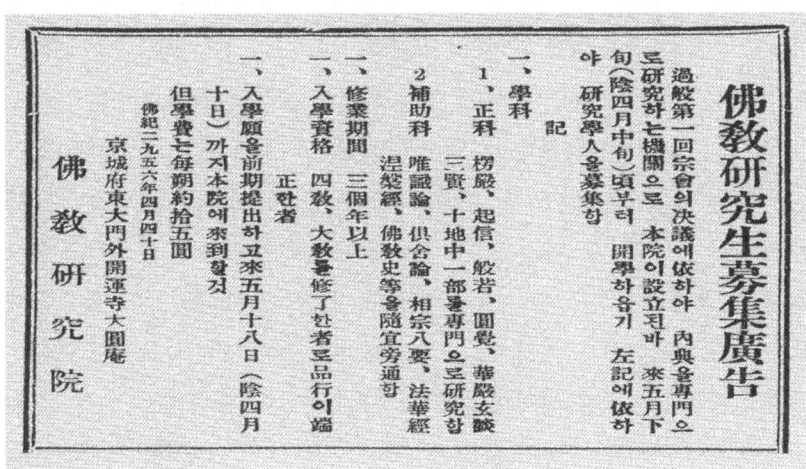

▮ 불교연구원의 연구생 모집광고

42 박한영, 「佛海에 易知한 學理」, 『해동불보』 제1~2호에 연재.(한문투를 번역하고 지금의 철자법과 띄어쓰기로 고친 것임)

은 아주 짧은 글에서조차 사실과 문헌상의 근거를 드는 일이 철저하다. 이런 점에서 그의 글은 실사구시적 성향을 띤다고 할 수 있다.

Ⅲ. 박한영 저술의 근대불교학적 의의

앞서 본 것처럼 박한영의 저역서(著譯書)에는 번역과 역술(譯述)이 상당한 비중을 차지하고 있음을 알 수 있다. 이 중에 번역서는 그와 동시대의 중국이나 일본에서 나온 불교관련 저작을 번역한 것이고 역술서들은 주로 옛 조사(祖師)들의 어록류(語錄類)에서 발췌하여 역술한 것들이다. 이들 번역서 가운데 중국 근대 사상가인 담사동의 『인학』을 현토한 『인학절본』은 완역은 아니지만 담사동이 죽은 지 15년도 안 된 시점에 번역 소개한 것이어서 주목할 만하다.[43] 한편 『육조단경』이나 조사들의 어록을 발췌하여 역술한 것들은 전통적인 해석에 대한 석전의 실사구시적 교정 작업이라 할 수 있다. 그런데 이러한 석전의 역술작업의 의미는 단순히 여기에만 그치지 않는 것으로 보인다. 곧 그것은 일본과 중국에서 새롭게 재편되어 들어온 불교 사상과 그 문화, 그리고 서양에서 들어온 기독교 사상이나 신사조 등이 초래한 당시 복잡한 종교 환경에 대응하고 사상적 주체성을 확보하기 위한 기획으로 보이기 때문이다. 그것은 결국 한국 불교와 불교계의 주체성 확립을 위한 차원에서 기획된 것이었음을 추정케 한다. 이런 점은

---

43 담사동은 중국 근대의 거사불교(居士佛敎)의 대표자로 알려진 양문회(楊文會) 문하에서 불교를 공부하고 연구했는데 그는 『인학』에서 중국의 전통사상인 유교나 도교는 물론 서양에서 들어온 기독교 사상 등을 비판하고 중국사회의 새로운 지도 이념으로 불교 사상을 중심으로 한 새로운 사상체계를 구성해 보려했다. 따라서 석전이 이러한 저작을 비교적 이른 시기에 번역해 『조선불교월보』에 연재한 사실은 특기할 만하다고 할 것이다.

석전이 불교와 불교계의 유신을 주장하고 계몽을 촉구하면서도 어설픈 개화 담론에 따른 불교계의 유신 풍조를 강력하게 비판한 점에서도 짐작할 수 있다.

한편, 그의 교학 관련 편저술은 새로운 시대의 불교인을 양성하기 위해 마련된 교재로서의 성격이 강한 것들이다. 이러한 저술은 대체로 그의 박학을 통해서 얻어진 것으로, 전통불교학에 기초를 두면서도 새 시대에 맞게 새롭게 산삭하고 풀이하여 엮었다. 특히 주목되는 저술은 유식학과 인명학 계통의 책들이다. 주지하다시피 인명학은 고대 인도의 논리학이면서 불교논리학이다. 석전은 중국의 역대 인명학 주석을 모은 『인명입정리론회석』에서 서양의 3단논법과 인명논리를 배대(排對)하여 그것의 각기 다른 특징을 설명하고 도표화하여 인명논리의 우수성을 보이고 있다. 이러한 인명논리는 동아시아 근대불교학에서 특별히 중시된 것으로 보이는데, 근대기 한국불교계에서는 양건식과 한용운, 그리고 박한영이 특별히 주목한 것으로 추정된다.[44] 특히 박한영이 불교중앙학림과 중앙불교전문학교 같은 근대식 불교 학교의 교과과정에 편입하여 교육한 사실은 주목해야 할 점이다. 그것은 근대불교학의 정립을 위한 석전의 의지와 한 노력에 다름 아니기 때문이다. 따라서 석전의 불교학은 불교 교육학적 성격이 강한 것임을 알 수 있다.

석전이 잡지나 신문에 기고한 글들은 시사성이 강하면서도 어떤 경우에는 인문학적 깊이를 느끼게 한다. 다시 말해 그것들은 당장의 현안들에 대한 합리적인 대안이면서 개혁을 위한 대안인 것이 적지 않다. 그리고 그의 글들은 당시 물밀 듯이 들어와 당대사회를 석권하던 외래 사조에 주체적

---

44 양건식은 『불교진흥회월보』 제8,9호(1915)에 '인명학개론'을 연재하였는데, 아마도 이 글은 근대기 우리나라에서 인명학을 근대적 글쓰기 방식으로 설명한 최초의 근대적 논문이라 생각된다. 한용운의 경우 스스로 말을 잘하게 된 것이 인명학서를 반복해서 여러 번 보았기 때문이라는 언급 외에는 별도의 저서가 보이지 않는다.

으로 대응하기 위한 것이었다. 나아가 석전의 글이 때로 우리의 눈을 주목케 하는 것은 그의 글에서 인간과 세계에 대한 깊은 사유와 통찰을 느낄 수 있는 점 때문이다. 이런 점에서 석전의 글은 당시 한국불교계와 민족을 넘어서 인류의 미래적 가치를 담보해낼 수 있는 보편적 가치를 지닌다고 할 수 있다.

　박한영의 저술의 외적 양태, 곧 표기문자와 양식은 전근대적 속성을 띠고 있다. 그러나 그의 저술의 편성적 속성이나 거기에 반영된 불교학에 대한 태도나 의식 등은 구태를 벗어버린 근대불교학적 속성이 강하다. 따라서 석전은 전근대적인 교육 방식을 통해서 불교 교학자가 되었지만 그는 이미 근대적 불교학자였던 것이다. 그가 근대식 학교에서 오랜 동안 교편을 잡을 수 있었던 것도 그의 전근대적 외양과는 다른 내면의 불교적 지성이 근대성을 띠고 있었기 때문이었을 것이다. ▮김상일

중국근대 신불교 운동과
『대승기신론』 논쟁

I. 근대 신불교 운동의 배경

　중국 근대 신불교 운동이란 중국 근현대에 일어난 불교 내부의 혁신운동을 의미하고, 이에 참여한 사람들은 근현대 사상가들 거의 전부를 망라한다.[1] 예컨대 중국불교 부흥의 아버지라고 불리우는 양문회(楊文會)는 구양경무(歐陽竟無)와 매광희(梅光羲) 등을 격려하여 불교 연구에 몰두하게 하였고, 이후 태허(太虛) 대사와 한청정(韓淸淨) 등의 학자들이 합류하였다. 이러한 활동은 강유위(康有爲), 장태염(章太炎), 여징(呂澂), 담사동(譚嗣同), 양계초(梁啓超), 양수명(梁漱溟), 웅십력(熊十力) 등 당시 학자들에게 큰 영향을 주었고, 그들 모두를 불교에 관심을 기울이게 하였다.[2] 승려

---

[1] 근대 신불교운동은 광의로는 근대에 이루어진 불교혁신 운동 전체를 가리키며, 그런 의미에서는 근대불교 사상가 대부분이 이 운동에 참여했다고 볼 수 있다. 그러나 협의로는 太虛의 인간불교 및 불교개혁운동을 가리킨다.
[2] Wei Tat, *Ch'eng Wei-Shih Lun*, Introduction, pp.13~16.

뿐 아니라 이들 재가 불교인 내지 학자들이 바로 신불교운동의 주역이라고 할 수 있다.³ 그런데 당시 『대승기신론』(이하 『기신론』으로 줄임)을 둘러싸고 이루어진 논쟁에 이들 대부분의 사상가들이 참여하였고 또 그 과정에서 불교를 보는 자신들의 시각을 잘 보여준 만큼, 이 논쟁을 통하여 신불교 운동과 『기신론』의 관계를 살펴보는 것도 신불교 운동의 성격을 이해하는 한 가지 방법이 될 수 있을 것이다.

중국 근대 시기에 불교가 맡은 역할은 매우 독특하다. 아편전쟁(1840)과 청일전쟁(1894)으로 대변되는 서양 제국주의의 침략과 그로 인한 민족주의의 위기를 본질로 하는 중국 근대에서, 전통 사상인 불교는 동·서문화 교류의 계합점이자 서양 철학에 대항하는 사상적 무기로서의 역할을 수행하였다.⁴ 『기신론』이 다시 관심을 끌게 된 계기도 특이하다. 이 당시 서양 사상이 시대적인 사조로 대두하면서 전통철학 중 주도적인 위치에 있었던 주자학의 누르던 힘이 약화되고, 그 영향으로 대승불교에 대한 연구가 심화되었던 것이다. 법상 유식불교는 그 논리적이고 분석적인 성격 때문에 칸트나 헤겔같은 서양 관념론을 대치할 수 있는 좋은 대안으로 여겨졌다. 그런데 『기신론』 계통의 법성종은 인간이 본래 불성을 가지고 있고 종교적 실천을 통하여 그 불성의 깨달음에 도달할 수 있다고 본다. 따라서 유식 불교와 같이 서양철학과 대응할 수 있는 철학적 논리 체계에 비중을 두어야 하는지, 아니면 『기신론』과 같이 중국전통의 깨달음에 기반을 둔 종교성을 강조해야 하는지의 문제가 대두하게 되었다. 여기에서 인도 유식불교의 계보를 이은 현장(玄奘)-규기(窺基) 계열의 법상 유식불교를 진정한 불교 철학으로 볼 것인가, 아니면 중국적 전통을 이은 『기신론』을

---

3 陽啓超, 『淸代學術槪論』 전인영 옮김, 『중국근대의 지식인』, 혜안, 2005, p.220. 예컨대 담사동(譚嗣同)은 양문회에게 1년 동안 수학하고, 그에게 배운 학문을 바탕으로 『인학(仁學)』을 저술하였다. 또 이를 양계초와 강유위에게 전수하였고, 이들은 자신의 학설로 불설을 논평하였다. 장태염도 법상종을 좋아하여 저술을 남겼다.
4 盧升法, 『佛學與現代新儒家』, p.235.

진정한 불교 철학으로 볼 것인가 하는 논쟁이 생겨나게 되었다. 서양 문화의 충격으로 동양의 전통 철학을 반성하게 되는 지성적이고 비판적인 분위기에서, 지적인 이해가 없는 신앙은 의미가 없다고 생각하는 지식인들은 신앙을 강조하는『기신론』을 비판하였다. 반면에『기신론』이 중국 불교의 핵심이라고 생각하는 학자들은 그를 비판하는 것은 중국의 정신 자체를 비판하는 것이라는 생각에서 이러한 비판에 대항하였다.

실제로 1920년대 이래 중국 불교학계에서는『기신론』을 둘러싸고 격렬한 논쟁을 전개하였다.5 이 논쟁은 구체적으로『기신론』과 중국・인도불교와의 관계, 교판 이론, 불교 연구방법 등과 관련되면서 이루어졌다. 시기적으로는 1920년대 구양경무와 태허의 논쟁, 이들을 이은 남경내학원(南京內學院)과 무창불학원(武昌佛學院) 학자들의 논쟁, 1950년대 인순(仁順)과 여징(呂澂)의 논쟁 등으로 이어지며 심화되었다.『기신론』을 비판하는 구양경무의 입장은 후대에 장태염, 왕은양(王恩洋) 등 내학원 학자들과 여징의 견해로 계승되며, 이러한 견해에 반대하고『기신론』의 가치를 높이는 태허의 입장은 양계초, 진유동(陳維東), 당대원(唐大圓) 등 불학원 학자들과 인순의 견해로 이어졌다. 이 글에서는 우선『기신론』의 중요성을 먼저 제시한 양문회의 견해를 살펴보고, 이후『기신론』을 둘러싼 두 입장의 차이를 비교하고 그러한 차이를 가능하게 한 철학적 근거를 찾아보려고 한다. 그리고 중국 근대 신불교운동이 결국『기신론』을 추종하는 입장

---

5 1922년 太虛, 殷太如, 蔣竹庄 등은 무창의 불학원에서, 邱晞明, 呂澂, 熊十力, 陳銘樞 등은 남경의 內學院에서 논쟁을 벌였다. 歐陽竟無는『唯識抉擇論』을 지어『대승기신론』의 진여와 무명의 관계에 대해 여러 가지로 반박하였다. 이 해에 太虛는 武昌佛學院을 창립하고, 다음 해에『佛法抉擇談』을 지어 구양경무의 학설을 반박하고『대승기신론』을 옹호하였다. 그러자 구양경무는 제자인 王恩洋에게 그에 대한 대답을 쓰도록 하였다. 당시 梁任公은『大乘起信論考證』을 지었는데, 주로 일본 불교계의 주장에 근거하여 서술한 것이다. 그리하여 그는『대승기신론』이 당 나라 사람의 저작이고 인도에는 이 책이 없었다고 단정하였다. 그러나 그 학술은 높이 추앙할 만하며 가장 발달된 형태의 불교이고, 따라서 중국 불교는 인도 불교에 비해 훨씬 뛰어난 것이라고 주장하였다. 1923년 王恩洋이『起信論料簡』을 출판하였고, 무창 불학원에서는『대승기신론』연구전서를 출간하여 왕은양의 견해를 반박하였다. 자세한 내용은 3장으로 미룬다.

과 어떤 관련을 가지는지, 철학적인 면에서 어떤 공통점을 지니는지 살펴보고자 한다.

Ⅱ. 근대 신불교 운동의 시작 : 양문회와 『대승기신론』

1. 양문회의 『대승기신론』 이해

근대 신불교 운동에서 가장 먼저 언급해야 할 인물은 양문회(1837~1911)이다. '중국불교 부흥의 아버지'로 불리우는[6] 양문회의 사상은 의심할 바 없이 혁신적 경향을 가지지만, 중국 전통 사상을 근거로 한 것이다. 양계초가 "청말 신학가들 가운데 불교와 관련없는 사람은 한 사람도 없으며, 진심으로 불교를 믿은 사람은 모두 양문회에게 귀의하였다"[7]라고 할 정도로 당시 그의 영향력은 대단히 컸다. 그는 특이한 경력의 소유자로, "젊은 나이에 증국번의 막료가 되어 그를 보좌하였고, 영국에 파견되기도 하였다. 그는 예전부터 불경에 마음을 기울여 학문이 넓었고, 불교의 도에서 높은 경지에 이르렀다. 만년에 남경에 은거하여 불교 경전을 간행하고, 불법을 넓히는 데 전념하였다. 선통 3년, 신해혁명 하루 전에 입적하였다. 양문회는 '법상', '화엄'의 양종에 정통하였고, '정토' 신앙을 학자들에게 가르쳐 학자들은 점차 그를 존경하게 되었다"[8]고 한다. 남길부는 "현대중

---

[6] 哈佛大學 東亞硏究中心의 Hoimes Welch 가 처음 그렇게 불렀다. 『楊仁山文集』, pp.32~33.
[7] 梁啓超, 앞의 책, p.220. "晩晴所謂新學家者, 殆無一不與佛學有關係, 而凡有眞信仰者, 率歸依文會."

국불교 부흥운동에 참여한 사람들이 많다고 하더라도, 그 중 가장 관건이 되는 인물은 양문회 선생이다"라고 단언한다.[9] 양문회는 첫째, 불교 교육을 혁신하였고, 둘째 불교 경전과 논서를 유통시켰으며, 불교 인재를 배양하여 불교 연구의 기풍을 조성하였다는 것이다.[10]

양문회는 1850년 우연히 『대승기신론』의 복사본을 발견하고 깊은 인상을 받아, 비록 유학자 가정에서 태어났지만 불교 연구에 몰두하기로 결정하였다. 불교에 대한 오랜 무관심과 불교에 적대적이었던 태평천국의 난(1851)으로 사찰이 파괴되는 등 혼란한 상황에서, 그는 불교 전적을 구하기 위해 애썼으나 상황이 여의치 않자 1866년 남경에 금릉각경처를 창립하고 불경 간행에 힘썼다. 1878년 그는 런던에서 막스 뮐러 교수를 만났고, 그를 통해 중국 대장경의 목록을 준비하고 있던 일본인 학자 난죠 분유(南條文雄, 1849~1927)[11]를 알게 되었다. 1890년에 그는 난죠에게 모아놓은 불교 전적들을 일본에서 보내달라는 편지를 썼고, 그 결과 중국 대장경 목록에 들어있지 않은 수백 권의 불교 전적, 특히 당(唐) 고덕의 주소들을 받을 수 있었다. 그 중에 당 대의 법장(法藏, 643~712)이 편찬한 『대승기신론의기』·『별기』가 있었고, 이로 인해 양문회는 『기신론』에 대해 새롭게 이해할 기반을 가지게 되었다.[12] 1901년 이 전적들을 간행한 뒤, 양문회는 많은 학자들을 모아서 불교 연구에 전념하게 하였다. 이러한 활동은 당시

---

8 梁啓超, 앞의 책, p.220.
9 藍吉富, 『楊仁山文集』, p.11.
10 藍吉富, 『楊仁山文集』, pp.26~32.
11 南條文雄은 일본 근대의 저명한 불교학자이다. 주요 저서에 『大明三藏聖教目錄』, 『校訂梵文法華經』 등이 있다. 양문회와의 교제로 근대 일본, 중국 불교교류사에 큰 역할을 하였다.
12 수집된 문헌들 속에는 현장(玄奘)의 『성유식론(成唯識論)』에 대한 규기(窺基)의 주석인 『성유식론술기(成唯識論述記)』가 포함되어 있었고, 또 둔륜(遁倫)의 『유가사지론기(瑜伽師地論記)』, 규기의 『법원의림장(法苑義林章)』, 그리고 불교 형식 논리학에 대한 진나(陳那)의 『인수론(因輸論)』과 규기의 『인명입정리론소(因明入正理論疏)』가 있었다. 이들 문헌들은 중국에서는 오래도록 일실되었던 것이다. 이런 문헌들로 인해서 유식 불교에 대한 연구도 새로이 일어나게 되었다.

불교계에 큰 영향을 주었고, 이것이 중국 근대 이후 불교가 새롭게 활성화된 배경이다.[13]

양문회는 젊어서 『기신론』을 만나면서 불교에 뜻을 두었을 뿐 아니라, 이후에도 『기신론』을 자기 사상의 근본으로 삼았다. "대승 불교의 기틀은 (기신론의 저자인) 마명에서 열렸다"라고 단언하였고, 만년에는 마명종(馬鳴宗)을 제창하기까지 하였다. 두 차례 유럽에 건너가 서구의 상황을 잘 알고 있었고 난죠 분유를 만나 깊은 친교를 맺었던 양문회는, 기독교가 성행하는 서양과 중국 포교를 시작한 일본의 정토진종 등을 의식하면서 『기신론』을 근본으로 하는 중국 불교를 세계에 펼치려고 생각하였다.[14] 그리하여 불교개혁 운동을 지속해가면 수년 뒤에 불교가 반드시 서양의 각 종교에 뒤떨어지지 않는 세계 제일등의 종교가 될 것이라고 단언하였다.[15] 영국 침례교회의 선교사였던 리차드 티모시(Richard Timothy, 1845~1919)에게 『기신론』을 선물하고, 흥미를 느낀 그가 번역할 결심으로 협력을 요청하였을 때 승낙한 것도 이 때문이었다. 이 영역 『대승기신론』은 1907년 상해에서 출판되었다. 그러나 티모시가 『기신론』을 영역하려는 의도는 서양인들에게 불교를 전파하려는 것이 아니라, 기독교를 바탕으로 중국의 불교도에게 복음을 전파하는 가능성으로 이용하려던 것이다. 티모시는 "대승의 신앙이란 불교가 아니라, 조물주와 구세주라는 기독교의 동일한 교의의 아시아적 양태이다"라는 기독교, 대승불교 일원론의 전제에서 번역하였고, 예컨대 '진여'의 개념을 조물주인 신(God)이라고 표현하였다. 물론 양문회는 티모시의 영역본이 불교를 활용하여 기독교를 끌어들이는 경향이 있다고 비판하였다.[16]

---

13 Wei Tat, 앞의 책, pp.13~16.
14 石井公成, 최연식 역, 「근대 아시아 여러나라에 있어서 『대승기신론』 연구의 동향」, 『불교학리뷰』, 1권1호, 금강대학교 불교문화연구소, p.174.
15 陳繼東, 『淸末佛敎の硏究』, 山喜房佛書林, 東京, 平成 15년, p.366.
16 陳繼東, 앞의 책, pp.331~336.

양문회의 불교사상이 이렇게『기신론』을 중심으로 이루어졌다는 점에는 의심의 여지가 없다.[17] 그는『기신론』이 불교를 배우는 최적의 입문서이고, 교문과 종문을 융통하고 여러 경전들을 통섭하여 포괄하는 대승 불교의 근본 경전이라고 보았다.[18] "이 논에 통달하면,『능엄경』·『능가경』·『화엄경』·『법화경』등의 경전은 자연히 쉽게 분명해진다"[19]라거나, "나는 항상『기신론』을 스승으로 삼는데, 이 논은 겨우 만여언의 말로 삼장(三藏)의 성교를 두루 꿰뚫을 수 있다"[20]라는 언급들이 곳곳에 보인다. 그런데 문제는 양문회가 이러한『기신론』을 어떤 방식으로 이해하고 있는가 하는 점이다. 논자는 그가 특히 법장과 그의 주소를 추숭하여, 법장의 소가 대승불교를 공부하는 핵심이라고 본 것에 주목하고자 한다. 양문회는 초기의 글에서『기신론』의 사상 내용을 성종(性宗)을 위주로 하되 성상(性相) 융통을 이끄는 불교 저작이라고 평가하고 있다.[21] 그리고『기신론』에 관한 또다른 발문에서 "현수 국사는 특히 소를 짓고, 대승종교로 판단하였다. 아래로는 소시(小始)에 접하고, 위로는 원돈(圓頓)에 통한다"라고 하였다.[22] 이 발문이 붙은 책은 당의 법장이 주소한 것이라고 알려져 온 것

---

17 楊文會의 불교 사상을 張華는 기신론 사상과 정토 사상이라고 요약하였고, 陳繼東은 기신론 사상과 화엄 불교라고 보고 있다. 그러나 화엄 불교의 이론적 근거는『기신론』에 있으므로, 화엄 사상을『기신론』사상에 포섭시켜 생각해도 될 듯하다. 梁啓超는 양문회가 '법상', '화엄'의 양종에 정통하였다고 평가한다. 일반적으로 양문회의 사상은 "敎宗賢首, 行在彌陀."로 요약된다. 사상적으로는 기신론 사상(법장)이고, 실천적으로는 정토 사상을 따랐다는 것이다.
18 楊文會,『答釋德高質疑十八問』, "起信論者, 此論宗敎圓融, 爲學拂之要典."
19 楊文會,『答釋德高質疑十八問』, 「與李櫓椽書」, "通達此論, 則楞嚴, 楞伽, 華嚴, 法華, 自易明了."
20 楊文會,『等不等觀雜錄』, 周繼旨 校点『楊仁山全集』, 「餘鄭陶侖書」, "鄙人常以大乘起信論爲師, 僅僅萬餘言, 遍能貫通三藏聖敎." (장화 p.81)
21 楊文會,『等不等觀雜錄』, "起信論雖專詮性宗, 然亦兼唯識法相. 蓋相非性不融, 性非相不顯."
22 양문회의 초기의 글이란『기신론』에 관한 발문인『起信論疏法類別錄跋』과『起信論眞妄生滅法相圖跋』이라는 두 편의 글이다. 1876년 함께 불교를 공부한 친구인 조경초가 장사각경처에서『대승기신론소』를 출간하였는데, 양문회는 과문을 수정하고 보충하여『기신론소법수별록발』을 짓고, 이 책의 부록으로『기신론법상도』를 편집하여『기신론진망생멸법상도발』을 지었다. 이 두 문헌은『等不等觀染錄』제3권 중에 현존해 있다. 이 문헌은 양문회가『기신론』에 대해 지은 최초의 발표글이다. 張華,『楊文會與中國近代佛敎思想轉型』, p.72.

을 장사각경처에서 판간한 것인데, 제대로 된 판본이 아니었다. 그러나 현수 법장의 판교 체계 중에서 『기신론』이 대승종교(大乘宗敎)에 속한다는 점은 양문회가 이 소에서 얻어낸 중요한 관점이다. 그리고 이 관점은 나중에 법장의 『대승기신론 의기』・『소기』를 얻어 간행하게 되었을 때, 더욱 분명해졌다.

  이 논은 오래된 소인데, 지금까지 수의 정영, 당의 현수, 해동의 원효라는 세 학자들에게만 보인다. 이들은 '기신론 삼대 주소'라고 불리운다. 각각 장점이 있지만, 그 중 현수의 소가 최고이다. 후대의 작자가 어떻게 여기에 도달하겠는가? 지금 일본에서 현수의 원본을 얻어 모아 간행하니, 대승불교를 공부하는 핵심이다.[23]

  주지하듯이, 법장의 오교 교판은 소승교(小乘敎), 대승시교(大乘始敎), 종교(終敎), 돈교(頓敎), 원교(圓敎)로 나누어진다.[24] 여기에서 양문회는 법장의 견해를 그대로 받아들여 『기신론』이 대승시교와 돈교・원교를 이어주는 종교(終敎)에 속한다고 본 것이다. 이것은 양문회가 『기신론』을 여래장연기설, 또는 진여연기설로 해석하고 있음을 의미한다.
  최근의 연구에 의하면, 『기신론』의 3대 주석자로 손꼽히는 혜원, 원효, 법장의 『기신론』 이해는 크게 둘로 나누어진다. 첫째, 법장은 『기신론』 사상을 '여래장연기종'으로 규정하는 동시에, 중관 사상과 유식 사상에 대한

---

23 『等不等觀雜錄』卷3,「賢首法集敍」, p.377. "此論古疏傳, 至今時者, 僅見三家, 隋之淨影, 唐之賢首, 海東之元曉, 稱起信三古疏. 雖各有所長, 而以賢首爲巨擘. 後世作者, 何能其及, 今于東瀛得賢首原本, 會而刊之, 實爲學摩何衍之要門也."
24 『佛光大辭典』,'五敎十宗判'에 의하면, ① 소승교는 소승의 낮은 근기를 가진 이에게 사제, 12인연 등 『아함경』의 가르침을 설한 것이다. ② 대승시교는 대승의 첫문에 해당하고, 공시교(空始敎)와 상시교(相始敎) 두 가지로 나뉘어진다. 공시교는 『반야경』의 중관설, 상시교는 『해심밀경』의 아라야연기의 유식설에 해당한다. ③ 종교는 진여가 隨緣하여 染淨諸法을 생성한다는 여래장연기설에 해당한다. 『능가경』・『승만경』・『기신론』이 여기에 속한다. ④ 돈교는 頓修頓悟의 가르침으로, 『유마경』의 불이법문이 여기에 속한다. 뒤에는 언어와 형상을 떠난 선종(禪宗)도 여기에 포함시켰다. ⑤ 원교는 교리행과가 다 원융무애하고 자재무진한 교설이다. 별교와 동교 두 가지가 있는데, 『화엄경』이 별교, 『법화경』이 동교에 속한다.

여래장 연기종의 독립성과 우월성을 천명하는 것으로 본다. 이것은 주로 일본학자들의 학설로서, 이러한 견해는 『기신론』은 결국 이사무애 법계에 해당하고, 사사무애(事事無碍)를 말하는 화엄종이 보다 우월한 종파라는 주장을 하기 위한 것이다. 둘째, 혜원, 원효 등이 파악하는 기신론은 유식 불교적 성격을 중시하는 것이다. 그런데 법장은 화엄가로서의 종파적 관심사 때문에, 의도적으로 『기신론』과 유식 불교의 차이를 부각시켜 『기신론』을 여래장연기종으로 독립시켰던 것이다.[25]

양문회가 혜원이나 원효의 주소보다 법장의 주소를 첫 손가락에 꼽은 것은 『기신론』을 화엄종 등 중국 불교와의 연관성 하에서 파악하고 긍정하고 있다는 의미로 이해할 수 있다.[26] 『기신론』의 여래장연기, 또는 진여연기는 중국 불교의 가장 전형적인 특징이기 때문이다. 인도 불교에는 원래 중관 사상과 유식 사상의 두 전통이 있을 뿐, 진여연기 사상은 종파로서 존재하지 않았다. 그것이 화려하게 꽃을 피운 것이 천태, 화엄, 선 불교로 대표되는 중국 불교에서이다. 『기신론』의 '일심이문(一心二門)' 사상은 바로 진여의 불변(不變)의 측면과 수연(隨緣)의 측면을 융합시킨 것이고, 여기에서 단순한 공(空)뿐 아니라 '묘유(妙有)'를 강조하는 중국 불교가 발전해나아가게 되었던 것이다.[27] 양문회는 『기신론』이 대승시교인 중관·유식 사상과 돈교·원교인 중국 불교를 잇는 교량 역할을 하고 있음을 정확히 이해함과 동시에, 중국불교를 크게 긍정하는 입장에서 기신론을 파악하고 있었던 것이다. 화엄종 등 중국불교의 가치를 긍정하는 입장에서는 유식과의 연관 하에 기신론을 파악하는 혜원이나 원효보다 유식과 거리를

---

[25] 朴太源, 「『大乘起信論』思想 評價에 관한 硏究- 古註釋家들의 관점을 중심으로-」, 1990, 고려대학교 박사학위논문, pp.188~193.
[26] 양문회는 법장의 저술을 간행하여 징관,이통현을 중시하는 명대 불교의 화엄학 계보를 바로잡고, 법장을 중심으로 화엄 사상을 이해하고자 하였다. 陳繼東, 『淸末佛敎の硏究』, p.324.
[27] 『기신론』을 '중국적인 대승 불교를 성립시킨 촉매'라고 표현하기도 한다. Whalen Wai-Lun Lai, "The Awakening of Faith in Mahayana: A Study of the Unfolding of Sinitic Mahayana Motifs", Cambridge: Harvard University, 1975, p.246.

두려는 법장의 소가 더 마음에 들었을 것으로 보인다.[28]

　양문회의 이러한 『기신론』 이해는 제자들과 이후의 학자들에게 중요한 영향을 미쳤다. 양문회 이후 『기신론』을 보는 시각은 크게 둘로 나뉘어졌고, 그들 중 중국불교를 추숭하는 이들은 『기신론』을 높이 평가하고, 반면에 인도불교 원래의 입장으로 되돌아가려는 이들은 『기신론』을 비판하게 되었다. 그리하여 인도 전통 유식불교의 계보를 이은 현장-규기 계열의 유식불교를 진정한 불교 철학으로 볼 것인가, 아니면 중국적 전통을 이은 『기신론』 사상을 진정한 불교 철학으로 볼 것인가 하는 논쟁이 생겨나게 되었다.

2. 양문회의 불교혁신 운동 – 금릉각경처와 불교개혁안

　양문회는 각종 『기신론』 주소를 교감, 정리하여 불교 연구의 근본으로 삼고자 하였다. 그가 간행한 기신론 주소들을 보면, 우선 1885년 명 진계(眞界)가 편찬한 『기신론찬주(起信論纂注)』(2권)과 1890년 명 덕청(德淸)이 편찬한 『대승기신론직해(大乘起信論直解)』(2권), 1894년 명 지욱(智旭)이 편찬한 『대승기신론열망소(大乘起信論裂網疏)』가 있다. 이것은 그가 전인들의 기신론 이해를 찾으려고 노력하였음을 의미하지만, 이 때는 명대 대덕들의 주해만 얻을 수 있었다. 그러다가 1893년 일본에서 『대승기신론의기(大乘起信論義記)』・『별기(別記)』를 얻은 뒤, 법장의 주해를 통하여 비로소 『기신론』 사상을 비교적 완전하게 이해하게 되었다. 1898년 그는 『대승기신론의기』・『별기』를 간행하고, 아울러 『회간고본기신론의기연기(會刊古本起信論義記緣起)』를 지었다. 1989년 당(唐)의 실차난타(實叉難陀) 번역을 간행하였고, 다음해 또 『기신론해동소(起信論海東疏)』

---

[28] 『기신론』으로 전체 불교사상을 조화하려는 양문회의 견해는 명말 불교의 경향을 그대로 반영한 것이기도 하다. 특히 명말 智旭, 德淸 사상의 영향을 받았다. 陳繼東, 앞의 책, p.311, p.324. 이것은 양문회가 명대 고승들의 『기신론』 주소들을 다수 간행한 데서도 알 수 있다.

를 간행하여 『대승기신론소기회본(大乘起信論疏記會本)』(6권, 원효 찬)이라고 불렀다. 만년에는 수집한 각종 기신론의 주소를 모아서 『대승기신론소해회집(大乘起信論疏解滙集)』을 간행하였는데, 그 중에는 양역(梁譯) 『기신론』(진제 역), 당역(唐譯) 『기신론』(실차난타 역), 『석마하연론』, 『기신론의기』·『별기』(법장 찬), 『대승기신론소기회본』(해동소), 『대승기신론찬기』(명 진계 찬), 『대승기신론직해』(명 덕청 찬), 『대승기신론열망소』(명 지욱 찬) 등 8가지가 포함되어 있다. 회집한 동기는 학자들에게 『기신론』 사상을 연구하는 체계적인 자료를 제공하기 위한 것이었다.²⁹

불경의 간행을 위해 양문회는 1897년 남경에 금릉각경처를 설립하고, 기원정사를 세워서 수십 명의 청년을 모아들였다. 기원정사의 창립에 대하여 양문회는 다음과 같이 언급하고 있다. "중국과 인도의 언어·문자는 통하

▣ 기원정사. 1908년에 세워진 중국 근대불교 최초 교육기관

---

29 張華, 『楊文會與中國近代佛敎思想轉型』, 宗敎文化出版社, 北京, 2004, pp.77~81.

기 어렵다. 도를 밝히는 일은 나이가 많으면 언어를 배우기가 대단히 어렵고, 나이가 적은 자는 경문의 의미를 모르니 무익할 뿐이다. 그리하여 지원정사를 세워 인재를 기르는 바탕을 삼으려고 생각하였다. 세 가지 부문의 교수를 써서 첫째 불교학, 둘째 한문, 셋째 영어를 가르치고자 하였다. 영어가 익숙해지면 인도학, 범어로 나아가게 하고, 다시 불교를 이 땅에 전하게 하였다."[30] 양문회의 불교 교육 이념 중에는 혁신적인 부분이 적지 않다. 그가 최초로 학문 연구에 뜻을 둔 동기도 불교도들의 무지와 부패를 목도하고 가슴 아파한 데서 시작되었다. 이러한 상황을 타개하기 위해 그는 다음과 같은 교육 지침을 제기하였다.

> 전국 승려 중에서 재산이 있는 사람들로 하여금 학당을 개설하여 교내, 교외 두 반으로 나누게 한다. 외반은 보통의 학문을 위주로 하고 불서를 겸하여 읽는다. …… 내반은 불교를 배우는 것을 근본으로 하되 보통의 학문을 겸하여 익힌다.[31]

바꾸어 말해서 그가 혁신하려고 하는 승려 교육은 불교와 세간 학문을 겸하여 가르쳐서 사회 변화의 필요에 부응하려는 것이었다. 승려의 양성과 주지의 선발에 대해서 그는 체계적인 교육과 선택 후 임무를 맡겨야 한다고 보았다. 그 방법으로는

1) 각 성에서 명승대찰을 선택하여 불교학당을 설립한다. 경비는 사찰 관람, 사원의 전답과 재산에서 제공한다.
2) 강학교사를 공개적으로 추천하되 3등급의 과정으로 상정한다.
   ① 초급 : 3년의 기간 동안 문학, 역사, 수학을 먼저 배우고, 다음에 초급 불교 이론을 배운다. 자격을 따면 사미계를 받는다.

---

30 楊文會, 「與釋式海書」, 『雜錄』 卷五.
31 『楊仁山文集』, p.39.

② 중급 : 경, 율, 논을 조금 깊이있게 배우고, 3년이 지나면 자격을 따서 비구계를 받는다. 이 때 도첩을 준다.

③ 고급 : 고급 불교의 교, 율, 선, 정의 전문적인 학문을 배운다. 3년이 되면 대의에 능통하고 경론을 유창하게 강론하는 자는 보살계를 받고, 도첩을 바꾼다.

3) 9년 과정이 다 차면 삼운대계를 받고, 방장이 된다. 당에 올라 설법하고 강론하며 계를 전할 수 있어야 대화상(大和尙)이라고 칭한다. 한학 초·중급을 배워야 하고, 배우지 못하는 자는 환속하게 한다.[32] 양문회가 이러한 불교교육에 활용한 경론들의 판본을 상세히 나열하고 있는 것을 보면,[33] 종파와 관련 없이 전체 불교를 학습 대상으로 삼고 있음을 알 수 있다.[34]

양문회 자신은 금릉각경처에 불학연구회와 기원정사를 설치하여 개혁을 실천하려고 시도하였고, 후대 불교도들도 이를 그대로 따랐다. 이 사업은 이후 제자인 구양경무(1871~1943)[35]가 계승하여 발전시켰다. 구양경무는 "거사들의 규모는 방대하여 문하에 재사들이 많았다. 담사동은 화엄에 뛰어

▌ 금릉각경처. 현재도 전통 방식으로 각경(刻經)하고 있다

---

32 『楊仁山文集』, pp.41~42.
33 『楊仁山文集』, 「釋氏學堂內班科程」, pp.43~46.
34 江燦騰 著, 『明淸近代佛敎思想史論』, 中國社會科學出版社, 北京, 1996, p.248.
35 漸이 이름이고, 竟無는 자이다. 양문회 서거 후 陳鏡淸, 陳義 등과 함께 금릉각경처를 인계받

났고, 계백화(桂伯華)는 밀종에 뛰어났으며, 여단보(黎端甫)는 삼론에 능통하였다. 유식법상의 학에서는 장태염, 손소후(孫少侯), 매힐운(梅擷芸), 이정강(李征剛), 붕약목, 구양경무 등이 뛰어났다"[36]라고 당시 불교연구에 전념하였던 이들을 거론하였다. 태허(1889~1947)[37]는 "기원정사에 참여한 이들은 구양경무, 매광희, 석인산(釋仁山), 지광(智光) 등 대다수가 현대불교의 중요한 인물들이었고, 나 자신도 그 중의 한 사람이다."[38]라고 하였다. 이들은 모두 청말, 민초의 중요한 불교학자들이고, 그 중에서도 태허와 구양경무는 당시 불교사상계를 이끌어간 대표적 인물이다. 신불교 운동은 양문회의 이러한 불교교육과 사업 위에서 출발하였다.[39]

Ⅲ. 『대승기신론』을 둘러싼 논쟁의 내용들

1. 구양경무와 태허의 논쟁

철학적으로 『기신론』의 기본적인 가정은 초월적이면서 동시에 내재하는 진여에 대한 믿음이다. 실재하는 것은 진여뿐이고, 그 밖의 것은 비실재

았다. 1922년 지나내학원을 세우고 많은 불교 연구자들을 양성하였다. 저명한 학자로 湯用彤, 呂澂, 劉定權, 王恩洋, 黃忏華 등이 있다. 지나내학원에서도 수많은 불전을 간행하였는데, 그 중 『藏要』 三輯은 중요한 경·율·론 70여 종을 모아서 교감한 가장 정밀한 판본의 하나이다.

36 歐陽竟無, 『楊仁山居士傳』, pp.31~32.
37 太虛는 民國시기 저명한 승려로서, 불교개혁운동을 고취하였다. 그는 불교 간행물 『海潮音』을 창간하였는데, 기간도 오래 지속되고 영향력도 매우 컸다. 저작은 대단히 많다. 1928년부터 그는 武昌佛學院, 민南佛學院, 漢藏敎理院 등을 세워 수많은 저명한 학승들을 길러내었다. 그들 중 仁順, 法尊, 巨贊, 大醒 등은 국내외에 모두 큰 영향을 끼쳤다.
38 『太虛大師全書』 第五十七冊, 『三十年來之中國佛敎』.
39 江燦騰 著, 앞의 책, pp.248~252.

하고 단지 현상일 뿐이라고 보기 때문이다.[40] 따라서 형이상학적으로 보면 『기신론』은 일원론이며, 필연적으로 종교적이라고 할 수 있다.[41] 『기신론』에서는 모든 사람이 불성을 가지고 있고, 모든 사람이 결국 부처가 될 수 있다고 본다. 그리고 이러한 보편적인 구원의 철학의 목표는 신앙에 의한 구원이라는 것이 『기신론』의 결론이다. 바로 여기에 『기신론』을 둘러싼 논쟁이 일어날 수 있는 소지가 있었다. 그것은 바로 유식불교가 본체와 현상, 진여와 현상, 법성과 법상을 구분하는 것이 해탈의 목표를 분명히 하게 되어 구원에 이를 수 있다고 봄과 동시에, 분석적·과학적 방법을 택함으로써 신앙에 의한 구원을 저평가하게 되었다는 사실에 의거한다. 즉 유식불교의 입장은 『기신론』에서 본체와 현상, 진여와 현상, 법성과 법상을 일치시켜 봄으로써 모든 중생의 불성을 확신하는 보편적인 구원을 주장하는 것과는 완전히 대비되는 내용이다. 그리하여 똑같이 양문회의 제자이면서도 구양경무가 법상과 법성을 구분하고 진여를 절대적이고 초월적인 것으로 보는 반면, 태허는 법상과 법성을 구분하지 않고 진여를 초월적이면서 동시에 내재하는 것으로 여겼던 것이다.[42]

구양경무는 불교의 주된 사상은 공종·유종 두 종이라고 보고, 중국 불교의 진여연기론을 비판하였다. 그는 "용수, 무착의 학문이 아니면 배워서는 안 된다"[43]라고 단언할 정도로 『기신론』을 위시한 중국 불교에 비판적이었다. 선종 등 중국불교는 불교의 이론적 측면을 도외시한 맹목적 깨달음으로서, 미신적이고 세속적이라는 것이다.[44] 반면에 태허는 기본적으로 중국 불교를 추숭하고, 선종의 사상이 중국불교 개혁의 최대의 정신적 동

---

40 Wing-tsit Chan, *Religious Trends in Modern China*, p.95.
41 Asvaghosha, *The Awakening of Faith*, Yoshito S.Hakeda trans.
42 태허와 구양경무 사이의 구체적인 논쟁 내용은 졸고, "太虛와 歐陽竟無의 논쟁을 통해 본 중국 불교의 성격", 『韓國佛敎學』 제30집에 자세하다.
43 歐陽竟無, 「法相大學特科開學講演」, 『內學年刊』 제2집, p.418.
44 歐陽竟無, 「唯識抉擇談」, pp.90~91.

력이라고 파악하였다.⁴⁵ 태허가 보기에, 여러 종파의 사상은 모두 평등하며 상호 융섭되어 있고, 중국 불교도 인도불교와 조금도 다를 바가 없다고 생각하였다. 그러면서도 태허는 "중국 불교만이 불교의 핵심을 파악하였다"⁴⁶라고 하여 중국 불교를 정통 불교로 파악하였다. 구양경무는 중국 불교를 비판해야만 인도 불교의 원모습으로 돌아갈 수 있다고 본 반면에, 태허는 중국 불교가 비판을 받으면 정법의 명맥이 그칠 것이라고 반박하였던 것이다. 중국 불교에 대한 구양경무와 태허의 이와 같은 대조적인 견해는 우선 순위를 철학에 둘 것인가, 깨달음이라는 종교에 둘 것인가의 차이에 있다고 해석할 수 있다. 논리적·철학적인 접근을 강조하는 구양경무의 입장은 유식불교를 지향하게 되고, 철학적인 접근과 함께 종교적인 접근을 강조하는 태허의 입장은 유식불교를 부정하고 중국 불교를 지향하게 된다.

그리고 그 근본적인 차이는 진여의 성격에 대한 견해 차이에서 비롯된다. 구양경무의 경우 진여를 '절대부동(絶對不動)'의 성격으로 파악함으로써 진여의 훈습을 인정하지 않는 반면에, 태허는 『기신론』에서의 진여와 같이 '절대부동'한 동시에 '수연(隨緣)'한 것으로 파악하고 있기 때문이다.⁴⁷ 구양경무는 유식 불교에서 훈습을 받는 것, 종자를 간직하는 것은 오직 장식(藏識)이라는 관점에 근거하여 『기신론』에서 진여와 무명이 서로를 훈습한다는 주장을 비판하였다. '부동'은 체성(體性)의 것이고 '수연'은 상용(相用)의 것인데,⁴⁸ 『기신론』에서는 진여를 부동하면서 수연한 것으

---

45 太虛, 『唐代禪宗與現代思潮』.
46 太虛, 「佛學源流及其新運動」, 『全書』2冊, pp.929~930. "唯中國佛學握得此佛學之核心, 故釋迦以來, 正之佛學, 現今唯在於中國."
47 歐陽竟無, 『遺集』第2冊, 「藏要, 經紋, 大乘密嚴經」, p.1064. "相用但依于体性, 而實自有其功能, 或名如來藏, 或名阿賴耶. 有漏種子, 法你本有, 無漏種子, 亦法你本有, 皆依于藏. 種生現而熏藏, 藏持種而受熏. 淨以擴其淨, 染以擴其染. 染勢用而淨微, 淨圓滿而染滅. 皆相用中事, 初無與于体性, 而起信眞如熏無明, 起淨法不斷. 無明熏眞如, 起染法不斷. 不立有漏無漏本有種, 熏系于藏, 而好展轉無明眞如, 眞如無明. 乃使一切大法, 無不義亂, 謬也."
48 歐陽竟無, 『遺集』第二冊, 「藏要, 經紋, 大乘密嚴經」, p.1064. "隨緣是相用邊事, 不動是體性

로 파악함으로써 체와 용을 혼돈하는 잘못을 일으키고 있다는 것이다.[49] 이에 대하여 태허는 『기신론』의 진여연기론의 합리성을 강조하고 『기신론』을 우회적으로 변호하였다. 그는 법성과 법상을 통일하는 논리를 제시하고, 법성과 법상을 병행하여야 만유의 근본 원인과 그 본질을 추구해 볼 수 있다고 주장한다.[50] 그리고 이러한 법성과 법상의 통일 논리를 『기신론』 안에서 찾는다. 물론 이 때 둘 사이의 일치점을 말하면서도 실제로 그가 의도한 것은 『기신론』, 즉 중국 불교가 전 불교사상의 정통임을 강조하는 것이었다. 유식 불교를 불교 정통으로 보는 구양경무에 대하여, 태허는 서로 대조적인 것으로 보여지는 『기신론』과 유식 불교가 사실상 서로 융합될 수 있고 또한 그렇게 다른 것이 아님을 강조함으로써 『기신론』의 가치를 옹호하려는 의도를 가졌다고 볼 수 있다.

2. 남경내학원과 무창불학원 학자들의 논쟁

1920년대 이래 중국 불교학계는 구양경무와 태허의 상이한 입장이 구양경무를 중심으로 한 남경내학원 학자들과 태허를 옹호하고 추종하는 무창불학원 학자들과의 논쟁으로 비화하였다.[51] 그 과정을 구체적으로 살펴보면, 1922년 태허, 은태여(殷太如), 장죽장(蔣竹庄) 등은 남경에서, 구희명(邱晞明), 여징, 웅십력, 진명추(陳銘樞) 등은 내학원에서 논쟁을 벌였

邊事. 起信說眞如不動, 是也. 說眞如隨緣, 謬也. 說眞如隨緣而不動,謬也."
49 歐陽竟無, 「抉擇五法談正智」, 張曼濤 主編, 『大乘起信論與楞嚴經考辨』, p.2. "眞如緣起之說出於起信論, 起信作者馬鳴學出小宗, 首宏大乘. 過渡時論, 義不兩牽, 誰能信會."
50 太虛, 「法相唯識學槪論」, 『全書』, p.1211. "法性本空, 可破小乘之法執. 而法相唯識, 又可顯法性本空中多種因緣所現之法相非離識而唯, 皆同爲識變故. 以法性詮法相, 則法相如幻如化, 皆成妙用. 以法相顯法性, 則法性本空, 其相唯識. 性相如如, 故追究萬有之本因及其本質, 至此方理善安立."
51 남경내학원과 무창불학원 학자들 사이의 논쟁은 張曼濤 主編, 『大乘起信論與楞嚴經考辨』(台北, 민국67年)에 실린 논문들을 주된 자료로 사용하였다. 이 논쟁에 대해서는 졸고, 「중국근대 『대승기신론』을 둘러싼 논쟁과 그 의미」, 『회당학보』 제6집이 자세하다.

❋ 태허(太虛). 불교혁신과
　인간불교운동의 제창자

다. 구양경무는 『유식결택론(唯識抉擇論)』을 지어 『기신론』의 진여와 무명의 관계에 대해 여러 가지로 반박하였다. 다음 해 태허는 『불법총결택담(佛法悤抉擇談)』을 지어 구양경무의 학설을 반박하고 『기신론』을 옹호하였다. 그러자 구양경무는 제자인 왕은양에게 그에 대한 대답을 쓰도록 하였고, 1923년 왕은양은 『기신론료간(起信論料簡)』을 출판하였다. 이에 대해 무창불학원에서는 『기신론』 연구전서를 출간하여 왕은양의 견해를 반박하였다.⁵²

남경내학원과 무창불학원 간의 논쟁을 살펴보면, 양쪽 모두 『기신론』과 중국, 인도 불교의 관계를 둘러싸고 『기신론』의 성격을 확정하려고 한 것이 특징이다. 내학원은 인도 유식불교의 입장에서 역사적 고증의 방법과 인명학의 방법을 보조로 하여, 『기신론』과 인도 불교 정신, 특히 유식 불교의 정신을 다르다고 보고, 이에 따라 대승기신론을 대승 불교의 참된 계승

---

52 郭齊勇, 『熊十力思想硏究』, pp.153~154.

이 아니라고 판정하였다. 그리고 그 사상적 계보는 소승 불교, 또는 외도의 학설이라고 보았다. 반면에 불학원의 학자들은 중국식의 체용불이, 원융무애 사상에 기반하고 종교적인 신앙으로『기신론』이 '원극일승(圓極一乘)'의 대승불교라고 생각하였다.『기신론』은 당연히 마명이 지은 것이고, 그 의리는 인도 공·유 두 학설이 서로 위배되지 않은 상태에서 그 두 가지를 초월적으로 통섭하고 있다는 것이다. 그리하여『기신론』이 인도의 찬술일 뿐만 아니라 인도 불교의 최고의 발전이라고 보았다.

그 과정을 구체적으로 살펴보면, 장태염(1868~1936)은 구양경무와 동일한 입장에 서서『기신론』을 비판하였다. 우선 그는『기신론』이 위작이 아니고 인도의 마명이 지은 것으로, 확실히 용수 이전에 나온 것이라고 본다.[53]『법경록(法經錄)』이 그 의심스런 부분에 포함되어 있기는 하지만, 그것은 번역자가 의심스러운 것이지 본론이 의심스러운 것이 아니라고 보았기 때문이다.[54] 그러나 장태염은『기신론』의 의미에 대해서는 폄하하여『기신론』이 진심을 바다에 비유하고 무명을 바람에 비유하고 망심을 파도에 비유하는 방법으로 '무명'과 '진심'을 둘로 나누어버렸다고 비판한다. 이런 입장에서는 심 외에 무명이 따로 있기 때문에, "수론에서 신아(神我)와 자성을 둘로 나누어보는 견해와 차이가 없다"는 것이다.[55]

1922년경 양계초(1873~1929)는 「대승기신론고증(大乘起信論考證)」에서 불교를 역사적인 관점에서 파악할 것을 주장하였다. 그는『기신론』이 양(梁), 진(陳) 사이의 중국인의 찬술이고 위진남북조 이래 중국불교의 각 학파의 학설을 절충, 조화한 것으로 보았다.[56]『기신론』은 불교가 인도,

---

[53] 章太炎,「大乘起信論辯」, 張曼濤 主編,『大乘起信論與楞嚴經考辨』, pp.9~12에 그 주장이 요약되어 있다. "起信一論, 文出馬鳴, 彼土諸僧思承其本 …(中略)… 則本論非僞, 又可證知 …(中略)… 以思想系統言之, 正見起信在龍樹前."
[54] 章太炎,「大乘起信論辯」, p.9.
[55] 章太炎, 앞의 글, p.10. "馬鳴計實有我甚自貢高, 則知馬鳴初執本, 與神我相類."
[56] 梁啓超,「大乘起信論考證」, 張曼濤 主編,『大乘起信論與楞嚴經考辨』, pp.13~67에 자세하다. 그리하여 "起信論旣非馬鳴作 …(中略)… 則惟有中國人創作一之途耳."라는 결론을 내린다.

중국 두 곳에서 차례로 발전한 대승의 교리, 즉 반야와 유식, 그리고 중국에서의 지론(地論), 섭론(攝論) 등을 그 모순을 회통시키고 뛰어난 부분을 모아서 원용하고 방대한 새로운 체계를 세운 것이라고 하였다.[57] 그는 이러한『기신론』이 중국인의 위작이라고 단정하였지만, 그 이론적 가치를 높이 평가하며 위론이라도 존중해야 한다고 주장하였다. 오히려 이러한 정밀하고 심오한 학설을 중국인이 찬술하였다는 사실에 뛸 듯한 기쁨을 느꼈다고 고백하였다. 이 이후 학계에는 찬반양론이 활발히 일어나『기신론』을 둘러싼 논쟁에 큰 시발점이 되었다.

뒤에 왕은양은 구양경무의 관점을 발전시켰고 진유동, 당대원, 상성(常惺) 등은 태허의 관점으로 이에 반박하여, 남경내학원과 부장불학원 사이에 논쟁이 본격적으로 시작되었다.

왕은양(1897~1964)은 구양경무와 같이 유식 불교에 근거하고 인명학의 삼지(三支) 논리를 방법으로 삼아『기신론』을 비판하였다. 그는 제일 먼저『기신론』의 진여연기설을 비판하였다. 유루와 무루, 염(染)과 정(淨)의 성질은 물과 불처럼 서로 상반되는 것이므로, 아라야식 중에 함께 있어서는 안 된다는 것이다.[58] 이 때문에『기신론』이 주장하듯 진여와 무명은 서로 훈습해서는 안 된다고 단언한다. "무루의 원인은 유루의 결과를 낳을 수 없고, 잡염의 원인은 청정의 결과를 낳을 수 없다"[59]는 것이다. 그렇지 않다면, '사인론(邪因論)'이 되어서 서로 다른 종류가 서로의 원인이 되는 것과 다를 바가 없어 인명의 논리에 위배된다고 한다.[60] 또한 그는 인도 불

---

57 梁啓超,「大乘起信論考證」, p.41. "起信論蓋取佛教千餘年間, 在印度中國兩地次第發展之大乘教理, 會通其矛盾, 攟集其菁英, 以建設一圓融博大之新系統 …(中略)… 於是般若法相兩家宗要攝無不盡, 而其矛盾可以調和. 其在中國, 地論攝論諸師, 關於佛身如來藏阿黎耶問題, 各尊所聞, 閧成水火. 起信論會通衆說, 平予折衷."
58 王恩洋,「大乘起信論料簡」, 張曼濤 主編『大乘起信論與楞嚴經考辨』, p.87. "性極違者則必相礙,故水火不相處, 有漏染識不與無漏正智相應也. …(中略)… 善染不竝存, 漏無漏不兩立."
59 王恩洋, 앞의 글, p.86. "無漏因不生有漏果, 雜染因不生清淨果."
60 王恩洋, 앞의 글, p.86. "否則邪見惡業應可招聖道, 福德智慧應反墮三途, 便成邪因論."

교에는 공종과 유종 두 가지 종류만 있을 뿐 『기신론』과 같은 진여연기설은 없다고 주장하였다.[61] 이것은 판교의 형식으로 『기신론』의 진여연기설을 부정하는 것이다. 그리하여 『기신론』이 인도 마명이 지은 것이 아닐뿐더러 심지어 불교의 저작도 아니고 외도, 그 중에서도 수론의 손에서 이루어진 작품이라고까지 폄하하였다.[62]

이에 대해 진유동은 왕은양과 반대로 『기신론』의 가치를 높이 평가하였다. 그는 체용불이의 각도에서 『기신론』을 변호하고자 하였다.[63] 즉 진여에는 체와 용 두 가지 측면이 있는데, 진여의 체는 무위법이지만 진여의 용은 무위이면서 무불위이고 동시에 유위법이라고 본다.[64] 이러한 관점에서 그는 왕은양이 유위와 무위를 완전히 이분하는 관점을 비판한다. 그리하여 "그들은 단지 무가 무위이고 무위의 뜻만 있는 줄 알고, 무소불위도 무위의 뜻이 있는 줄 모른다. 그러므로 진여에 대해서는 단지 '일체 법상의 용이 이체(理體)를 변화시킬 수 없는 것이 바로 진여'라는 한 면만 알고, '일체 법성의 체가 연(緣)에 따라 사용(事用)한 것도 진여'라는 또다른 면은 들어본 적이 없다"[65]고 비판한다. 그리하여 진유동은 『기신론』의 진여연기론은 '체를 따라 용을 드러내는 것[從體彰用]', '성과 용을 쌍섭하는 것[性用雙攝]'이고, 이것이 바로 원융무애한 대승 불법의 의미를 표현한 것이라고 결론을 내린다.[66]

당대원도 연이어서 왕은양의 학설을 반박하였다. 『기신론』으로 대표되

---

61 王恩洋, 앞의 글, P.104. "我佛說敎, 空有兩論. 說緣生有, 所以顯示法相用故. 說法性空, 所以顯示性法體故."
62 王恩洋, 앞의 글, p.114. "今說眞如起法心等, 息妄歸眞還卽眞性, 則同數論."
63 陳維東, 「料簡起信論料簡」, 張曼壽 主編 『大乘起信論與楞嚴經考辨』, p.121.
64 陳維東, 앞의 글, p.127. "無爲者, 眞如之理體也. 無所不爲者, 眞如之事用也."
65 陳維東, 「料簡起信論料簡」, p.126. "彼只知無是無爲是無爲義, 而不知無所不爲, 亦是無爲義, 是以對於眞如僅知, '一切法相用之不變理體, 卽眞如'之一偏, 而於'卽一切法性體之隨緣事用, 亦眞如'之一邊, 未之前聞也."
66 陳維東, 앞의 글, p.128. "吾今可告之曰, 起信論者, 眞大乘論也. 夫起信宗如立論, 從體彰用…(中略)… 體則攝理攝事攝性攝用, 性用雙攝."

는 진여연기론은 성·상 이종을 통섭하는 최고의 원승(圓乘)이라고 하였다. "진여는 삼성 중에서 원성실에 속하고, 원성실은 두 가지 의미를 가진다. 하나는 변계소집이 진여로 드러나게 되면, 삼론종 등의 공종 진여가 된다는 것이다. 다른 하나는 의타기성이 진여로 드러나게 되면, 유식종 등 유종의 진여가 된다는 것이다. 오직 『기신론』의 진여만이 원성실성의 의미에 해당한다. 그러므로 진여를 말하는 데 있어서도 체와 용이 있고, 여래장을 말하는 데 있어서도 공(空)과 불공(不空)의 의미를 가진다"[67]는 것이다. 또한 『기신론』이 유식 불교를 위배하지 않는다고 하였다. "공종은 차(遮)로 표(表)를 만든다. 상종은 즉용현체(卽用顯體)이다. 지금 『기신론』에서 각/불각, 공/불공 등의 의미를 말하는 것은 바로 상종의 즉용현체에 부합한다"[68]는 것이다. 이러한 당대원의 사상은 기본적으로 태허 사상의 발전이고, 무창불학원 학파의 일반적인 관점을 그대로 나타낸 것이다.

논자는 남경내학원 학자들이 『기신론』으로 대표되는 중국 불교와 인도 불교의 차이점을 분명히 의식하고 있었다고 본다. 그들은 인도 불교, 특히 유식불교 정신을 회복하기 위하여 『기신론』을 비판하였다. 그 목적은 한편으로는 인도 불교의 본래 정신으로 되돌아가려는 것이고, 다른 한편으로는 유식불교의 이성적·사변적인 논리 정신으로 근대 이래 서양 철학의 유입에 대응하려는 것이었다고 보여진다. 무창불학원 학자들 역시 『기신론』과 중국 불교와의 관계를 분명하게 인식하고 있었다. 그들은 『기신론』을 부정하는 것은 바로 중국 불교를 부정하는 것이라고 생각하였고, 이 때문에 『기신론』의 합법성을 있는 힘껏 옹호하고 중국 불교의 가치를 구하

---

67 唐大圓, 「起信論解惑」, 張曼濤 主編, 『大乘起信論與楞嚴經考辨』, p.136. "眞如在三性屬圓成實, 而圓成實含二義. 一爲就遍計所執而顯眞如義, 則爲三論等空宗眞如. 一爲就表依他如幻而顯眞如義, 則爲唯識等有宗眞如. 惟起信之眞如義有遮有表, 就圓成遺, 遍計而彰, 依他, 故其談眞如則有體有用, 而談如來藏亦有空不空等."
68 唐大圓, 「起信論解惑」. "空宗以遮作表, 相宗卽用顯體, 今起信論言覺不覺, 空不空等義, 正符相宗卽用顯體."

고자 하였다. 그것이 서양문화의 도전이 거센 근대라는 시기에 동양의 전통과 자존심을 살리는 길이라고 여겼기 때문이다. 그리고 여러 가지 방법으로 『기신론』과 유식불교가 회통한다는 점을 논증하고자 하였다.

3. 인순과 여징의 논쟁

이와 같은 논쟁은 1950년대에 다시 개재되었는데, 그 중심에 인순(1906~?)과 여징(1896~1989)이 있다. 인순은 『기신론』의 가치를 높이 평가하였고, 여징은 『기신론』을 위론이라고 강력하게 비판하였다. 인순은 『기신론』의 사상적 가치는 언급할 필요도 없이 높지만, 그 진위에 대해서는 인도 전래라고 해도 안 될 것은 없고 중국인의 저작이라고 해도 안 될 것은 없다는 입장을 취하였다.[69] 그리하여 구양경무가 유식 불교만 존숭한 독단적인 태도를 비판하는 동시에, 태허가 『기신론』과 유식 불교를 하나로 보려고 한 점 역시 비판하였다. 인순은 대승불교를 성공유명론(性空唯名論), 허망유식론(虛妄唯識論), 진상유심론(眞常唯心論)으로 나누었는데, 이러한 분류는 태허가 대승불교를 법상유식종(法相唯識宗), 법성공혜종(法性空慧宗), 법계원각종(法界圓覺宗)으로 나눈 것과 비슷하다.[70] 인순은 이 때 『기신론』이 진심, 또는 자성청정심을 중심으로 한 진상유심론, 태허식으로 보면 법계원각종에 속한다고 하였다.[71] 이러한 특징은 유식불교와는 전혀 다르다.[72]

---

69 印順, 「起信平議」, 張曼濤 主編, 『大乘起信論與楞嚴經考辨』, pp.238~239에서 주로 기신론의 작자에 대한 문제를 다루고 있다.
70 이러한 분류는 종밀이 대승 불교를 空宗, 有宗, 性宗으로 분류한 것과 동일한 성격의 것이라고 할 수 있을 것이다. 이 때 『대승기신론』과 중국 불교는 性宗에 속한다.
71 印順, 「起信平議」, p.292. "太虛大師分大乘爲三宗卽, 法相唯識宗, 法性空慧宗, 法界圓覺宗. 我在印度之佛教, 稱之爲虛妄唯識論, 性空唯名論, 眞常唯心論. 內容與大師所說相近. 本論是屬於法界圓覺宗, 或眞常唯心論的."
72 印順, 「起信平議」, p.292. "本論,徹底徹尾的是唯心論, 是絶對唯心論, 這是誰也不能否認的. 本論所說的衆生心, 含攝得生起的生滅雜染, 而本質是不生不滅的淸淨的, 所以唯心而又是眞常

반면에 여징은 『기신론』이 인도 불교의 위서에 지나지 않으므로 별 가치없는 것이라고 보고, 이에 대해 자신의 특수한 관점을 제시하였다. 우선 여징은 『기신론』은 원래 산스크리트본이 없고, 중국의 수당불교와 밀접한 관련을 가진 저작으로 위역 『능가경』에 그 사상적 연원이 있다고 본다.[73] 그는 여래장연기설의 관건은 여래장과 장식의 교섭에 있는데 송(宋), 위(魏) 양종의 『능가경』 역본은 이러한 문제에서 분명히 구분된다는 것이다. 송역은 "명목으로는 다르지만, 실제로는 둘이면서 하나다"[74]라고 하여 여래장과 아라야식을 하나의 개념으로 본다. 반면에 위역은 "칠식에는 생과 멸이 있지만, 여래장은 불생불멸이다"[75]라고 하여 여래장과 아라야식을 두 가지로 분별하고 여래장이 아라야식 중에 있지 않다고 본다. 그리하여 인도 『능가경』의 기본적인 사상과 완전히 달라졌다는 것이다. 여징은 『기신론』도 바로 위역 『능가경』에 의한 것이고, 여래장과 아라야식을 두 가지로 보아서 착오를 일으켰다고 판단한다.[76] 이 때문에 그는 『기신론』이 근본적으로 번역이 아니라 중국 선가(禪家)에서 창작한 것이라고 본다.[77]

또한 여징은 『기신론』이 제기한 '진심본각설'은 인도 불교의 '심성본적(心性本寂)'의 정신에 위배되는 것이고, 이 때문에 수양의 방법도 '반본(返本)'이 위주가 되어 인도 불교에서 '혁신(革新)'을 주로 하는 것과는 다르다고 본다. '성적(性寂)'과 '성각(性覺)'이라는 두 용어는 인도 불교학설과 중국 위설의 근본적인 변별을 나타내는 용어이다.[78] 이 '성적', '성각'이라

的, 與無着系的虛妄唯識學不同."
[73] 呂澂, 「起信與禪-對於大乘起信論來歷的探討」, 張曼濤 主編 『大乘起信論與棱嚴經考辨』, p.301.
[74] "名目之異, 其實則二而一者也."
[75] "七識有生有滅, 而如來藏不生不滅."
[76] 呂澂, 「起信與禪」, pp.302~306에서 이 부분을 주로 다루고 있다.
[77] 呂澂, 「起信與禪」, p.306.
[78] 呂澂, 熊十力, "辯佛學根本問題", 『中國哲學』 第11輯, 復書二, p.171. "性寂與性覺兩詞, 乃直截指出西方佛說與中土偽說根本不同之辨. 一在根據自性涅槃(即性寂), 一在根據自性菩提(即性覺). 由前立論, 乃重視所緣境界依, 由後立論, 乃重視因緣種子依. 能所異位, 功行全殊. 一則革新, 一則返本, 故謂之相反也."

는 용어는 심성이 본래 깨끗하다는 것[心性本淨]의 두 가지 해석이다.[79] 그러면서도 여징이 성각을 위론이라고 보는 이유는 '성적' 만이 심성이 본래 깨끗하다는데 대한 올바른 해석이기 때문이라고 한다.[80] '성적'은 오염된 현상을 떠나서 외부의 절대 경지인 진여, 진리에 의지하여 바꾸는 것을 말한다. 따라서 진여의 세계는 현상 세계와는 분명하게 분리되어 존재할 필요가 있다. 이것이 유식 불교로 대표되는 인도 불교의 사고방식이다. 반면에 '성각'은 내면의 각성의 힘을 중시한다. 인간은 다른 것에 의존하지 않고 자기 자신의 자각에 의해 스스로 밝아질 수 있다는 것이다. 그것은 인간의 심성 자체가 진여의 표현이라는 중국 불교의 사고방식이다. 이때에는 오염된 것처럼 보이는 현상이 본래적인 것이 아니라 객진(客塵) 때문임을 깨닫는 것이 중요하다. 여징은 성적의 입장은 오염된 것을 오염된 것으로 파악하는 데서 시작하므로, 오염된 것을 떠나는 행위를 할 수 있다고 본다. 그러나 성각은 오염된 것을 깨끗한 것으로 잘못 알고 그것을 그대로 확대해나가므로, 결국 오염된 속에 빠져버리고 말게 된다고 비판하였다.[81] 여징이 보기에 이것은 또한 유식불교와 『기신론』, 즉 인도 불교와 중국 불교가 나뉘어지는 가장 중요한 분기점이기도 하다. 중국 불교에서는 『기신론』에서 시작하여 『점찰(占察)』을 거쳐 『금강삼매경(金剛三昧經)』·『원각경(圓覺經)』·『능엄경(楞嚴經)』까지 일맥상통하게 성각(性覺)의 관점을 취하고 있다고 본다.[82] 이러한 성각의 관점을 취하는 일련의 불경은 모두 위론(僞論), 위서(僞書)에 속한다는 것이 그의 견해이다.

이후 『기신론』에 관한 상이한 관점들이 발표되었지만, 대개가 『기신론』을 중국 찬술로 보고 그것과 중국 전통철학에 내재적 관계가 있다고 보는

---

79 呂澂, 앞의 글, 復書四, p.173. "至于性寂, 性覺, 明說對于心性本淨一語之兩種解釋."
80 呂澂, 앞의 글, 復書二, p.171.
81 呂澂, 앞의 글, 復書五, p.174.
82 呂澂, 앞의 글, 復書二, p.171.

관점에 치중해 있다. 예컨대 두계문은 『기신론』이 남북 불교가 공통된 사조로 결합한 산물임을 인정하였다. 그는 여징의 견해에 근거하여 『기신론』이 위경에 의거해 만들어진 위론으로서 진제가 번역한 것이 절대 아니라고 본다. 『기신론』의 작자는 당시에 발전한 선 불교의 새로운 사조이고, 마명이 꿈에 받았다는 형식으로 쓰여진 것일 뿐이라고 본다.[83] 그는 『기신론』의 사상적 특색을 '색심불이(色心不二)', '이지합일(理智合一)'과 '정즉시정(靜卽是淨)'으로 요약할 수 있다고 보고, '색심불이'와 '정즉시정'의 경우는 선불교, '이지합일'은 맹자를 대표로 하는 유학 사상, 특히 심학으로 포괄할 수 있다고 한다. 『기신론』은 중국 유학, 도가 사상을 광범위하게 흡수하고, 불교 사상의 기지 하에 유학, 도가 사상을 개괄하여 중국 사상 분화의 각 방면에 큰 영향을 끼쳤다는 것이다.[84] 그리하여 『기신론』을 중국 불교의 전형적인 대표작이자 중국 사상 전체의 대표적인 저작이라고 결론을 내린다.[85]

Ⅳ. 근대 신불교 운동과 『대승기신론』의 관계

지금까지 중국 근대에서 『기신론』을 중심으로 일어났던 불교혁신 운동의 내용과 그를 둘러싼 철학적 논쟁들을 살펴보았다. 그런데 구체적인 불교 개혁은 양문회 이후에 태허의 3대 혁명[교리혁명(敎理革命), 교제혁명(敎制革命), 교산혁명(敎産革命)]으로 이어지는 등 중국불교를 중심에 놓

---

83 杜繼文, 『大乘起信論全譯』 代序, p.6.
84 杜繼文, 『大乘起信論全譯』 代序, pp.26~29.
85 杜繼文, 앞의 책, p.31.

은 인물들에 의해 전개되었다.⁸⁶ 특히 태허의 불교 개혁운동 중 교리혁명, 즉 인생불교의 사상은 중국 근현대불교 발전에 최대로 공헌하였다고 평가된다.⁸⁷ 근대 신불교 운동은 구체적으로 태허의 인간불교 및 불교개혁운동을 가리킬 정도로 그 영향력이 컸다. 구양경무가 추숭한 유식 불교 역시 당시 큰 영향을 미친 것이 사실이지만, 실제로는 태허의 불교 개혁운동이 더 실행력을 가졌던 것이다.⁸⁸ 결국 인도 유식 불교를 진정한 불교 철학으로 볼 것인가, 아니면 중국불교의 원천인 『기신론』을 진정한 불교 철학으로 볼 것인가 하는 논쟁에서 후자의 입장을 취한 이들에 의해 향후 개혁운동이 진행되었다.

동양에서 근대란 단순한 시대 구분만은 아니다. 한국, 중국, 일본을 포함하는 동양의 근대는 서양의 충격이라는 세계 체제적 시각과 동아시아의 시각을 결합해 보아야 하고, 따라서 모든 동양 근대 사상의 기본 전제는 바로 서양 사상과의 대결이다. 이는 중국 불교의 경우에도 예외가 아니다. 중국 근대에 불교는 교육, 문헌, 연구 등에서 새로운 혁신 운동을 일으켰고, 그것은 불교 내부의 정화와 발전을 통하여 시대 문제를 해결하려는 노력의 일환이었다고 할 수 있을 것이다.

이 글의 내용을 요약하면 다음과 같다. 『기신론』을 화엄종이나 선종 등 중국불교와의 관련성 하에서 파악하는 양문회의 입장은 제자들과 이후의

---

86 1928년 태허는 「對于中國佛教革命僧的訓辭」이라는 글에서 인생불교를 정식으로 제기하였다. 그것은 첫째, 삼민주의 문화에 의거하여 인간에서 보살, 부처로 가는 인생 불교를 건립한다는 것, 둘째, 인생불교를 가지고 중국 승려와 사찰의 제도를 세운다는 것, 셋째, 오래된 중국 대승불교의 信衆制를 새롭게 변화시킨다는 것, 넷째, 인생불교를 가지고 十善風化의 풍습과 인간 세계를 성취한다는 것이다. 이것이 태허가 강조한 인생불교의 주요 내용이다. 그 외 태허의 구체적인 신불교 개혁운동의 내용에 대해서는 추후의 연구 과제로 돌리고자 한다.
87 方立天 主編, 『中國佛教簡史』, 宗教文化出版社, 北京, 2001, p.371.
88 예컨대 구양경무의 제자인 熊十力은 『新唯識論』을 써서 스승인 구양경무의 입장과 달리 중국 불교의 입장에서 유식 불교의 잘못을 비판하였다. 웅십력을 시작으로 한 現代新儒家는 불교와 유학의 결합으로 새로운 근대 철학을 모색하였는데, 이 새로운 시도 역시 『기신론』을 중심에 놓았다는 점에서 태허 계열의 신불교에 속한다고 볼 수 있다.

학자들에게 중요한 영향을 미쳤다. 양문회 이후 불교계에서 『기신론』을 보는 시각은 크게 둘로 나뉘어졌고, 그들 중 중국불교를 추숭하는 이들은 『기신론』을 높이 평가하였고, 반면에 인도불교 원래의 입장으로 되돌아가려는 이들은 『기신론』을 비판하였다. 구양경무와 남경내학원 학자들은 양문회가 『기신론』을 높이 평가한 것과 달리 위서로 보고 비판하였고 유식 불교를 추숭하였다. 태허와 무창불학원 학자들은 양문회의 입장을 따라서 『기신론』을 중심으로 중국 불교의 가치를 높이 평가하였다. 구양경무와 내학원 학자들은 유식 불교의 이성적·사변적인 논리 정신을 근대 이래 서양철학의 유입에 대응하는 최상의 방법으로 생각하였고, 이와 동시에 근대성의 중심이라 할 개인의 주체성을 강조하였다. 이에 대하여 『기신론』을 중심으로 중국 불교를 옹호하는 학자들은 기신론을 부정하는 것은 중국 불교를 부정하는 것이고, 중국 불교의 정신을 분명히 살릴 때 오히려 서양 철학에 대항할 힘을 얻어낼 수 있다고 생각하였다. 불교계에서는 이 두 상이한 방향의 논쟁이 오래 계속되어, 1950년대 인순과 여징의 논쟁에까지 이어졌다.

    결론적으로 말하면, 근대신불교 운동은 『기신론』을 중심으로 두 상이한 방향으로 진행되었고, 그 중에서도 『기신론』을 추종하는 입장에 의해 더욱 강력한 개혁 운동으로 이루어져 갔다고 볼 수 있다. 불교혁신 운동의 성공은 현실 세계에의 적극적 참여를 필요로 하고, 그것은 진여와 현행을 분리하는 유식 불교보다는 진여에 불변의 측면과 수연의 측면을 동시에 인정하는 『기신론』의 진여연기론에 의해 더 잘 뒷받침될 것이기 때문이라고 분석할 수 있다. ▮ 김제란

4

양문회의 불학사상과 금릉각경처

Ⅰ. 청말 불교의 쇠퇴와 양문회

당(唐)·송대(宋代)에 전성기를 구가하던 중국불교는 명(明)·청대(淸代)에 이르러 점차 쇠퇴의 길을 걷게 된다. 더욱이 청말에 발생한 태평천국(太平天國)의 난(1851~1864)으로 인하여 중국불교는 치명적인 타격을 받기에 이른다. 양문회(楊文會)의 부친과 함께 과거에 급제하여 친밀한 관계에 있던 증국번(曾國藩)이 『토월비격(討粤匪檄)』(1854. 2)에서 태평천국교도들이 "군현(郡縣)을 지나치면서 먼저 묘우(廟宇)를 불사르고, …… 불교의 사찰, 도교의 도관, 성황당(城隍堂), 사단(社壇) 등의 모든 묘사(廟舍)가 불타지 않은 것이 없고, 각 상(像)들이 부서지지 않은 것이 없었다"[1] 라고 말하는 것과 같이 태평천국으로 인한 불교의 피해는 심각한 것이었다. 이러한 불교의 쇠퇴를 깊이 절감하고 불교부흥에 평생을 힘쓴 사람이 있었으니, 그는 바로 양문회(楊文會; 仁山, 1837~1911)거사이다. 양계초

---

1 姚中原, 「曾國藩的討粤匪檄」(www.cida.sinica.edu.tw)에서 원문인용. "所過郡縣, 先燬廟宇……以至佛寺, 道院, 城隍, 社壇, 無廟不焚, 無像不滅."

(梁啓超)는 그의 『청대학술개론(淸代學術槪論)』에서 "만청(晩淸)시기에 이른바 신학가(新學家)라고 하는 사람들은 거의 모두 불교학과 관계가 있었으며, 불교에 대한 참다운 신앙자들은 양문회에 귀의하여 따랐다"[2]라고 평하듯이 근대 중국불교에 있어서 양문회의 역할은 거의 절대적이라고 할 수 있다. 사실상 양문회가 없는 근대의 중국불교는 상상할 수 없다고 말해도 결코 과장이 아니라고 하겠다. 그렇다면 과연 양문회는 무엇 때문에, 또한 어떤 연유로, 그리고 어떻게 근대 중국불교를 부흥시키고, 더욱이 중국불교의 근대교육을 시작하게 되었는가?

양문회가 불교에 대하여 이룩한 업적은 간략하게 불교전적의 각인(刻印)과 보급을 담당하는 '금릉각경처(金陵刻經處)'의 설립과 운영, 금릉각경처의 내부에 개설하여 불교 교의에 대한 체계적인 강론을 담당하였던 '기원정사(祇洹精舍)'와 그의 사후(死後) 제자인 구양경무(歐陽竟無)에 의하여 설립된 '지나내학원(支那內學院)', 그리고 불교의 심화연구를 담당하였던 '불학연구회(佛學硏究會)', 마지막으로 다양한 국제교류의 실행 등 크게 네 가지로 구분할 수 있다. 그러나 이러한 네 가지 가운데 무엇보다도 가장 토대가 된 것은 바로 금릉각경처의 설립과 그 운영이라고 할 수 있다. 무엇보다도 가장 기본적인 텍스트의 보급 없이는 교육이나 학회의 활동은 상상할 수 없기 때문이다. 따라서 이 글에서는 양문회의 불학사상과 금릉각경처의 설립과 그 편집사상(編輯思想), 그리고 금릉각경처에 설립한 기원정사를 중심으로 하여 근대 중국불교 부흥의 계기를 고찰해 보기로 하겠다.

---

2 梁啓超, 『淸代學術槪論』, 上海世紀出版社, 2005, p.83.

Ⅱ. 양문회의 생애와 불학사상

양문회의 생애를 고찰할 수 있는 자료 가운데 비교적 중요한 것은 작자 미상의 『양인산거사사략(楊仁山居士事略)』[『양인산거사유서(楊仁山居士遺書) 1책]과 심증식(沈曾植) 찬술의 『양거사탑명(楊居士塔銘)』, 장이전(張爾田)의 『양인산거사별전(楊仁山居士別傳)』 그의 적전제자라고 할 수 있는 구양점(歐陽漸)이 찬술한 『양인산거사전(楊仁山居士傳)』, 그의 후손인 조양보위(趙楊步偉)가 찬술한 『선조인산공지생평(先祖仁山公之生平)』 등이 있다.[3] 여기서는 이들을 참고하여 간략하게 그의 생애와 그의 불교사상을 서술해 보겠다.

양문회는 안휘성(安徽省) 석태(石埭)에서 태어났으며, 자(字)는 인산(仁山)으로, 그의 부친은 증국번(曾國藩), 이홍장(李鴻章)과 같은 해에 진사(進士)에 합격하였던 경력으로 당시의 고위층과 밀접한 친분을 맺고 있었기 때문에 본인이 원한다면 충분히 높은 관직을 얻을 수 있었다. 하지만 양문회는 어려서부터 명리를 싫어하여 관직에 나아가지 않았다고 한다. 그러나 태평천국(太平天國)의 난이 발생하자 국난을 맞이하여 증국번을 도와 관직을 맡기지 않는 조건으로 군량(軍糧) 등을 관리하는 업무를 도왔다고 한다. 이러한 배경은 후에 그가 외교관으로 유지전(劉芝田)을 수행하여 유럽을 순방하게 되는 계기가 된다.

양문회가 불교에 귀의하게 되는 계기는 다음과 같다. 그의 나이 3세에 부모가 정해준 약혼녀가 결혼하기 전에 천연두에 걸려 얼굴이 흉하게 되

---

3 張華, 『楊文會與中國近代佛教思想轉型』, 宗教文化出版社, 2004, pp.38~40 ; 藍吉富, 「楊仁山與現代中國佛教」, 『華岡佛學學報』 第2期, 中華佛學研究所, 1988. 10, p.100 등 참조.

❋ 양문회(楊文會)

었지만, 어떠한 반대 없이 일찍 결혼하게 된다. 그러나 태평천국의 난으로 항주(杭州)에 피난하였다가 서로 마음이 통하는 여인을 만나 둘째 부인으로 삼으려 하였으나 집안의 반대로 무산되자 양문회는 모든 일에 회의에 빠져 매일 서호(西湖)를 산책하며 보냈다고 한다. 그 과정에서 어느 날 항주의 어느 서점에서 『대승기신론(大乘起信論)』을 발견하여 읽고 크게 감탄하여 이로부터 불교에 전념하였다고 한다.[4]

양문회는 1878년부터 청조(淸朝)의 외교관으로서 런던과 파리 등 유럽을 순방하게 되는데, 그 과정에서 옥스포드대학에 유학하고 있던 난죠 분유(南條文雄)와 서로 만나게 된다. 이 두 사람의 만남은 이후 30여 년 동안 지속되는데, 이로부터 양문회는 근대적 불교학의 방법론에 대한 새로운

---

4 趙楊步偉, 「先祖仁山公之生平」, 『菩提樹』 95期, 楊仁山居士示寂五十周年紀念号, 1960.10. 참조.

인식을 하게 된다. 이러한 인식은 중국불교가 근대성을 띠게 되는 결정적인 작용을 한다고 할 수 있다. 실제적으로 양문회는 난죠 분유(南條文雄)를 만나기 이전에 이미 태평천국의 난으로 훼손된 불서(佛書)를 간행하기 위하여 금릉각경처(1866)를 세워 지속적으로 불교전적들을 출간하고 있었다. 그에 따라 이때 난죠 분유와의 만남을 통하여 여러 불교전적에 대한 논의를 진행하게 되었고, 후에 결과적으로 중국에는 이미 산실된 여러 문헌들, 예를 들어 담란(曇鸞), 도작(道綽), 선도(善導)의 저술과 규기(窺基)의 『성유식론술기(成唯識論述記)』, 법장(法藏)의 『대승기신론의기(大乘起信論義記)』 등의 중요한 전적들이 '5백년 이상' 중국인은 볼 수 없었던 중요한 전적들이 역수입되게 하는 계기가 되었다.5

1889년, 양문회는 외교관으로서의 생활을 그만두고, 금릉각경처에서 오직 불교경전 간행과 후학의 지도에 몰두하여 1911년 음력 8월 17일 신해혁명이 일어나기 며칠 전에 75세의 나이로 입적한다.

양문회의 불교사상에 대하여 그와 밀접한 관계가 있는 양계초(梁啓超)

✽ 양문회가 설립한 금릉각경처

---

5 陳繼東, 「근대불교의 새벽 − 청말·메이지 불교계의 교류」(불교학연구회, 2002년 추계학술대회 발표논문, 2002.11.12)에 楊文會와 南條文雄의 만남으로부터 일본으로부터 중국의 散失된 문헌을 재수입하는 내용이 소개되어 있다.

는 『청대학술개론(淸代學術槪論)』에서 "양문회는 법상(法相)·화엄(華嚴) 양종(兩宗)을 깊이 통달하였으며, 정토교(淨土敎)를 공부하였다"[6]라고 하거나 혹은 "전체적으로 말한다면 성종(性宗)계통에 속해 있으며, ······ 사상에 있어서는 『대승기신론』을 추숭(推崇)하였고, 실천에 있어서는 정토에 귀심(歸心)하였다"[7]라고 하여 사상은 『대승기신론』을 중심으로 하고 실천은 정토를 중심으로 하고 있다고 평가하고 있음을 알 수 있다. 이러한 평가는 바로 양문회의 개인적 경험(初發心의 계기인 『대승기신론』과 정토진종(淨土眞宗)의 난죠분유와의 만남)과 당시의 시대상황이 서로 복합된 결과라고 볼 수 있을 것이다. 또한 양문회의 불교사상은 금릉각경처의 전체적인 편집노선과 밀접한 관계가 있다고 할 수 있다. 따라서 여기에서 그의 저작을 모은 『양인산거사유저(楊仁山居士遺著)』〔금릉각경처 판: 이하 『유저(遺著)』로 간칭〕를 통하여 보다 구체적으로 그의 불교사상을 살펴보고자 한다.

우선, 양문회의 전체적인 불교학의 방법론을 엿볼 수 있는 구절이 그의 『유저』 가운데 「학불천설(學佛淺說)」이라는 제목으로 다음과 같이 게재되어 있다.

불교를 배우려는 자는 마땅히 어찌해야 할 것인가? 이른다. 사람이 각자 갖고 있는 근기(根器)에 따라 다를 뿐이다. 이근상지(利根上智)의 사람은 곧바로 지해(知解)를 끊고서 본원성지(本源性地)를 꿰뚫어 보아 체(體)와 용(用)이 온전히 밝아서 수증(修證)의 과정을 거치지 않고서 생사(生死)와 열반(涅槃)이 평등하여 일여(一如)할 것이다. 이 종류의 근기는 당(唐)·송(宋) 시기에 있었지만, 근세에는 드물게 보인다. 그 다음의 근기는 이해의 길〔解路〕로부터 들어가는 것이다. 먼저 『대승기

---

[6] 梁啓超, 『淸代學術槪論』, 中國; 上海世紀出版社, 2005, p.83. "文會深通法相, 華嚴兩宗, 而以淨土敎學者."
[7] 앞의 책, "總的來說, 是屬於性宗系統的. ······ 在思想上, 他推崇起信; 在踐履上, 他歸心淨土."

신론』을 읽어 연구하여 명확하게 요달(了達)하고, 다시『능엄경(楞嚴經)』・『원각경(圓覺經)』・『능가경(楞伽經)』・『유마경(維摩經)』 등을 열람하여 점차로『금강경(金剛經)』・『법화경(法華經)』・『화엄경(華嚴經)』・『열반경(涅槃經)』 등에 이르며, 또한『유가사지론(瑜伽師地論)』・『대지도론(大智度論)』 등의 논서(論書)에 이른다. 그렇게 한 후에 이해[解]를 의지하여 실천[行]을 일으키고, 행(行)으로부터 해(解)를 끊어 일진법계(一眞法界)를 증입(證入)한다. 이로부터 모름지기 정토로 회향(廻向)해야 하는데, 아미타(阿彌陀)를 면근(面觀)하여 바야흐로 능히 생사를 영원히 끊어 무상도(無上道)를 이루어야 한다. 이것이 바로 간결함[約]으로부터 넓음[博]에 이르고, 넓음으로부터 간결함에 이르는 법이다. 또한 그 다음의 근기는 보도법문(普度法門)을 사용하여 아미타불의 접인신력(接引神力)을 오로지 신앙하여 왕생을 발원하고, 자신이 능히 감당할 수 있는 정토경론을 읽든가 혹은 쉽게 접근할 수 있는 서적을 일도록 한다. 그렇지 않으면 단지 아미타불의 명호만을 수지(受持)하여 일심(一心)으로 전념하면 또한 정토에 왕생함을 얻을 수 있다. 비록 견불증도(見佛證道)가 빠르고 늦음이 다르지만 생사를 초탈하여 윤회를 영원히 면하는 것은 하나이다.[8]

이로부터 보자면 앞에서 인용한 양계초의 평가가 역시 정확하다는 것을 짐작할 수 있는 것이다. 사실상 이러한 양문회의 불교관은 중국불교 사상의 역정을 내포하고 있는 것으로서 그를 정밀하게 논하고자 한다면 중국불교사상사를 언급해야 할 것이다. 그러나 그것은 이 글의 주제를 벗어나므로 생략하지만, 중국불교는 송・명대에 이르러 제종융합(諸宗融合)이

---

8 楊文會,「學佛淺說」,『等不等觀雜錄』卷1, pp.10~11,『楊仁山居士遺著』7冊, 金陵刻經處本. "學佛者當若之何? 曰:隨人根器各有不同耳. 利根上智之士, 直下斷知解, 徹見本源性地. 體用全彰, 不涉修證. 生死涅槃, 平等一如. 此種根器, 唐宋時有之, 近世罕見矣. 其次者, 從解路入. 先讀大乘起信論, 硏究明了, 再閱楞嚴, 圓覺, 楞伽, 維摩等經, 漸及金剛, 法華, 華嚴, 涅槃諸部, 以至瑜伽, 智度等論. 然後依解起行, 行起解絶, 證入一眞法界. 仍須回向淨土, 面觀彌陀, 方能永斷生死, 成無上道. 此乃由約而博, 由博而約之法也. 又其次者, 用普度法門. 專信阿彌陀佛接引神力, 發願往生. 隨己堪能, 或讀淨土經論, 或閱淺近書籍. 否則單持彌陀名號, 一心專念, 亦得往生淨土. 雖見佛證道有遲速不同, 其超脫生死, 永免輪迴, 一也."

이루어져 선종으로 통합되고, 명·청대에 이르러 불교는 선정일치(禪淨一致)를 표방하며 유·불·도 삼교가 융합되는 역사적 상황이 어느 정도 반영된 것이라고 할 수 있다. 또한 그의 이러한 세 가지 불교를 공부하는 방법론은 사실상 역대에 이미 여러 차례 출현해 왔던 방법으로서 중국불교의 전통을 그대로 이은 것이라고 할 수 있다. 그에 따라 양문회는 명·청대 중국불교의 주류를 이루었던 정토와 선종(禪宗)에 역시 깊은 관심을 지니고 있음을 알 수 있다. 특히 그는 지식인들이 정토를 경시하는 것에 대하여 다음과 같이 말하고 있음을 살펴볼 수 있다.

문학을 하는 사람들은 종종 정토를 경시하고 성품의 노리[性理]만을 숭상한다. 본인은 처음 불교를 배울 때 또한 이러한 견해를 가졌었다. 그러나 『미륵소초(彌勒疏鈔)』를 본 후에 비로소 정토의 깊고 묘함을 알게 되어 이전에 치우친 견해가 남김없이 사라지게 되었다.[9]

이로부터 자신의 경험을 토대로 정토에 대한 그의 생각을 충분히 엿볼 수 있게 한다. 나아가 그는 "정토의 일문(一門)은 일체법문(一切法門)을 모두 포괄하고, 일체법문은 모두 정토의 일문으로 향한다"[10]라고까지 말하고 있다. 역시 양계초가 말한 바와 같이 "정토에의 귀심"을 분명히 확인할 수 있는 대목이다.

또한 선종에 있어서는 이른바 "불학의 높음은 선종만한 것이 없다"[11]고 평가하여 '심인(心印)'을 전함이 바로 '선종'이라고 규정하여 그를 해석하기를, "부처의 심인은 바로 반야바라밀(般若波羅蜜)"[12]이라고 하고, "달마

---

9 「與劉次饒書」, 『等不等觀雜錄』 卷5, 『楊仁山居士遺著』 9冊, p.33. "文學之士, 往往輕淨土而崇性理. 鄙人初學佛時, 亦有此見. 自閱彌勒疏鈔後, 始知淨土深妙. 從前偏見, 消滅無餘."
10 「與李澹緣書」, 『等不等觀雜錄』 卷6, 『楊仁山居士遺著』 8冊, p.11. "淨土一門, 括盡一切法門, 一切法門, 皆趣淨土一門."
11 『佛教初學課本注』, 『楊仁山居士遺著』 4冊, p.29.

(達摩)의 일종(一宗)은 이 법을 전적으로 널리 펴고 있어 육조(六祖)를 반야를 배우는 보살이라고 칭한다. 이는 바로 제육도(第六度)로서 선(禪)으로 삼는 것이지 제오도(第五度)의 선이 아닌 것이다"[13]라고 하고 있다. 이러한 선종에 대한 견해는 분명히 전통적인 중국선종과 동일하다고 할 수 있다.

어쨌거나 양문회는 불교를 배움에 있어 대부분의 지식인들이 속하는 '이해의 길[解路]'의 방법으로서 무엇보다도 먼저『대승기신론』을 읽어야 함을 강조하고 있음을 알 수 있다. 그렇다면 과연 그는『대승기신론』에 대하여 어떠한 평가를 내리고 있는가? 그의『유저』도처에서 다음과 같은 기술이 나타난다.

> 대장경의 교전(教典)은 권질(卷帙)이 방대하고 번잡하지만, 그 간요(簡要)하고 정심(精深)한 것을 구한다면『기신론』만한 것이 없다.[14]
>
> 이 논을 통달하면 바로『능엄경』·『능가경』·『화엄경』·『법화경』등의 경전이 저절로 명료할 것이다.[15]
>
> 이 논을 한번 통달한다면 곧 모든 경전에 들어가는 지름길이 있음이다.[16]
>
> 『기신론』은 일문이심(一門二心)으로서 불교의 대강을 총괄하니, 배우는 자가 능히 이 논으로 宗을 삼는다면 교·율·선·정토종의 사상을 관통하지 않음이 없으리니, 작음을 굴려 큰 것을 이룸이요, 삿됨을 부수고 바름을 들어냄으로, 여래의 참다운 제자가 될 수 있음이다.[17]

---

12 『佛敎初學課本』,『楊仁山居士遺著』4冊, p.23.
13 「般若波羅蜜多會演說二」,『等不等觀雜錄』卷1,『楊仁山居士遺著』7冊, p.25.
14 「會刊古本起信論義記緣起」,『等不等觀雜錄』卷3,『楊仁山居士遺著』8冊, p.4. "大藏敎典卷帙浩繁, 求其簡要精深者, 莫如起信論."
15 「與李澹緣書一」,『等不等觀雜錄』卷5,『楊仁山居士遺著』9冊, p.12. "通達此論, 則楞嚴, 楞伽, 華嚴, 法華等經, 自易明了."
16 「與呂勉夫書」,『等不等觀雜錄』卷6,『楊仁山居士遺著』9冊, p.23.
17 『佛敎初學課本注』,『楊仁山居士遺著』4冊, pp.23~24. "起信論以一門二心, 總括佛敎大綱. 學者能以此論爲宗, 敎律禪淨, 莫不通貫. 轉小成大, 破邪顯正, 允爲如來眞子矣."

이로부터 양문회는 『대승기신론』을 모든 중국불교의 '대강(大綱)'이요 '간요(簡要)'로서 불교의 일체경과 제종(諸宗)을 모두 파악할 수 있는 가장 핵심적인 논서로서 보고 있음을 충분히 짐작할 수 있다. 따라서 그는 다시 『대승기신론』을 "으뜸 되는 가르침을 원용하여 불교를 배우는 요전(要典)"[18]이고, "불교를 배우는 강종(綱宗)"[19]이며, 그러므로 "항상『대승기신론』을 스승으로 삼는다"[20]라고 결론적으로 말하고 있다.

이러한 양문회의 입장에서 1878년 옥스퍼드대학에서 난죠분유(南條文雄)를 만났을 때, 당연히 『기신론』 범본(梵本)의 존재를 묻게 되는데, 그 부재를 알고 커다란 실망을 하게 된다. 만약 『기신론』의 범본이 존재하지 않는다면 필시 위서(僞書)의 가능성이 존재하는 것이고, 그렇다면 그의 각경(刻經) 원칙 가운데 하나인 이른바 '삼불각(三不刻)'[21] 가운데 "의서(疑書)나 위서(僞書)는 판각하지 않음[有疑僞者不刻]"에 위배되는 것이다. 그러나 그는 지속적으로 『기신론』과 그와 관련된 전적을 출판하고 있었고, 최종적으로는 1894년, 상해에서 영국인 선교사 티모시 리차드(Timothy Richard, 1845~1919)와 함께 『대승기신론』을 영역하여 중국불교를 세계에 알리고자 하였다. 이러한 일련의 상황은 양문회가 품은 민족불교의 사상적 경향을 추론할 수 있는 단서를 제공한다고 할 수 있다. 보다 구체적으로 말한다면, 양문회는 여러 가지 경로로 『대승기신론』의 범본이 없음을 결국 인정하게 되고, 또한 그것이 중국찬술일지도 모른다는 어느 정도의 의혹을 도리어 중국 전통불교의 특성으로 부각시키려고 하는 의도를 품고 있음을 보인다고 하겠다. 더욱이 그는 도리어 역대 중국에서 한역되어 완

---

18 「答釋德高質疑十八問」, 『等不等觀雜錄』 卷4, 『楊仁山居士遺著』 8冊, p.22. "宗敎圓融, 爲學佛之要典"
19 「與陳大燈陳心來書」, 『等不等觀雜錄』 卷6, 『楊仁山居士遺著』 9冊, p.25. "爲學佛之綱宗"
20 「與鄭陶齋書」, 『等不等觀雜錄』, 卷5, 『楊仁山居士遺著』 9冊, p.4. "常以『大乘起信論』爲師"
21 '三不刻'이란 「與郭月樓書」, 『等不等觀雜錄』 卷6, 『楊仁山居士遺著』 8冊에 보이는 "凡有疑僞者不刻, 文義淺俗者不刻, 亂壇之書不刻"을 말한다. p.22 참조.

성된 장경을 다시금 범어로 번역해야 한다는 주장까지 펴고 있어,[22] 그가 품은 민족불교적 정서를 충분히 짐작할 수 있는 것이다.

이러한 양문회의 사상은 그가 만년에 '마명종(馬鳴宗)'의 건립을 선포하는 데서 가장 잘 드러난다고 할 수 있다. 그는 그의 친구 이소운(李小芸)에게 보내는 편지에서 '마명종'은 "『대승기신론』을 근본으로 삼고, 『대종지현문본론(大宗地玄文本論)』 가운데 '오위판교(五位判敎)'를 의지하여 석가여래의 대법(大法)을 총괄하니, 부족함도 남음도 없다"[23]라고 하여 '마명종'이 "참으로 폐단을 구하고 치우침을 보충할 핵심적인 도[要道]"[24]라고 말하고 있다. 주지하다시피 『대승기신론』과 『대종지현문본론』의 저자는 바로 '마명'이다. 따라서 양문회가 '마명종'의 건립을 주장한 것에는 바로 중국불교의 핵심은 철저하게 『대승기신론』으로부터 발현된 것이라는 깊은 인식이 작용하고 있다고 볼 수 있는 것이다.

이로부터 본다면, 양문회의 불교사상은 무엇보다도 초발심의 계기가 된 『대승기신론』을 중심으로 하고 있음을 분명하게 확인할 수 있는 것이다. 다시 말하여, 『대승기신론』의 '일심이문(一心二門)'과 같이 다양한 현실을 모두 포용하면서 '여래장(如來藏)'에 입각하여 회통하는 것처럼 변혁의 시대를 불교, 그것도 철저히 중국화된 불교의 상징인 『대승기신론』을 중심으로 포용하고자 하는 것이 양문회가 가슴에 품은 불교사상이었을 것이라고 본다. 더욱이 '마명종'의 창립이 난죠분유 등 외국불교와의 교류를 통하여 점차 굳어진 중국전통불교의 보호라는 인식의 발로라고 본다면, 보다 양문회가 품은 불교의 중심점이 무엇이었는가를 명확하게 해준다.

---

22 「般若波羅蜜多會演說四」, 『等不等觀雜錄』 卷1, 『楊仁山居士遺著』 7冊, pp.26~27. "五印度境爲佛敎本源, 大乘三藏所存無幾, 欲興正法, 必從支那藏經重譯梵文."
23 「與李小芸書」, 『等不等觀雜錄』 卷5, 『楊仁山居士遺著』 9冊, p.29. "以大乘起信論爲本, 依大宗地玄文本論中五位判敎, 總括釋迦如來大法, 無欠無餘."
24 위의 책. "誠救弊補偏之要道也."

Ⅲ. 금릉각경처와 기원정사의 설립

『양인산거사사략』에 따르면, 금릉각경처에서 그의 생전에 "백여 만권의 경전을 유통시켰고, 십여만 장의 불상을 인쇄하였다"[25]고 한다. 이는 1866년 금릉각경처를 창건한 이래 지속적으로 판각을 진행하여 얻어진 결과라고 할 수 있다.[26] 따라서 여기에서는 금릉각경처의 설립목적과 그 연혁에 대하여 그의 『유저』를 통하여 간략하게 살펴보고자 한다.

앞서 언급한 바와 같이 양문회 청년기에 발생한 태평천국의 난(1851~1864)의 영향으로 중국불교는 치명적인 타격을 받는다. 더욱이 당시 중국불교에 있어서 사묘(寺廟)의 파괴보다도 더욱 심각한 상황은 승속(僧俗)을 막론하고 참답게 불법을 이해하는 자가 아주 드물었다는 것이다. 이러한 상황에 대하여 양문회는 다음과 같이 말한다.

> 근세 이래, 승도(僧徒)는 고루(固陋)에 빠져 있어 배움도 없고 수행도 없으니, 불법이 중국에 전해온 후 가장 타락한 시기가 되었다.[27]

> 우리나라 불교가 쇠락하고 무너진 지 오래다! 만약 때에 미쳐 정돈하지 못한다면 이웃 나라의 비웃음을 살 뿐만 아니라 본국의 권세를 빼앗길까 두렵다. 역대에 숭상해오던 가르침이 하루아침에 폐해진다면, 어찌 그 하나의 맥을 전하여 후인들에게 이익 되게 할 수 있겠는가?[28]

---

25 『楊仁山居士事略』, 『楊仁山居士遺著』 1冊, 金陵刻經處本, p.4. "流通經典百餘萬卷, 印刷佛像十餘萬張."
26 이 글의 부록 '金陵刻經處 楊文會時代에 板刻한 經籍 一覽表' 참조.
27 「般若波羅密多演說一」, 『等不等觀雜錄』 卷1, 『楊仁山居士遺著』 6冊, p.24. "近世以來, 僧徒安於固陋, 不學無術, 爲佛法入支那後第一墮壞之時."
28 「支那佛敎振興策一」, 『等不等觀雜錄』 卷1, 『楊仁山居士遺著』 7冊, p.16. "我國佛敎衰壞久矣! 若不及時整頓, 不但貽笑鄰邦, 亦恐爲本國權勢所奪. 將歷代尊崇之敎, 一旦而廢之, 豈不

이로부터 금릉각경처를 세우게 된 계기를 충분히 엿볼 수 있다. 다시 말하여, 양문회는 당시의 중국불교의 현실에 대하여 연구와 수행에 있어서 최대의 '타락한 시기'로 규정하고, 또한 이른바 '정돈'의 필요를 절실하게 느끼고 있었던 것이다. 그러한 '정돈' 가운데 가장 시급한 것이 바로 불교의 가르침을 담보하는 가장 기본적인 전적들에 대한 정돈이라고 하겠다. 이러한 그의 입장은 다음의 글에서 더욱 분명하게 표출된다.

> 만약 불법을 친히 증득하고자 한다면, 모름지기 세 가지의 점차(漸次)를 말미암아 들어가야 한다. 첫째는 문자반야(文字般若)로서 바로 삼장교전(三藏敎典) 및 각각의 종파들의 저술이다. 둘째는 관조반야(觀照般若)로서 앞의 문자반야를 의지하여 정견(正見)하고, 진공관(眞空觀) 및 중도(中道)의 제일의(第一義)를 관(觀)하는 것이다. 셋째는 실상반야(實相般若)로서 앞의 묘관(妙觀)을 의지하여 제법실상이 바로 반야와 상응함을 증득함이니, 바로 도피안(到彼岸)이요 반야바라밀다라고 칭할 수 있는 것이다.[29]

참으로 불법을 증득하고자 한다면 무엇보다도 '문자반야'로부터 출발해야 함을 강조하고 있는 것이다. 바로 경율론의 삼장과 역대 제종의 찬술서들을 정독함이 그 시작임을 강조하고 있는 것이다. 이로부터 양문회가 금릉각경처를 설립한 의도를 충분히 엿볼 수 있다. 실제적으로 그는 1897년 남경 연령항(延齡巷)으로 모든 가족을 데리고 이사한 다음 그의 집을 금릉각경처의 작업장으로 헌납하여 "낮에는 각경(刻經)의 과정을 감독하고 밤에는 불교를 공부함에 몰두하였고, 교감과 각인(刻印) 이외에 혹은 경전을

令度世一脈, 後人無從沾益乎?"
[29] 「般若波羅蜜多會演說二」, 『等不等觀雜錄』卷1, 『楊仁山居士遺著』 7冊, p.25. "若欲親證, 須由三種漸次而入. 一者文字般若, 卽三藏敎典及各宗著述. 後學因此得開正見, 不至認賊爲子. 二者觀照般若, 依前正見, 作眞空觀及中道第一義觀. 三者實相般若, 由前妙觀, 證得諸法實相卽與般若相應, 便是到彼岸, 可稱般若波羅蜜多矣."

읽거나 염불(唸佛)을 하고, 혹은 정좌(靜坐)하여 작관(作觀)하기를 자주 밤을 새웠다"[30]라고 한다. 이러한 각경처에서의 노력을 그의 『유저』에서는 다음과 같이 술회한다.

> 본인은 40여 년 동안 세상일을 두절하고 각경과 유통에 전력을 다하여 남몰래 法을 널리 펴고 중생들에게 이익 되게 함을 願으로 하였다. 지금 이미 늙었으나 오히려 심원(心願) 가운데 아직 마치지 못한 일이 남아 있다. …… 본인의 뜻한 원은 금릉각경처의 판각이 완전한 대장경으로 이루어지고, 대조·교열과 인쇄 등이 모두 정밀하게 이루어져 오류에 이르지 않기를 삼가 바란다.[31]

이로부터 양문회가 각경처를 세운 목적과 그에 쏟은 정성을 충분히 엿볼 수 있다. 실제적으로 양문회의 이러한 노력은 너무도 성공적이었다고 할 수 있다.

앞에서 언급한 바와 같이 양문회는 당시의 불교계의 상황에 대하여 '최대의 위기'로 인식하고 있는데, 그의 『유저』에는 "제방(諸方)의 명찰들에 인재를 키울 학당이 없어 날로 불교가 추락하고 있다"[32]라고 하여 그 위기의 원인을 교육의 부재로 삼고 있음을 보고 있음을 알 수 있다. 또한 직접적으로 "불교의 진흥을 바란다면, 오직 석씨학당(釋氏學堂)을 개설하여야만이 비로소 전기가 있을 것이다"[33]라고 하여 그 위기의 벗어남은 오직 교육만이 있을 뿐임을 강조하고 있다. 이러한 인식으로 양문회(楊文會)는

---

30 『楊居士事略』, 『楊仁山居士遺著』 1冊, p.21. "日則董理工程, 夜則潛心佛學, 校勘刻印而外, 或誦經唸佛, 或靜坐作觀, 往往至漏盡就寢."
31 「報告同人書」, 『等不等觀雜錄』 卷5, 『楊仁山居士遺著』 9冊, pp.4~5. "鄙人四十年來, 屏絶世事, 專力於刻經流通, 竊以弘法利生爲願. 今垂老, 尙有心願中未了之事. …… 鄙人志願, 亟望金陵刻經處刻成全藏, 務使校對刷印均極精審, 庶不至貽誤學者."
32 「與南條文雄書二十二」, 『等不等觀雜錄』 卷8, 『楊仁山居士遺著』 9冊, p.12. "諸方名利, 向無學堂造就人才, 所以日趨於下也."
33 「般若波羅密多演說一」, 『等不等觀雜錄』 卷2, 『楊仁山居士遺著』 6冊, p.24. "欲求振興, 惟有開設釋氏學堂, 始有轉機."

"전국 승려 중에서 재산이 있는 사람들로 하여금 학당을 개설하여 교내(教內)·교외(教外)의 두 반(班)으로 나누게 한다. 외반은 보통의 학문을 위주로 하고 불서를 겸하여 읽는다. …… 내반은 불교를 배우는 것을 근본으로 하되 보통의 학문을 겸하여 익힌다"[34]라고 하여 학당의 개설을 강조 하고 있다. 그에 따라 1907년 가을 금릉각경처에 기원정사(祇洹精舍)를 개설하고 스스로 강석(講席)을 맡아 후학들을 지도하게 된다. 그 당시 기원정사에서 학습한 승려들은 태허(太虛), 인산(仁山), 개오(開悟), 지광(智光), 관동(觀同) 등이었고, 거사로는 구허명(邱虛明), 사무량(謝無量), 구양점(歐陽漸), 매광희(梅光羲) 등이다. 바로 이들이 후에 중국의 근대불교를 이끄는 주역이 되었던 것이다. 기원정사의 교육과정은 그의 『유저』의 다음과 같은 글로부터 짐작할 수 있게 한다.

두 땅[중국과 인도]의 언어와 문자는 통하기 어렵다. 도(道)를 밝히려는 자가 나이가 많으면 언어를 배우기가 대단히 어렵고, 나이가 적은 자는 경문의 의미를 모르니 무익할 뿐이다. 따라서 기원정사를 세워 인재를 기르는 바탕을 삼으려고 생각하였다. 세 분야의 교수를 설정하여 첫째 불법, 둘째 한문, 셋째 영문을 가르치고자 하였다. 영어가 익숙해지면 인도학의 범문(梵文)으로 나아가게 하고, 다시 불교를 이 땅에 전하게 하였다.[35]

이로부터 보자면, 기원정사에서는 불교학과 한문 이외에 영문과 범어를 교육하였음을 짐작할 수 있다. 당시 영어와 범어는 소만수(蘇曼殊)가 담당

---

34 「支那佛教振興策一」, 『等不等觀雜錄』卷1, 『楊仁山居士遺著』6冊, p.16. "令通國僧道之有財産者, 以其半開設學堂, 分教內教外二班. 外班以普通學爲主, 兼讀佛書. …… 內班以學佛爲本, 兼習普通學."
35 「與釋式海書」, 『等不等觀雜錄』卷5, 『楊仁山居士遺著』8冊, p.16. "但兩地語言文字, 難以交通, 明道者年旣長大, 學語維艱. 年少者經義未通, 徒往無益. 遂議建立祇洹精舍, 爲造就人材之基, 用三門教授: 一者, 佛法; 二者, 漢文; 三者, 英文. 俟英語純熟, 方能赴印度學梵文, 再以佛法傳入彼土."

하였고, 양문회는 『능엄경』을 강의하였으며, 그 다음해에는 천태종의 고승인 제한(諦閒)법사에게 청하여 『천태교관(天台敎觀)』을 강의하였다. 그러나 기원정사는 2년을 채 못채우고 경부부족으로 1909년에 문을 닫게 되었다. 그 후 얼마 지나지 않아서 1910년 10월 다시 금릉각경처에 '불학연구회(佛學硏究會)'를 설립하여 불교연구와 강학을 지속시키려고 한다. 양문회는 불학연구회의 회장으로 추대되고, 매월 7일에 금릉각경처에서 경전을 강의하였다. 그 당시 그는 74세의 노령이었지만, 여전히 강의를 계속하다가 1911년 10월 8일 입적한다.

기원정사와 불학연구회의 교육은 실제적으로 근대불교를 이끄는 중요한 인물들을 배양하였을 뿐만 아니라 본격적인 근대불교교육을 추동시키고 있다. 또한 그의 이러한 활동은 바로 근대로부터 중국의 거사불교를 새롭게 전개시키는 매개가 되었다는 점에서 역사적인 의미를 찾을 수 있는 것이다.

이상의 금릉각경치와 기원정시 등의 설립과정을 간략히 연혁으로 고찰한다면 다음과 같다.[36]

1865년. 증국번(曾國番), 이홍장(李鴻章)이 금릉[현 南京]에 금릉기기국(金陵機器局)을 건설하는데, 양문회가 그 공사의 책임을 맡고 남경에 도착하여 왕매숙(王梅叔), 정학천(鄭學川), 위강기(魏剛己), 조경초(曹鏡初) 등의 사람들과 함께 불교를 연구하다가 "종교의 연원을 깊이 탐구하고, 말법세계(末法世界)를 위하여 온전히 경전을 유통시켜 널리 중생을 제도한다"[37]는 의견을 모아 수십 명의 사람들을 결집하여 각경 사업을 구상하게 된다.

1866년. 양문회는 동지 왕매숙, 정학천, 위강기, 조경초 등 십여 인을 규

---

36 본 沿革은 『楊居士居士事略』, 『楊仁山居士遺著』 1冊을 중심으로 하여 기타 참고자료를 집성한 것임.
37 "深究宗敎淵源, 以爲末法世界, 全賴流通經典, 普濟衆生."

합하여 각경처를 창립하고자 발원하여, 먼저 정학천[후에 出家, 法號 妙空]으로 하여금 양주(揚州) 동향(東鄉)의 전교계원(磚橋鷄園)에 '강북각경처(江北刻經處)'를 창립. 그 후, 양문회는 다시 남경에 금릉각경처를 세움. 양문회의 동료인 왕매숙의 집안에 소장된 위원(魏源)의 『정토사경(淨土四經)』을 최초로 판각.[38]

1868년. 『정토사경』 이후 2년 동안 각경이 없었음. 이에 양문회는 『모각전장장정(募刻全藏章程)』과 『금릉각경처장정(金陵刻經處章程)』을 작성하고, 후대에 '각경승(刻經僧)'으로 불리는 묘공(妙空)법사를 각경처의 주승(主僧)으로 초빙. 금릉각경처의 정식출범.

1884년. 양문회가 일본으로부터 축각대장경(縮刻大藏經)을 얻어 귀국하여 집중적으로 숙독함.

1888년. 난죠분유로부터 중국에 산실된 수(隋)·당(唐)대 불교전적, 『중론소(中論疏)』·『백론소(百論疏)』·『성유식론술기(成唯識論述記)』 등을 들여옴.

1897년. 남경 성북(城北) 연령항(延齡巷)에 장판(藏版) 및 유통처를 세움. 즉, 현재 '금릉각경처'의 창시.

1905년. 각경처 내에 불교학당인 '기원정사'를 개설하여 후학들을 양성함. 2년을 못 채우고 경비부족으로 폐쇄. 『대일본속장경(大日本續藏經)』에 대항하여 전체적인 중국불교의 서목을 상정한 『대장집요(大藏輯要)』를 편찬.

1910년. 금릉각경처에 불학연구회를 창립하여 매월 7일에 경전을 강의하게 하였다.

1911년. 10월 8일. 양문회는 진서암(陳樨庵), 진선보(陳宣甫), 구양경무

---

[38] 魏源의 『淨土四經』에 楊文會가 跋文을 撰述하는데, 그 가운데 "淸同治五年(1866) 臘月初八 佛成道日"라고 기록되어 있다. 그에 따라 일반적으로 金陵刻經處의 설립을 1866년으로 상정한다. 그러나 학자에 따라서는 『金陵刻經處章程』이 성립된 1868년으로 설정하기도 하고, 혹은 光緒 16年(1890), 光緒23年(1897)으로 설정하기도 한다.

(歐陽竟無) 등 3인에게 금릉각경처의 후임을 맡기고 입적.

1922년. 구양경무가 '지나내학원'을 설립함.

1945년. 양문회의 손자 양립생(楊立生), 양우생(楊雨生)과 서평헌(徐平軒), 조박초(趙樸初) 등이 남경·상해 불교계의 기금을 받아 '금릉각경처호지위원회(金陵刻經處護持委員會)'를 성립하고, 서평헌, 여징(呂澂) 등이 각경사업을 맡아 재개하여 현재에도 그 활동을 지속하고 있다.

IV. 금릉각경처의 편집사상

양문회가 금릉각경처를 통하여 이루고 싶었던 것은 바로 "금릉각경처각성전장(金陵刻經處刻成全藏)"[39]이라고 할 수 있다. 다시 말하여 '온전한 대장경의 완성'을 목표로 하였던 것이다. 그렇다면 분명히 편집과 관련된 사상과 원칙이 존재하지 않을 수 없는 것이다. 실제적으로 그의 『유저』에는 '편장(編藏)'과 관련된 수많은 서술들이 존재한다.

무엇보다도 주의를 끄는 것은 앞에서도 언급한 이른바 '삼불각(三不刻)'이다. 즉, "의(疑)·위(僞)로 보이는 것은 판각하지 않음. 문장의 뜻이 얕고 속된 것은 판각하지 않음. 란단(亂壇)의 책은 판각하지 않음"[40]을 말한다. 이는 각경의 대상을 대하여 엄정한 판정을 거쳐 선정하고 있음을 의미한다. 또한 양문회는 이미 전란을 통하여 산실된 전적을 구하기 위하여 상당히 노력하고 있음을 그의 『유저』도처에서 발견할 수 있다. 특히 일본

---

39 주 31) 참조.
40 「與郭月樓書」, 『等不等觀雜錄』 卷6, 『楊仁山居士遺著』 8冊, "凡有疑僞者不刻, 文義淺俗者不刻, 亂壇之書不刻." p.22.

의 『속장경(續藏經)』의 편찬과 관련하여 중국에 이미 사라진 전적들이 다시 나타나게 되자 그와 관련한 여러 가지 계획을 세우고[41] 또한 실천한다.

양문회는 일본과의 교류 과정에서 일본 『속장경』의 편집에도 어느 정도 관계를 가지고 있었고, 또한 그에 대한 자극으로 일본과는 차별이 있는 모두 약 3천권에 달하는 『대장집요(大藏輯要)』를 편찬하고자 기획하였다. 그는 이를 위하여 「대장집요서례(大藏輯要敍例)」를 찬술하여 유목(類目)을 정하였지만, 그의 생전에 완성하지는 못하였다. 다만, 그의 제자인 구양점이 금릉각경처의 사무를 주관하면서 『대장집요』의 기초로부터 새롭게 편찬한 『장요』 삼집을 출판하였다. 따라서 양문회가 창설한 금릉각경처의 편집사상을 전체적으로 파악하고자 한다면 무엇보다도 「대장집요서례」를 고찰하여야 할 것이다. 그에 따라 여기서는 「대장집요서례」를 다음과 같은 표로 작성하였다.

「대장집요서례(大藏輯要敍例)」[42]

부(部)	설명	비고
화엄부(華嚴部)	경전이 대·소 이승으로 나눠있으며, 대승은 화엄을 시작으로 한다. 무릇 뛰어난 종파 및 각 가(家)의 저술 가운데 화엄경의 뜻을 밝히는 것은 대개 이 부에 귀속된다.	
방등부(方等部)	작음[小]을 열어 큼[顯]을 드러내는 경전. 주소(注疏)가 있는 것은 대개 이 부에 귀속된다.	
정토부(淨土部)	방등(方等)으로부터 분출되어 따로 한 부를 세워 시기를 두었다. 천축(天竺)·진단(震旦)의 제사(諸師) 가운데 정토종지를 펼치는 자는 대개 이 부에 귀속된다.	

---

41 「日本續藏經敍」, 『等不等觀雜錄』卷3, 『楊仁山居士遺著』8冊, "三藏敎典, 結集於印度者不可知其部帙之數. 自流傳震旦, 至隋唐以來, 代有增益, 由五千以至七千. 此其大較也. 明紫柏尊者以方冊代梵筴, 闕者便之. 大藏以外, 復有續藏, 合之已逾萬卷. 以遭兵燹, 板已無存者. 予與同志, 欲踵刊之." p.14 참조.

42 본 표는 「大藏輯要敍例」, 『等不等觀雜錄』卷3, 『楊仁山居士遺著』8冊를 도표로 작성한 것임. pp.7~9참조.

법상부(法相部)	또한 방등으로부터 분출되어 전문적인 학을 이룸. 자은종(慈恩宗) 및 각가(各家)의 저술은 이 부에 편입된다.	
반야부(般若部)	경론과 저술이 모여 한 부를 이룸.	
법화부(法華部)	법화의 각종 주소(注疏) 및 개권현실(開權顯實)의 경전을 모아 이 부에 편입하였다.	
열반부(涅槃部)	부률담상(扶律談常), 『열반경』을 의미)이 한 부를 이룸.	이상 보살장(菩薩藏)으로 통함.
소승경(小乘經)	이는 성문(聲聞)을 위한 장(藏)이다. 설시(說時)를 방등 앞에 두지 않고, 따라서 대승과 구별한다.	이상 대·소 이승으로 현부(顯部)
밀부(密部)	단의(壇儀)의 경전과 인도, 중국 제사(諸師)의 찬술이 모두 이 부에 속한다.	
현밀이문(顯密二門)	원융구족(圓融具足), 일대시교(一代時教), 총괄하여 남김이 없다.	
대승률(大乘律)	보살조복장(菩薩調伏藏), 칠중동준(七衆同遵), 또한 제가의 소(疏)·석(釋)을 모아 편집하였다.	
소승률(小乘律)	성문조복장(聲聞調伏藏), 구족계를 받지 않은 자는 검열하기 쉽지 않음으로 간략함을 따라 수록하였다.	
대승론(大乘論)	보살대법장(菩薩對法藏), 대승에 들어가는 요문. 석경(釋經) 각부와 이수본경(已隨本經) ; 별행지론병제소석(別行之論並諸疏釋), 집록어차(輯錄於此).	
소승론(小乘論)	성문대법장(聲聞對法藏). 권질(卷帙)이 상당히 번잡함. 지금 간략히 여러 종을 편집하여 그 특징을 보인다.	
서토선집(西土撰集)	논장에 포섭되지 않는 것을 별도로 한 부류로하였다. 이른바 잡장(雜藏)이다.	
선종(禪宗)	교외별전(敎外別傳), 불립문자(不立文字) 선종의 어록들로 상당히 폭넓다. 지금 그 긴요한 것만을 택하여 한 종으로 삼았다.	
천태종(天台宗)	석경(釋經) 각부(各部) 수입경장(隨入經藏) 여귀차종(餘歸此宗)	
전기(傳記)	옛 성현의 풍모를 여기에 게재한다.	
편집(纂集)	편집성부(編輯成部)는 이 한 부류에 귀속한다.	

홍호(弘護)	최사현정(摧邪顯正), 책재승가(責在僧伽), 구폐보편(救弊補偏), 공귀단월(功歸檀越), 영산부촉(靈山付囑) 등의 의미는 여기에 귀속한다.	
방통(旁通)	귀원무이(歸元無二), 방편다문(方便多門). 유・도 양가(儒・道 兩家)의 심전(心傳)에 어찌 격애(隔礙)가 있으리요?	
도속(導俗)	진속이도(眞俗二途)는 하늘과 땅의 차별이니, 방편을 빌리지 않으면 마음으로부터 어찌 나타나겠는가? 말은 쉽지만 뜻은 깊으니, 읽는 자는 소홀히 하지 말지어다.	

　위의 표에 보이는 것과 같이 양문회는 자신의 독특한 편제로 대장경을 구성하려는 의도를 가지고 있었다고 할 수 있다. 특히, 중국찬술서를 제종부(諸宗部) 이외에 '전기(傳記)', '찬집(纂集)', '홍호(弘護)', '방통(旁通)', '도속(導俗)'으로 분류한 것이 흥미롭다. 더욱이 '방통'과 '도속'은 이전의 역대 대장경에 찾아볼 수 없는 것으로 양문회의 독창적인 것으로 볼 수 있는 것이다. 또한 '방통'은 이른바 '유・도 양가의 심전(心傳)'을 다룬 것으로 그의 민족적 불교관을 어느 정도 짐작할 수 있다. 이와 관련하여 실제로 명대의 덕청(德淸)이 찬술한 『노자도덕경해(老子道德經解)』와 양문회 스스로 찬술한 『도덕경발은(道德經發隱)』・『충허경발은(沖虛經發隱)』・『남화경발은(南華經發隱)』을 각경하여 출판하고 있고,[43] 그의 『유저』에 『논어발은(論語發隱)』・『맹자발은(孟子發隱)』・『음부경발은(陰符經發隱)』 등이 수록되어 있어 불교를 중심으로 유・도 양가를 회통시키고자 하는 의중을 충분히 발현하였다고 하겠다. 또한 이것은 역대 중국불교의 전통과 부합되는 것이다. 주지하다시피 중국불교는 당・송대에 점차로 선종으로 통합되어 가고, 명・청대를 거치면서 제종일치와 불・유・도의 삼교합일이 나타나게 된다. 사실상 양문회의 이러한 중국불전의 분류에는 그 기저

---

43 이 글의 부록 '金陵刻經處 楊文會時代에 板刻한 經籍 一覽表' 참조.

에 민족불교의 인식이 크게 자리하고 있다고 할 수 있다. 더욱이 앞에서도 언급하였지만 「대장집요서례(大藏輯要敍例)」(이하 「서례」)에는 일본의 속장경 편집에 대한 '차별상'을 기획하였다는 점으로부터도 역시 짐작할 수 있는 것이다. 그러나 「서례」는 다만 그 시도였을 뿐이지 결코 완성된 것은 아니었다. 특히 「서례」의 모두에 다음과 같은 설명에서 그를 짐작할 수 있다.

> 이 책은 전적으로 초학자를 위하여 편집한 것이다. 부류(部類)를 분별하여 검열하기 쉽게 하였다. 무릇 경율론을 배우는 자는 대개 본문을 주로하고, 또한 신하(臣下)는 군부(君父)를 따르는 뜻이다.[44]

이로부터 아직 「서례」는 다만 '례(例)'일 뿐임을 알 수 있다. 그러나 이로부터 양문회가 품은 대체적인 편장(編藏)의 사상을 엿볼 수 있는 것이다. 이와 관련하여 최근에 발표된 중국사회과학원(中國社會科學院) 방광창(方廣錩)의 「양문회적편장사상(楊文會的編藏思想)」에서 상세하게 그를 분석하여 당대(唐代)의 지승(智昇)이 찬술한 『개원석교록(開元釋敎錄)』과 명말 지욱(智旭)의 『열장지진(閱藏知津)』, 그리고 일본의 『대정신수대장경』의 경부(經部)를 대조하여 표로 작성한 것을 여기에 인용해 보고자 한다.

---

44 「大藏輯要敍例」, 『等不等觀雜錄』 卷3, 『楊仁山居士遺著』 8冊, p.7. "此書專爲初學而輯, 分別部類, 以便檢閱. 凡羽翼經律論者, 槪從本文爲主, 亦臣子隨君父之義也."

『개원석교록(開元釋敎錄)』『열장지진(閱藏知津)』『대장집요서례(大藏輯要敘例)』
『대정신수대장경(大正新脩大藏經)』 대조표[45]

『개원석교록 (開元釋敎錄)』	『열장지진 (閱藏知津)』	『대장집요서례 (大藏輯要敘例)』	『대정신수대장경 (大正新脩大藏經)』
반야부(般若部)	화엄부(華嚴部)	화엄부(華嚴部)	아함부(阿含部)
보적부(寶積部)	방등현설부 (方等顯說部)	방등부(方等部)	본연부(本緣部)
대집부(大集部)	방등밀주부 (方等密咒部)	정토부(淨土部)	반야부(般若部)
화엄부(華嚴部)	반야부(般若部)	법상부(法相部)	법화부(法華部)
열반부(涅槃部)	법화부(法華部)	반야부(般若部)	화엄부(華嚴部)
오대부외 제대승경 (五大部外諸大乘經)	열반부(涅槃部)	법화부(法華部)	보적부(寶積部)
사아함(四阿含)	사아함(四阿含)	열반부(涅槃部)	열반부(涅槃部)
사아함외 제소승경 (四阿含外諸小乘經)	사아함외 제소승경 (四阿含外諸小乘經)	소승경(小乘經)	대집부(大集部)
		밀부(密部)	밀교부(密敎部)

이로부터 보자면, 「서례」는 기본적으로 『열장지진』을 토대로 편재하였음을 쉽게 짐작할 수 있다. 그러나 「서례」에서는 '방등현설부(方等顯說部)'를 다시 '방등부(方等部)', '정토부(淨土部)', '법상부(法相部)'의 삼부로 분류하고 있으며, '방등밀주부(方等密咒部)'를 '밀부(密部)'로 개명하고 있다. 또한 전체적인 경전을 크게 대승과 소승의 두 종류로 나누고 있음을 알 수 있다. 이러한 분류 가운데 '정토부'와 '법상부'의 분류는 분명 당시 불교학의 상황과 양문회의 개인적 사상이 결합되어 나타난 것으로 볼

---

45 본 표는 方廣錩, 「楊文會의 編藏思想」, 『中華佛學學報』 第13期 卷上·中文篇, 2000.05를 재인용한 것임. 본 표는 『大藏輯要敘例』와 『開元釋敎錄』・『閱藏知津』・『大正新脩大藏經』의 經部를 대체로 대조한 것임. p.197 참조.

수 있겠다. 양문회가 정토를 중시하였음은 앞에서 언급하였고, 법상유식은 일본으로부터 난죠 분유로부터 중국에 산실된 『성유식론술기(成唯識論述記)』등의 문헌이 다시 전해지고, 또한 당시 서구의 지성에 대응할만한 중국의 사상은 바로 불교의 유식사상이라는 인식으로부터 유행한 것을 반영한 것이라고 할 수 있다.

이러한 양문회의 편장사상으로부터 전체적인 그의 불교사상과 당시 시대적 상황이 결합하여 배태된 것으로 보아야 할 것이다. 실제적으로 양문회의 편장사상에는 무엇보다도 민족적 자긍심과 민족불교적인 성향이 농후하게 배어 있다고 할 수 있다. 사실상 양문회의 이러한 인식이 토대가 되어 민족불교가 부흥되고, 1900년에 채원배(蔡元培)의 『불교호국론(佛敎護國論)』과 같은 저술이 나타나 불교로서 국가의 위기를 타개하자는 운동이 발생한 것이 아닐까 한다.

Ⅵ. 중국 근대불교의 아버지, 양문회

이상으로 간략하게 양문회의 불학사상과 그가 설립한 금릉각경처와 기원정사, 그리고 금릉각경처의 편집사상에 대하여 고찰하였다. 그의 『탑명(塔銘)』에는 "말법(末法)이 창망(滄茫)하고 종풍(宗風)이 마르고 끊어진 시대를 맞이하여 떨치고 일어나 몸은 도에 맡기고, 논사(論師)·법장(法將)·장주(藏主)·경방(經坊)의 네 가지 일을 과감하게 겸하고, 삶을 마칠 때까지 게으르지 않고 정성을 다하였다"[46]라고 쓰고 있다. 이로부터 양문

---

46 沈曾植, 『楊居士塔銘』, 『楊仁山居士遺著』 1冊, p.1. "奮起末法蒼茫, 宗風歇絶之會, 以身任道,

회의 일생을 충분히 엿볼 수 있으며, 또한 그의 업적을 가장 간략하게 표현하고 있다고 하겠다. 즉, '논사'로서 그는 끊임없이 불교를 연구하고 찬술하였으며, '법장'으로서 당시의 추락한 불교계를 개혁하였고, 또한 기원정사와 불학연구회를 개설하여 친히 강의를 담당하였으며, '장주(藏主)·경방(經坊)'으로서 금릉각경처를 세워 수많은 불전(佛典)을 편집하여 각경(刻經)하고, 출판하여 유포시켰다.

이러한 양문회의 노력은 쇠퇴한 중국불교를 다시 부흥하게 하였을 뿐만 아니라 근대에 위기에 처한 중국의 상황을 불교의 사상과 원력으로 해결하고자 하는 새로운 사조를 배태하게 하였으니, 그것이 바로 '민족불교'라고 할 수 있다. 그에 따라서 후인들은 그를 '근대불교의 아버지'라는 칭호를 부여하게 된다. ▮김진무

論師, 法將, 藏主, 經坊, 四事勇策, 畢生不倦, 精誠旁薄"

〈부록〉

금릉각경처 양문회 시대에 판각한 경적 일람표[47]

經籍名稱	譯作者	卷數	刻成年月	비고
淨土四經	[淸末]魏源輯		1866年 12月	
大佛頂首楞嚴經	[唐]般刺密諦譯	十卷	1869年 2月	
仁王護國般若波羅密多經	[唐]不空譯	二卷	1870年 1月	
八大人覺經	[漢]安世高譯	一卷	1870年 10月	
維摩詰經所說經			1870年	
解深密經	[唐]玄奘譯	五卷	1871年 8月	
法華經			1871年	
彌勒下生經	[姚秦]鳩摩羅什譯	一卷	1872年 2月	
十一面神咒心經	[唐]玄奘譯	一卷	1872年 3月	
造像量度經	[淸]工布査布譯	一卷 附圖解	1874年	
大乘起信論疏	馬鳴造論眞諦譯文·宗密錄注·秩宏重輯	一卷	1876年	金陵刻經處와 長沙刻經處의 합작으로 刻經
注心賦	[宋]延壽撰	四卷	1877年 2月	
觀彌勒上生經	[宋]沮渠京聲譯	一卷	1877年 8月	
戒本經箋要	[明]智旭撰	一卷	1880年 2月	
阿彌陀經疏	[唐]元曉撰	一卷	1881年 2月	
唯心訣 定慧相資歌 警世篇	[宋]延壽撰	各一卷	1881年 2月	
觀普賢行法經	[劉宋]縣摩密多譯	一卷	1881年 11月	
大般涅槃經玄義	[隋]灌頂撰	二卷	1882年 6月	
阿彌陀鼓音聲王陀羅尼經	譯者未詳	一卷	1882年 8月	

---

47 본 一覽表는 張華의 『楊文會與中國近代佛敎思想轉型』, 宗敎文化出版社, 2004年版. 附錄2: '金陵刻經處楊文會時代所刻經籍一覽表'를 轉載한 것임을 밝힘. 刻成年月은 陰曆.

中庸直指	[明]德淸撰	一卷	1884年 2月	
無量壽莊嚴經	[宋]法賢譯	一卷	1884年 4月	
高僧傳初集	[梁]慧皎撰	十五卷	1884年 12月	
起信論纂注	[明]眞界撰	一卷	1885年 6月	
佛遺敎經解	[明]智旭撰	一卷	1885年 10月	
八大人刻經略解	[明]智旭撰	一卷	1885年 10月	
比丘尼傳	[梁]寶唱撰	四卷	1885年 10月	
大方廣圓覺修多羅了義經近釋	[明]通潤撰	六卷	1886年 2月	
老子道德經解	[明]德淸撰	三卷	1886年 2月	
西歸直指	[淸]朱夢顔撰	四卷	1886年 4月	
華嚴經吞海集	[宋]道通撰	三卷	1887年 3月	
維摩詰所說經注	[姚秦]鳩摩羅什及僧肇等注	八卷	1887年 6月	
肇論略注	[明]德淸撰	六卷	1888年 7月	
莊子內篇注	[明]德淸撰	四卷	1888年 12月	
高峰妙禪師語錄	[元]高峰原妙說	一卷	1889年 12月	
大乘起信論直解	[明]德淸撰	二卷	1890年 3月	
法界觀披云集	[宋]道通撰	一卷	1890年 4月	
觀佛三昧海經	[晋]佛陀跋陀羅譯	十卷	1891年 4月	
選佛譜	[明]智旭撰	六卷	1891年 8月	
禪源諸詮集都序	[唐]宗密撰	四卷	1892年 2月	
閱藏知津	[明]智旭撰	四十四卷	1892年 4月	
六妙法門	[隋]智顗撰	一卷	1892年 6月	
略論安樂淨土義	[元]魏縣鸞撰	一卷	1893年 9月	
無量壽經優婆提舍願生偈注	[元]魏縣鸞撰	一卷	1893年 9月	往生論注
大乘理趣六波羅蜜多經	[唐]般若譯	十卷	1893年 10月	
佛說觀無量壽佛經疏	[唐]善導撰	四卷	1894年 12月	

佛說無量壽經義疏	[隋]慧遠撰	四卷	1894年 12月	
華嚴法界玄鏡	[唐]澄觀撰	三卷	1895年 1月	
華嚴經明法品內立三寶章	[唐]法藏撰	一卷	1895年 2月	
華嚴義海百門	[唐]法藏撰	一卷	1895年 4月	
華嚴經略策	[唐]澄觀撰	一卷	1895年 5月	
沙彌尼律儀要略	[淸]讀体集	一卷	1895年 8月	
陰符經發隱	[淸]末楊文會撰		1896年 2月	
十宗略說	[淸]末楊文會撰	一卷	1896年 2月	
成唯識論	[唐]玄奘譯	十卷	1896年 3月	
無量壽如來會	[唐]菩提流支譯	卷上下	1896年 4月	
華嚴一乘玄門	[唐]智儼撰	一卷	1896年 5月	
法界宗五祖略記	[淸]續法撰	一卷	1896年 5月	
因明入正理論	[唐]窺基撰	八卷	1896年 10月	
三聖圓融觀門	[唐]澄觀撰	一卷	1897年 2月	
答順宗心要法門	[唐]宗密注	一卷	1897年 2月	
法華龍女成佛義	[陳]慧思撰	一卷	1897年 3月	
大乘密嚴經	[唐]不空譯	三卷	1897年 11月	
大乘起信論	[唐]實叉難陀譯	一卷	1898年 5月	宋·元·明과 高麗의 四藏을 비교하여 편집함
佛說阿彌陀經義疏	[宋]元照撰	一卷	1898年 6月	
般若灯論	[唐]波羅頗密羅	十五卷	1898年 7月	依宋元明麗四藏讎校, 麗本最善
起信論義記 起信論別記	[唐]玄奘	七卷 一卷	1898年 11月	
起信論海東疏	[唐]元撰	六卷	1899年 正月	全稱『大乘起信論疏記會本』
金剛般若經略疏	[唐]智儼撰	二卷	1899年 5月	
雲棲法滙	[明]袾宏撰		1899年 10月	

勝鬘寶窟	[唐]吉藏撰	十五卷	1899年 10月	
梵網經菩薩戒本疏	[唐]法藏撰	十卷	1899年 11月	
成唯識論述記	[唐]窺基撰	六十卷	1901年 8月	그 가운데 앞의 30卷은 楊州藏經院에서 刊刻
相宗八要明昱解	[明]昱撰	八卷	1902年 8月	
小止觀	[隋]智顗撰	二卷	1903年 2月	
道德經發隱	[清末]楊文會撰		1903年	
冲虛經發隱	[清末]楊文會撰		1904年	
南華經發隱	[清末]楊文會撰		1904年	
觀楞伽記	[明]德淸撰	十八卷	1905年 11月	
佛教初學課本注	[淸末]楊文會撰	一卷	1906年 4月	
大宗地玄文本論略注	馬鳴菩薩造·陳眞諦譯	四卷	1906年 11月	
金剛般若經疏	[隋]智顗撰	一卷	1907年 2月	
華嚴懸談	[唐]澄觀撰	二十八卷	1907年 7月	
大乘中觀釋論	[宋]惟淨譯	十卷	1908年 2月	原譯二十七品, 宋譯儘十三品
中論疏	[隋]吉藏疏		1908年	
楞伽經會譯	[明]圓珂撰	四卷	1908年 9月	
大乘入楞伽經	[唐]實叉難陀譯	七卷	1908年 11月	
圓覺經大疏	[唐]宗密撰	十六卷	1909年 7月	
瑜伽師地論	[唐]玄奘譯	一百卷	1918年	이 책은 歐陽竟無가 楊文會의 부탁에 따라 刻經한 것으로 전후로 20年이 소요되었다.

근대 동아시아의 불교학

제2부 제국주의와 불교연구

개화기 일본불교의 전파와 한국불교
근대 중국의 티벳불교 연구와 중화주의
대동아공영권의 형성과 쿄토학파의 화엄교학 원용
일련주의의 불법호국론과 국체론

5

개화기 일본불교의 전파와 한국불교

Ⅰ. 개화기 불교와 일본불교의 이해

　19세기말 조선은 봉건왕조의 내부적 모순과 열강의 제국주의적 침탈에 신음하고 있었다. 불교계 역시 예외가 아니어서 국초부터 시행된 억불정책이 더 이상 필요 없을 정도로 사원과 승도는 피폐되어 있었다. 시주와 보시라는 불교 운영의 기본틀은 기력을 잃었고, 이제 불교계는 새로운 자구책으로 생산활동을 모색하지 않을 수 없었다. 종이, 미투리, 누룩 등을 제조, 판매함으로써 불등(佛燈)을 지켜나갔다. 따라서 종교의 본질인 사상과 교리, 신앙의 발전은 유예될 수밖에 없었다. 생존을 위한 탁발과 기도, 생산활동이 관건이었고, 제한적이지만 왕실의 지원을 통해 불사의 재원을 마련하기도 하였다.
　이러한 현실에서 제국주의적 침탈의 야욕을 지닌 일본불교가 상륙함으로써 불교계는 또다른 위기에 직면하였다. 역사적 안목에서 볼 때, 일본불교의 전파는 한국불교의 존폐를 좌우하는 커다란 위기였지만, 당시의 불교계는 일본불교의 출현을 새로운 기회로 적극 수용하였다. 도성의 출입

이 금지될 정도로 신분적 질곡에 묶여있던 승도에게 일본불교의 자유로운 포교와 활동은 무엇보다 부러운 일이었다. 더구나 제국주의적 야욕을 감춘 채, 불법(佛法)이라는 공통의 신앙을 기치로 내세운 일본불교의 적극적 접근은 불교계를 감응시키기에 충분하였다. 이에 따라 한국불교는 급속히 일본불교의 호의에 빠져들어 일본 종단에 귀의하는 승도가 생겨났고, 유서깊은 대찰이 일본 종단에 부속되는 일도 발생하였다. 19세기 중엽이후 불교계의 이러한 주체성 상실은 어느 정도 예견된 일이었다. 5백년 가까운 억불의 시대를 청산하고, 어엿한 신분으로 수행과 불법의 홍포에 전념하기 위해서 당시 일본불교의 도움은 무엇보다 큰 힘이 될 수 있을 것이라는 인식이었다.

그러나 일본불교에 대한 우호적 인식은 오래 가지 않았다. 1870년대부터 시작된 일본불교의 포교활동은 점차 식민지 쟁탈의 첨병 역할을 자원하며 한국불교 병합의 야욕을 드러내기 시작하였다. 그제야 비로소 불교계는 일본불교의 진의를 깨닫고 한국불교의 전통과 종단을 정립하기 위한 자주적 노력을 기울이기 시작하였다. 안으로는 이미 친일화된 권승과 맞서고, 밖으로는 제국주의적 권력으로 무장한 일본불교에 대항하며 정통성을 수호하고자 노력하였다.

이 글은 개화기 즉 1870년대 이후 19세기말까지 일본불교의 활동과 그에 대한 한국불교의 대응 양상을 살펴보고자 한다. 흔히 이 시기의 불교를 '개항기 불교', '구한말의 불교', '개화 격동기의 불교' 등으로 부르는데 아직까지 적합한 개념이 정립되어 있지 않은 실정이다. 여기에서는 이 시기의 불교를 '개화기 불교'로 표현하고자 한다. 개화는 신사상과 신문물의 수용을 통해서 조선왕조를 근대화시키려는 선구적 사상으로서 근대의 시작을 앞당겼다. 이와 같이 개항과 개화는 같은 19세기 후반기를 지칭하지만, 개항이라는 개념에는 타율적 의미가 내포되어 있으므로 역사의 주체적 입장에서 이 시대의 불교를 개화기 불교로 명명하는 것이 옳다고 생각된다.[1] 최근 들어 한국근대 불교에 대한 관심이 높아지고 있다.[2] 개화기 불교에 대한 연구도 상당한 성과가 축적되었다.[3] 연구 주제에 있어서는 일본 종파의 포교와 불교계의 변화, 그리고 대한제국의 불교정책, 식민지화에 대한 불교계의 저항 등이 주류를 이루었다. 일본불교와의 관계에 대해서는 제

---

1 한상길, 「개화기 사찰의 조직과 운영」, 『불교근대화의 전개와 성격』, 대한불교조계종교육원 불학연구소, 2006.
2 「한국 근대 불교의 인문학적 재조명」, 고려대학교 민족문화연구원, 2006년 12월.
  「동북아 삼국의 근대화와 불교계의 대응(Ⅱ)」, 동국대학교 불교문화연구원, 2006년 11월.
  「한국근현대불교사연구의 동향과 과제」, 『선문화연구』 창간호, 한국불교선리연구원, 2006.
3 정광호, 「일제하의 불교계 동향」, 『정신문화』 4, 한국정신문화연구원, 1979.
  정광호, 「일제의 종교정책과 식민지불교」, 『한국사학』 3, 한국정신문화연구원, 1980.
  서경수, 「일제의 불교정책-사찰령을 중심으로」, 『불교학보』 19, 동국대 불교문화연구원, 1982.
  韓晳曦, 『日本の朝鮮支配と宗教政策』, 未來社, 1988. 김승태 옮김. 『일제의 종교침략사』, 기독교문사, 1990.
  불교사학회 편, 『근대한국불교사론』, 민족사, 1992.
  정광호, 「일본 침략시기 불교계의 민족의식」, 『윤병석교수화갑기념 한국근대사논총』, 同논총간행위원회, 1990.
  정광호, 「일본 침략 초기의 한국불교: 왕조 후기의 사회·문화적 배경을 중심으로」, 『가산이지관스님화갑기념논총 한국불교문화사상사』 하, 가산문고, 1992.
  김창수, 「일제하 불교계의 항일민족운동」, 『伽山李智冠스님화갑기념논총 한국불교문화사상사』 하, 가산문고, 1992.
  김순석, 「개항기 일본 불교종파들의 한국 침투; 일본사찰과 별원 및 포교소 설치를 중심으로」, 『한국독립운동사연구』 8, 한국독립운동사연구소, 1994.
  최병헌, 「일제불교의 침투와 식민지불교의 성격-淨土眞宗 大谷派의 침투 사례를 중심으로」, 『한국사상사학』 7, 한국사상사학회, 1995.
  강영한, 「일본불교의 조선침투과정과 한국의 불교개혁운동」, 『종교연구』 12, 한국종교학회, 1996.
  김광식, 「1910년대 불교계의 조동종 맹약과 임제종 운동」, 『한국근대불교사 연구』, 민족사, 1996.
  김창수, 「한국독립운동사에서의 불교계의 위상」, 『대각사상』 창간호, 대각사상연구원, 1998.
  정광호, 「개화기의 일본침략과 한국불교」, 『인문연구』 25, 인하대학교 인문과학연구소, 1997.
  김순석, 『일제시대 조선총독부의 불교정책과 불교계의 대응』, 경인문화사, 2003.
  명 선, 「일본불교의 포교-淨土眞宗 大谷派의 한국포교를 중심으로」, 『대각사상』 6, 대각사상연구원, 2003.
  최병헌, 「일본의 한국강점과 불교」, 『불교평론』, Vol.5 No.4(통권 17호), 불교평론사, 2003. 12.
  김경집, 「개항초 한일불교 교류에 대한 연구」, 『불교학연구』 10, 불교학연구회, 2005.
  _____, 「개화기 한일 불교의 교류」, 『동양학』 38, 단국대 동양학연구소, 2005.

국주의 침탈에 앞장선 어용불교라는 비판적 시각에서 진행되었고, 한국불교의 자주적 입장을 강조하였다.

19세기 후반 근대불교를 향한 내부적 역량을 착실히 배양하던 시점에서[4] 일본불교는 한국불교의 발전을 표류시켰다. 비록 억불의 오랜 사슬이 발전을 막고 있었지만, 서민신앙과 거사불교, 그리고 신행결사 등의 다양한 모습은 진흥을 향한 새로운 움직임이었다. 그러나 일본불교가 전파하면서 근대불교는 자주적 발전의 기회를 놓쳐 버렸다. 이 글에서는 이러한 인식을 바탕으로 일본불교의 전파과정을 검토하고, 이에 대한 한국불교의 대응과 그 의미를 고찰함으로써 개화기 불교의 위상을 이해하고자 한다.

❧ 1980년대의 표훈사 주지스님

---

4 한상길, 「개화사상의 형성과 근대불교」, 『불교학보』 45, 동국대 불교문화연구원, 2006.

Ⅱ. 일본불교의 전파와 제국주의

개화기 일본불교가 본격적으로 포교를 시작한 때는 1877년(고종 14)이었다. 즉 일본 정토진종 본원사(本願寺)의 오쿠무라 엔싱(奧村圓心)이 그 해 9월 부산에 입국하여 10월 일본 영사관의 관사에서 포교를 개시하였다.[5] 다음 해 12월 관사를 확장하여 본원사 부산별원이라는 명칭을 제정함으로써 최초의 공식적인 일본불교 종파가 상륙한 것이다. 이보다 훨씬 앞선 16세기말에 일본승 오쿠무라 죠싱(奧村淨信)이 부산에 고덕사(高德寺)라는 절을 건립한 일이 있었다. 자세한 사정은 전하지 않으나 1592년 임진왜란 직전까지 절을 운영하면서 조선 침공의 정보 제공자로 활동하였다고 한다. 오쿠무라 엔싱은 바로 오쿠무라 죠싱의 직계 후손이었다. 정토진종 본원사는 정치와 종교를 동일시하여, 국가의 정책과 과제에 반드시 부합해야 한다는 원칙을 지니고 있었다. 오쿠무라를 파견한 목적이 '국운의 진전발양(進展發揚)'에 있음은 이를 분명히 말해준다.

우리 본원사는 정교는 분리된다고 하지만, 종교는 곧 정치와 서로 상부상조하며 국운의 진전발양과 국민의 활동을 도모해야 한다는 것을 신조로 삼고 있었다. 명치정부가 유신의 대업을 완성한 뒤부터 점차 중국과 조선을 향하여 발전을 도모함에 따라, 우리 본원사도 역시 북해도의 개척을 시작으로 중국과 조선의 개교를 계획하였다.…… 메이지 10년(1877) 내무경(內務卿) 오쿠보(大久保)씨가 외무경(外務卿) 데라지마(寺島)씨와 함께 본원사 관장 겐뇨 상인(嚴如上人)에게 서신을 보내 "조선개교에 관한 일"을 종용, 의뢰하였다. 이에 본원사에서는 곧 제1차 개교에 공로가

---

[5] 조동걸,「奧村의『朝鮮國布敎日誌』」,『한국학논총』7, 국민대 한국학연구소, 1985. pp.252~253.

있는 죠싱의 후예 오쿠무라 엔싱과 히라노 헤이스이(平野惠粹) 두 사람을 발탁, 부산에 별원을 설치할 것을 명하였다.[6]

이와 같이 오쿠무라 엔싱을 파견한 목적은 명치정부의 해외개척을 수행하기 위해서였다. 다른 한편 오쿠무라 엔싱으로서는 선조 오쿠무라 죠싱의 못다 이룬 조선공략의 유업(遺業)을 달성하려는 것이기도 하였다. 별원을 개원하자마자 체류 일본인은 물론 한국인도 매일 5~10명씩 끊이지 않고 내방하였다. 개원한 이듬 해 11월 스스로 "여기에서 내외인 포교의 기초를 구축하다"[7]고 할 만큼 왕래가 성행하였던 것이다.

☷ 오쿠무라 엔싱(奧村圓心)

6 『朝鮮開敎五十年誌』, 大谷派本願寺 朝鮮開敎監督部 編, 京城: 朝鮮開敎監督部, 1927. 『한국근현대불교자료전집』 제62권, 민족사, 1996, pp.188~189.
7 조동걸, 「奧村의 〈朝鮮國布敎日誌〉」, 『한국학논총』 7, 국민대 한국학연구소, 1985. p.256.

1876년 개항 이후 부산과 인천, 원산 등에는 일본 종파가 앞다투어 상륙, 포교소를 설치하였다. 오쿠무라가 부산에 본원사의 별원을 세운 이후 대곡파 본원사의 부산별원・원산별원(1880), 일련종의 부산별원(1881)・원산 정묘사(1882), 대곡파 서본원사의 별원(1885) 등이 잇달아 건립되었다.[8]

이후 진종・정토종・일련종・진언종・조동종・임제종 등의 여러 종파가 진출하여 사원과 포교소 등을 설립함으로써 주요 대도시는 일본 종파의 각축장이 될 정도로 포교소가 넘쳐나고 있었다. 1911년까지 한국에 상륙한 종단은 6개 종단 11종파로서 전국에 무려 167여 개소의 사찰, 별원, 포교소 등이 활동하고 있었다.[9]

일본 불교종파가 국내에 들어와 포교를 시작하면서 공통적으로 내세운 명분은 한국내 자국민들을 포교, 교화한다는 이유였다. 물론 정토진종 본원사나 일련종이 포교를 시작하던 초창기에는 이러한 명분이 타당하였으나,[10] 점차 시간이 지나면서 한국불교를 흡수, 병합하려는 목적을 구체화하였다. 이를 위한 일본 종파의 활동은 일일이 거론할 수 없을 만큼 다양한 방면에서 이루어졌으나 대체로 세 가지 정도로 분류할 수 있다.

첫째는 '정치적 세력 확장'으로 개화파 인사들을 중심으로 한 정치세력을 지원하는 경우, 둘째는 '사상과 신앙 활동'으로 정기적인 법회와 의식을 개설하면서 종파의 종지를 선양하는 경우, 그리고 셋째는 '교육과 문화활동'으로 한국인 중에서 일본불교에 우호적인 인사를 선발, 일본견학을 보내거나, 젊은 청년을 유학시키기도 하고, 신식의 기계문명 등을 보급하는

---

[8] 정광호, 「일제의 종교정책과 식민지불교」, 『한국사학』 3, 한국정신문화연구원, 1980.
[9] 김순석, 「개항기 일본 불교종파들의 한국 침투; 일본사찰과 별원 및 포교소 설치를 중심으로」, 『한국독립운동사연구』 8, 한국독립운동사연구소, 1994.
[10] 일본 종파의 활동을 종교가 아니라 철저한 정치적 역할로 해석하기도 한다. 즉 일인학자 美藤遼은 최초의 포교자인 奧村圓心을 "호국불교(護國佛敎)를 지니고 조선에 들어가 조선인을 황국신민으로 교화하고자 한 종교정책 담당관료"라고 규정하였다. 美藤遼, 「日本佛敎の朝鮮布敎」, 『삼천리』 15호, 삼천리사, 1978.

경우 등이다. 이 세 가지 사례를 구체적으로 제시하고, 그 의미를 분석하여 한국불교에 미친 영향을 살펴보고자 한다.

1. 정치적 세력확장

일본 종파가 포교에 있어서 가장 역점을 둔 부분이 일본에 동조하는 정치적 세력을 구축하는 일이었다. 특히 구한말 봉건왕조의 모순을 극복하려는 신진 인사들을 각별하게 지원하였다. 그들이 바로 이동인(李東仁), 유대치(劉大致), 무불(無不), 김옥균(金玉均) 등의 개화사상가들이었다. 오쿠무라가 부산별원을 개원한 직후인 1878년 12월 1일 이동인이 별원을 찾았다.[11]

> 부산별원이 개원된 다음 해 12월 1일. …… 통도사의 승려라고 칭하는 이동인씨가 은근히 오쿠무라(奧村) 스님의 지도를 받고 싶다고 별원을 찾아왔다. 품격도 있고 문필에도 능하여 지금까지 오쿠무라가 만난 승려와는 큰 차이가 있었다. 오쿠무라도 매우 정중하게 그를 대하였다. …… 이동인은 오쿠무라의 후의에 감동하여 여러 차례 내방하였고, 때로는 별원에서 며칠씩 머물기도 하였다. 항시 시사를 말하고 국제간의 정세를 설명하면서도 불교에 관해서는 말하려고 하지 않았다.[12]

당시 이동인은 일본의 신문물과 사상을 익히기 위해 스스로 별원을 찾아갔다. 그는 근대사회로 치닫고 있었던 일본의 모습을 통해 개화사상을 확대하고 그 실천방안을 모색하려 하였다. 그해 12월 11일에는 오쿠무라에게 간청하여 정박 중이던 일본 군함 비예함(比叡艦)을 관람하기도 하였

---

11 『朝鮮國布敎日誌』에는 이보다 앞선 6월 2일에 "경기도 삼성암의 승려 이동인이 와서 종일 진종(眞宗)을 이야기하였다"는 기록이 보인다. 「奧村의『朝鮮國布敎日誌』」, 『한국학논총』 7, 국민대 한국학연구소, 1985. p.261.
12 『朝鮮開敎五十年誌』, 『한국근현대불교자료전집』 제62권, 민족사, 1996. p.137.

다.[13] 오쿠무라의 눈에 비친 이동인은 매우 특별한 인물이었고, 그를 예우하여 한국포교의 일선으로 삼고자 하였던 듯하다. 실제로 이동인은 1879년 9월 오쿠무라의 지원을 받아 도일하였고, 이듬해 4월 쿄토 동본원사에서 득도식을 받아 진종의 승려가 되었다.[14]

개화사상가의 입장에서 일본은 이미 근대화에 들어선 개화국이었고, 조선의 개화를 위해서는 일본과 같은 정치적·사회적 개혁이 필요하다고 믿었다. 즉 일본은 근대화의 모델로서 배워야 할 대상이었고, 이러한 배경에서 무불과 유대치, 그리고 김옥균, 박영효 등의 젊은 개화파 인사들이 자발적으로 일본 종파를 찾아 도움을 요청하였던 것이다.

별원을 개원한 후 전국 각지로부터 승려의 내방이 이어졌다. 그 중에 신계사의 한 승려는 "한국불교의 쇠퇴를 개탄하여, 내가(오쿠무라) 한국에 건너온 것을 성심으로 환영하며, 이후 한국불교 발전을 도와 불일(佛日)을 더욱 빛내 달라는 부탁"을 하기도 하였다. 별원을 방문하는 승려가 많을 때는 하루에 50명을 넘을 때도 있었고, 승려만이 아니라 학자, 관리, 상인, 서민 등 다양한 계층이 드나들었다. 그런데 오쿠무라 스스로 진정한 내방객은 드물었다고 자술함으로써 포교 자체가 목적이 아니었음을 드러내고 있다.

1898년 10월 오쿠무라는 대곡파(大谷派) 본원사 본산에 「광주개교(光州開敎)에 관한 보고서」를 제출하였는데, 이를 통해 포교의 궁극적 목적이 무엇인가를 파악할 수 있다.

나라와 법은 가죽과 털과 같고 일본과 한국은 입술과 치아와 같아 이들 둘은 서로 기다려 완전하게 구비된다. 깊이 생각건대 동방의 형세가 날로 악화되고 바야흐로 한국의 상태는 형언하기 어려운 지경에 있다. 이번 가을에 우리 왕법(王法)의 근

---

[13] 「奧村의 『朝鮮國布敎日誌』」, 『한국학논총』 7, 국민대 한국학연구소, 1985. p.268.
[14] 한철희, 『일제의 종교침략사』, 김승태 옮김, 기독교문사, 1990. pp.29~31.

본이 되는 충군애국의 가르침으로 한국인들을 유도·계발하는 것은 실로 우리 가르침의 본지(本旨)로서 국가에 보답하고 법을 수호하는 소이(所以)인데, 하물며 아국의 문물풍교(文物風敎)가 오늘날처럼 풍성하게 된 것이 옛날 한국의 유도·계발에 의한 것임에랴. 여기에 한국포교의 의(義)는 일어난 것이다.[15]

일본과 한국의 관계를 순치에 비유하여 둘이 하나가 되기 위해 한국인을 유도·계발한다는 것이 일본 종파의 목적이었던 것이다.

이보다 앞선 1895년 정토진종 본원사에서는 청일전쟁이 발발하자 한국에 이른바 개교사(開敎使)를 파견하였다. 자국의 군인포교를 표방하여 군인과 일본인을 위문(慰問)하였지만, 근본적인 목적은 청일전쟁의 전황(戰況)과 한국의 풍속, 정치, 경제 사정 등을 보고하는 일이었다.[16]

2. 사상과 신앙활동

일본 종파는 한국 침략의 첨병 역할을 자처하면서 표면적으로는 순수한 종교적 포교활동을 제창하였다. 오쿠무라의 부산별원에서는 『진종교지(眞宗敎旨)』를 배포하면서 진종의 교리를 전파하였다. 이 책은 일본불교의 중국 개교자(開敎者) 오구루스 코초(小栗栖香頂)가 중국 포교를 위해 한문으로 진종의 대의(大意)를 기록한 것이다. 모두 11항목에 걸쳐 호국·호법의 이른바 진속이제론(眞俗二諦論)이라는 진종의 중심 교의를 간결하게 서술하였다. 오랜 역사 속에서도 대중을 위한 교리서 하나 갖추고 있지 못하던 한국불교의 현실에서 이러한 문서포교는 그 내용을 떠나 좋은 반응을 보였던 듯하다. 찾아오는 사람들에게 모두 배부하지 않고 중요한 인사

---

15 『朝鮮開敎五十年誌』,『한국근현대불교자료전집』제62권, 민족사, 1996. pp.245~247.
16 遠藤 一,「淨土眞宗本願寺派朝鮮開敎への發端」,『佛敎文化硏究所紀要』27, 龍谷大學, 1989. pp.150~151.

▓ 1908~1910년 무렵의 승려들

들에게만 나눠주었다.

　1895년 입성금지가 해제된 이후 이듬해 7월 한국승과 일본승들이 합동으로 경성 원동 북일영(北一營)에서 수일 동안 무차법회(無遮法會)를 개설하였다. 당시 운집한 군중들 속에서 법회를 구경한 이능화(李能和)는 솔직한 대중들의 이야기를 그대로 기록하였다.[17] 간혹 화를 내는 사람들도 있었지만, 기뻐하는 사람들은 "조선의 승려는 수백년 동안 문외한의 신세였는데 오늘에 와서 비로소 구름을 타고서 하늘을 바라보게 되었으니 이로써 불일(佛日)이 다시 빛날 수 있게 되었다"고 하였다.

17　이능화, 『조선불교통사』 하편, p.927.

여기서 주목하는 것은 입성금지가 해제된 후 처음으로 열리는 대규모의 법회를 일본승들과 합동으로 개설하였다는 사실이다. 억불의 시대에서 종단조차 성립할 수 없었지만, 조선후기의 불교는 꾸준히 서민의 신앙으로서 의례와 의식을 설행하여 왔다. 물론 대규모의 법회가 아니라 재의식을 중심으로 한 소규모였지만 그것조차도 도성 내에서는 엄두도 못낼 일이었다. 이제 입성금지가 해제되어 승도는 어엿한 백성으로서 자유롭게 도성을 드나들며 수행과 포교를 행할 수 있었다. 경성의 불교를 새롭게 일궈가야 할 중요한 시점에서 운집한 많은 대중들에게 한국불교의 올바른 모습을 보여줄 기회였지만, 이 무차법회는 일본승들과 함께 개설했던 것이다. 전례가 없던 대규모의 야외에서 몇 일 동안 법회를 거행하였지만, 이미 그 의식과 문화는 전통불교와는 거리가 먼 일본식 불교였음을 짐작할 수 있다.

3. 교육과 문화활동

일본 종파가 정치적 목적을 달성하기 위해 우선적으로 취한 조처는 불법의 포교였다. 그 구체적인 방법은 한국인에게 우호와 선린의 이미지를 각인시키는 일이었다. 이를 위해 한국 사찰의 불사를 돕는 등 재정적 지원을 아끼지 않았고,[18] 부산 교사(敎舍)를 건립하여 빈민과 행로병자 구제사업을 벌이기도 하였다. 선진문화를 바탕으로 사회의 곳곳에 미치지 않는 바가 없을 정도로 다양한 접근방식을 시도하였다. 예를 들면 양잠 기술을 매개로 포교를 전개한 사례도 있었다.

전라남도 관찰사 민영철(閔泳喆)의 부임 초에 관할 광주군 서문 밖에 거주하는 일본 본원사 승 오쿠무라 엔싱과 그 여동생 오쿠무라 이오코(奧村五百子)가 면담을

---

[18] 1880년 7월 31일. 승려 4인이 와서 법당 재건모연문을 제시하므로 일금 3百文을 주었다. 「奧村의 『朝鮮國布敎日誌』」, 『한국학논총』 7, 국민대 한국학연구소, 1985. p.280.

요청하였다. 오쿠무라 엔싱은 작년 8월 부(府) 서문 밖 최군익(崔君益)의 집에 세들어 살았다. 그 여동생 오쿠무라 이오코도 본년 2월에 와서 엔싱(圓心)과 한 집에 살면서 양잠을 하여 일본 누에에 우리나라의 뽕잎을 먹여서 우리 민인(民人)에게 양잠의 편리를 배우게 하였다. 그러던 중 공불(供佛)과 양잠을 위해 인원을 15명 두었는데 세든 집 15칸으로는 모두를 수용하기 어려워서 집을 증축하겠다고 요청하였다. 현재 집을 증축하는 것은 이전에 세를 얻어 집을 빌리는 것과는 다르고, 외국인의 교제사항은 외부(外部)에서 인허(認許)할 사항이지 관찰사가 임의로 할 수 있는 것이 아니므로 처분을 바란다.[19]

전라남도 관찰사 민영철이 1898년 7월 20일에 의정부 찬정(贊政) 외부대신에게 의뢰한 질품서(質稟書)이다. 이에 의정부에서는 같은 해 8월 20일 외국인이 통상구역이 아닌 곳에 집을 짓는 것은 장정(章程)에 위배되어 허가할 수 없으나 양잠을 우리 백성에게 학습하게 하는 호의를 무시할 수 없으므로 조금 넓은 집을 잠시 빌리게 하라는 지령(指令)을 내렸다. 오쿠무라는 이와 같이 1877년 부산별원을 개원한 이래 20년이 지난 1897년 광주에 포교의 거점을 마련하고,[20] 한국인들을 유도·계발하기 위해 양잠기술을 제공하였던 것이다. 백성들은 낯선 이방인의 호의를 기꺼이 받아들였고, 당시 관찰사와 국가의 외무를 전담하는 외부대신 역시 아무런 의심 없이 거주를 승인하였다. 위의 관찰사 기록에는 단순하게 양잠을 교육한

---

[19] 『全羅南北來案』, 규장각도서, 奎 17982-1.
[20] 포교소를 이처럼 향촌(鄕村)에 마련하는 사례는 오히려 소박한 경우였다. 얼마 지나지 않은 1900년 무렵에는 한국의 사찰을 일본불교의 포교소로 사용하자는 주장도 제기되었다. "한국 팔도에 대한 포교의 보급을 도모하려면 국내 추요지(樞要地) 30여 개소에 회당(會堂)을 건립해야 한다. 그러나 그것을 신축하는 데는 재정적 난문제가 따르게 되니, 차라리 한국 사찰을 이용함이 어떠한가. 즉 한국 현존 사찰 1,600개사 가운데 편의한 사찰을 선택, 일·한 승려 공동의 회당으로 쓴다면 한승(韓僧)도 또한 후의로써 그것을 승낙하게 될 것이다. 논자가 이미 10여 개사의 내약(內約)을 받은 바 있거니와 이것은 매우 편리할 것으로 생각된다. 加藤文教, 「韓國開敎論」, 第三章 「布敎の方法」, 『韓國近現代佛敎資料全集』 62권, 민족사, 1996. pp.494~495.

다는 내용만 기술되어 있으나, 이는 광주실업학교의 개교 사실을 말한다. 즉 광주실업학교는 오쿠무라 이오코의 주도하에 1898년 5월에 공식 개교하여 농사와 양잠, 제사(製絲) 등을 교육하였다. 불과 3개월이 지난 8월, 공간을 증축할 정도로 번성하였던 것이다.

그러나 이 학교의 설립은 순수한 농잠기술의 전수가 목적이 아니었다. 당시 학교의 차장이었던 아카츠카 케이오(赤塚敬雄)가 "본교 설립의 목적은 명칭과 같이 오로지 한민(韓民)에게 실업교육을 시(施)하는 것으로 칭하고 있으나 이면에 있어서는 이러한 미명아래 학교의 시험장을 넓게 하여 본방인(本邦人, 일본인)을 이주시키는 것을 진짜 목적으로 하고 있었다."[21]라고 하여 그 저의를 알 수 있다.

오쿠무라는 불과 1년이 조금 지난 1898년 10월 본원사 본산에 「광주개교에 관한 보고서」를 제출하여 한일 관계를 순치 운운하며 성공을 보고하였던 것이다.[22] 이 보고서에서 오쿠무라는 구체적인 포교방법 세 가지를 제시하였다. 그 중에 첫 번째가 "식산흥업을 장려하여 가능한 물질적 개발에 힘쓰는 일. 예를 들면 농업개량을 도모하고 양잠을 장려하여 수출품을 증진시키고, 그 지방 농산물인 소맥을 이용하여 일반인이 즐길 수 있는 소맥제조를 가르치는 일로부터 부근 각지에서 산출되는 제지 수출의 길을 발견하는 일"이었다. 식산흥업의 사례로 양잠을 거론할 만큼, 광주에서의 양잠기술 전파가 효과적이었음을 알 수 있다.

일본 종파가 역점을 둔 분야는 일본 문화의 선진성을 홍보하고, 한국이 그와 같은 발전을 이룰 수 있도록 돕는다는 것이었다. 즉 젊은 청년과 승려를 유학보내고, 사회의 지도층 인사를 시찰보내는 등 교육·문화사업에

---

21 日本 外務省記錄, 機密 受第123号, 「東本願寺奧村實業學校現況槪略」(1898년 7월 26일). 邊勝雄, 「청일전쟁후 일본의 대한교육침략에 관한 소고」, 『건대사학』 9, 건국대학교 사학과, 1997. p.123에서 재인용.
22 『朝鮮開敎五十年誌』, 『한국근현대불교자료전집』 제62권, 민족사, 1996, p.72.

힘을 쏟았다. 정토진종 대곡파의 경우, 1879년 일본어를 가르치는 한어학사(韓語學舍)를 창설하여 친일 인사를 양성하였고, 아울러 일본불교학도 가르쳤다.[23] 그런데 일본의 이러한 조처에 오히려 한국인들의 자발적 지원이 이어졌다는 사실에 주목하게 된다.

1881년 1월 9일 금강산의 묵암(默庵)이란 승려가 오쿠무라에게 서신을 보내 "본인은 많은 경서를 읽고 참선도 해보았지만, 아직도 일심불란(一心不亂)의 경지를 보지 못하였고 이에 일본으로 가서 여러 종장(宗匠)을 만나 지도를 받고자 하니 도움을 요청한다"는 서신을 보냈다. 이에 오쿠무라는 흔쾌히 승낙하여 그해 5월 그와 3인의 제자에게 통역관까지 동행시켜 유학을 알선하였다.[24] 이보다 앞선 1879년 이미 이동인을 쿄토 본원사에 유학보내 수계까지 받게 한 전례가 있었으므로 오쿠무라에게 이러한 일은 오히려 자신이 한국 승려에게 적극 권장할 일이었다. 앞의 「광주개교에 관한 보고서」에서 "승속을 불문하고, 지방 저명인사에게 장려하여 일본을 시찰시킴으로서 일반개발(一般開發)의 보급을 도모하는 일. 그 실행방법은 내유(來遊) 1년에 반드시 2명으로 하며 한국포교에 힘쓴 자는 승속을 불문하고 특별히 취급되었다"라는 평가는 이러한 경험을 바탕으로 나온 것이다.

1907년 이후 여러 차례에 걸친 일본시찰단의 파견은 대표적인 교육 문화활동이었다. 이 해에 이능화 등의 이른바 여론 지도층과 역량있는 승려 30명을 선발하여 일본 시찰을 보내주었다. 이들은 다양한 서구식 문명을 체험하고, 자유로운 불교의 모습을 보면서 충격과 감응을 받았다. 이처럼

---

[23] "학교를 설립하여 청년을 개발하는 일. 여기서는 특별히 주의하여 한국인 교사 1인을 채용한다는 방안이었다. 또 학생들에게는 수업료를 면제하고, 학용품도 무료로 제공하여 관심을 끌고자 하였다. 교육과정은 재래의 학예(學藝)만을 수업하다가 점차 필산(筆算), 지리, 역사 등을 실시하고, 마지막에 종교적 윤리를 교육시키는 내용으로 하고 있다. 학생선발은 재능이 뛰어난 자를 관찰사, 지방관과 교섭하여 10명 정도 발탁하는 일이다" 앞의 주 22)와 동일.
[24] 「奧村의『朝鮮國布敎日誌』」,『한국학논총』 7, 국민대 한국학연구소, 1985. p.292, p.299.

일본에 유학하거나 체험한 인사들은 공통적으로 일본에 대한 친근감과 호의를 지니게 되었고, 결국 친일적 성향으로 흐를 수밖에 없었다.

Ⅲ. 한국불교의 대응과 영향

개화기 일본불교의 활동에 관한 기왕의 여러 연구는 일관된 목소리로 그 제국주의적 야욕의 첨병 역할을 지적, 비판하였다. 일본불교의 활동을 '침투'라는 비종교적 용어로 개념 지울때 연구의 방향은 이미 귀결점을 갖고 있는 것이다. 구체적으로 연구자들의 규정을 살펴보자. 서경수(徐景洙)는 "일제는 소위 1910년 한·일합병을 실현할 때까지 군사적·정치적으로 적극적 정책을 감행하면시, 한편으로는 종교 특히 불교의 포교를 통힌 소극적 침략방법도 잊지 않았다. 기독교 선교사를 앞장세웠던 18세기 서양식 식민정책을 연상케 한다"[25]라고 하였다.

정광호(鄭珖鎬)는 "일본불교의 Nationalism은 침략정책에 편승, 여러 가지 선도적인 역할을 하게 만든 기초가 된다. 명치 시대의 불교는 자진해서 침략 정책에 편승, 여러 가지 주구적(走狗的)인 역할을 감행하고 있던 것이 침략 시기 일본불교의 내용이다. 이로 말미암아 일제의 한국 침략사에는 정치·군사적인 침략과 함께 불교인들의 침략이 동시에 수반되고 있었다고 하는 이중적 현상이 나타나게 된다. 정치·군사적인 침략을 좀더 효과적으로 수행하기 위해 불교인들의 정신적인 침략이 선행 또는 병행되

---

25 서경수, 「일제의 불교정책-사찰령을 중심으로」, 『불교학보』 19, 동국대 불교문화연구원, 1982. p.87.

고 있었던 것이라고 할 수가 있다"[26]라고 하였다.

최병헌(崔柄憲)은 "일제는 한국에의 진출을 시작하는 처음 단계부터 정치와 종교는 새의 두 날개, 또는 수레의 두 바퀴 같은 관계라고 하면서 정치적·경제적 침략과 함께 불교의 한반도에의 침투를 모색하고, 강렬한 국가주의적 색채를 띠고 있던 불교계에서도 국가의 요청에 부응하여 호법과 호국의 일치를 주장하면서 대외 진출에서의 첨병의 역할을 자임하고 나왔던 사실을 고려할 때 종교의 침략, 특히 불교의 침투 사실은 결코 간과할 수 없는 문제라고 보지 않을 수 없다"고 하였다.[27] 한편 김경집은 한일불교의 교류라는 관점에서 개항기 일본불교의 활동을 파악하였다. 불교계의 위상과 역량이 일천했던 현실에서 한일불교는 대등한 교류가 아니라 일방적인 일본불교의 포교가 이루어졌고, 그 배경에는 역시 제국주의적 목적이 개입되어 있었던 것[28]이라고 하였다.

이상과 같이 선학들의 견해는 표현만 다를 뿐 한결같이 일본불교의 어용성과 침략성을 지적, 비판하였다. 그런데 이러한 입장에는 한일합방이라는 역사적 사실을 염두에 두고, 개화기 일본불교의 활동을 평가하는 귀납적 해석이 작용한 것이라 생각된다. 1910년 강압에 의해 주권을 상실한 후 한국불교는 철저한 탄압정책으로 걷잡을 수 없는 질곡에 빠져들었다. 1911년 사찰령의 반포로 사찰과 불교계는 총독부의 직접적 관리와 통제를 받았던 것이다. 이와 같은 일제의 불교탄압은 이미 19세기말 일본 종파의 침투에서 비롯된다는 인식을 전제로 두고 연구를 진행한 결과라고 생각된다.

개화기 일본불교가 명치정부의 침략정책에 편승하였다는 사실은 부정할 수 없는 역사적 현실이다. 일인학자들 스스로도 국가의 팽창주의에 불

---

[26] 정광호, 『일본 침략시기의 한·일불교관계사』, 아름다운세상, 2001. pp.254~270.
[27] 최병헌, 「일제의 침략과 불교: 일본 조동종의 武田範之와 圓宗」, 『한국사연구』 114, 한국사연구회, 2001. p.94.
[28] 김경집, 「개항초 한일불교 교류에 대한 연구」, 『불교학연구』 10, 불교학연구회, 2005.

교가 선도자의 역할을 하였음을 지적하였다.²⁹ 그런데 여기서 중요한 문제는 과연 당시 한국의 정부와 불교계가 일본불교를 어떻게 인식하고 대응하였는가라는 점이다. 결론부터 말하면 당시의 인식은 연구자들의 평가와는 달리 일본불교에 호의적이었고, 때로는 적극적으로 일본불교를 수용하려는 움직임도 있었다. 고종을 위시한 위정자와 개화사상가, 그리고 승려들 역시 일본불교와 선린관계를 유지하였고, 오히려 그들의 도움을 받았다. 개화사상가를 중심으로 한 정부의 입장과 불교계의 대응이 어떻게 나타났는지 구체적으로 살펴본다.

1. 개화파와 일본불교

19세기말 일본불교의 활동은 종교 본연의 역할보다는 국가의 제국주의 정책에 중점을 두었다. 즉 불교라는 공통의 종교, 사상체계를 내세워 한일간의 동질성을 강조함으로써 시민지 공략의 선봉을 자임하고 나섰다.

그런데 이러한 일본 종파의 정치적 기능은 한국 불교계의 자발적 참여와 무비판적 대응이 있기에 가능하였다. 즉 이 시기 한국의 정치적 상황과 일본에 대한 인식 등 불교 이외의 외부적 정세를 고려할 때, 흔히 사용하는 제국주의 첨병 등의 규정은 백여 년전의 당시에는 적합한 용어가 아니었을 것이라 생각된다. 19세기 중엽 한국은 열강의 침탈에 맞서 문호를 닫아걸고 있었지만, 계속되는 문호 개방 요구에 불안한 형국을 오래 지속할 수

---

29 江田俊雄,「明治時代における日本佛敎の朝鮮開敎」,『現代佛敎』105号, 現代佛敎社, 1933.
省部倉平,「日本佛敎と朝鮮侵略」,『朝鮮史硏究大會會報』22号, 朝鮮史硏究會關西支部, 1968.
源弘之,「近代朝鮮佛敎の一斷面-とくに朝鮮開敎を中心に」,『龍谷學報』9輯, 龍谷大學 龍谷學會, 1974.
美藤遼,「日本佛敎の朝鮮布敎」,『三千里』, 15号, 三千里社, 1978.
高橋勝,「明治期における 朝鮮開敎と宗敎政策 : 特に眞宗大谷派を中心に」,『佛敎史硏究』24, 龍谷大學 佛敎史硏究會, 1988.
遠藤 一,「淨土眞宗本願寺派朝鮮開敎への發端」,『佛敎文化硏究所紀要』27, 龍谷大學, 1989.

없었다. 1876년 결국 무력을 앞세운 일본의 강압에 의해 강화도조약을 체결함으로써 개방정책으로 선회하였다. 이 해에 부산을 개항하고, 뒤이어 원산, 인천 등에 개항장이 성립하면서 선진 문명이 급속도로 유입되기 시작하였다. 이 과정에서 일본불교의 공식적인 포교소로서 정토진종 본원사의 부산별원이 1877년에 설립되었던 것이다.

개항은 조선의 개화 독립국을 꿈꾸던 개화파에게는 새로운 기회였다. 이미 1870년 초부터 개화사상을 공부하고, 역량을 길러오던 김옥균, 홍영식 등의 개화인사들은 근대문명의 실체를 체득하기 위해 다양한 방법을 모색하였다.

이러한 개화사상의 형성과정에서 개화파는 개화의 모델로 일본을 선택하였다. 개화당의 핵심에 있었던 김옥균은 친일파라는 비판을 감수하면서까지 일본의 변화를 동경하였고, 그들의 힘을 빌어 개화의 기틀을 다지려고 하였다.

> 그는 구미의 문명이 일조일석의 것이 아니고 열국간 경쟁적 노력에 의한 점진결과로 기다(幾多) 세기를 요(要)한 것이겠는데 일본은 한 대(代) 동안에 그것을 달성한 양으로 깨달았다. 그리하여 그는 자연 '일본'을 모델로 청하러 백방으로 분주하였던 것이다.[30]

김옥균은 다수의 기회를 두고 선택할 수 있는 판단의 여지가 없었다. 19세기말 한국을 둘러싼 국제정세에서 개화문명을 직접 배우고 접할 수 있는 기회는 일본 외에 다른 대안이 없었다. 이에 따라 일본을 배우기 위해, 구체적으로 말하면 개화된 일본문명을 익히기 위해 강화도조약 이후 국내에 포교당을 설립하기 시작한 일본불교 종파를 자발적으로 찾아간 것이다.

---

30 서재필,「회고 갑신정변」, 민태원,『갑신정변과 김옥균』, 국제문화협회, 1947, p.83.

앞서 살펴보았듯이 오쿠무라의 『조선국포교일지』에 등장하는 이동인의 활동과 백의정승이라 불리며 개화당을 막후에서 이끌어간 유대치의 행동은 일방적이라고 할 만큼 일본불교에 의존적이었다. 오쿠무라의 도움으로 일본에 간 이동인은 쿄토 본원사에서 정토진종에 귀의한 후, 본격적인 개화운동을 실천하였다. 당시 일본의 계몽가이자 교육자였던 후쿠자와 유키치(福澤諭吉, 1835~1901)와 교제하였고, 한·중·일 삼국의 결속으로 구미 제국에 대항하자는 허울을 내세운 흥아회(興亞會)에 참여하는 등[31] 정·재계의 유력자와 교제하며 일본 정부의 정책, 정세, 제도 등을 폭넓게 탐구하였다. 또한 많은 서적과 문물 등을 오쿠무라에게 부탁하여 김옥균에게 보냈다.[32] 후쿠자와 유기치는 주시하듯이 '탈아입구론(脫亞入歐論)'을 제창하여 제국주의 침략이론을 선동하고 한국을 병합하려는 야심을 지닌 인물이었다. 특히 일본불교의 국가적 역할을 강조하여 "일·한 풍속이 비슷하다고 하지만 말이 통하지 않은 데다, 이익을 목적으로 한 일본 이주자는 기풍이 거칠어 조선인과 충돌하는 사례가 잦다. 이를 막기 위해 일본 개국 때 일본에 온 서양인 선교사가 큰 역할을 한 것처럼 동서 본원사는 승려를 조선에 파견하여 이를 도와야 한다"고 역설하기도 하였다.[33]

개화파의 일본교섭은 유대치의 계획에서 시작되었다.[34] 개화파 인사 가

---

31 이광린, 「개화승 이동인에 관한 새 사료」, 『한국개화사의 제문제』, 일조각, 1986.
32 한철희, 앞의 책, pp.29~31.
33 1898년 5월 1일자 『시사신보(時事新報)』 사설 「망명인을 귀국시켜야 한다」, 정일성, 앞의 책, p.224에서 재인용.
34 최남선은 개화파의 일본교섭이 유대치의 계획에서 비롯되었다고 하였다. "一白衣로 市井에 隱伏하야 『海國圖志』, 『瀛環志略』 등으로써 世界의 事情을 卜察하면서 뜻을 內政의 局面轉換에 두고, 가만히 貴族中의 英俊을 糾合하여 方略을 가르치고 志氣를 鼓舞하여준 이가 있으니, 當時 知人의 사이에 白衣政丞의 이름을 얻은 劉大致가 그라. 朴泳孝·金玉均·洪英植·徐光範과 귀족 아닌 이로 白春培·鄭秉夏 등은 다 大致門下의 俊髦이라. 日本으로서 淸을 몰아내고 俄羅斯로서 滿洲를 回收하여 靑年中心의 新國을 建設함이 그 理想의 輪廓이니, 朴泳孝·金玉均 등이 年來로 日本交涉의 先頭에 선 것도 실상 大致의 指劃中에서 나온 것이요, 世上에 開化黨으로 指目하는 이는 대개 大致의 門人을 이름하였다." 『고사통(古事通)』, 삼중당서점, 1944, p.218.

운데 가장먼저 정토진종 부산별원을 찾아간 인물은 이동인이었다. 이동인은 범어사의 승려였으므로 일본 포교당을 방문하여 오쿠무라와 자연스럽게 교분을 나누었고, 이후 일본불교와의 접촉은 모두 이동인을 통하여 이루어졌다. 구체적인 자료는 전하지 않으나 개화파와 일본불교와의 접촉은 모두 유대치의 기획으로 진행되었을 것이라 생각된다. 유대치는 이동인을 김옥균 등에게 소개한 장본인이었고, 일본에서 귀국한 이동인과 함께 원산의 오쿠무라를 만났다. 이후 개화파와 오쿠무라와의 긴밀한 교류는 유대치가 직접 전담하였다. 1880년 10월 4일 첫만남 이후 한 달 사이에 유대치는 십여 차례나 오쿠무라를 만나 일을 논의하였다. 유대치가 오쿠무라를 만난 직접적인 이유는 이동인, 무불 등의 도일 경비를 마련하는 데 있었고, 나아가 개화파의 자금을 조성하는데 큰 목적이 있었다. 이를 위해 오쿠무라에게서 상당한 금액을 차입하기도 하고, 그의 도움으로 일본과의 사무역을 시행하였다.

저는[유대치] 남항(南港)에 일이 있어 이제 곧 길을 떠나 12월 중순에 돌아올 계획입니다. 약속드린 우골(牛骨)은 이미 실어 보냈습니다. 회화(回貨) 당목(唐木)은 반드시 상리 이대동 향호에게 줄 것을 부탁드립니다. 약속드린 월전(月錢)도 이대동에게 찾으심이 어떠신지요. 귀가하는 날에 말씀드리기로 하고 이만 올리오며 구구함을 다하지 못합니다.
대치 소생 절하며 올립니다.[35]

오쿠무라는『조선국포교일지』에 유대치와 만난 사실만을 적었을 뿐, 면담의 자세한 내용은 생략하였다. 유대치는 오쿠무라에게 우골을 보내고,

---

[35] 이 서간은 김의환이 소장하고 있다. 한석희,『일제의 종교침략사』, 김승태 옮김, 기독교문사, 1990. p.45.

회화, 당목을 받으며 또 월전을 주는 등 두 사람의 사이에 일정한 물건 거래와 금전관계가 있음을 알 수 있다. 이러한 사무역 등에 관한 의논이었으므로 『조선국포교일지』에는 구체적인 사실을 기록하지 않았던 것이다. 유대치는 오쿠무라를 통해 일본과의 밀무역을 지속하였다. 거래품목만 보더라도 청밀(淸蜜), 면주(綿紬), 대두(大豆), 석유 등 다양한 물품이 포함되어 있었고, 사위 김창희(金彰熙)로 하여금 일을 전담하도록 하였다.[36]

이상과 같이 이동인, 유대치 등 개화세력의 일본 의존성은 당시로서는 불가피한 시대적 한계라고 이해된다. 1850년대 후반 오경석과 유대치 등은 중국에서 『해국도지(海國圖志)』, 『영환지략(瀛環志略)』, 『박물신편(博物新編)』 등의 신서(新書)를 구해 탐독하면서 개화사상을 형성하였다. 이 서책들은 세계 각국의 지리와 역사, 문물, 과학기술 등을 담고 있어서 이미 자본주의의 성장일로에 있었던 서구의 실체를 이해하는데 큰 도움이 되었다.[37] 즉 개화사상은 오경석이 중국을 왕래하며 그 곳에서 서구의 문명을 직접 체험하고, 중국의 양무파(洋務派) 지식인을 통해 신서를 구입하여 이루어졌다.[38] 그러나 개화사상의 형성에 있어서 중국의 역할은 여기서 그칠 수 밖에 없었다. 왜냐하면 개화사상가들이 주장한 개화의 궁극적 목표는 서구의 개화문명을 체득하고, 중국 등 외세의 간섭을 배제한 자주적 근대국가의 건설에 있었기 때문이다.[39] 따라서 중국은 배워야할 모범이 아니라 배척의 대상이었다. 이러한 현실에서 개화파의 선택은 오로지 일본으로 귀결될 수 밖에 없었다. 더욱이 포교를 내세워 호의와 환대로 접근하는 일본불교의 적극성에 경도되는 것은 다만 시간의 문제였을 뿐이다.

---

36 한석희, 『일제의 종교침략사』, 김승태 옮김, 기독교문사, 1990. pp.45~48.
37 이광린, 「개화사상 연구」, 『한국개화사연구』(全訂版), 일조각, 1999.
38 신용하, 「오경석의 개화사상과 개화활동」, 『한국근대사회사상사연구』, 일지사, 1987.
39 『갑신일록(甲申日錄)』, 『김옥균전집』, 아세아문화사, 1979. pp.95~96.

2. 불교계의 대응

　명치유신 이후 근대화에 박차를 가하고 있던 일본은 서구문명을 적극 수용하여 열강의 대열에 합류하고 있었다. 개화파의 입장에서 일본은 조선이 나아가야할 본보기였다. 때마침 일본불교의 해외진출이 시행되면서 정토진종을 시발로 여러 종파가 한국에 포교당을 세우자, 개화파들은 앞다투어 그들을 찾아갔다. 적극적으로 포교활동을 해야할 일본 종파의 입장에서 이들의 방문과 요청은 오히려 뜻밖의 호사(好事)였을 것이다. 특히 방문객들이 한국사회의 엘리트들로서 일본의 근대적 문명을 습득하겠다는 의욕적인 모습은 포교와 정치의 입지를 마련할 수 있는 더할 나위 없는 기회였던 것이다.

　개화파 뿐만 아니라 국왕과 위정자들 역시 일본에 대한 입장은 다르지 않았다. 그들의 개화문명을 배우기 위해 1881년 4개월에 걸쳐 일본국정시찰단, 이른바 신사유람단을 파견하였다. 12명의 조사(朝士)를 두어 각기 전문분야를 견문하였는데, 일본의 주요 행정기관은 물론, 산업시설과 도서관·박물관 등 여러 문화시설까지 골고루 조사하였다. 이 과정에서 후쿠자와 유키치를 방문하기도 하였다.[40] 당시의 만남은 단순한 면담으로 그치지 않았던 듯하다. 일행 중 유길준(俞吉濬)과 유정수(柳定秀)는 후쿠자와가 설립한 경응의숙(慶應義塾)에 입학할 정도로 그에게서 큰 영향을 받았던 것이다.[41]

　3개월여 만에 귀국한 시찰단은 100여 책에 이르는 시찰기(視察記)를 보

---

[40] "이들 일행은 함께 三田에 있는 후쿠자와 집을 찾아와 일본의 개국에서부터 최근 문명의 발전상에 관한 경험담을 듣고 크게 감동하였다" 石河幹明, 『福澤諭吉傳』 第三卷, 岩波書店, 1932. p.288.
[41] 福澤諭吉은 두 사람을 경응의숙 입학에 앞서 자신의 집에 머물게 하였다. 20여 년전 자신의 어려웠던 유학 시절을 생각하며 동정상련(同情相憐)의 마음을 일으켰다고 하였다. 石河幹明, 앞의 책, p.289.

고하였다. 일부의 부정적 견해도 있었지만, 공통적으로 일본의 선진성을 인정하고, 우호적 인상을 받았던 것이 사실이다. 이후 정부의 개화정책 수립에 직접적인 영향을 주었고, 시찰단에 참여한 인사들은 각 분야의 정부 조직에 중용되었다.[42]

이상과 같이 개화파의 활동과 정부의 개화정책은 일본의 개화문명을 지향하고 있었다. 개화파는 수구세력을 일거에 제거하고 동시에 중국의 내정간섭을 배격하는 급진적 개혁을 통해 근대화를 이룩하고자 하였다. 이를 위해 일본의 지원이 절실하였고, 첫단계로서 국내에 상륙한 일본 종파를 찾아가 도움을 요청했던 것이다. 오쿠무라와의 유대를 공고히 하여 마침내 그의 소개로 일본 사원에 체류하였고, 때로는 물질적 지원까지 받았다. 개화파와 일본과의 교류는 계속 이어졌고, 1884년 갑신정변을 감행하면서 개화파가 사용했던 총칼까지 일본에서 지원하였던 사실은[43] 당시 한일관계의 실상을 여실히 반영한다. 이처럼 일본과 일본불교의 지원은 결코 종교적 혹은 인도주의적 시혜가 아니라 제국주의 침략의 한 전술적 차원이었을 뿐이었다. 그러나 중요한 사실은 당시 개화파나 정부관료, 불교계 모두가 일본의 이러한 저의를 깨닫지 못하고 있었다.

일본불교의 활동에 대한 한국불교계의 대응 역시 당시의 사회적 조류와 다르지 않았으리라 짐작된다. 이에 관한 구체적인 자료가 전하지 않지만, 오랜 억불의 사회에서 불교계는 일본 종파의 등장에 대해 별다른 견해를 내세울만한 입장이 아니었다. 19세기말 한국불교는 오랫동안의 침체에서 벗어나 서서히 새로운 기운을 맞고 있었다.[44] 왕실의 능침과 원당에 대한

---

42 신용하, 『초기 개화사상과 갑신정변 연구』, 지식산업사, 2000. pp.124~130.
43 "후쿠자와(福澤諭吉)는 신문[한성순보] 창간을 위해 조선에 파견된 이노우에 가쿠고로(井上角五郎)를 통해 조선개화파와 일을 도모했다. 그렇게 보면 이노우에는 후쿠자와의 뜻을 받들어 이를 실행에 옮긴 조연출자인 셈이다. 이노우에는 나중에 '정변에 사용된 도검과 폭약류는 모두 후쿠자와를 통해 구입한 것'이라고 밝혔다. 후쿠자와는 당시 그를 따르던 이이다 미지(飯田三治)에게 명령, 요코하마에 있는 상점으로부터 도검 80자루를 구입하여 큰 상자에 넣어 조선으로 부쳤다고 한다." 정일성, 앞의 책, p.98.

국가의 지원으로 사찰은 전각을 중건하였고, 점차적으로 승려가 증가하면서 공허했던 산중은 수행과 신앙의 활기를 되찾아갔다. 또한 억불의 사회에서도 단절되지 않았던 서민대중의 생활불교는 여전히 지속되었다. 여기에 19세기 중엽에 등장한 거사불교(居士佛敎)는 불교계의 새로운 주류로 등장하였다. 김정희(金正喜)를 비롯한 유학자들의 불교신앙을 시작으로 『선학입문(禪學入門)』을 찬술한 김대현(金大鉉, ?~1870) 등의 교리 연구가 이어졌고,[44][45] 1872년에는 묘련사(妙蓮寺)에서 거사들이 신앙결사를 결성하기도 하였다. 거사불교의 핵심계층은 역관(譯官)을 중심으로 한 중인들이었다. 이들은 전문적 지식과 개방적 사고를 바탕으로 개화사상을 형성하면서 근대불교의 지평을 열어나갔다. 개화파의 지도자로서 돈독한 신앙을 지녔던 유대치 역시 거사불교의 핵심인물이었다.[46] 이러한 바탕에서 한국불교의 최대 논쟁이라고 하는 조선후기의 선논쟁이 계속되어 불교사상의 깊이를 심화하기도 하였다.[47] 또한 불교계 내부에서는 전통적인 참선 수행풍토가 유행처럼 번져나가기 시작하였다. 1898년 석담 유성(石潭有性)이 양산 내원사(內院寺)에서 수선사(修禪社)를 결성한 이래 경허의 해인사 수선사를 비롯하여 19세기말까지 14개 이상의 선원과 수선결사가 개설되었다.[48]

19세기말 불교의 이와 같은 새로운 사조와 회생의 기운에도 불구하고 불교계는 아직 일본불교에 대응할 만한 응집력을 가지지 못하였다. 현실적으로 승려의 신분은 여전히 불법(不法)이었고, 도성출입 조차 불가능한

---

44 한상길, 「개화사상의 형성과 근대불교」, 『불교학보』 45, 동국대 불교문화연구원, 2006. pp.10~13.
45 이영자, 「근대 거사불교사상」, 『숭산박길진박사고희기념 한국종교사상사』, 원광대 출판부, 1984.
46 이능화는 거사들에 의해 경성에 선풍(禪風)이 유행한 적이 있었는데 그 대표적 인물이 유대치, 김옥균, 서광범, 박영효, 오경석 등이라고 하였다. 『조선불교통사』 하편, p.899.
47 한기두, 「조선후기 선논쟁과 그 사상적 의의」, 『가산이지관스님화갑기념논총 한국불교문화사상사 상』, 가산문고, 1992.
48 『한국근현대불교사연표』, 대한불교조계종 교육원 불학연구소, 2000. pp.219~220.

현실이었다. 한국불교계의 입장에서 볼 때, 일본불교는 체계적인 교리와 제도를 갖추고 있었고, 무엇보다 승려의 공적 신분과 자유로운 포교활동은 더할 나위 없는 부러움의 대상이었다. 1895년 도성출입 금지 조처가 해제되자, 이 건의안을 발의한 사노 젠레이(佐野前勵)에게 감사의 글을 보낼 만큼[49] 불교계의 현실인식은 전무하다시피 하였다. 앞서 살펴보았듯이 오쿠무라의 『조선국포교일지』에 보이는 몇몇 한국 승려의 자발적, 우호적 모습은 일본인의 자의적 기술이 아니라 당시 한국불교가 지닌 실상 그대로였던 것이다.

IV. 개화기 일본불교의 인식

1911년까지 일본 종파의 사찰과 포교소는 정토진종 본원사의 부산별원을 시작으로 무려 167개소가 활동하고 있었다. 전국의 도심과 향촌사회에 이르기까지 일본 종파는 거점을 확보하여 경쟁적으로 포교에 열을 올리고 있었다. 한국불교는 오랜 억불의 굴레에서 일본불교의 자유로운 포교와 신앙활동에 직면하자, 적지 않은 충격을 받았다. 사회적 신분조차 불법이었던 한국 승려는 일본 승려의 당당한 지위와 성직자로서의 위상에 위축될 수 밖에 없었다. 1884년 갑오개혁으로 신분제가 폐지되어 비로소 승려는 국가의 구성원으로 인정받았지만, 억불의 제도는 타파되지 않았다. 즉 승려의 도성출입 금지 조처는 여전히 유효하여 포교와 신행의 발목을 잡고 있었다. 이로부터 10여 년이 지난 1895년에서야 도성출입이 해금되었

---

49 高橋亨, 『李朝佛敎』, 東京: 寶文館, 1929. p.898.

지만, 그것마저 일본 승려의 청원이 계기가 될 만큼 이미 일본불교는 사회 곳곳에 뿌리를 내리고 있었다.

이와 같은 개화기의 현실에서 일본 종파의 활동에 대한 불교계의 대응을 기대하기란 무리한 바램일 듯하다. 일본 종파의 역할이 국가의 제국주의적 침략의 일부분이었다는 사실을 깨달은 것은 수십년이 지난 뒤의 일이었다. 역사학에서 가정이란 무의미한 일이지만, 개화기에 한국의 불교계가 일본불교의 저의를 미리 간파했다고 한다면 과연 결과는 어떻게 되었을까? 자의적 해석일지 모르나 그 결과는 크게 다르지 않았을 것이라 생각된다. 사회적 불법의 신분에 도성출입 조차 금지된 승려들이 국가의 조직적 지원을 등에 업은 일본불교에 맞서 자주적 입장을 주창(主唱)할 수 있는 상황이 아니었다.

이러한 한계는 불교계 뿐만이 아니었다. 당시 국정운영의 주체자와 엘리트 집단이라고 평가하는 개화파들 역시 일본을 개화선진국으로 인식하고 일본불교의 힘을 빌어 개화를 이룩하고자 하였다. 이들 중에는 소수이기는 하지만 일본의 존재를 경계해야한다는 목소리도 있었다. 그러나 개화와 정치변혁의 커다란 열망 앞에 진실은 간과될 수 밖에 없었다.

19세기말은 중세사회가 해체되고 근대사회로 이행하는 과도기였다. 내부적으로는 봉건왕조에 저항하는 반봉건의 민중운동이 거세게 일어나고, 외부적으로는 열강의 침탈이 계속되었다. 이러한 혼란의 시대에 일본불교가 상륙하자 개화파는 개화와 근대화의 과제를 달성하기 위해, 그리고 불교계는 불교의 회생과 역량을 도모하기 위해 일본 종파와 우호적 관계를 맺었던 것이다. 한국 근대불교의 전개에 있어서 일본불교의 영향은 대단히 크다. 주권상실의 비극을 맞으면서 한국불교의 왜곡이 자행되었고, 결국 일본불교에 대한 평가는 침략과 수탈에 앞장섰다는 부정적 평가로 일관되었다. 그러나 19세기말 개화기 불교계는 일본 종파와의 긴밀한 관계를 구축하고, 이를 적극적으로 운용함으로써 근대불교, 나아가 근대사회를 앞당기려 노력하였다는 사실을 재인식할 필요가 있을 것이다. ▎한상길

6

근대 중국의 티벳불교 연구와 중화주의

I. 중국과 티벳 그리고 불교연구

현대에 들어서 중국과 티벳의 관계에 대한 연구는 주로 티벳의 독립문제를 중심으로 전개되어왔다. 1967년 근·현대 티벳 독립지도자 중 큰 영향력을 행사한 최펜 샤카파(Tsepon Shakabpa, 1907~1989)는 역사적 근거를 들어 티벳 독립을 주장하였고, 네덜란드 국제법 학자 반프라그(van Prag)는 국제법과 민족 자결권 등의 내용을 바탕으로 하여 티벳 독립설을 집대성하였다.

이에 반해 왕귀(王貴), 시조니마(喜饒尼瑪), 당가위(唐家衛) 등 중국인 및 친 중국계 티벳 학자들은 『서장역사지위변(西藏歷史地位辨)』이라는 공동저술에서 앞에서 언급한 최펜 샤카파와 반프라그의 책을 분석하여 조목조목 비판하고 있는데,[1] 이와 같은 상반된 견해는 티벳독립문제 뿐 아니라 티벳[2]과 중국의 관계에 대한 이해가 정치적인 것으로부터 자유로울 수 없

---

1 王貴, 喜饒尼瑪, 唐家衛, 『西藏歷史地位辨』, 北京: 민족출판사, 1995 및 西藏研究編輯部編, 『西藏研究』, 成都: 西藏研究編輯部, 1985, 1987, 1993, 1994에 실린 姚兆麟, 湯池安의 최펜 샤카파 비판 내용 참조.

는 상황을 보여준다.

한편, 18세기를 중심으로 티벳과 중국의 관계를 다룬 연구도 있다. Petech[3]는 이전의 연구가 중국 사료에 주로 의지해 왔음을 반성하고, 티벳어 사료와 기독교 선교사들의 라틴어 사료를 함께 이용하여 연구를 전개하였다. 그는 특히 1733년에 쓰여진 체링왕갤(Tshe ring dbang rgyal)의 dpal mi'i dbang po rtogs pa brjod pa 'jig rten kun tu dga' ba gtam (약칭, mi dbang rtogs brjod)[4]을 중심으로 티벳어 사료에 입각한 연구를 진행하였다. 하지만 체링왕갤은 18세기 청으로부터 군왕의 작위를 수여받으며, 티벳을 다스리는 실질적 군주의 역할을 한 사람이기 때문에 엄밀하게 말하면, 티벳어로 된 역사사료 중 청나라의 입장을 가장 충실하게 반영할 가능성이 높다.[5]

그렇다면 중국과 티벳의 역사적 관계에 대한 국내의 연구적 상황은 어떠한가? 대표적인 연구로는 김한규를 들 수 있다. 그는 앞에서 언급한 티벳 독립론자와 중국 종속론자의 주장과 논거에 대해 상세한 분석을 제시하였다.[6] 그의 책은 토번(吐蕃) 시대부터 현대에 이르기까지 티벳과 중국의 역사적 관계에 대한 가장 포괄적인 연구사적 이해이다. 그러나 아쉬운

---

2 현재 중국인들은 Tibet을 가리킬 때 사용하는 '서장(西藏)'이라는 명칭은 시짱자치구(Bod rang skyong ljongs)만을 한정해서 부르는 것이다. 하지만 티벳인이 사용하는 '티벳(Bod yul)'이라는 지리적 범주는 시짱자치구와 확연하게 차이가 난다. 티벳인들은 지리적으로 티벳의 범위를 시짱자치구뿐만 아니라 青海省 대부분, 四川省 서부, 甘肅省 남부, 雲南省 서북부의 일부도 포함시키고 있다(티벳과 시짱의 공간적·역사적 범주 차이에 대해 김한웅, 「淸 기록에 나타난 18세기 티벳 역사상의 비판」, 『明淸史硏究』, 서울: 明淸史硏究會, 2006, pp. 141~144 참조). 이에 따라 이 글에서는 공간적·역사적 범주를 명확히 하기 위해 '시짱'이라는 명칭을 대신해서 '티벳'이라는 명칭을 가급적 사용한다. 하지만 티벳의 중국 귀속론을 주장하는 이들의 문장을 인용할 때는 '서장(西藏)' 혹은 '장족(藏族)'이라는 용어를 쓴다.
3 L. Petech, China And Tibet In the Early XVIII, Leiden; E. J. Brill, 1972 참조.
4 張怡蓀主編, 『藏漢大辭典』下卷, 北京: 民族出版社, 1999, pp.2075~2076.
5 티벳어 사료와 라틴어 사료를 이용하였음에도 불구하고, 그 연구의 한계에 대해서는 김한웅, 앞의 논문, pp.157~166 참조.
6 김한규, 『티베트와 중국』, 서울: 소나무, 2002 및 『티벳과 중국의 역사적 관계』, 서울: 혜오, 2003, 참조.

것은 주로 정치·외교적인 문제에 한정되어 티벳과 중국의 관계가 분석되고 있다는 점이다.

이와 같이 중국과 티벳의 관계는 정치문제를 중심으로 조명되어 왔는데, 여기서는 불교를 매개로 이 관계를 다시 분석해 보고자 한다. 즉, 근대시기 중국에 있어서 불교는 단순히 한 종교이거나 학문의 대상뿐이 아니라, 민족의 자주와 서양에의 대응을 모색할 수 있는 사상으로 간주되었음을 상기해야 한다.

그런데 이와 같이 민족운동의 일환으로 전개된 중국의 불교연구는 한편으로 티벳불교연구를 적극적으로 진행하기도 했는데, 대표적인 연구기관들로는 한장교리원(漢藏敎理院)·지나내학원(支那內學院)·장문학원(藏文學院) 등이 있다. 이처럼, 중국의 티벳불교연구는 불교의 대표적인 연구기관에서 부분적으로 다루어지기도 하였고, 티벳불교 전문연구기관에서 전개되기도 하였던 것인데, 이처럼 근대 중국에서 적극적으로 티벳불교를 연구한 까닭은 무엇일까?

이를 밝히기 위해서는 중국의 정치적인 상황과 태도를 살펴볼 필요가 있다. 즉, 청나라 말기 아편전쟁(1840~1842) 이후 중국은 서구 열강과 일본으로부터 식민지배와 침략을 당한 굴욕적인 경험을 하였다. 그러나 이후 인접한 티벳과 몽골 등을 침공하기도 하였는데, 이와 같이 근대 중국은 침략당하는 국가이기만 한 것이 아니라 동시에 이웃국가들을 침략하기도 한 이중적인 모습을 보이고 있다. 그런데 한편, 이 두 가지 모습에 관통하고 있는 것이 있으니, 그것은 바로 '한족'을 중심으로 한 강한 민족의식과 중화사상(中華思想)이 그것이다.[7]

---

[7] 남송(南宋)과 청말민국의 근대라는 혼란한 정치적인 상황, 비한족계 이민족의 침략, 외부 침략세력이라는 외적인 요인으로 '중화사상'이 강력하게 대두되게 되었다는 사실에 유념해야만 한다. 하지만 최근에는 중국의 역할과 위치가 '중심'의 위치로 강하게 부각되었음에도 불구하고, '중화사상'이 대두된다는 사실은 이전의 역사와 분명한 차이가 있을 것이다.

즉, 근대 중국의 불교연구가 가지고 있던 민족주의적 성격의 이면에는 티벳과 몽골 등 소수민족들을 중화(中華)라고 하는 단일한 범주로 묶어 통합하기 위한 매개로서의 측면도 존재하였음을 알 수 있다. 중국은 티벳불교 연구를 중화주의의 교두보로 삼았던 것이다.

그런데 한편으로 티벳불교를 연구하는 또 다른 의의가 있었는데, 그것은 중국이 서양과 일본의 근대적인 불교학에 대항하기 위해서 중국불교를 개혁하였을 때, 티벳불교의 문헌과 의례가 중요한 역할을 하였던 점이다.

이처럼 근대 중국에 있어서 티벳불교 연구는 다각적인 의의를 갖는다고 할 수 있는데, 그 자세한 내용을 고찰해 가면서 불교를 통한 중화주의의 확립의도를 비판적으로 조명해 보기로 하겠다.

II. 근대 중국과 티벳의 상황

1. 악화된 티벳족과 한족(漢族)의 교류

근대 티벳은 영국과 러시아, 그리고 중화민국이라는 열강들 속에서 풍전등화의 입장에 처해 있었다. 영국이 인도, 네팔, 시킴, 부탄에 이어 티벳을 호심탐탐 노리고 있었으며, 이 시기에 러시아 역시 티벳을 동아시아의 교두보로 삼기위해 노력하였다. 러시아에서 유학하고 돌아온 티벳인 달이지(達爾志)는 제13대 달라이라마 툽텐갸초(Thub bstan rgya mtsho, 1876~1933)에게 러시아와 가까이 하면서 영국을 멀리하라고 제의를 하였는데, 영국을 견제하기 위해 러시아를 끌어들이려던 티벳의 외교는 끝내 실패로 돌아갔다.[8] 이것을 빌미로 1904년 영국군이 티벳의 수도 하사(Ha sa)를 점령하였으며, 이에 13세 달라이라마는 고륜(庫倫, 현재의 몽골인민공화국 울란바토르)으로 피신했다. 그리고 1906년의 하사협정에서 영국은 티벳에 대한 중국의 종주권을 인정하는 대신 영국과 교역할 수 있도록 티벳을 개방시켰다. 그리고 중국은 티벳을 재조직하고 근대화시킨다는 미명하에 캄(Khams) 지방을 중국의 한 성으로 만들기 위해 무력으로 진입하였다. 이어 중국은 티벳의 수도로 진격하였고, 제13대 달라이라마는 1910년 인도로 피신했다.[9]

하지만 중국은 1911년 신해혁명 이후 국내의 어수선한 정치적 문제로 인해 티벳에서 철수해야만 했으며, 1912년 6월 달라이라마는 다시 티벳의 수도로 되돌아왔다. 그해 10월 티벳이 독립국가임을 선포하면서 인도, 영국, 러시아에 중국과의 완전한 분리를 대외적으로 표명하였다. 1914년 중국은 티벳이 중국의 일부라고 주장하였으며, 중국과 영국의 심라(Simla) 조약에 의해 티벳은 분할되기에 이르렀다.[10]

---

[8] 근대 티벳의 상황은 박노자가 「한겨레21」 543호에서 지적했듯이, 한일합방 이전 조선의 근대시기와 여러모로 흡사하다. 예를 들면 1882년, 조선이 미국을 끌어들여 러시아와 일본을 제지하려는 중국의 연미론(聯美論)에 끌려 최초의 조미조약을 체결했을 때, 고종은 "조선이 제3국으로부터 부당한 침략을 받을 경우 미국은 즉각 개입, 거중조정(居中調停ㆍgood offices)을 행사해 조선의 안보를 보장한다."는 조항에 큰 매력을 느꼈던 부분과 동일하게 티벳도 제국주의 열강들의 틈바구니 속에서 달라이라마 13세와 티벳의 지식인들도 거중조정에 큰 매력을 느꼈던 것으로 생각된다.

[9] 근대 중국과 티벳의 정치ㆍ외교적 관점을 이해하기 위해서는 1906년 청조(淸朝)의 당소의(唐紹儀)와 영국의 프레이져(S.M.Fraser) 사이에 티벳을 둘러싼 주권 논쟁을 살펴볼 필요가 있다. 청조의 '주권국으로서 청조는 속지(屬地) 티벳에 대해 종주국이다'라는 입장에 따르면, 청조는 티벳에 대해 자치권을 인정하지만, 중국이 그 외교권과 주권을 행사한다는 것이다. 당시 조공관계에 있던 베트남ㆍ미얀마ㆍ조선은 속국으로서 스스로 주권을 갖지만, 청조가 지방관을 파견해 온 몽골ㆍ티벳 등은 속지에 해당하여 그 주권을 중국이 행사한다는 것이다. 이것이 바로 중국이 견지하고 있는 티벳에 대한 입장이다. 최근 진행되고 있는 동북공정의 '고구려사'도 이러한 티벳에 대한 관점과 아주 흡사함에 유의할 필요가 있다. 중국과 티벳의 주권논쟁과 관련한 소개는 김성수, 「티베트와 중국, 그 선연과 악연의 역사」, 『불교평론』 통권5호, 서울: 불교시대사, 2000, pp.76~78 참조.

[10] 陳慶英, 『達賴喇嘛轉世及歷史定制』, 北京: 五州傳播出版社, 2003, pp.124~127 참조 및 西藏佛教文化硏究所編, 『チベット文化入門』, 東京: 西藏佛教文化硏究所, 1999, pp.40~44 참조.

그리고 1912년 원세개(袁世凱)는 대총통령을 발포한다.

이제 다섯 민족이 화합하여 한(漢)·몽(蒙)·장(藏)·회(回)·만주(滿洲) 각 지방이 모두 우리 중화민국의 영토가 되었으므로, 한·몽·장·회·만주의 각 민족도 함께 중화민국의 국민이 되었다. 차후로 한·몽·장·회·만주 등의 지방은 통일규칙에 스스로 응하여, 내정이 통일되고 민족이 대동화합(大同和合)하기를 바란다.[11]

한족·몽골족·회족·만주족, 티벳족 등 다섯 민족이 모두 중화민국 국가의 주체가 되고 국가의 주도권도 함께 나눈나는 것이 이 선언서의 취지이다.

그런데 중화민국의 입장과 상반되게 당시의 티벳 상황은 중화민국과 첨예하게 대립되어 있었다. 특히 13세 달라이 라마가 중화민국의 중앙대표에게 보낸 편지 중에 다음과 같은 내용은 주목할 만하다.

하사에 온 한족군(漢族軍)들은 원래 티벳을 보호하려고 왔는데, 오늘날에 강도가 되어 불로 태우는 일, 사람을 죽이는 일, 강탈하는 일 등 진정으로 악한 일을 하나도 빼지 않고 행하고 있다. 티벳 민중들은 이미 이런 고통을 감당할 수 없게 되었다.[12]

티벳에 주둔한 한족군인들의 강탈로 인해 이 분노가 끝내 폭발하였고, 한족과 티벳간의 관계도 교착 상태에 이르게 되었다.

---

11 원세개의 사상은 孫中山으로부터 기원한 것이다. 원세개의 사상과 손중산의 1912년 1월 1일 대통총 취임 선언 내용, 그리고 손중산의 1912년 3월 중화민국임시약법(中華民國臨時約法)의 명문규정(明文規定) 비교에 대해서는 陳慶英, 앞의 책, pp.124~125 참조.
12 梅靜軒,「民國以來的漢藏佛教關係(1912~1949) 以漢藏教理院爲中心的檢討」,『中華佛學硏究』 vol.2, 臺北: 中華佛學硏究所, 1998, pp.254~255, "拉薩的新軍本來是爲保護西藏而來的, 而今變爲強盜賊子, 燒殺抱掠, 無惡不作, 藏人已受不了這般慘苦了"

그렇다면, 티벳민족만 한족에 대해 부정적이었고, 한족은 티벳민족에 대해 긍정적이었을까. 다음과 같은 내용은 티벳민족에 대한 한족의 적대 감을 보여준다.

> 장족인민(藏族人民)들은 난을 일으키고, 서장(西藏)에 있는 장관과 부대를 쫓아냈다. 게다가 장족(藏族)은 서장으로 여행간 만여 명의 한족과 회족의 관광객들을 죽였다. 이로 인해 중국과 서장의 관계가 갑자기 중단되었다.[13]

티벳인들이 만여 명의 회족과 한족 민간인들을 죽였다는 사실은 상당히 설득력이 미약하다. 하지만 민국초기(民國初期) 티벳족과 한족의 관계가 우호적이지 않았음을 이 자료에 의거해서 명확하게 알 수 있다.

이러한 일련의 악화된 사태와 관련해서, 1913년 티벳과 몽고는 우르가에서 '우호 동맹조약'을 체결한다. 이 조약의 전문에서 몽고와 티벳은 만주인의 지배로부터 자유로운 독립 국가가 되었고, 종교 공동체로서 서로 결맹하였음을 선언하게 된다. 이러한 1913년의 일련의 동맹조약은 여러 가지 점을 시사한다고 할 수 있다.

즉, 손중산과 원세개의 취임 선언서와 명문규정의 이민족-지금은 소수민족인 티벳족, 회족, 몽골족, 만주족-을 아우르는 '중화(中華)'의 사상은, 일방적인 한족 중심적 사고방식이었다. 이에 반해 당시의 몽골과 티벳은 중국의 복속정책에 대항하기 위해 국제사회에 독립국가임을 선언하고, 이를 전 세계에 공표한 것이다. 옛 원(元)나라와 청(淸)나라의 '과거 회귀적인' 영토를 바탕으로 성립된 한족중심적인 '중화사상'은 이민족인 티벳의 '독립선언'과 결코 양립할 수 없는 것이다. 이것이 현재 티벳의 비극(悲劇)을 초래할 수밖에 없는 계기가 되는 것이다.

---

13 梅靜軒, 앞의 글, p.254.

그 후 1918년과 1931년 두 차례에 대규모로 티벳과 중화민국의 군사적 충돌이 있었다. 두 번의 전투 모두 티벳이 승리하게 되어 티벳과 중국은 영국의 중재 하에 평화조약을 체결하였다.¹⁴ 1949년 이후 중국은 티벳을 재빨리 점거하고 인도의 동의하에 티벳을 하나의 소수인종집단으로 중국에 편입시키는 협정을 조인하였다.¹⁵

한편 서구 열강과 중화민국의 사이에서 혼란한 시기를 보낸, 근대 티벳 내부의 사원 경제는 어떠하였는가.

고급 라마들의 안정된 생활을 받쳐주는 것이 바로 티벳 인구 절반을 차지하던 사원의 예속 농민이었으며, 그리고 농민들이 중세 유럽의 농노처럼 주인에게 가혹한 체형을 당할 수 있었고, 또한 사원들이 이자놀이를 벌이는 고리대금업자의 노릇도 겸하였다. 침략 초기에 중국 당국이 달라이 라마 정권을 포섭하여 중앙 정부의 대리인으로 삼으려 한 역사적 사실은 어떻게 이해할 수 있을까. 티벳과 중국의 협정 이후, 대농장 소유자인 달라이 라마와 측근의 귀족들은 농장과 농노를 다 포기하고 망명하는 것보다는 귀족과 사원의 특권을 다 인정해주겠다고 약속하는 중국 쪽과 타협하는 것이 현실적인 방안이었을 것이다. 티벳 지배층과 중국 사이의 '밀월'이 그 뒤에도 몇 년간 지속됐지만 결국 중국의 강압적 태도와 부역 강요, 자원 착취 등은 티벳인들을 소외시켰고 1959년의 '캄'지역의 민중봉기와 달라이 라마의 인도 망명이라는 비극적인 결과를 낳았던 것이다.¹⁶

한편, 근대시기 티벳과 중국의 관계에 대한 골드슈타인(Goldstein)의 분

---

14 김한규, 앞의 책, pp.239~240. 1919년부터 1933년 사이 티벳의 정치적 상황과 달라이라마 13세의 관계에 대해서는 陳慶英, 앞의 책, pp.125~127 참조.
15 John Power, *Introduction to Tibetan Buddhism*, New York: 1995, pp.158~162. 중국인이 티벳에 대해 주권을 강조하고 있는 것은 역사와 국제법에 대한 부분만이 아니라, 경제적인 자원과 지리적인 절충지대로서의 국가 안전, 그리고 '신강'과 '내몽고'와 '만주'에 대한 '도미노 골패(骨牌)이론' 때문이라는 지적에 대해 김한규, 앞의 책, p.30 및 각주 19 참조.
16 티벳의 역사가 왕(王)이 아니라 사원과 종교교단을 중심으로 전개되었음에 대해 Stein, 안성두 역, 『티벳의 문화』, 서울: 무우수, 2004, pp.81~104 참조.

석은 상당히 흥미롭다. 즉, 중국과 티벳인 사이에 이러한 충돌은 군사적인 충돌로 연결이 되었지만, 중국인들은 티벳불교에 대한 흥미를 잃지 않았으며, 오히려 중국 국내에서 티벳밀교를 배우려는 열풍이 점점 퍼지고 있었다는 것이다. 밀교의 유행은 근대중국 불교의 중요한 현상이다. 진영첩(陳榮捷)은 이런 현상의 원인을 다음과 같이 분석하였다.

> 중국의 율종(律宗)과 선종(禪宗)은 이미 생명력을 잃었고 중국불교교도들의 종교적인 갈망을 채울 수 없었기 때문에 밀종(密宗)이 이를 대신했다. 중화민국 이후 밀교(密敎)를 최초로 중국으로 소개한 이는 왕홍원(王弘願, 1876~1937)이었다. 그는 일본의 동밀(東密)을 중국경내에서 소개하였으며, 이로 인해 많은 신도를 끌어당겼다. 광동(廣東)에 불교신도들이 서로 밀교를 수련하겠다고 하였다. 현교(顯敎)와 밀교 간의 차이는 격렬한 변론을 일으켰다. 한편으로, 초창기의 북쪽에 있는 티벳 라마들은 은밀하게 관정법(灌頂法)을 전수하였다. 그러나 판첸라마가 중국으로 온 후 갑자기 티벳밀교가 중국불교신도의 주요한 관심사가 되었다. 심지어 판첸라마의 개인적인 매력이 티벳밀교가 유행하게 된 직접적인 원인이라고 주장하기도 하였다. 또한 반면에 왕홍원이 대표하는 동밀(東密)은 중일전쟁으로 인해서 점점 열이 내려갔다. 이러한 변화로 인해 티벳밀교는 더욱더 주목을 받게 되었다.[17]

이러한 민국(民國) 시기의 밀교에 대한 열풍은 여러 가지 시사하는 점이 크다고 할 수 있을 것이다.

첫째, 중국인들의 종교적인 갈망으로 인해 율종과 선종을 대신해서 밀

---

[17] 梅靜軒, 앞의 글, pp.256~257. "中國的律宗與禪宗皆已經喪失生命力, 無法滿足中國佛教徒宗教的渴望, 而密宗正好取代了它們. 民國以來, 最初將密教引進中國的應該是王弘愿, 他所宏傳的日本東密在中國境內吸引廣大的信徒, 廣東一帶的佛教徒競相修密顯, 密佛教的差異引發了激烈的辯論, 本文擬于第五章再處理這介問題. 另一方面, 北方的蒙藏喇嘛起初甚少公開傳法灌頂的, 不這隨着班禪喇嘛的來華, 藏密頓時也成了許多佛教徒目光集中的焦點, 甚至認爲班禪的個人魅力是藏密盛行的眞正原動力, 而以王弘愿爲代表的東密因中日戰爭及居士傳法的合法性問題, 遂漸退燒. 藏密則因時局的變化, 更加地受到人們的重視."

교가 새롭게 주목을 받았다는 점이다. 청말, 민국 시기 지식인들 사이에서는 유식학(唯識學)의 이론에 대한 논쟁이 치열하였음은 주지의 사실이다.[18] 지식인들의 유식학에 대한 관심 못지않게 중국 일반 민중들은 아편전쟁 이후 서구의 종교와 문화에 대한 반발 작용으로 전통에 대한 새로운 인식이 일어나게 되었으며, 이것이 전통문화와 아우러진 불교에 대한 관심으로 연결되었다.

둘째, 불교 중에서도 왕홍원(王弘愿)에 의한 동밀(東密)과 판첸라마에 의한 티벳밀교의 유입은 여러 가지 점에서 의미하는 점이 클 것이다. 민국 초기에 대단히 성행했던 밀교는 일본의 동밀(東密)이다. 지송(持松)·왕홍원 등이 일본의 동밀을 대중적으로 전수한 인물이었다. 그런데 1925년 이후, 대용(大勇), 법존(法尊) 등이 직접 티벳으로 유학을 다녀온 뒤, 티벳의 중요한 경전을 다수 번역함으로써 티벳불교와 밀교가 점차 알려지기 시작했다. 이후 티벳불교에 대한 학습열풍이 점차 커지는데 반해 동밀은 점차 약화되어 갔다. 일본의 동밀이 점차 세력을 잃어가게 된 배경은, 왕홍원이 거사의 신분으로 일반신자 및 승려들에게 관정의식을 거행하였다는 점과 중일전쟁의 여파로 일본에 대한 민족적인 반감, 그리고 왕홍원의 자질 문제가 가장 중요하게 작용되었다는 점이다.[19]

특히 중일전쟁 이후 일본에 대한 반일의식(反日意識)으로 인해, 중국인들의 대중적인 신앙이 일본의 동밀에서 티벳불교와 밀교로 전이하였다는 점이 주목될 수 있다.

---

18 K.S.케네쓰 첸, 박해당 역, 『중국불교』, 서울: 민족사, 1994, pp.493~496.
19 이와 관련해서는 梅靜軒, 앞의 글, pp.256~257 및 276~280 참조.

2. 밀교(密敎)의 유입과 중국불교

1) 티벳에 대한 회유정책

현재는 소수민족으로 전락해버린 몽골족, 티벳족, 회족, 강족 등을 중화(中華)의 사상으로 묶을 수 있는 가장 유력한 방법이 무엇이었을까?

샤카판디타와 달라이라마, 그리고 원·청시대의 긴밀한 공조관계를 통해 알 수 있듯이 '불교'는 이질적인 문화를 '중앙(中央)의 지배권력'과 연결해줄 수 있는 가장 강력한 통제수단이 될 수 있을 것이다.[20] 종교적인 위계질서의 힘과 권위, 그리고 명성을 이용함으로써 티벳을 위시한 몽골 등의 소수민족을 효과적으로 통치한다는 측면에서 불교가 대두될 수밖에 없었던 것은 기존의 비한족계(非漢族系) 왕조의 불법(佛法) 신봉의 예로 명확하게 알 수 있다.[21]

티벳에서 제일 강대한 세력을 갖고 있는 불교는 티벳 사회의 중심이라고 할 수 있다. 그리고 티벳 문제를 해결하려면 먼저 티벳의 종교를 명백하게 알아야만 한다고 인식되었다.[22] 따라서 티벳과 한족의 전쟁이 빈번한 시대임에도 불구하고, 티벳에 한족 유학생을 파견하게 되는데, 그는 바로 사천성 제21군 군장인 유상(劉湘)이었다. 이러한 한족 유학생의 티벳 유학은 군사적인 측면과 정치적인 측면이 작용하였음을 알 수 있다. 이러한 배경에는 크게 두 가지 측면이 작용한 것으로 평가한다.

---

20 「중앙19호」문건에 의하면, 전국적으로 종교활동에 전념하는 성직자 수는 약 5만 9천여 명인데, 이 중 불교 승려는 약 2만 7천여 명이라고 밝히고 있다. 이 중 불교승려가 대략 50%를 점유하는 이유는 서장의 티벳계 라마승과 몽고족, 요족 등 소수민족에게 있어서 불교를 전 민족적으로 신앙하고 있기 때문이라고 한다. 소수민족의 통치 수단에 불교가 가장 유효한 방법이 될 수 있음은 이 통계에 의해서도 알 수 있다. 「중앙19호」문건에 대해서는 정엄, 「중국의 교학체계와 수행체계」, 『세계 승가공동체의 교학체계와 수행체계』, 서울: 가산불교문화연구원, 1997, p.189 참조.
21 K.S.케네쓰 첸, 앞의 책, pp.462~463 참조.
22 몽골도 역시 티벳과 동일한 '티벳불교권역'에 속한다는 사실을 기억해야만 한다. 몽골과 티벳을 효과적으로 통치하고, 중화민국의 영역 속에 복속시키기 위해서는 티벳불교의 중요성이 중국근대에 대두될 수밖에 없었던 것이다.

첫째는 중국의 불법경전이 한역으로만 이루어져 있기 때문에, 완전하지 않을 것이라는 인식이 새롭게 대두되었다는 사실이다.

두 번째로 티벳의 문제를 해결하기 위해서는 티벳의 종교와 문화에 대한 이해가 선행되어야만 한다는 것이다. 이러한 대책이 태허(太虛, 1889~1947)가 불학원을 비롯한 한장교리원(漢藏敎理院)을 설립하는 중요한 배경이 되었다. 이는 중국정부와 종교 간의 이익을 추구하는 인연에서 비롯된 태생적 한계를 보여준다.[23]

2) 중국불교개혁과 불학연구(佛學硏究)의 방법론

민국초기에 중국불교는 사찰의 재산을 몰수당하는 위기를 맞이하게 되었다. 이러한 외적인 핍박에 대항하기 위해 필연적으로 중국불교는 개혁을 추구할 수밖에 없었다. 태허는 시대의 거대한 변화를 대응하기 위해 불교의 현대화를 추진하게 되었다. 티벳불교는 중국불교개혁의 중요한 참고자료가 될 수 있었다. 왜냐하면 티벳의 정전(正典)들은 중국에 결여되어 있는 유식과 중관, 그리고 밀교를 위시한 인도불교의 전적이 원형의 형태에 가깝게 남아있을 뿐만 아니라, 살아있는 불교의례와 문화가 현존하고 있기 때문이었다. 그리고 이질적인 서양의 문화를 통해 중국불교를 변화시키는 것이 아니라, '중국'의 동일 영역권인 티벳불교로 개혁의 키워드로 활용할 수 있다는 점에 주목하였을 것이다. 그러므로 태허는 티벳불교와 장밀(藏密)의 유입을 통해 중국불교의 개혁을 주창하게 된 것이다. 그리고 태허는 1915년에 쓴 『정리승가론(整理僧伽論)』에서 일본과 티벳으로 유학생을 보내 밀교를 배워야 한다는 의견을 제시했다. 이러한 유학생들의 인적구성을 바탕으로, 중국 내에 밀종(密宗)을 중흥시켜야 한다는 것이다. 그리고 태허는 1929년에 유럽 여행을 마친 후, 서양의 불교연구방법을 인

---

23 梅靜軒, 앞의 글, pp.258~259.

용하며, 팔리어문·한문·장문(藏文)이라는 세 가지 어학을 중심으로 하는 불학 연구추세를 강화시켜야만 한다고 주창하였다.[24]

그리고 근대중국불교 부흥의 아버지라고 호칭되는 양문회(楊文會, 1837~1911)는 서양에서 불교를 연구하는 성과를 보고 민족 자존심에 있어서 큰 상처를 입게 되었다. 그는 중국이 다른 국가에 뒤떨어지는 것을 참을 수 없어서 새로운 양식으로 된 학당(學堂)을 창립하게 되었다.[25] 이러한 행동은 중국의 불학을 연구하는 데 있어서 중대한 영향을 미치게 되었다.[26]

결국 이러한 다양한 측면이 결합해서 근대에 티벳불교, 티벳 문헌과 관련한 한장교리원(漢藏敎理院)과 지나내학원(支那內學院), 그리고 장문학원(藏文學院)이 설립하게 된 것이다.

Ⅲ. 중국 불학연구기관의 티벳불교 연구

청조를 무너뜨리고 중화민국을 수립한 1911년의 혁명으로 불교교단은 여러 가지 문제에 직면하게 된다. 중국의 근대 지식인들은 고대의 학문, 종교, 정치 및 철학적 전통의 예속으로부터 해방되어야만 한다고 부르짖었

---

24 태허의 漢族佛敎와 西藏佛敎가 서로 융회해야만 한다는 주장에 대해서는 西藏學叢書編委會 主編,『漢藏佛敎硏究彙編』, 台北: 文殊出版社, 中華民國76年, pp.1~20 참조.
25 청나라 말기부터 무술정변 이후, 장지동의 묘산흥학운동의 영향으로 불교계는 각지에 승학당을 설립하기 시작했다. 양문회에 의해 설립된 남경 금릉각격처의 석씨학당(釋氏學堂)은 서양식 교육기관인 소학교, 중학교, 대학교의 교육과정을 본떠서 학제를 설치하였으며, 불교학뿐만 아니라 일반과목도 도입하여 교육했다. 양문회가 세운 석씨학당의 창립정신이 제자인 구양점의 지나내학원을 계승되었다. 이와 관련한 불학원의 역사에 대해서는 정엄, 앞의 글, pp.207~210 참조.
26 양문회의 영향을 받은 여징(呂澄, 1896~1989)과 탕주심(湯住心)은 초창기에 서장불교를 연구하는 학자로서 유명하다. 그들은 1921년부터 서장문헌을 번역하기 시작하였으며, 다음해 지나내학원(支那內學院)에서 서장문법 강의를 시작하였다.

다. 1920년대 마르크스주의가 유입되고 뒤이어 광범위하게 대중화되면서 종교에 대한 그들의 반감은 더욱 강화되었다. 마르크스주의자들의 종교비판은 자연스럽게 불교를 과녁으로 삼았다. 이들의 불교에 대한 공격과 비판은 사원에 특별세나 기부금을 부과하고, 사원을 병영이나 관청으로 사용하며, 사원토지의 소작인들에게 소작료를 내지 말도록 선동하고, 불상을 파괴하는 등의 차별적인 조치들을 가져왔다. 특히 사원재산으로 학교를 증진하자는 운동은 더 심각한 결과를 낳았다.[27]

1. 태허(太虛)의 한장교리원(漢藏敎理院)

반불교적 조치들에 대항하기 위해, 교단의 개혁을 위한 계획을 추진한 승려가 바로 태허이다. 그의 개혁은 승려들의 쇄신, 국민의 이익을 위한 사원재산의 회향, 불교교리에 대한 새로운 연구를 요구하였다.[28] 특히 대외적으로 외국 불교도들과의 접촉을 장려하였다. 그것의 결과로 1929년에는 실론, 태국, 일본, 티벳 등에 유학승을 파견하였다. 이러한 교류는 1928년 태허의 해외여행 이후 이루어진 것이다. 이것은 결국 인도불교와 티벳불교에 대한 새로운 관심을 불러일으켰다.

---

27 장지동(張之洞, 1837~1909)이 주장한 '권학편(勸學篇)'의 내용은 네 가지로 요약될 수 있다. ① 사찰의 10분의 7을 학교의 교사(校舍)로 사용한다. ② 사찰의 전답 중 10분의 7을 학교 운영비용으로 삼는다. ③ 사용한 사찰 재산의 총액을 국가에 명시하고 스님에게도 보인다. 이를 필요로 하지 않는 스님은 환속시킨다. ④ 각성(各省)의 관리 중에서 사찰의 실태를 잘 관찰한 후 학교 설립을 신청하면 허가한다. 등이다. 위의 내용은 절대적으로 사찰에 불리하게 작성되었음을 알 수 있다. 이와 관련해서는 정엄, 앞의 글, pp.177~178 참조; 태평천국의 난과 묘산흥학운동, 그리고 남경 중앙대학의 묘산흥학조직위원회 조직과 관련한 구체적인 청말민초(淸末民初)의 배불운동(排佛運動)에 대해서는 鎌田茂雄, 정순일 역, 『中國佛敎史』, 서울: 경서원, 1992, pp.265~266 참조.
28 W.T.Chan, *Religious Trends in Modern China*, New York: 1953, p.56.

❧ 한장교리원(漢藏敎理院) 개원기념사진

1931년 남경의 국민회의의 대표자들에게 성명서를 발표한 내용 중에 자비를 강조하는 불교가 다섯 민족(한족, 만주족, 몽골족, 회족, 티벳족)을 국민적 합일체로 결속시키는 역할을 담당할 수 있음을 강조하였다. 이 성명의 결과 모든 사찰재산을 보호할 것과 세속적 목적을 위한 사원재산의 탈취를 금하는 명령이 내려졌다.[29]

1931년에 국민회의의 대표자들에게 발표한 성명서에서 한족을 중심으로 만주족, 몽골족, 회족, 티벳족을 융화시키기 위해서 불교가 가장 중요한 방법임을 제창하였으며, 그것의 결과로 중국불교는 사찰재산을 보호받게 되었다는 점에 주목해야만 할 것이다. 결국 한족중심의 '중화사상'을 중심으로 여타의 소수민족을 아우르는 측면에 태허라는 지식인은 자비의 종교라는 덕목으로 '불교'를 내세웠다는 점은 역사의 아이러니가 아닐 수 없을 것이다. 당시의 지식인들과 지도층에 의해서 중국불교의 지위가 위협받고 있는 상황에서, 중국불교를 다시 일으키기 위해서 선택한 방법이 바로 '중

---

[29] K.S.케네쓰 첸, 앞의 책, pp.492~493.

화사상'에 적극적으로 협조하는 것이었다. 이러한 협조의 일환으로 '불교'가 다시 주목받게 되는 것이다. 그리고 1931년 국민회의의 대표자들에게 발표한 성명서 이후 티벳불교의 연구기관인 한장교리원이 설립하게 되었다는 점을 어떻게 이해해야할 것인가.

> 서장(西藏)을 해방하는 문제는 정치적인 문제이지만, 동시에 종교적인 문제이기도 하다. 쉽게 말해서 서장을 해방하려면 불교를 존중해야만 한다. …… 한족의 군사[漢軍]는 영원히 서장을 공격하지 않을 것이다. 그러므로 서장의 군사[藏軍]들 또한 영원히 반란을 일으키지 말아야 한다. …… 당시 [중국]정부에서도 서장을 정복하려면, 단지 무력으로는 결국 성공하지 못하기 때문에 필연적으로 불교의 힘을 의지해야 한다는 인식을 갖게 되었다.[30]

위의 내용에서도 알 수 있듯이, 중국정부의 티벳 복속을 위한 가장 최선의 노력은 티벳의 종교인 불교에 의지하는 것이다. 근대 중국불교에 있어서 티벳불교와 티벳밀교[藏密]가 새롭게 주목받게 된 것은 이러한 연유에서 기인한 것을 부인할 수는 없을 것이다.

사천성 중경시(重慶市)에 위치한 한장교리원은 1932년 태허가 설립한 티벳불교의 연구기관이며, 『해조음』이라는 잡지와 동일한 계통의 조직이다. 한장교리원은 한족불교와 서장불교의 교리를 연구하고, 중화민족을 융화하며, 한장불교를 발전시키고 세계문화를 증진시키는 것을 목적으로 설립된 것이다.[31]

---

30 西藏李春先口述北京段克興譯, 「西藏政敎之關係及佛敎在解放西藏中之作用」, 『現代佛學』1卷4期, 北京: 現代佛學社, 1950, p.5.
31 장개석 정권의 국민당 정권이 들어서자, 태허(太虛)는 1927년에 두 번에 걸친 장개석과의 회담에서 삼민주의를 지지한다는 조건 하에 중국불학회의 결성을 승인받고, 남경시에 정식으로 중국불학회를 결성하였다는 사실은 중국불교가 중국의 정치사회의 변동에 적극적으로 협조하였음을 확인할 수 있다.

태허는 당시 서양인의 연구방법에 자극을 받아 남방 상좌부의 팔리문헌(巴利文獻) 계통의 불학(佛學)과 서장(西藏)의 장문계(藏文系)의 불학 유입을 통해서 중국불학과 유식학을 윤택하게 하고자 하였다. 그리고 선무외·금강지·불공삼장 등이 널리 편 밀교의 가르침이 당 무종의 훼불 이후 중국 내에서 밀교의 법맥이 끊어지게 되었고, 그러한 밀교의 가르침을 온전하게 계승하기 위한 노력의 일부로서 한장교리원을 설립하게 된다. 그러한 한장교리원을 중심으로 티벳의 밀교는 중국 내에 새롭게 소개되는 것이다.

앞에서도 언급했듯이, 태허는 불교 내부의 개혁을 줄기차게 주장하였다. 그리고 다양한 이민족을 한족 중심의 '중화'로 결속시키기 위해 '한장교리원'을 설립하게 된다. 하지만 동시대에 티벳을 위시한 이민족의 문제에 대한 한족의 '군사적·비불교적·폭력적' 행위에 대해서는 비판을 제시하지 못하였다는 점에서 그 한계가 명백하다고 할 수 있을 것이다.

2. 구양점(歐陽漸)의 지나내학원(支那內學院)에서의 티벳불교 연구

남경에 구양점이 설립한 지나내학원은 산스크리트·티벳어·한문 문헌을 비교 연구하여 불교연구에 커다란 성과를 올렸다. 지나내학원은 학무부(學務部)와 사업부(事業部)의 두 가지로 나누어졌으며, 연구교육과 장경의 간행 정리 등을 담당하였다.

지나내학원의 입학자격은 중등학교 졸업 정도 이상이며, 시험을 통해 통과한 이에게 자격을 부여하였다. 그리고 유식법상학(唯識法相學)을 중심으로 불교학, 철학, 논리인명, 심리, 종교학, 유·도이교(儒道二敎), 인도철학, 외국어[티벳어, 일본어, 산스크리트]를 학과의 구체적인 강의내용으로 배정하였다. 지나내학원의 경우, 교의의 연구와 행법의 실습을 필수과목으로 책정하고 있다는 점에서 그 특징이 크다고 할 수 있다. 단순히 고전(古典)으로서 불교를 배우고, 고대문화로서 불교사상을 연구하는 것이 아니라, 신행과의 합일을 지향점으로 하였다는 점에서 시사하는 점이 크다.[32]

지나내학원은 기관지인 『내학(內學)』을 1925년 12월에 제1집, 다음해 12월에 제2집을 발간하였다. 그 목록을 살펴보면 몇 가지 특징을 알 수 있다.

〈제1집 게재논문〉

금일지불법연구(今日之佛法硏究) - 구양점(歐陽漸) ; 대승경지비교독법(大乘經之比較讀法) - 여징(呂澂) ; 일경대의 (大日經大意) - 구양점

아비달마구사론서(阿毘達磨俱舍論敍) - 구양점 ; 현양성교론대의(顯揚聖教論大意) - 여징 ; 심학대의(心學大意) - 구양점

중국선학고(中國禪學考) - 몽문통(蒙文通) ; 성립유식의(成立唯識義) - 왕은양(王恩洋) ; 장문삼십송(藏文三十頌) - 유정권(劉定權)

논장엄경론여유식고학(論莊嚴經論與唯識古學) - 여징 ; 잡아함간정기(雜阿含刊定記) - 여징 ; 석가시대외도(釋迦時代外道) - 탕용동(湯用彤)

〈제2집 게재논문〉

담내학연구(談內學硏究) - 구양점 ; 용수법상학(龍樹法相學) - 구양점 ; 불학개론도언(佛學槪論導言) - 왕은양(王恩洋)

릉가소결(楞伽疏抉) - 구양점 ; 섭론대의(攝論大意) - 구양점

서장전본섭대승론(西藏傳本攝大乘論) - 여징 ; 기신론유식석질의(起信論唯識釋質疑) - 왕은양 ; 경상장(境相章) - 웅십력(熊十力) 등[33]

---

[32] 중국에서 근대적 불교학이 잉태되면서 '학불(學佛)'의 단계에서 '불교학'의 단계로 진입하는 데 문헌학이 기여하였음에 대해서는 김영진, 「唐代佛敎地理硏究」, 『불교학리뷰』 창간호, 논산: 금강대학교불교문화연구소, 2006, pp.111~113 참조.

유식법상학이나 아비달마의 교의에 대한 연구업적들이 주류를 이루는 것은 지나내학원의 설립취지와 부합하는 것이기 때문에 너무나 당연하다. 하지만 여기에서 주목할 만한 점은 티벳본(혹은 서장본)에 대한 소개와 밀교에 대한 내용이라고 할 수 있다. 1925년대에 근대적인 의미에서의 불교학 방법론에 입각해서 티벳 원문에 대한 관심을 가지고 지나내학원에서 티벳어 강의를 하였다는 사실과, 「내학」에 그러한 결과들을 실었다는 측면에 큰 의의를 부여할 수 있을 것이다. 또한 티벳의 대장경은 한역대장경과 깊은 연관관계를 가지고 있으며, 티벳불교의 관심이 점차적으로 고조되고 있음을 『내학』에서도 살펴볼 수 있다.

특히 1925년 유정권의 「장문삼십송」은 티벳역 『유식삼십송』을 한역한 후, 티벳원문을 인쇄하고 현장역과 함께 테라모토(寺本)씨의 일역을 참고해서 각각의 차이점을 각주로 표기하는 등, 근대적 불교문헌 연구의 한 전형을 보여주고 있다. 그리고 여징은 「서장전본섭대승론」에서 『섭대승론』제1권을 티벳판본에 의거해서 번역하였다는 점에서 그 의의가 크다고 할 수 있을 것이다. 그리고 구양점의 「대일경대의」를 통해 인도밀교에 대한 관심 또한 맞물려 있었음을 알 수 있다.

3. 석대용(釋大勇)의 장문학원(藏文學院)

장문학원(藏文學院)은 석대용(釋大勇, 1893~1929)이 1924년 창립하였다. 그는 원래 군인이었으며, 1919년 3월에 태허 밑에서 출가하였다. 그 후 그는 일본의 고야산(高野山)에서 금산(金山) 아사리를 만나서 동밀(東密)을 공부하는 기회를 얻게 되었다. 1923년 가을에 공부를 마치고 고국으로 돌아와서, 관정(灌頂)을 전수하게 된다. 1924년 봄에 석대용은 북경에서

---
33 佐藤泰舜, 「現代支那の佛敎硏究一斑-南京內學院發行の 「內學」について」, 『宗敎硏究』제3권, 1926, pp.995~996.

▌ 티벳어 경전

백보인(白普仁)을 만나게 되었으며, 비로소 티벳밀교를 접촉히게 되는 계기를 얻게 되었다. 그는 "일본과 서장의 밀교를 결합하여 중국의 밀교를 완성하겠다"는 서원을 세웠다. 그리고 장문(藏文)과 장어(藏語)를 배우러, 서장으로 유학을 가고자 하였다. 1924년 9월 호자홀(胡子笏) 등 거사들의 격려와 계획으로, 북경에 불교장문학원(佛敎藏文學院)을 설립하게 된다. 모집한 학생은 총 30여명이었으며, 당시에 충보림(充寶琳)교수를 초청해서 장문과 서장불법에 관한 이야기를 강의하도록 하였다. 1925년4월에 장문학원은 유장학법단(留藏學法團)으로 변경되었으며, 서장으로 가려는 학생들을 유장학법단의 이름으로 다시 모집하게 되었다. 그들은 석대용을 단장으로 내세웠으며, 지원자 수는 20여명이었다. 서장으로 들어가서 10년 이상 유학할 예정이었으며, 당시에 북경의 티벳밀교에 뜻이 있는 거사들은 나중에 필요한 비용을 공급하기 위해서 유장학법단후원회를 조직하였다. 장문학원과 유장학법단의 설립은 중국근대불교에 있어서 가장 의미심장한 일이라고 할 수 있다. 입장구법활동을 구체적인 조직과 계획으로 추진하였다는 점에서 밀교역사 뿐만 아니라, 중국 불교사에 있어서도 중요한 평가를 받을 수 있을 것이다.[34] 1927년 봄에 법존(法尊)과 몇 명의 학승들은 대용(大勇)을 따라 감숙(甘孜)으로 이동하여, 티벳 라마 밑에서 티벳불교의 교학과 수행에 대한 내용을 배우게 되었다. 훗날 법존이 겔룩파(dGe lugs pa)의 개조인 총카파(Tsong kha pa, 1357~1419)의 『보리도차제약론(菩提道次第略論)』과 『보리도차제광론(菩提道次第廣論)』을 번역하게 되는 계기가 장문학원과의 인연에서 비롯된 것이었다. 이로 인해 티벳불교의 람림(Lam rim, 道次第) 체계가 근대에 한족불교로 유입되는 계기가 되었다.[35]

Ⅳ. 중화(中華)의 교두보로서의 '티벳불교'

중국은 아편전쟁 이후 서구열강의 침략, 태평천국의 난, 그리고 중일전쟁으로 인해 강력한 중화사상(中華思想)이 필연적으로 대두되었다. 결국 불교를 매개로 티벳을 위시한 소수민족을 복속시키려는 노력을 지속적으로 병행하게 되었다. 그리고 끊임없는 티벳의 독립선언과 영토분쟁으로

---

34 이 조직은 경제적인 원인과 정치적인 원인에 의해 2년만에 해체되기에 이른다. 하지만 스승인 대용의 구도열에 감동을 받은 법존은 훗날 티벳어로된 경전을 지속적으로 번역하게 된다. 여건복(呂建福)의 유장학법단에 대한 평가에 대해서는 梅靜軒, 앞의 글, pp.260~261 참조.

35 법존과 대용의 만남, 그리고 유장학법단의 조직 등 근대 입장구법승에 대한 상세한 내용에 대해서는 釋東初編者, 「入藏求法之漢僧」, 『中國佛教近代史』上冊, 台北: 行政院新聞局販台業, 中華民國63年, pp.441~448 참조.

▎중국의 라싸침공

인해 티벳족과 한족의 교류는 악화된 상태였다. 이러한 일련의 과정 속에서 불교를 화평책(和平策)의 일환으로 활용하게 된다. 이것이 티벳불교와 밀교, 그리고 티벳불교학이 중국불교에 유입되게 되는 계기가 되었던 것이다.

티벳과 중국의 정치・외교적인 난관에도 불구하고, 1925년 이후에 티벳밀교가 점차적으로 유입되게 된 것은 중국 근대불교의 또 하나의 특징적인 현상이다. 중국근대초기에 왕홍인으로 대표되는 일본밀교가 성행하였다가 후대에 티벳밀교가 유행한 것은, 티벳 판첸라마의 개인적인 매력 못지않게 중일전쟁으로 인해 초래된 일본에 대한 저항의식의 표출이었을 것으로 추측된다. 그리고 서양의 불교학적인 방법론에 대한 반성적 재고로 인해 티벳문헌과 티벳불교가 주목받게 되었으며, 티벳불교는 중국불교의 개혁을 위한 중요한 참고자료가 될 수 있었다. 티벳불교가 인도불교 고유의 전통과 사상을 충실하게 계승하고 있었다는 점, 풍부한 티벳문헌의 가치, 중국불교 내에 결여되어 있는 불교의식 등에 대한 매력이 그것이다.

한편, 불학연구기관인 한장교리원·지나내학원·장문학원을 중심으로 살펴보았는데, 태허는 중국불교를 개혁하기 위해 티벳불교와 밀교의 유입을 주창하였다. 이것은 티벳불교에 대한 순수한 관심뿐만 아니라, 티벳을 위시한 소수민족을 '한족문화권'으로 융합하기 위한 중화사상의 발로였다. 태허는 한족과 티벳을 위시한 몽골 등의 소수민족을 동일한 중화민족의 감정으로 엮기 위해서 불교가 가장 유용한 가치가 있음을 1931년 남경에서 국민회의의 대표자들 앞에서 천명하였다. 이러한 일련의 과정 속에서 한장교리원이 출범하게된 것이다.

양문회의 제자인 구양점은 지나내학원의 설립을 통해, 티벳불교를 소개하게 된다. 이것은 서양의 문헌학적인 불교방법론에 대한 중국적인 방식의 재창출이라고 할 수 있다. 일본밀교를 익힌 석대용이 창립한 장문학원은 북경에서 티벳불교와 티벳원어를 강의하는 계기를 열었으며, 훗날 유장학법단이라는 이름으로 직접 티벳에 들어가 티벳불교와 언어, 밀교를 배우려는 시도를 조직적으로 시도하였다. 하지만 정치적인 배경과 경제적인 배경으로 유장학법단은 2년만에 해체되기에 이른다. 그러나 중국밀교를 새롭게 부흥시키기 위해 티벳으로 들어가려는 조직적인 기획은 중국불교사에 있어서 사뭇 의의가 크다고 할 수 있으며, 석대용의 장문학원과 유장학법단의 취지가 훗날 중국불교 내에서 티벳불교의 보급에 큰 일익을 담당하였음을 알 수 있다. 법존이 중국근대에 번역한 『보리도차제광론』과 『보리도차제약론』이 중국불교에 유입된 계기도 석대용의 유장학법단으로부터 기인한 것이다.

하지만 앞에서도 언급했듯이, 중국근대에 티벳불교가 유입되고 연구된 계기에는, 티벳과 몽골을 위시한 소수민족을 한족 중심의 동일한 중국문

화권으로 복속시키기 위한 중화주의 정책이 엄연히 존재하였음을 유념해야 할 것이다. ┃차상엽

7

대동아공영권의 형성과 쿄토학파의 화엄교학 원용

I. 대동아공영권에서 화엄교학의 원용에 이르기까지

1931년 9월 일본 간토군(關東軍)에 의한 만주사변의 발발과 함께 일본 사회는 1920년대의 다이쇼 데모크라시(大正, democracy)와 같은 비교적 자유로운 분위기는 종언을 고하고, 대외침략이 한층 격화되는 군국주의시대로 접어들게 되었다. 1930년대 일본사회는 군부의 정치적 영향력이 강화되고 국가주의가 한층 고조되어가면서 국방국가(國防國家)로 변질되는 과정을 겪게 되었다. 만주사변을 일으켜 만주지역을 점령한 일본은 1932년 괴뢰정부인 만주국(滿洲國)을 수립한[1] 후 국제연맹과 군축회의를 탈퇴하는 등 국제사회에서 고립되어 갔다. 그리고 뒤이어 1937년 7월 노구교사건(蘆溝橋事件)으로 중일전쟁이 발발하였다. 이 과정에서 일본과 서양

---

[1] 1932년 3월 1일 간토군(關東軍)이 滿洲國 건국을 선언하고, 9월 사이토 내각은 日滿議定書를 체결해 만주국을 승인하였다. 1934년 일본은 폐위된 淸 宣統帝 溥儀(1905~1967)를 즉위시켜 제정을 실시하게 했다.

열강의 국제관계는 악화일로로 치달았고 그것은 결국 1941년 12월 태평양전쟁[2]으로까지 확대되었다. 당시 일본은 동서양의 관계를 우호가 아닌 대립으로 설정하였고, 서구열강의 아시아 침략에 대항할 것을 강조하였다. 일본정부가 그들의 대륙침략 전쟁을 서구열강의 아시아 침략에 대항하며 아시아의 해방과 평화를 명분으로 하여 대동아공영권(大東亞共榮圈)을 내세웠고, 이에 따라 지식인층에서는 이것을 이론화한 다양한 논의가 전개되었다. 대동아공영권론은 바로 그러한 논의들 중 하나였고 이것을 이념화하는 데 그 중심에 있던 지적그룹이 쿄토학파(京都學派)였다. 대동아공영권론은 여러 형태의 아시아주의에 비해 그 이론이 매우 복합적인 것으로 알려져 있다. 특히 그 중에서도 본래 정치적인 내용과 무관한 대승불교의 화엄교학(華嚴敎學)이 대동아공영권의 이론화에 원용되었다는 사실은 주목할 만한 대목이다. 여기에는 메이지(明治)기부터 다양한 형태를 띠고 논의된 아시아주의의 본질과 1930년대 후반 아시아주의의 큰 흐름,[3] 그리고 일본 근대불교계의 동향 등이 밀접한 관계를 맺고 있는 것이다. 이제 이것에 대한 전반의 내용을 파악하기 위해 다음의 순서에 따라 살펴보기로 하자.

먼저 대동아공영권이 형성된 과정을 파악하기 위해 그 이전에 활발히 논의된 동아연맹체론(東亞聯盟體論)과 동아협동체론(東亞協同體論)을 간

---

[2] 太平洋戰爭은 전후 미국에서 유입된 명칭이고, 大東亞戰爭은 개전 직후인 1941년 12월 10일 일본 大本營政府連絡會議에서 아시아 해방을 의미하는 명칭으로 결정된 것이다. 전쟁이 아시아와 태평양 두 戰場에서 벌어진 관계로 아시아·태평양전쟁이라고 하기도 한다.

[3] 아시아주의에 대한 이해를 위해 다음의 국내연구가 있다. 정문길 외, 『동아시아, 문제와 시각』, 서울: 문학과 지성사, 1995 ; 고병익, 『동아시아사의 전통과 변용』, 서울: 문학과 지성사, 1996 ; 최원식 외, 『동아시아인의 동양 인식』, 서울: 문학과 지성사, 1997 ; 함동주, 「明治期 아시아주의의 구조와 그 전개」, 『일본평론』, 서울: 1994. 봄여름호 ; 함동주, 「明治期 일본의 아시아주의와 國權意識」, 『日本歷史硏究』 제2호, 서울: 1995.9 ; 咸東珠, 「中日戰爭과 미키 키요시(三木淸)의 東亞協同體論」, 『東洋史硏究』 통권56호, 서울: 東洋史學會, 1996 ; 임성모, 「일제의 대외침략과 아시아주의」, 『殉國』, 서울: 순국선열유족회, 1992. 5 ; 박규태, 「근대 일본의 탈중화·탈아·아시아주의」, 『오늘의 동양사상』 제15호, 서울: 예문동양사상연구원, 2006.10.

략히 보도록 한다. 다음으로, 대동아공영권과 일본의 침략전쟁이 쿄토학파(京都學派)의 대표격인 니시다 기타로(西田幾多郞), 고야마 이와오(高山岩南) 등에 의해 어떻게 합리화, 이론화 되었는가를 살피도록 하자. 특히 화엄교학이 실제로 이들에 의해 원용된 내용을 보도록 하겠다. 근대일본의 독자적인 철학체계를 수립한 철학자로 평가되는 니시다(西田), 고야마(高山) 등이 대동아공영권의 합리화와 이론화에 참여한 실제 내용을 살펴봄으로써 1930, 40년 제국주의시대 일본불교계의 큰 흐름이 파악될 것으로 기대된다.

Ⅱ. 대동아공영권의 형성과 쿄토학파

1. 동아연맹체론과 동아협동체론

1938년 11월 3일 고노에 후미마로(近衛文麿, 1891~1945) 수상은 제국성명(帝國聲明, 東亞新秩序聲明)을 발표했다.(제2차 고노에 성명)[4] 그 성명의 요지를 보면, 동아의 영원한 안정을 확보할 신질서의 건설을 위해서는 일본, 만주, 중국 3국의 제휴를 바탕으로 하여 정치, 경제, 문화 등 각 분야에서 우호적인 관계를 수립하고 동아에 있어서의 국제주의의 확립, 공동방위의 달성, 신문화(新文化)의 창조, 경제결합의 실현을 기하는데 있다[5]고 했다. 그리고 이 성명에 기초하여 같은 해 12월에 중국과의 교섭을

---
[4] 이보다 앞서 1938년 1월 16일 일본정부는 중국 국민정부와 평화교섭을 중단한다는 제1차 고노에 성명을 발표했다.
[5] 河西善治, 『京都學派の誕生とシュタイナー』(東京: 論創社, 2004), pp.365~366, "帝國の要

위한 선린우호(善隣友好), 공동방공(共同防共), 경제제휴라는 고노에 3원칙이 선언되었다.(제3차 고노에 성명) 이처럼 중일전쟁 중에 고노에 내각은 전과는 달리 중국과 만주국의 협력 하에 동아시아 지역질서를 재편성하는 동아신질서의 수립을 선언한 것이었다. 1930년대에는 일본이 중국을 무력 침략하여 서양열강과의 관계가 악화되면서 아시아주의[6]가 다양한 형태로 전개되었는데,[7] 동아신질서 선언을 전후하여 지식층에서 활발히 논의된 것이 동아연맹론(東亞聯盟論)과 동아협동체론(東亞協同體論)이었다.

동아연맹체론은 1933년(쇼와8) 3월 만주국협화회(滿洲國協和會)가 처음 표명한 것으로 만주건국의 정신에 기초하여 동아시아 전역에 민족협화(民族協和)[8]를 파급시키자는 것이었다. 이것은 만주사변의 주역인 이시하라 간지(石原莞爾, 1866~1949)와 이타가키 세이시로(板垣征四郎)에 의해 주장, 실천되고 미야자키 마사요시(宮崎正義), 기무라 다께오(木村武雄), 나카야마 유(中山優) 등에 의해서 이론화 되었다.[9] 동아의 해방을 표방한 동아연맹은 일본, 만주국, 중국을 중심으로 하여 주변의 다른 동아국가를 범위로 설정하고, 공동국방과 경제의 일체화 및 각국의 정치적 독립을 전제로 하여 동아시아 여러 민족의 사상과 정신의 결합을 내세웠다. 그러나 동아연맹론은 안보체제를 내세우는 군사적인 성격이 강할 뿐만 아니

　　求する所は, 東亞永遠の安定を確保すべき新秩序の建設に在り … この新秩序の建設は日滿支三國相携へ, 政治, 經濟, 文化等各般に亘り互助連環の關係を樹立するを以て根幹となし, 東亞に於ける國際主義の確立, 共同防衛の達成, 新文化の創造, 經濟結合の實現を期する在り."

6　일본에서의 아시아주의는 일본의 지도적 역할을 강조하며 아시아의 여러 민족은 일본을 盟主로 단결하여 서양의 아시아 침략에 대항해야한다는 내용이었다. 구미와 일본의 대립구도 속에서 일본의 대륙침략을 정당화하고자 하는 독선적 이념이었다.

7　咸東珠,「中日戰爭과 미키 키요시(三木淸)의 東亞協同體論」,『東洋史硏究』통권56호, 서울: 東洋史學會, 1996, pp.161~163.

8　1920년대 중반이후 在滿日本人들이 내세운 운동슬로건이었다.

9　天野道夫,「東亞聯盟論의 擡頭와 內鮮一體運動과의 關聯」,『朝光』제6권 7호, 京城: 朝鮮日報社, 1940, pp.212~213. 宮崎正義의『東亞聯盟論』(1938), 東亞聯盟協會의「東亞聯盟建設綱領」(1939)과 기관지『東亞聯盟』(1939), 中山優의『東亞聯盟에의 길』(1940) 등에 의해서 이론화 되었다.

라 실제로 아시아를 침략하면서 구미열강에 대항하기 위해 아시아와 연대한다는 자기모순을 내포하고 있었다.[10]

동아신질서의 선언과 함께 등장한 아시아주의의 대표적인 이론은 동아협동체론이었다. 고노에 수상의 두뇌집단인 쇼와(昭和)연구회가 중심이 되어 동아신질서를 이론화한 것으로서 당시 아시아주의의 큰 줄기였다. 체제 내의 개혁파이기도 했던 쇼와연구회[11]가 1938년 11월 고노에 수상이 동아신질서를 선언하자 그것을 이론화 하여 제시한 것이 동아협동체론이었다. 특히 이 이론은 1940년대 대동아공영권론의 형성에 적지 않은 영향을 미쳤기 때문에 더욱 주목된다.

쇼와연구회의 활동으로 부각된 동아협동체론은 쿄토학파의 좌파로 분류되는 미키 키요시(三木淸, 1897~1945)가 주도하였다. 연구회의 문화문제연구회(文化問題硏究會) 위원장이었던 미키는 협동주의를 사상원리로 하여 동아협동체론을 펴 나아갔다.[12] 미키는 협동주의를 일본의 국체(國體)인 일군만민(一君萬民), 만민보익(萬民補翼)의 사상에 기초한 일본문화 제일의 특색으로 간주하고, 이것을 보편적인 사상으로 삼아 동양뿐만 아니라 세계에 미치도록 하고자 했다. 이러한 협동주의를 원리로 하여 당시 중일전쟁이라는 현실의 과제를 해결방안으로 제시하였다. 여기서는 협동체의 원리에 따라 일본의 제국주의적 침략정책과 일본, 중국의 민족주의를 모두 배제하면서[13] 일본과 만주, 중국을 포함하는 동아협동체를 형성하여 궁극적으로는 아시아의 해방을 지향하였다. 이러한 협동체를 가능하게 하는 것은 천황을 받드는 일본의 국체라 하였는데, 이것은 니시다(西

---

10 박규태, 「근대 일본의 탈중화·탈아·아시아주의」, 『오늘의 동양사상』 15호, 서울: 예문동양사상연구원, 2006, pp.104~105.
11 고노에 내각의 브레인 조직으로 1936년 11월에 정식으로 발족하였고, 1940년(소화15) 11월 大政翼贊會가 발족하면서 해산되었다.
12 咸東珠, 「中日戰爭과 미키 키요시(三木淸)의 東亞協同體論」, 『東洋史研究』 통권56호, 서울: 東洋史學會, 1996, p.171.
13 三木淸, 「新日本の思想原理」, 『三木淸全集』 제17권, 東京: 岩波書店, 1966.

田) 철학의 영향에 의한 것으로 보고 있다.¹⁴

사실 동아협동체의 이상은 당시 근대의 위기를 넘어설 논리적, 현실적 대안으로 여겨졌다.¹⁵ 일본 내부의 변혁과 아시아의 해방을 지향한 협동체론의 이상은 매우 타당하고 설득력이 있는 듯하지만, 동아시아 지역에서의 일본의 침략정책을 인정하고 패권을 합리화하는 모순점을 안고 있었다. 중일전쟁을 동아신질서의 건설을 실현하기 위해 당면한 문제를 해결하고, 궁극적으로는 아시아 해방을 실현하기 위한 불가피한 하나의 단계로 보았던 것이다. 협동주의를 원리로 하여 제국주의침략을 반대하면서도 일본의 대륙침략에 의한 중일전쟁을 긍정하는 이 같은 이율배반적인 논리는 다음에서 보게 될 1940년대의 대동아공영권론에서 그대로 이어지게 된다. 1940년(쇼와15) 10월 정부의 행정보조기관의 역할을 수행하는 대정익찬회(大政翼贊會)가 발족하며 국가권력을 통해 국민을 획일적으로 지배할 수 있는 천황제 파시즘이 성립하였다.¹⁶ 이에 따라 같은 해 11월 쇼와연구회가 해산되었고 연구회가 이론적으로 뒷받침한 동아신질서도 변화의 과정을 겪게 되었다.

2. 대동아공영권의 형성

1940년 7월 요나이 미츠마사(米內光政) 내각에 이어 제2차 고노에 후미마로(近衛文麿) 내각이 등장했다.¹⁷ 고노에 내각은 성립 직후 결정된 「기본

---

14 西田幾多郎, 「世界新秩序の原理」, 『西田幾多郎全集』 제12권, 東京: 岩波書店, 1950, p.430 참조. 직접적이지는 않지만 니시다 철학을 거친 華嚴思想의 영향이라고 보기도 한다. 石井公成, 「大東亞共榮圈の合理化と華嚴哲學」-紀平正美の役割を中心にして-, 『佛敎學』 42, 東京: 佛敎思想學會, 2000, p.13.
15 차승기, 「근대의 위기와 시간 - 공간 정치학」 -쿄토학파 역사철학자들과 서인식-, 『한국근대문학연구』 제4권 제2호, 서울: 한국근대문학회, 2003, pp.244~245.
16 아사오 나오히로 외 엮음·이계황 외 옮김, 『새로 쓴 일본사』, 경기: 창비, 2003, pp.520~521.
17 고노에(近衛) 제1차 내각은 1937.6.4~1939.1.4일까지였고, 제2차 내각은 1940.7.22~

국책요강(基本國策要綱)」에서 "팔굉일우(八紘一宇)로 하는 건국정신에 바탕을 두어 일본, 만주, 중국의 강고한 결합을 근간으로 하는 대동아신질서를 건설한다[18]"고 하였다. 제1차 고노에 내각이 1938년 11월에 제창한 동아신질서를 대신하여 이제 대동아신질서를 내세운 것인데, 여기서 대동아란 그 의미를 확대한 것으로서 기존의 동북아시아에 남방지역(동남아시아)을 추가한 것이었다. 대동아공영권이라는 구상이 국책으로 확정된 것은 이때의 요강에서였다.[19] 이전 제1차 고노에 내각이 동아신질서를 선언한 후 동아연맹체론과 동아협동체론이 1930년대의 아시아주의 주요 이론으로 부상하였다면, 이제 제2차 고노에 내각이 등장하여 대동아신질서를 선언하자 대동아공영권론이 1940년대의 대표적인 이념으로 제창되기에 이르렀다.

　대동아공용권이 공식적인 용어로 등장한 것은 제2차 고노에 내각의 외상(外相) 마쓰오카 요오스케(松岡洋右)의 발언에 의해서였다. 1940년 8월 1일 마쓰오카는 취임 기자회견에서 "황도(皇道)의 대정신에 따라 먼저 일본, 만주, 중국을 일환으로 하는 대동아공영권의 확립을 도모하지 않으면 안 된다[20]"고 하였다. 그리고 이 대동아공영권의 수립을 통해 공정한 세계의 수립에 공헌할 것을 선언했다. 여기서 대동아공영(大東亞共榮)이란 단어는 아시아 민중의 번영을 의미하고 있지만, 실제로는 일본이 당시 난관에 봉착한 중일전쟁의 어려운 국면을 남방침략(南方侵略)을 통해 타개하려는 의도에서 그 침략을 합리화 하고자 한 캐치프레이즈였다[21]고 할 수 있다. 즉 1939년 9월 3일 영국, 프랑스가 독일에게 선전포고함으로써 제2

　　1941.10.16일까지였다.
18　"日滿支の强固なる結合を根幹とする大東亞の新秩序を建設する."
19　대동아공영권은 1938년 육군성에서 작성한 「國防國策案」에서 이미 제시되었다고 한다. 여기서는 대동아공영권의 구조를 자존권, 방위권, 경제권 등으로 나누어 언급하였다.
20　わが國眼前の外交方針としては、この皇道の大精神に則りまず日滿支をその一環とする大東亞共榮圈の確立をはかるにあらねばなりません
21　小林英夫, 『大東亞共榮圈』, 東京: 岩波書店, 1988, pp.25~26.

차 세계대전이 발발하자 일본 군부는 독일의 공격으로 힘의 공백상태에 빠진 필리핀, 인도차이나 등 프랑스령, 영국령, 네덜란드령에 대한 남방침략을 대동아공영권을 내걸면서 정당화하려고 했던 것이다.[22] 고노에 내각은 1940년 9월 27일에 독일, 이탈리아와 삼국동맹을 체결하여 미국, 영국, 프랑스, 네덜란드와의 대결을 확고히 하며 인도차이나 등의 남방침략을 더욱 가속화해 갔다. 1941년 10월 미일(美日)교섭을 둘러싸고 육군과 대립하던 고노에 내각이 총사퇴하고, 주전파(主戰派)인 도오조 히게키(東條英機)내각이 성립하고 11월 영미(英美)협상이 결렬되자 영국, 미국과의 전쟁은 기정사실화 되었다. 마침내 12월 1일 어전회의(御前會議)에서 개전이 결정되고, 12월 8일 일본군이 하와이 미군기지를 공습하여 미국, 영국을 상대로 한 전쟁에 돌입하며 태평양전쟁이 시작된 것이다.

대동아공영권이 국책으로 표명된 1940년 7월의 「기본국책요강(基本國策要綱)」에 따르면 대동아공영권의 범위가 일본은 핵, 일본·만주국·중국은 근간, 기타 지역을 지엽으로 하는 동심원적 구조로 되어있다. 이것이 태평양전쟁 이후에는 더욱 확장되어 1942년 육군군부는 제국이 영구히 영유할 국방상, 경제상 요지(홍콩, 말레지아, 보루네오, 뉴기니아, 필리핀의 요지, 버어마, 인도네시아, 호주, 인도의 주요항구), 제국 보호 아래의 독립국(필리핀, 베트남, 버어마, 인도네시아, 호주, 인도 등), 독립국 및 점령지역으로 구분하였고, 또한 같은 해(1942) 해군성은 지도국(일본), 독립국(만주국, 중화민국, 타이), 독립보호국(버어마, 필리핀, 자바 등), 직할령(직접통치 지역), 권내(圈內) 외국령(인도차이나, 티모르, 마카오 등) 5개 범주로 나누었다. 이처럼 대동아공영권은 일본 열도를 중심으로 하여 기존의 동북아 세력권에 남방지역이 추가되는 양상이었는데 이것은 일본의 대륙

---

22 1940년 5월에 독일이 네덜란드, 벨기에, 룩셈부르크를 3국을 점령하고, 6월에는 파리를 점령하면서 영국에 대한 공격을 본격적으로 시도함으로써 당시 유럽 열강의 동남아시아 지역에 대한 지배력이 현저히 약화된 시기였다.

침략 전쟁이 만주, 중국지역에서 인도차이나, 태평양지역으로 확대됨에 그 범위를 편의대로 확장하였던 것이다.[23] 이것은 대동아공영권이 서구 제국주의 침략으로부터 아시아의 해방과 공영을 표방하고 있었지만, 그 본질은 일본의 아시아침략 논리였음을 보여준다.

1940년 8월 외상 마쓰오카에 의해서 대동아공영권이 공론화 된 후 이것을 사회적으로 담론화 하며 대동아공영권과 대동아전쟁을 이론적으로 합리화하고 후원한 대표적인 부류는 쿄토학파의 사상가들이었다. 쿄토학파는 쿄토대 문학부교수 니시다 기타로(西田幾多郞, 1870~1945)와 다나메 하지메(田邊元, 1885~1962) 아래서 공부하며 사제관계를 형성한 일단의 학파를 가리킨다.[24] 쿄토학파는 서구의 철학이나 사상을 기초로 하여 새로운 일본 사상이나 철학이념을 제시하였는데, 특히 일본사회의 정신적 가치를 창출하여 국가적 목표에 동참하는 등 국가이데올로기를 제공하는 역할을 하였다. 천황과 군부의 입장을 옹호하는 학문적 무기를 제공하는 역할을 하는 등 군국주의사상의 성격을 띠었던 것이다.[25]

3. 쿄토학파의 대동아공영권론

쿄토학파는 니시다(西田)와 다나메(田邊)를 제1세대로 하고, 이들의 제자인 고야마 이와오(高山岩男, 1905~1993), 고사카 마사아키(高坂正顯, 1900~1969), 니시타니 게이지(西谷啓治, 1900~1990), 스즈키 시게타가(鈴木成高), 미키 키요시(三木淸, 1897~1945), 도사카 준(戶坂潤, 1900~

---

23 임성모,「대동아공영권 구상에서의 지역과 세계」,『세계정치』 26집 2호, 서울: 서울대학교 국제문제연구소, 2005, pp.107~109. ; 김정현,「일제의 대동아공영권 논리와 실체」,『역사비평』 가을호 통권 28호, 서울: 역사비평사, 1984, pp.73~74.
24 京都學派란 명칭은 마르크스주의 철학자 도사카 준(戶坂潤)이 그의 논문「쿄토학파의 사상」에서 처음 사용한 것으로 알려져 있다.
25 구견서,『일본 지식인의 사상』, 서울: 현대미학사, 2001, pp.197~199.

1945) 등이 제2세대를 이루었다. 이들 중 고야마, 고사카, 니시타니, 스즈키 등은 우파로 그리고 미키와 도사카는 좌파로 분류한다. 1940년 7월 제2차 고노에 내각이 등장하여 대동아공영권을 제창하고, 같은 해 10월 대정익찬회(大政翼贊會)가 발족하며 쇼와연구회의 활동이 종료되던 시점을 전후하여 일본군부의 침략전쟁을 옹호하고, 그것을 이론적으로 후원한 대표적인 부류는 쿄토학파의 우파였다. 그러면 태평양전쟁이 발발한 시점을 전후하여 쿄토학파가 대동아공영권과 태평양전쟁을 어떻게 인식하고 이것을 이론화하였는가에 대해서 알아보도록 하자.

니시다 기타로(西田幾多郎)는 태평양전쟁 말기인 1943년 5월 군부로부터 내동아공영권의 시침에 대한 글을 요구받고 「세계신실서의 원리(世界新秩序の原理」를 썼다. 그는 대동아공영권과 태평양전쟁에 대하여 다음과 같은 견해를 피력했다.

> 종래 동아민족(東亞民族)은 유럽민족의 제국주의(帝國主義) 때문에 압박받고, 식민지시(植民地視)되어 각자의 세계사적 사명(世界史的使命)을 박탈당했다. 지금이야말로 동아의 제민족(諸民族)은 동아민족의 세계사적 사명(世界史的使命)을 자각하고 각자 자기를 초월하여 하나의 특수적 세계(特殊的世界)를 구성하고 그것으로써 동아민족의 세계사적 사명을 수행하지 않으면 안 된다. 이것이 동아공영권(東亞共榮圈) 구성의 원리이다. 지금이야말로 우리 동아민족은 함께 동아문화(東亞文化)의 이념을 내걸고 세계사적으로 분기하지 않으면 안 된다. 그런데 하나의 특수적 세계라고 하는 것이 구성되는 데에는 그 중심이 되고, 그 과제를 지고 일어설 것이 있지 않으면 안 된다. 동아에 있어서 지금 그것은 우리 일본(日本)밖에 없다.[26]

먼저 니시다(西田)가 위에서 강조한 세계사적 사명이란 무엇일까? 그의

---

26 西田幾多郎, 「世界新秩序の原理」, 『西田幾多郎全集』 제12권, 東京: 岩波書店, 1950, p.429.

표현에 따르면 그것은 동아민족이 하나의 세계사적 세계 곧 세계적 세계를 구성하는 것이고 또 그것이 당시의 역사적 과제라고 단정했다. 각 국가가 세계사적 사명을 자각하여 하나의 세계적 세계를 구성해야 한다고 했다. 여기서 각 국가 민족이 하나의 세계적 세계를 구성한다는 것은 각기 지역 전통에 따라서 하나의 특수적 세계를 구성하는 것이어야 하고, 이러한 특수적 세계가 결합하여 전 세계가 하나의 세계적 세계로 구성된다고 하였다.[27] 이것이 다름 아닌 동아공영권의 원리인 동시에 세계 신질서의 원리이고, 일본의 팔굉일우(八紘一宇)[28]의 이념과도 상통한 것이었다. 니시다는 당시 일본정부가 제창한 대동아공영권이 바로 세계사적 사명에 부합

▲ 니시타 키타로. 쿄토학파 1세대

---

27 西田幾多郞, 「世界新秩序の原理」, 『西田幾多郞全集』 제12권, 東京: 岩波書店, 1950, p.427, "各國家は各自世界的使命を自覺することによって一つの世界史的世界卽ち世界的世界を構成せなければならない. これが今日の歷史的課題である. …(中略)… 今日の世界大戰は徹底的に此の課題の解決を要求するのである."
28 '온 세상이 하나의 집'이라는 의미로 일본이 해외침략을 정당화 하기위한 표어로 내세웠다.

하는 과업이었고, 두 차례의 세계대전 모두 동아민족이 세계사적 사명을 이루기 위해 겪어야 할 불가피한 과정으로 보았던 것이다. 그리고 위의 글에서처럼 동아민족은 세계사적 사명을 수행하기 위해 대동아공영권과 같은 특수한 세계를 구성해야 되는데, 이 역사적 과업을 수행하기 위해 구심점이 되는 나라는 오직 일본(日本)뿐이라고 단정했다.

니시다가 구상한 일본을 중심으로 하는 대동아공영권의 형성은 만주사변을 시작으로 일본의 대륙침략이 본격화 되면서 부상한 아시아주의에 철저히 바탕하고 있었다. 1930년대 국제정세의 변화와 함께 서양과의 친선을 중요시 하는 서구주의가 후퇴하고 동서양의 대립을 강조한 아시아주의가 일본사회에 큰 영향력을 발휘했다.[29] 일본에서의 아시아주의는 아시아 여러 민족이 일본을 맹주(盟主)로 하여 서양 제국주의의 침략을 막아내야 한다는 이론으로서 1930년대 이후 일본의 아시아 침략을 정당화한 이념이 되어 사회에 널리 확산되어 간 것이었다.[30] 아시아주의의 핵심 내용인 일본맹주론(日本盟主論)은 이미 메이지기(明治期) 지식인들 사이에서 활발히 논의된 것으로서 그것을 주장한 대표적인 인물은 후쿠자와 유기치(福澤諭吉, 1835~1901), 도쿠토미 소호(德富蘇峰, 1863~1957), 오카쿠라 텐신(岡倉天心, 1863~1913) 등이었다. 특히 후쿠자와는 아시아 연대론을 펴면서 아시아가 협심동력으로 서양의 침략을 막기 위해서 일본이 맹주가 되어야 한다고 했으며, 일본 외에는 아시아의 지도자가 될 능력을 보유한

---

29 咸東珠, 「中日戰爭과 미키 키요시(三木清)의 東亞協同體論」, 『東洋史研究』 통권56호, 서울: 東洋史學會, 1996, p.63.
30 일본에서는 제1차 세계대전을 전후하여 中日연대를 강조하며 대아시아주의라는 용어를 사용했고, 李大釗는 「大亞世亞主義와 新亞世亞主義」(1919. 2)에서 대아시아주의를 侵略主義, 帝國主義, 軍國主義로 규정하고 그것이 일본의 아시아 지배를 의도한 것이라고 맹렬히 비판하며 신아시아주의를 내걸었다. 리따자오, 「신아시아주의」, 『동아시아인의 동양인식』(서울: 문학과 지성사, 1997) ; 임성모, 「일제의 대외침략과 아시아주의」, 『殉國』(서울: 순국선열유족회, 1992. 5), pp.82~83 참조. 또한 손문도 1924년 '대아시아주의' 연설에서 일본의 대아시아주의는 서양의 패도문화를 따르는 것이라고 하며 王道를 기초로 삼아 불평등을 타파하는 대아시아주의를 선택할 것을 촉구했다. 쑨원, 「대아시아주의」, 『동아시아인의 동양인식』, 서울: 문학과 지성사, 1997.

국가는 존재하지 않는다고 했다.[31] 아시아주의의 침략성을 부각시키기 위한 용어로서 대아시아주의(혹은 범(汎)아시아주의)를 사용하여 비침략적 아시아주의와 구분하기도 하지만, 이들 모두가 일본 맹주론을 폈다는 점에서 있어서는 일치하고 있다. 이것은 아시아주의의 한계였을 뿐만 아니라, 일본에서의 아시아주의가 처음부터 제국주의의 침략을 정당화하고 옹호할 소지를 내포한 이론이었음을 말해준다.[32] 아시아 여러 민족 중 유독 일본의 우월한 역할과 책임을 강조하는 일본중심의 논리는 침략전쟁도 성전(聖戰)으로 간주하게 되었고, 그 전쟁을 통해 아시아를 통합하려는 군국주의의 이데올로기가 될 소지를 안고 있었다.

니시다 역시 「세계신질서의 원리(世界新秩序の原理)」에서 보는 바와 같이 대동아공영권 내부의 나라들 중 일본이 다른 나라에 비해 절대적인 우월한 지위를 점한다고 보았다. 그는 각 국가, 민족의 독자성을 부정하지 않고 각자의 역사적 기반 아래서 세계가 하나로 통합되는 공영권과 같은 특수한 세계가 요구되어진다고 하였지만, 일본중심의 통합 논리는 결국 태평양전쟁을 성전(聖戰)으로 보기에 이르렀고, 그 전쟁을 통해 동아를 보전하고, 동아 공영의 즐거움을 누릴 수 있다고 하였다.[33] 당시 도조내각은 니시다의 「세계신질서의 원리」를 수용하였고, 이것이 1943년 11월 5, 6일

---

31 福澤諭吉, 『福澤諭吉全集』 제8권, 東京: 岩波書店, 1960, pp.28~30.
32 침략주의와 무관한 초기 아시아주의 이론으로 타루이 토오키치(樽井藤吉)의 大東合邦論(1885년)이 언급된다. 대동합방론은 일본과 조선은 원래 많은 공통성이 있는 나라이기 때문에 合邦을 통해 大東國이라는 하나의 나라를 형성하여 서양의 무력침략을 막아야한다는 내용이었다. 하지만 두 나라의 합방은 불평등을 전제한 것으로서 일본의 선진성과 조선의 쇠락을 강조하며 일본의 한반도 지배를 합리화 한 것이었다. 이것은 후에 대륙 팽창론자들에 의해 계승되어 한일합방을 정당화하는데 활용되었다. 고병익, 「일본의 식민통치」, 『동아시아사의 전통과 변용』, 서울: 문학과지성사, 1996, p.206 ; 함동주, 「전후 일본 지식인의 아시아주의론」, 『동아시아 문제와 시각』, 서울: 문학과지성사, 1995, pp.215~220.
33 西田幾多郎, 「世界新秩序の原理」, "各共榮圈の協力による世界的世界の實現こそは, 現代の担っている世界史的課題である. 大東亞戰爭は 東亞諸民族がかかる世界史的使命を遂行せんとする聖戰である. … 東亞戰爭を完遂して東亞を保全し, 東亞共榮圈を確立して共榮の樂を偕 にすることが, 現代東亞諸民族の第一の歷史的課題である." 河西善治, 『京都學派の誕生とシュタイナー』, 東京: 論創社, 2004, p.410 재인용.

도쿄에서 중국, 만주, 태국, 필리핀, 미얀마 등의 대표자가 참가한 대동아회의(大東亞會議)에서 채택한 '대동아공동선언(大東亞共同宣言)'에 상당 부분 반영되었다. 선언서에 따르면 대동아전쟁의 원인은 미영(美英)이 자국의 번영을 위해 대동아에 침략, 착취를 행한 데에 있었고, 대동아 각국은 대동아전쟁을 완수하여 미영의 질곡에서 해방하고 자존자립을 온전히 하여 세계평화의 확립에 기여하여야 한다[34]고 하였다.

한편, 니시다의 일본 중심의 아시아주의는 그의 국가론이 천황 중심의 국가론이었던 만큼 현재의 일본 황실이 역사적 세계를 형성하는 기본 원리가 된다는 이론으로 확대되었다.

> 황실(皇室)은 과거와 미래를 포함하는 절대 현재이며, 황실이 우리 세계의 시작이자 끝이다. 황실을 중심으로 한 하나의 역사적 세계를 형성해 온 바에 만세일계(萬世一系)의 우리 국체(國體)의 정화(精華)가 있는 것이다. 우리나라의 황실은 단순히 하나의 민족적 국가의 중심이라고 말하는 것은 아니다. 우리나라의 황도(皇道)에는 팔굉 그 안에 팔굉위우(八紘爲宇)의 세계형성의 원리가 포함되어 있는 것이다.[35]

니시다의 관점에서 황실은 단순히 일본이라는 한 국가의 중심만이 아니라 팔굉일우의 세계 형성 원리로 작용하는 것으로 간주했다. 만세일계(萬世一系)의 일본 황실이 일본 국내만이 아니라 세계형성의 원리가 된다고 할 때, 일본과 다른 아시아 국가의 관계는 주종(主從)관계가 성립되고, 이

---

34 河西善治, 『京都學派の誕生とシュタイナー』, 東京: 論創社, 2004, p.410.
35 西田幾多郎, 「世界新秩序の原理」, 『西田幾多郎全集』 제12권, 東京: 岩波書店, 1950, p.430, "皇室は過去未來を包む絶對現在として、皇室が我我の世界の始であり終である. 皇室を中心として一つの歷史的世界を形成し來つた所に、萬世一系の我國體の精華があるのである. 我國の皇室は單に一つの民族的國家の中心と云ふだけでない. 我國の皇道には、八紘爲宇の世界形成の原理が含まれて居るのである."

것을 바탕으로 대동아공영권이라는 하나의 세계를 형성하여 서양제국주의에 대항한다는 논리로 귀결되었다. 니시다는 근대의 세계역사를 서양제국주의의 역사라고 비판하였지만, 정작 그가 구상한 세계는 황도에 의해 일본 제국주의가 이끄는 세계사였다.

또한 니시다는 황실을 과거, 미래를 포함하는 절대 현재로서 모두가 여기서 태어나고 활동하며 죽어가야 할 곳이고, 주권이 곧 종교적 성질을 갖는다[36]고 하였다. 따라서 니시다는 천황 중심의 종교적 국가론[37]을 견지한 국가지상주의자였다고 할 수 있다.

니시다의 제자이며 쿄토학파 제2세대를 대표하는 철학자 고야마 이와오(高山岩男)는 그의 저서『세계사의 철학(世界史の哲學)』(1942)을 통해 태평양전쟁에 대한 쿄토학파의 입장을 잘 대변하였다.

> 이번 유럽대전은 근대에 종언을 고하는 전쟁이고, 또 그렇지 않으면 안 된다. 이 점은 우리 일본을 주도자로 하는 대동아전쟁에서는 극히 명백한 것이고 어떠한 의문도 끼어들지 않는다. 만주사변, 국제연맹탈퇴, 지나사변(支那事變) 등 그 세계사적 의의를 갖는 일련의 사건을 관통하는 우리나라의 의지는 유럽의 근대적 원리에 입각한 세계질서에 대한 항의 외에는 없다. 작년(1941년) 12월 8일 대영미선전(對英米宣戰)과 함께 질풍신뢰(疾風迅雷)와도 같이 개시된 대동아전(大東亞戰)에 의해서 이전 근대의 세계질서를 타파하고, 새로운 세계질서를 건설하려고 하는 정신은 더욱 본격적인 모습을 나타내고, 이것은 금일의 세계사의 추세에도 움직일 수 없는 결정적 방향을 부여하기에 이르렀다.[38]

위의 글에서 보듯이 고야마는 당시 근대유럽 중심의 세계질서를 부정하

---

36 西田幾多郎,『西田幾多郎全集』제10권, 東京: 岩波書店, 1950, p.333.
37 허우성,『근대일본의 두 얼굴: 니시다 철학』, 서울: 문학과지성사, pp.436~438.
38 高山岩南,「序」,『世界史の哲學』, 東京: 岩波書店, 1942, pp.1~2.

며 새로운 세계질서의 수립을 촉구했다. 태평양전쟁(1941)을 위시하여 만주사변(1931), 중일전쟁(1937) 등은 기존 유럽중심의 세계질서를 타파하기 위한 전쟁이기 때문에 그것은 세계사적 의의가 있는 사건들이었다. 고야마가 언급한 세계질서의 건설은 곧 대동아공영권의 수립으로 통하고,[39] 당시 일본이 주도하는 태평양전쟁은 유럽중심의 세계질서를 마감하고 새로운 세계질서를 수립하는 과정에서 발생한 전쟁이었다.

> 유럽세계 그 자체의 근대적인 내적질서가 스스로 붕괴의 시기에 도달했다는 것을 현대의 세계사적 대전환이 보여준다고 생각하는 것이다. 이것은 비유럽세계가 유럽세계와 점차 대등한 존립성을 요구하게 된 것을 의미하고, 따라서 여기서 근대적 세계와는 다른 질서와 구조를 지닌 현대적 세계가 혹은 진실한 의미에서 세계사적 세계가 처음 성립의 단서를 만들었음을 의미하는 것 외에는 없다. 그 때문에 이 경향은 지나사변(支那事變)과 대동아전쟁에 있어서 돌연 나타난 것은 아니고, 이미 20세기 초두부터 나타나기 시작한 경향이 있었고, 가장 큰 결정적인 결기기 만주사변에서 지나사변으로 연쇄되고, 지나사변에서 대동아전쟁으로 확대된 것이다.[40]

고야마가 본 20세기의 세계는 세계사의 대전환이 일던 시기로서 유럽중심의 근대세계가 붕괴하고 새로운 질서의 현대적 세계(現代的世界, 世界史的 世界)가 도래한 것으로 인식했다. 물론 여기서의 새로운 질서의 세계는 일본에 의해서 주도되는 대동아질서의 세계였다. 과거 근대유럽세계와는 다른 구조와 질서를 지닌 새로운 세계의 출현은 20세기 초에 시작되어 만주사변(1931)과 중일전쟁(1937)에서 본격화 되었고, 그리고 태평양전쟁(1941)에서 보다 확고해 졌다고 판단했다. 이렇게 고야마는 대동아전쟁

---

39 니시다(西田)의 표현을 빈다면 東亞民族의 自覺에 의해 하나의 世界史的 世界를 구성하는 것이다.
40 高山岩南, 『世界史の哲學』, 東京: 岩波書店, 1942, pp.2~3.

▲ 고야마 이와오. 교토학파 2세대

을 비롯한 제국주의의 침략전쟁을 모두 유럽중심의 세계를 탈피한 현대세계의 건설을 위해 발생한 의미 있는 전쟁으로 간주했던 것이다. 즉 만주사변, 중일전쟁, 태평양전쟁과 같은 일련의 전쟁은 세계사적 세계를 건설하기 위한 원동력이었던 셈이다.

고야마는 위의 『세계사의 철학(世界史の哲學)』의 후속편에 해당하는 『일본의 과제와 세계사(日本の課題と世界史)』(1943)에서 태평양전쟁의 의미를 더욱 부각시켰다.[41] 고야마는 그 책의 서문에서 "대동아전쟁은 세계질서의 전환전(轉換戰)이다. 그것은 근대세계 내부의 하나의 세계가 아니라 근대세계를 뛰어넘고자 하는 획기적인 전쟁이다. 대동아전쟁이 총력전인 궁극적인 근원이 바로 여기에 있다"고 하였다. 대동아전쟁을 근대세

---

[41] 책의 목차는 1 세계사의 전환과 현대, 2 현국가와 공영권, 3 총력전과 사상전, 4 현대적 인간의 이념, 5 역사의 추진력과 도의적 생명력, 6 역사적 실존과 역사, 7 일본사의 각 시대로 구성되어 있다.

계를 극복할 수 있는 총력전(總力戰)으로 파악하여 근대질서를 대신할 틀로서 대동아공영권의 위상을 자리매김한 것이다.⁴² 그는 대동아공영권에서 일본이 지도적 위치에 있고, 다른 동아민족을 지도해야 할 도덕적 책임이 있다고 강조함으로써 아시아주의의 핵심 내용인 일본맹주론을 그대로 답습하면서 일본의 대륙침략전쟁을 정당화, 비호하는 주장을 전개했다. 고야마 또한 니시다와 유사한 국가지상주의자였다. 그는 『일본의 과제와 세계사』의 제2장 현대국가와 공영권에서 현대국가를 사회의 전 분야가 국가의 목적을 위해 일원적으로 통제되는 국방국가(國防國家)로 규정하고, 이것의 완성을 위해 공영권건설의 필요성을 역설하였던 것이다.

쿄토학파를 대표하는 제2세대의 우파학자 고야마(高山), 고사카(高坂), 니시타니(西谷), 스즈키(鈴木) 등의 좌담기록 3편을 수록한 『세계사적 입장과 일본(世界史的立場と日本)』이 1943년 3월에 중앙공론사(中央公論社)에서 간행되었다.⁴³ 쿄토학파가 태평양전쟁이라는 시국적 과제를 접하며 그들의 견해를 밝힌 좌담내용이었다. 여기서 이들 4명은 태평양전쟁에 직면하여 그것에 대한 자신들의 견해를 피력하였는데, 그들은 총력전은 무력전이 아닌 상대를 구제하는 것으로 보았다. 따라서 태평양전쟁은 대동아공영권질서와 미주광영권질서 간의 싸움이기 때문에 타협은 없고, 총력전으로 영미(英美)에 승리하는 것이 유럽을 구하는 길이라고 했다.⁴⁴ 일본 중심의 동아시아 질서의 확립을 위해 일본의 침략전쟁을 성전(聖戰), 또는 황전(皇戰)으로 정당화하고 미화하는데 주저함이 없었다.

---

42 임성모, 「대동아공영권 구상에서의 지역과 세계」, 『세계정치』 26집 2호, 서울: 서울대학교 국제문제연구소, 2005, p.118.

43 大島康正, 「大東亞戰爭と京都學派」, 『中央公論』 8월호, 東京: 中央公論社, 1965, pp.125~126. 단행본 『世界史の 입장과 日本』은 『中央公論』 1942년(昭和17) 신년호의 「世界史의 입장과 日本」, 4월호의 「東亞共榮圈의 倫理性과 歷史性」, 1943년 신년호의 「總力戰의 哲學」을 묶은 것이었다. 이중 큰 반향을 일으킨 것은 『중앙공론』(1942) 신년호에 게재된 「世界史의 立場과 日本」이었다.

44 구견서, 『일본 지식인의 사상』, 서울: 현대미학사, 2001, pp.223~224.

Ⅲ. 쿄토학파의 화엄교학 원용

1. 화엄교학의 정치적 해석

대승불교의 화엄교학(華嚴教學)이 정치적으로 해석된 예는 일본의 근대 불교계가 정치권에 편승하며 국가주의와 결합되는 과정에서 본격적으로 대두하게 된다. 그것은 1930년대 이후 일본의 대륙침략이 가속화 되면서 더욱 확대되어 가는 경향을 보였다. 물론 일본에서 화엄교학이 정치적으로 원용된 것은 고대(古代) 나라시대(奈良時代, 710~784)[45]에까지 거슬러 올라갈 수 있다. 나라시대 쇼무천황(聖武天皇, 724~749)은 원래『화엄경』과 그 교주(教主)인 비로자나불을 존숭한 천황이었다. 그는 당시 정치 사회의 불안을 불교의 힘으로 진정시키고자 하여 일본 전국에 국분사(國分寺)와 국분니사(國分尼寺)를 건립하고, 대불(大佛)을 조성하도록 하였다. 그리고 동대사(東大寺)와 법화사(法華寺)를 각각 총국분사(總國分寺), 총국분니사(總國分尼寺)로 삼아 전국의 국분사와 국분니사의 총본산으로 하였다. 쇼무천황의 이러한 총국분사로서의 동대사와 각 지방의 국분사 건립은 그가 비로자나불의 정토(淨土)인 연화장세계(蓮華藏世界)를 일본 국토에 실현해 보고자 한 염원 때문이었다고 한다. 쇼무천황의 발원으로 건립된 총국분사(동대사)와 지방 국분사의 관계, 그리고 비로자나불인 동대사대불(東大寺大佛)[46]의 조성 등은 일본의 국토를 연화장세계에

---
[45] 수도가 헤이죠쿄(平城京, 현 奈良市)였다. 수도가 나가오카쿄(長岡京)이었던 784~794년까지 나라시대에 포함하기도 한다. 이후 794년 헤이안쿄(平安京, 현 京都市)로 천도하면서 헤이안시대(平安時代, 794~1185)가 전개된다.
[46] 높이 16m, 얼굴 길이 5m, 총 무게 500여 톤으로 속칭 나라대불(奈良大佛)이다. 743년 쇼무천황의 발원에 의해 국가사업으로 조성되어 752년 4월에 대불 점안식이 거행되었다.

비긴 것으로 해석되므로 당시 화엄교학은 쇼무천황기의 정치를 뒷받침한 국가불교로서 기능한 대표적인 사례에 해당한다고 한다. 하지만 이러한 쇼무천황의 불교신앙과 동대사의 국가적 의의가 강조되고, 동대사(東大寺) 총국분사설(總國分寺說)이 통설화된 시점도 쇼와(昭和) 초기 이후부터라는 견해[47]가 지배적이다. 국가주의와 결탁한 일본 근대불교계를 비판한 이치가와 하쿠겐(市川白弦, 1902~1986)도 동대사와 국분사·국분니사의 건립 사실은 우익과 군부의 폐불운동(廢佛運動)에 대한 일본불교의 자기방어의 주된 근거가 되고, 동대사대불을 화엄경의 본존불로 봄에 따라 화엄사상과 황국사상(皇國思想)의 일치를 말하는 것이 일본불교의 기조가 되었다[48]고 하였다.

일본이 1931년 만주사변을 일으킨 후 국제연맹의 철수결의안과 이에 따른 1933년 2월 일본의 국제연맹 탈퇴로 이어지면서 일본의 대외관계는 영미 중심의 국제사회에서 고립되는 결과를 가져왔다. 일본에 대한 국제적 비난이 비등하고 서양열강과의 관계가 악화되었던 것이다. 이 때문에

▮ 나라현의 동대사(東大寺) 대불전

---

47 이시이코세이(石井公成), 최연식 역, 「화엄철학은 어떻게 일본의 정치이데올로기가 되었는가」, 『불교평론』 통권6, 서울: 불교평론사, 2001.3, p.351.
48 市川白弦, 『市川白弦著作集』 제4권, 京都: 法藏館, p.222.

일본국내에서는 국수주의가 급격히 고조되어 가면서 외래종교인 불교에 대해 제2의 폐불훼석(廢佛毁釋)이라고 할 정도의 비판과 공격이 가해지고, 불교의 국가에 대한 봉사를 유도하기도 했다.[49] 바로 이 시기를 전후하여 화엄사상과 국가와의 관계를 이론화하면서 천황제 국가체제를 선양한 일본주의 철학자들이 대거 등장하게 되었다. 먼저 기히라 타다요시(紀平正美, 1974~1949)를 위시하여 다카쿠스 준지로(高楠順次郞, 1866~1945), 에베 오손(江部鴨村), 하야시아 토모지로(林屋次郞), 가메야 세이케이(龜谷聖馨)[50] 등을 들 수 있다. 특히 기히라(紀平)는 다이쇼시대(大正時代, 1912~1925)부터 국가주의적 경향을 강하게 띤 대표적인 불교학자였다. 그는 『행의 철학(行の哲學)』(1923)에서 헤겔철학과 『화엄경』을 인용하여 국가를 구체적인 진리로 단정하였고, 『일본정신(日本精神)』(1930)에서 화엄교학에 의해 황위(皇位)를 설명하고 쇼도쿠태자(聖德太子)를 예찬하였고, 『일본정신과 변증법(日本精神と辨證法)』(1932)에서는 교육칙어(敎育勅語)와 화엄의 법계연기(法界緣起)에 관해서 논했으며, 『우리 국체에 있어서의 화(我が國體における和)』에서는 화(和)의 세계는 화엄의 사사무애(事事無礙)의 세계라고 설명하였다. 또한 문부성 편 『국체의 본의(國體の本義)』(1937)의 화(和)의 항목과 일본국체에 관한 논의 중 헤겔과 화엄교학 부문은 기히라의 사상에 기초한 것이었다.[51]

---

49 이시이코세이(石井公成), 앞의 글, pp.339~340.
50 가메야의 화엄철학에 대한 연구로 石井公成, 「大東亞共榮圈に至る華嚴哲學」 -龜谷聖馨의 華嚴經 宣揚-, 『思想』 943, 東京: 2002.11이 있다. 가메야는 재야 화엄학자로서 기히라의 화엄사상에 큰 영향을 준 인물이다. 『敎育勅語와 宗敎』(1912)에서 교육칙어는 화엄, 천태의 삼관과 일치한다고 주장했고, 유고집으로 『華嚴大經의 硏究』(1931)가 있다.
51 石井公成, 「大東亞共榮圈に至る華嚴哲學」 -龜谷聖馨의 華嚴經 宣揚-, 『思想』 943, 東京: 2002.11, pp.129~130.

2. 일다(一多)의 논리와 대동아공영권

1930년대 말 1940년대 초에 걸쳐 대동아공영권이 제창되고 태평양전쟁이 발발하였을 때 화엄교학을 정치이데올로기로 해석하며 공영권과 전쟁에 철학적 의미를 부여한 사상계의 주역은 니시다 기타로(西田幾多郎)와 그의 문하 우파학자인 고야마 이와오(高山岩男), 고사카 마사아키(高坂正顯), 니시타니 게이지(西谷啓治) 등으로 형성된 쿄토학파였다.

화엄교학이 쿄토학파에 의해서 정치적인 의미로 해석되기 시작한 것은 니시다 철학의 일즉다(一卽多)의 논리에서 찾아 볼 수 있다.[52] 잘 알려져 있듯이 『화엄경』에서는 일즉다(一卽多), 다즉일(多卽一)의 원융사상(圓融思想)을 설(說)하고 있다.[53] 일즉다 다즉일이란 만유(萬有) 개개의 현상이 언뜻 모두 차별적인 존재처럼 보이지만, 본래 그것들은 서로 떨어져 있는 독립된 존재가 아니고 모두 절대이면서 만유와 서로 융합한다는 것이다. 보통 사법계(四法界) 중 사사무애법계(事事無礙法界) 단계에서 개체 하나하나와 나머지 전체가 연기(緣起)에 따라 대립과 걸림이 없는 융합과 조화의 관계에 있음을 말한다. 일(一)과 다(多)가 자성(自性)을 지닌 고정불변의 존재가 아니고 인연에 따라서 이루어졌기 때문에 하나하나의 모든 현상들 사이에서는 장애가 없는 원융무애(圓融無礙)가 성립하게 된다는 것이다. 니시다는 화엄교학에서 나오는 일(一)과 다(多)의 개념을 적용시켜 다음과 같은 논의를 전개하였다.

---

52 니시다의 일즉다의 논리가 불교 화엄에서 온 것이 아닌 서양철학의 논리에서 왔다는 견해도 있다. 이우성, 『근대일본의 두 얼굴: 니시다 철학』, 서울: 문학과 지성사, 2000, p.133 주25.
53 『80卷本 華嚴經』 十住品 제15(『大正藏』 권10, p.85, p.87, "何者爲十. 所謂, 說一卽多, 說多卽一, 文隨於義, 義隨於文, 非有卽有, 有卽非有, 無相卽相, 相卽無相, 無性卽性, 性卽無性. …(中略)… 過去未來現在世, 一切諸佛有以無, 佛智有盡或無盡, 三世一相種種相, 一卽是多多卽一, 文隨於義義隨文, 如是一切展轉成, 此不退人應爲說."; 『60卷本 華嚴經』 十住品 제11(『大正藏』 권9, p.448 중), "若法起滅不起滅, 若有一相若異相, 一卽多多卽一, 義味寂滅悉平等, 遠離一異顚倒相, 是名菩薩不退住."

㉠ 실재의 근본적 방식은 일(一)이면서 다(多), 다(多)이면서 일(一), 평등(平等)의 중에 차별(差別)을 갖추고, 차별(差別) 중에 평등(平等)을 갖추는 것이다. 그런데 이 두 방면은 분리할 수 있는 것이 아니므로 결국 하나의 자가발전(自家發展)이라고 할 수 있다.[54]

㉡ 몇 천년 동안 황실(皇室)을 중심으로 하여 생생하게 발전해 온 우리나라 문화의 자취를 돌아볼 때, 전체적 일(一)과 개체적 다(多)가 모순적 자기동일(矛盾的自己同一)로서 만들어진 것에서 만드는 것으로 어디까지라도 만드는 것이 우리 문화가 아니었을까? …… 황실은 주체적(主體的)인 것들을 초월하여 전체적 일(一)과 개체적 다(多)의 모순적 자기동일성(矛盾的自己同一性)으로서 자기자신(自己自身)을 한정하는 세계의 위치에 있었다.[55]

㉢ 일(一)과 다(多)의 매개로서 공영권(共榮圈)과 같은 특수한 세계가 요구되는 것이다.[56]

위의 글 ㉠은 니시다가 『선의 연구(善の硏究)』에서 일즉다의 논리로 실재의 근본 방식을 설명한 것이다. 일(一)과 다(多), 평등과 차별은 분리될 수 있는 것이 아니라 그 일(一)이 스스로 발전해 간 것이다. 실재의 근본방식은 일(一)이 되는 동시에 다(多)가 되고, 다(多)가 되는 동시에 일(一)이 된다. 여기서 일(一)은 전체를 의미하고, 다(多)는 부분적인 내용을 의미한다. 일(一)이 성립하기 위해서 다(多)가 없거나, 다른 것과의 대립이 없다면 실재에 정지 즉 죽음만이 있을 뿐이고 생명운동은 없어진다. 그래서 일(一)이면서 다(多)이고, 다(多)이면서 일(一)이라는 것이다. 생명은 홀로 존재하는 것이 아니기 때문이다. 이 두 방면은 분리할 수 없는 것이어서 결

---

[54] 西田幾多郎, 「世界新秩序の原理」, 『西田幾多郎全集』 제1권, 東京: 岩波書店, 1950, p.69.
[55] 西田幾多郎, 『西田幾多郎全集』 제12권, 東京: 岩波書店, 1950, pp.335~336.
[56] 西田幾多郎, 「世界新秩序の原理」, 『西田幾多郎全集』 제12권, 東京: 岩波書店, 1950, pp.430~431.

국 하나가 스스로 발전한 것이라고 하였다.[57] 가마다 시게오(鎌田茂雄)는 절대부정 즉 절대긍정의 일즉다(一卽多)를 이야기하는 니시다(西田) 철학을 화엄적 절대긍정설이라고 하였다.[58]

그리고 ㉡은 니시다가 황실을 근간으로 하여 계승되어 온 일본문화를 설명하고 있는 것이다. 여기서도 역시 니시다는 일다(一多)의 논리를 적용시키고 있다. 니시다의 철학논리에서 다(多)는 국민, 일(一)은 천황이고 국가였다. 그는 자기모순적 동일성 즉 부정이 곧 긍정이요 다(多)가 곧 일(一)이라는 논리에 기초하여 국민(多)은 하나인 천황(一)으로 수렴되고, 다수인 국민(多)은 하나인 국가(一)에 수렴된다는 철학적 해석을 통해[59] 당시 일본국가와 천황의 존재를 인정하고 예찬하기에 이른다. 또한 그는 "전체적 일(一)과 개체적 다(多)와의 모순적 자기동일로서 주체적 즉 세계적으로 형성된 것이 아국의 국체(國體)"[60]라고 함으로써 일즉다의 논리 즉 자기모순적 통일성을 통해 황실론, 국가론, 국체론을 전개했다.

니시다는 ㉢에서와 같이 현 시대가 요구하는 대동아공영권이라는 특수한 세계를 일다(一多)의 논리로 설명했다. 일다(一多)의 원리가 작동됨으로써 대동아공영권의 성립도 가능하다는 이야기다. 동아민족이 그동안 서구 제국주의 침략으로 박탈당한 세계사적 사명을 수행하기 위해 동아공영권이라는 특수한 세계를 구성해야 하는데, 바로 그 공영권은 일(一)과 다(多)를 매개하는 세계인 것이다. 여기서 일(一)은 일본이고 다(多)는 일본에 협력할 동아의 여러 국가들이 된다. 물론 공영권의 중심은 일본이 되고, 또 그 중심에는 일본의 황실이 자리하기 때문에 황도(皇道)는 세계의 지배

---

57 이우성, 『근대일본의 두 얼굴: 니시다 철학』, 서울: 문학과 지성사, 2000, p.160.
58 "절대부정 즉 절대긍정의 一卽多를 이야기 하는 니시다 철학의 국가론이 니시다 박사 개인의 皇道主義에 대한 저항에도 불구하고 결과적으로는 개인의 선의를 무시하고 현실의 天皇制 國家體制를 긍정하게 되었다는 것은 우리들의 기억에 생생한 사실이다." 이시이코세이(石井公成), 앞의 글, p.346.
59 구견서, 『일본 지식인의 사상』, 서울: 현대미학사, 2001, p.215.
60 西田幾多郎, 『西田幾多郎全集』 제10권, 東京: 岩波書店, 1950, p.333.

원리가 되고 일본문화는 세계문화로 성장하게 되는 것이다. 그러므로 니시다에게 그와 같은 대동아공영권을 달성하기 위해 수반되는 대동아전쟁은 당연히 성전(聖戰)이 될 수 밖에 없는 실정이었다.

쿄토학파 제2세대의 대표학자인 고야마 이와오(高山岩南)는 일찍부터 화엄교학을 연구한 학자로 알려져 있다. 서양철학의 최고봉을 헤겔(Hegel, 1770~1831)이라고 한다면 동양사상의 최고봉은 화엄교학으로 여길 만큼 그의 화엄사상에 대한 관심은 일찍부터 깊었던 것으로[61] 알려져 있다.

㉠ 전환(轉換)을 지도함에 있는 신세계관(新世界觀)의 내용적 건설은 특히 지도국가인 우리나라에게 과해진 과제인데, 우리는 그 세계관을 조직하는 높은 철학적 논리가 이미 동아사상(東亞思想) 중에서 특히 대승불교 중에서 자각되어지고 있다는 것에 주의할 필요가 있다. 또 동시에 이 세계관(世界觀)의 내실을 이룰 높은 도의성(道義性)의 자각은 우리 일본에게서 성립했다는 것을 깨달을 필요가 있다.[62]

㉡ 현대세계에서 특수적인 세계사가 보편적인 세계사로 전환하고 있다고 하는 것은 조금도 세계가 무차별의 동일태(同一態)로 향한다는 것과 같은 의미는 아니고, 실로 차별은 차별로서 그 곳에 있고, 그러면서도 전체가 하나를 꿰뚫으며 조화하는 조직적 질서의 건설로 전환하는 것을 의미하는 것이다. 이 같은 일단(一多)의 상즉상입(相卽相入)하는 세계질서가 진실로 보편적인 모습이고, 이것은 곧 절대무(絶對無)의 현성(現成) 외에는 없다.[63]

---

61 大正14년에 京都大學에 입학한 고야마는 니시다(西田)와 다나베(田邊)에게서 서양철학을 배우고, 大谷大學 齊藤唯信에게 화엄경을 그리고 와츠지 데츠로(和辻哲郞)에게 原始佛敎, 中觀, 唯識 등을 공부했다. 대학원에서 이나즈 키조오(稻津紀三)를 지도자로 하여 니시타니 케이지(西谷啓治), 久保 등과 함께 '華嚴經輪讀研究會'에 참여하였다. 石井公成, 「京都學派の哲學と日本佛敎」-高山岩南の場合-, 『佛敎』49號, 2000, p.114.
62 高山岩南, 『日本の課題と世界史』, 東京: 弘文堂書店, 1943.
63 高山岩南, 『世界史の哲學』, 東京: 岩波書店, 1942, p.527.

㉠에서와 같이 고야마는 우선 동아사상(東亞思想) 중에 그 최고의 철학적 논리를 갖춘 것은 대승불교라고 하였다. 그리고 일본은 이것에 의거하여 새로운 세계관을 구축해야 할 과제가 있다고 하였다. 고야마의 불교관은 대승불교의 극치는 일본불교로 간주하고 일본불교의 절대적 우위성을 강조하는 경향이었다. 이것은 사실 고야마의 스승 니시다(西田)가 "금일의 불교도는 대승의 참된 의의를 망각하고 있지만, 대승의 참된 정신이 동양에서 금일 일본에서만 유지되고 있다"[64]고 한 말과 그 맥을 같이 한 것으로 볼 수 있다.

㉡에서 보는 것처럼 고야마는 화엄교학에서 보이는 일다(一多)와 상즉상입(相卽相入)의 논리를 적용시켜 현대세계의 보편성과 차별성 그리고 그 전체를 관통하는 일(一)의 존재 곧 절대무를 상정하는 역사철학관을 피력하기도 했다. 또한 고야마는 일즉일체(一卽一切)의 이론에 의거하여 아시아 제국(諸國)의 상호간의 융합을 설명하고, 또 국내에서는 개인과 국가, 천황과의 융합을 설하고 그 위에 대동아공영권의 의의를 논하였다. 이와 같은 고야마의 대동공영에 관한 논의 역시 니시다 철학을 그 배경으로 하였다고 할 것이다.[65]

Ⅳ. 다시 살아나는 대동아공영권(大東亞共榮圈)

대동아공영권은 1939년 9월 제2차 세계대전의 발발과 함께 일본의 침략전쟁이 동남아지역으로 확대되어 갈 때, 고노에 내각이 이전 동아신질

64　西田幾多郞,『西田幾多郞全集』제11권, 東京: 岩波書店, 1950, p.133.
65　石井公成,「京都學派の哲學と日本佛敎」-高山岩南の場合-,『佛敎』49號, 2000, p.115.

서(東亞新秩序) 선언(1938.11)에서 대동아신질서 선언(1940.7)을 계기로 제창한 슬로건이었던 만큼, 이것을 이념화 하기위해 이전의 동아협동체론(東亞協同體論)과 같은 아시아주의는 보다 더 확대 개편되고 심화될 필요성을 갖게 되었다. 이에 따라 쿄토학파와 같은 당대 최고의 지식인 집단에 의해서 전보다 훨씬 다양한 이론이 동원되고, 고도의 철학적 의미가 부여되었다고 하여야 할 것이다. 이 과정에서 대승불교의 화엄교학도 대동아공영권에 원용되었던 것이다. 물론 여기에는 1930년대 이후 일본 국내에서 국수주의 열기가 고조되어가던 시점에 불교계가 정치권과 결탁하여 국가주의적 성향을 강하게 띠었다는 시대적 여건도 간과할 수 없다. 이상과 같은 사실은 대동아공영권을 대동아신질서 선언 후에 등장한 정치적 슬로건으로, 또는 일본 제국주의 침략을 정당화하기 위한 정치적인 술책 정도로 간단히 처치하기 어렵게 한다. 더욱이 근대 일본을 대표하는 철학자 니시다 기타로(西田幾多郞)를 필두로 한 쿄토학파가 대동아공영권과 그에 따른 태평양전쟁을 적극 이론적으로 후원한 사실에 있어서는 이에 대한 학문적인 규명과 엄밀한 비판이 요구되고 있는 실정이다.

대동아공영권을 이론화 한 대동아공영권론은 1930년대에 접어들며 보다 본격화된 일본 제국주의 침략과 그 지배를 이론적으로 정당화 한 다양한 형태의 아시아주의 중 하나로 보아야 할 것이다. 그것은 메이지기의 아시아연대론, 대동합방론(大東合邦論), 흥아론(興亞論) 그리고 쇼와기에 등장한 동아연맹체론(東亞聯盟體論)이나 동아협동체론(東亞協同體論) 등에 비해서 보다 다양한 이론으로 구성되었고, 그 범주도 매우 광범위한 정치적 이념이었다. 대동아공영권론이 이미 메이지 유신기에 일본 지식인 사회에 깊게 자리한 아시아주의에 바탕을 두고 쿄토학파에 의해 정교하게 이념화 되었음은 니시다 기타로가「세계신질서의 원리(世界新秩序の原理)」(1943)에서 언급한 세계사적 사명(世界史的使命)과 일본중심의 통합

논리, 그리고 고야마 이와오(高山岩南)가『세계사의 철학(世界史の哲學)』(1942)에서 표명한 대동아전쟁(大東亞戰爭)의 세계사적 의의(世界史的意義) 등을 통해서 뚜렷이 확인할 수 있었다. 또한 본래 정치적인 의미와 무관한 화엄교학(華嚴敎學)에서 보이는 일다(一多)의 개념이 쿄토학파 철학자들에 의해 천황과 국민, 국가 등에 적용되며 대동아공영권의 의의와 전쟁을 정당화하는 데까지 이르게 되었다. 이것은 메이지말부터 화엄교학과 연결지어 천황, 국가, 교육칙어(敎育勅語) 그리고 국체(國體) 등을 논한 불교사상계의 한 조류와 무관하지 않았던 것이다.

  대동아공영권이 1945년 8월 일본의 패전에 의해서 막을 내리게 됨에 따라 그에 대한 논의 자체가 무의미할 뿐 아니라 생명력을 다한 이데올로기로서 역사 속에 잊혀지는 듯했다. 하지만 국제질서의 변화와 함께 현재까지도 이것에 대한 관심이 고조되고, 끈질긴 생명력을 유지하며 재해석되고 많은 논쟁을 불러오는 것은 대동아공영권이 형성된 역사성과 그 주역(主役)들이 끼친 적지 않은 영향력에서 찾아야 할 것이다. ┃윤기엽

8

일련주의의 불법호국론과 국체론
- 타나카 치가쿠(田中智學)의 논리를 중심으로 -

Ⅰ. 일련주의와 근대일본불교

일본의 중세에 해당되는 카마쿠라(鎌倉, 1180~1333)시대의 신불교 출현은 오늘날 일본의 대다수를 차지하는 종파불교의 원형을 이루고 있다. 이 시대의 조사들과 종파는 대체적으로 호넨(法然, 1133~1212)의 정토종, 에사이(榮西, 1141~1215)의 임제종, 호넨의 제자인 신란(親鸞, 1173~1262)의 정토진종(淨土眞宗), 도오겐(道元, 1200~53)의 조동종, 니치렌(日蓮, 1222~82)의 일련종, 잇펜(一遍, 1239~89)의 시종(時宗) 등을 들 수 있다. 이들의 특징은 말법(末法)시대라고 하는 인식으로 가득 차 있었던 시대에 대응해 출현했다는 점, 민중의 입장에서 선택과 집중을 통한 포교 방식을 전개했다는 점이다. 천태와 밀교가 왕법불법 상의상자론(相依相資論)을 통해 왕실과의 결탁으로 고대사회의 몰락을 재촉하고, 일본사에서 무사정권이라는 새로운 정치형태가 출현한 시대에 이들의 활동은 불법의 위기를 새로운 전환점으로 삼아 불법을 일본적인 것으로 토착화하는데 크게 기여하였다.

이들 가운데 특히 니치렌은 정토계인 호오넨과 신란의 염불신행(信行)

과도 같이 연화경의 표제인 제목, 즉 『묘법연화경(妙法連華經)』의 주송을 통한 신앙과 수행체계를 확립하였다. 즉 천태대사 지의(智顗, 538~597)의 법화삼대부(法華三大部)에 근거하여 『법화경』의 교리와 수행체계를 나무묘법연화경(南無妙法連華經)이라는 7자에 집약한 것이다. 『법화경』의 후반부의 본문(本門)에 의거하여, 구원(久遠)의 과거에 성불하여 사바세계에 상주하며 중생을 교화하시는 석가불의 인행과덕(因行果德)이 5자 내지는 7자에 집약, 구족되어 있음을 설파하였다.[1] 이러한 일련의 교설에 의해 일련종은 이후 현실긍정의 논리를 지니며 이보다 앞서 내세정토를 내세우며 포교활동을 하며 세력을 확장시키고 있었던 정토종의 호오넨을 격렬하게 비판하게 된다. 심지어는 소위 「사개격언(四箇格言)」을 통해 당시의 제 종파를 비난 공격하기에까지 이른다.[2] 이러한 악법들을 철폐하지 않는 한 국내외에 재난이 일 것이라는 니치렌의 예언이 맞아 떨어져 당시의 위정자들의 관심을 모으게 되었다.[3]

---

1 니치렌(日蓮) 『여래멸후오오백세시 관심본존초(如來滅後五五百歲時觀心本尊鈔)』, 高佐貫 編纂, 『일련성인어유문・전(日蓮聖人御遺文・全)』, 本化聖典普及會, 1932.4. p.88. 여기에서 일련은 「지금 본시(本時)의 사바세계는 삼재(三災)를 떠나고 사겁(四劫)을 나온 상주(常主)의 정토라, 부처님은 이미 과거에도 멸하지 않고 미래에도 생하지 않고 소화(所化)로써 동체라. 곧 내 마음에 삼천이 구족하며 삼종(三種)의 세간이라. 역문(逆門) 십사품에는 아직 이를 설하지 않았으니 법화경 내에서도 시기가 미숙한 까닭이라. 이 본문(本門) 간심(肝心)의 나무묘법연화경의 7자에 있어서는 부처님께서 오히려 문수 약왕 등에게도 이를 부촉하시지 않았으니 어찌 하물며 그 이하에 있어서랴」라고 현세 정토와 본문 중심의 교설을 설파하였는데 이는 일련종계의 종파적 특징의 핵심을 결정짓고 있다.

2 니치렌(日蓮), 『간효팔번초(諫曉八幡鈔)』(高佐貫 編纂의 앞의 책). p.482. 「나의 제자들이 우매한 생각을 하되 나의 스승은 법화경을 홍통하지만 잘 되지 않는다 하나 이는 앞으로 대난이 올 것으로 진언은 나라를 망치고 염불은 무간지옥이요, 선은 천마(天魔)인 까닭이며, 율승은 국적이기 때문이리라」. 이러한 입장은 타 종파들과의 끊임없는 논쟁과 대결의 불씨가 되었다.

3 니치렌(日蓮)은 『입정안국론(立正安國論)』과 『찬시초(撰時鈔)』 등에서, 『약사경(藥師經)』 등의 경전을 인용하여 사법(邪法)인 호넨의 정토교에 많은 사람들이 귀의하는 바람에 국토수호의 선신(善神)이 떠나고 악귀(惡鬼)가 출몰하여 재난이 끊이지 않으므로 마침내 자계반역 [自界叛逆, 즉 내란]의 난과 타국침핍[他國侵逼, 즉 외란]의 난이 일어날 것을 예견한다. 이는 후에 1274, 1281년에 몽고의 2차례에 걸친 일본침략과 더불어 카마쿠라(鎌倉, 1180~1333) 중기의 집권[執權-쇼오군(將軍)의 권력을 대행하거나 보좌하는 직]이었던 호조 토키무네(北條時宗, 1151~84)와의 대결로 반란을 일으킨 호조 토키스케(北條時輔, 1148~72)의

이러한 공격적인 성향의 일련의 법화주의 사상은 후대 일련종 내에 형성된 포교의 방법인 절복(折伏)과 섭수(攝受)의 교리적인 논란으로까지 이어지는 계기를 제공하게 된다.[4] 카마쿠라 신불교의 여타의 다른 종파들과는 달리, 이처럼 가장 배타적인 성향의 일련종은 니치렌의 가르침을 계승해가면서 법화경의 전반부인 적문(迹門)과 후반부의 본문(本門)의 일치를 도모하는 일치파(一致派)와 후반부를 우위에 놓은 승렬파(勝劣派)로 발전해 오다가 근세와 근대에 이르러 다양한 형태의 종파분열이 이루어졌다.[5]

이러한 일련종계의 역사적 상황이 상속된 근대에 이르러 타나카 치가쿠(田中智學, 1861～1939, 이하 타나카로 칭함)[6]는 법화계 교단의 인물 중에서도 일련사상의 근대적 해석을 일련주의(日蓮主義)라는 말로 집약하여

난으로 현실화되었다. 『입정안국론(立正安國論)』(高佐貫 編纂의 앞의 책), pp.1～26 참고.
[4] 절복(折伏)과 섭수(攝受)는 원래 길장(吉藏, 549～623)의 『승만보굴(勝鬘寶窟)』에 나오는 설로 「강강(剛强)한 자에 대해서는 항복하여 따르게 하고[伏], 유연(柔軟)한 자에 대해서는 바르게 이끌어 받아들인다[攝]」는 것으로 이를 각각 절복(折伏)과 섭수(攝受)라고 하였다. 이를 일련은 『개목초(開目鈔)』(高佐貫 編纂의 전게서)에서 『법화경』경문의 예를 들면서 「무치악인이 국토〔즉, 일본-역자 주〕에 충만할 때는 섭수를 내세운다. 이는 안락행품(安樂行品)에 있는 바와 같다. 사지방법〔邪智謗法, 즉 정법을 삿된 지혜로써 비난 하는 것-역자 주〕하는 자가 많을 때는 절복을 내세운다. 상불경품(常不輕品)에 있는 바와 같다」고 언급한 것처럼 두 가지 교화의 방법을 다양한 표현의 방식으로 표출했다. 니치렌은 자신의 시대가 절복의 시대라고 하기도 했는데, 이는 후대에 이르러 일련사상의 근간을 이루는 문제로 제자들에 의해 재해석되기에 이르고 종파 형성의 향방을 가르는 잣대가 되었다.
[5] 일치파는 일련종으로 계승되고, 승렬파는 일련정종(日蓮正宗), 일련본종(日蓮本宗), 법화종(法華宗), 현본법화종(顯本法華宗), 본문불립종(本門佛立宗) 등 다수의 종파로 분열되었다. 또한 신앙의 순수성을 강조하여 미신자에 대한 보시를 완강히 거부한 것으로 인해 근세 에도 막부(江戶幕府)에 의해 기독교와 더불어 탄압을 받은 불수불시파(不受不施派)는 근대의 신교의 자유와 더불어 활동을 인정받게 되었다. 이 외에도 일련종계는 20세기 초반에 이르러 재가중심의 신종교적인 성향을 띠는 분파들이 성립되었는데, 오늘날 일본의 사회와 정계에 큰 영향을 주고 있는 창가학회(創價學會)를 비롯, 영우회(靈友會), 입정교성회(立正佼成會), 국주회(國柱會), 정법회(正法會), 본화묘종연맹(本化妙宗聯盟) 등이 등장하게 되었다.
[6] 타나카는 일련종의 승려였으나 19세에 종문을 탈퇴하여 재가불교자가 되었다. 재가주의 활동을 위해 「연화회(蓮華會)」「입정안국회(立正安國會)」「국주회(國柱會)」 등을 설립하고, 기관지 「천업민보(天業民報)」를 간행하여 일련주의와 일본국체의 보급에 생애를 쏟았다. 그의 저서나 강연집은 『사자왕전집((獅子王全集)』 36권(獅子王文庫, 1932～1938)에 수록되어 있으며 부분적으로는 단행본으로도 출간되었다. 그에 대한 주요 연구는 본 논문에 망라되어 있으나 본격적인 연구서는 오오타니 에이치(大谷榮一), 『근대일본의 일련주의 운동(近代日本の日蓮主義運動)』, 法藏館, 2001. 2 외에는 거의 없다.

근대 및 천황제 국가의 질서에 편입, 종횡무진의 활동가로써 등장하였으며 그의 사상적 영향은 군국주의 일본의 패망으로까지 이어진다. 이 글에서는 타나카의 사상과 활동을 통하여 일련주의와 불법호국론, 그리고 이들 사상이 국가주의적인 형태로 심화된 국체론(國體論)을 규명하는 동시에, 니치렌 사상의 굴절된 종교적 논리가 천황제 국가에 어떻게 제공되었는가에 대해 구조적인 분석을 통해 파악하고자 하며, 또한 군국주의 하의 일련주의자들에게 어떻게 계승되었는지를 알아보고자 한다.

II. 타나카 치가쿠의 일련주의(日蓮主義)

근대국가 일본은 메이지 유신을 통해 성립된다. 이 과정에서 천황제 국가를 지향한 일본은 천황을 정점으로 국민의 정신적인 구심점을 모색하게 된다. 그 일련의 과정은 폐불훼석(廢佛毀釋)과 신교(信敎)의 자유, 신도(神道)의 비종교화 및 국교화로 대변될 수 있다. 이러한 상황속에서 일련종계는 다양한 개혁적 시도를 하게 되는데 그 대표적인 인물이 타나카와 혼다 닛쇼(本田日生, 1867~1931)[7]이다. 이 중에서 타나카는 근대일본의 사회적 상황에 대응하기 위해 니치렌 사상의 확대, 재해석을 통한 일련주의를 주창하게 된다. 그는 일련주의와 그 내용에 대해 다음과 같이 언급했다. 일

---

7 혼다 닛쇼오는 타나카와 동시대의 인물로 혼다류의 일련주의 운동에 투신하였다. 일련종의 주지와 현본법화종(顯本法華宗)의 관장(館長)을 역임하면서 일련주의의 부흥과 비(非)니치렌적인 요소를 제거하는 잡란권청(雜亂勸請) 운동을 전개했다. 대국민적인 사상운동을 위한 '자경회(自慶會)', '국본회(國本會)', '지법사국회(知法思國會)' 등의 설립을 통해 국가주의와 일련주의의 융합을 시도했다는 면에서는 타나카와 궤를 같이하고 있다. 그러나 타나카가 출가주의를 비판하고 재속불교 운동을 지향한 반면, 혼다 닛쇼는 출가승려로서 교단주의의 틀을 유지하면서 활동했다는 점이 큰 대조를 이룬다.

련주의라고 하는 명칭은, "니치렌 성인이 창도(唱導)주장하신 교의를 통해 우리들의 몸이 처하고 마음을 정하는 표준으로써 전심으로 일관되게 지켜야할 마음의 표준규율을 주의라고 한다. 넓게는 신앙도 이해도 수행도 포함하고 있는데 종교·종지·교법 등을 말하는 것보다 여기서는 조금 광범위한 의미로 사용되는 것을 일련주의라고 말한다"[8]라고 하였다. 즉 일련주의는 일련의 사상을 직접적으로 말하기보다 그러한 토대를 기반으로 "사상적 또는 생활의식 위에까지 사용하고자 하는 것으로 이것을 일반화하여"[9]일련주의라고 한다는 것이다. 즉, 이는 일련불교의 신앙에 머물지 않고 정치·경제·사회·도덕 등의 일체에 걸친 종교적 가치인 것이다.[10] 타나카는 조사(祖師) 니치렌의 유업을 잇는 종교적 교단의 존재를 넘어서 교단에 속하지 않는 일반국민의 사상운동으로까지 전개하고자 한 것이다. 이러한 타나카의 일련주의 운동에 내재된 특징으로는 절복(折伏)과 말법관, 그리고 운동구현의 구심체인 재가불교주의를 들 수 있다.

첫째는, 니치렌에 의해 제기된 절복과 섭수 중에서 절복중심에 대한 타나카의 절대적인 입장이다. 타나카는 『종문의 유신(宗門之維新)』에서 일련종의 개혁을 종법, 제도, 교육, 포교의 네 분야에서 제시하며 그 개혁의 자세를 3대강(大綱)으로 나타냈는데, 종법에 있어서는 복고적 태도를, 제도에 있어서는 진보적 태도를 견지하는 것으로, 이는 전체적으로 퇴영주의를 타파하고 침략적 태도를 취하기 위한 것이라고 한다.[11] 이 마지막 침략적 태도에 대해 타나카는, "종교 및 세간의 모든 사사유사(邪思惟邪)의 건립을 파하고 본불의 묘도실지(妙道實智)인 『법화경』의 능전소전(能詮

---

8 타나카 치가쿠(田中智學)『니치렌주의 개론(日蓮主義槪論)』, 『獅子王全集〈敎義篇·續〉』, 獅子王文庫, 1937, p.7.
9 타나카 치가쿠(1973), 앞의 책, p.8.
10 오오타니 에이치(大谷榮一) 앞의 책, p.17.
11 타나카 치가쿠(田中智學), 『종문의 유신(宗門之維新)』(『獅子王全集〈論叢篇〉』, 獅子王文庫, 1931) 총론 참조.

所詮)의 교리를 가지고 인류의 사상과 목적을 통일하는 원업(願業)"이라고 한다.[12] 이러한 사업은 어떤 교단도, 사상가도 이루지 못하고 오로지 일련교단만이 가능하다고 하였다. 이를 이루는 핵심적인 내용의 하나가 3대비법(三代秘法)[13]인데 이를, "창도계발(唱導啓發)한 성조(聖祖)는 참으로 세계통일군의 대원수며, 대일본제국은 참으로 그 대본영이며, 일본국민은 그 천병이며, 본화묘종(本化妙宗)의 학자·교가(教家)는 그 장교·사관이며, 사관고묘(事觀高妙)한 학견주장(學見主張)은 그 선전장이며, 절복입교(折伏立教)의 대절(大節)은 그 작전계획이며, 신앙은 기절(氣節)이며, 법문은 군량(軍糧)이라"[14]고 하였다.

또한 법화중심의 사고에 바탕한 타나카는 법화절복(法華折伏)의 4자를 무기한의 선전칙소(宣戰勅詔)로 보고 이를 침략적 종시(宗是)로 이루어야 한다고 한다. "침략적으로 신앙하라, 침략적으로 공부하라, 침력적으로 설하라, 침략적으로 글을 써라"[15]고 하는 철저한 배타적 절복주의를 기반으로 종교적인 삶을 영위하도록 주문하였다. 이러한 사고에 바탕해 타나카 자신도 평생 일관하였으며, 군국주의의 이론가로 무장하였다. 이러한 입장은 곧 바로 법화경의 일승(一乘)정신에 바탕한 일본중심의 국가주의, 통일주의를 주창하기에 이른다.[16]

---

12 타나카 치가쿠(1931), p.15.
13 니치렌이 법화경에 의해 불교의 가르침을 말법시대에 부활시키기 위해 밝힌 세 가지 교의. 본문의 본존(本尊), 본문의 계단(戒壇), 본문의 제목(題目)을 말한다. 삼대비법에서 본문의 본존은 구원의 석존의 제도를 나무묘법연화경의 불법을 중심으로 밝힌 대만다라에 귀의하는 것이며, 본문의 계단은 구원석가의 제도를 상징적으로 구현할 도량을, 나머지 본문의 제목은 구원석가의 인행과덕을 자연스럽게 물려받은 가르침에 귀의하는 것을 말한다. 니치렌(日蓮), 앞의 책, 전문(全文) 참조.
14 니치렌, 앞의 책, p.16.
15 니치렌, 앞의 책, p.20.
16 『본화섭절론(本化攝折論)』에서는 이러한 입장을 보다 논리적으로 선명히 한다. 즉, 일련주의의 근본적인 입장을 절복으로 확고히 하는 한편 철학적 교문과 실행적 행문으로 나누고 후자에 대해 개인적 실행과 국가적 실행으로 나누었다. 이의 결론에서는 20조로 정리한 가운데 제12조에, "절복을 주의로 한 종문은 이와 동시에 섭수를 주의로 할 수 없다"고 하고, 17조에, "절복주의의 종문은 개인의 안심뿐만이 아니라 종단단체상에 이 시설행동을 표현하지 않으

▣ 일련주의를 주창한 타나카 치카쿠

　이처럼 타나카는 절복주의를 철두철미 개인의 신앙과 수행의 기준으로 놓음과 더불어 교단적 차원의 활동의 중심에 두는 한편, 세속국가 내에서의 공격적인 포교는 물론 국가주의를 일련주의 내에 포섭하는 동시에 군국주의적인 성향을 일치시킴으로써 스스로 그 이데올로기를 제공하는 기반을 마련하고 있음을 강하게 드러내고 있다고 할 수 있다.
　둘째는 타나카의 말법관(末法觀)으로써 전통적인 말법관을 고수하는 다른 종파들과는 달리 오히려 이를 종교적인 대진보기(大進步期)로 보았다. 그는 정법기(正法期)과 상법기(象法期)을 거친 말법기(末法期)를 4기로 나누었는데 입말(入末)의 200년은 상법의 잔기에 머무르는 시기로 섭수(攝受)를 행하는 본화(本化)개교전기, 다음은 건종(建宗)이후 순절복(純折伏)의 정시대로써의 본화개교기, 통일이전의 선전광포(宣傳廣布)기를 거친 후에는 마지막으로 사해동포 귀일천개묘(歸一天皆妙)의 시기로 통일

면 안 된다"고 하여 절복주의를 확고히 하는 한편 개인과 교단의 행동의 지침으로 삼고 있다. 타나카 치가쿠(田中智學)『본화섭절론(本化攝折論)』,『獅子王全集 〈敎義篇·續〉』, 獅子王文庫, 1901. 전문 참조.

기를 설정했다.[17] 말법시대의 중생은 교법분란의 해독으로 점점 타락해 가며 불세출의 대인을 통해 구제되지 않으면 안 된다. 이럴 때 일련주의가 대두해 묘법의 홍포와 불법의 정신을 부활시키고 중생의 정신이 귀일하는 곳을 분명히 해야 한다. 이것이 종교적인 방면에서 말하는 '총절별섭(總折別攝)'의 시대이자, '순법화적 절복'이 말법시대에 들어와 진면목을 나타내는 것으로 보았다. 바로 지금 시기는 본화상행보살(本化上行菩薩)[18]로서의 니치렌이 개교한 이후인 선전광포기에 해당하며 이 시기에는 절복주의 이외에 다른 길은 없다고 생각했다. 이러한 기본적인 입론은 타나카가 『일련주의 교학대관(日蓮主義 教學大觀)』과 『일본국체의 연구(日蓮國體の研究)』에서 교학론의 절복주의와 군국주의적인 국체론을 밝히는 논리의 기저로써 이용된다.

그렇다면 말법기의 중생은 왜 절복주의로 교화되지 않으면 안 되는가. 여기에 관해 타나카는 말법기의 중생의 근기와 관련을 짓고 있다. 기근론(機根論)은 흔히 말법관에 의거하여 정착된 정토종계에서 주장하는 설이다.[19] 그러나 타나카는 이와는 다른 구분법을 사용하고 있다.

타나카는 지의(智顗)의 『법화문구(法華文句)』를 인용, 기판(機判)을 설정하여 첫 번째의 중생의 기류(機類)는 가르침을 받을 본래의 자격을 가진 것으로, 이는 다시 둘로 이선(已善)과 미선(未善)이 있다고 밝히고 있다. 선은 법화경을 의미하는데 '본이유선(本已有善)'은 가르침을 받기 이전부터 본래에 선근을 지니고 있는 중생으로 섭수의 대상이며, '본미유선(本未

---

17 타나카 치가쿠(1901), 앞의 책, p.52.
18 법화경의 「종지용출보살품(從地涌出菩薩品)」에 나오는 상행(上行), 무변행(無邊行), 정행(淨行), 안립행(安立行)의 4대보살의 필두. 니치렌은 법화경의 말법홍포를 위해 스스로 상행보살이라고 칭하고 이를 실천했다.
19 기근론(機根論)은 정토종계에서는 중생의 수행의 능력을 말하며, 이는 가르침을 받으면 반드시 깨달음을 얻는 정정취(正定聚), 아무리 가르쳐도 깨닫지 못하는 사정취(邪定聚), 이 둘의 가운데에 있어 정진은 하나 확실한 깨달음은 얻지 못하는 부정취(不定聚)의 근기, 이 셋을 삼정취(三定聚)라고 한다. 일반적으로 상·중·하근기로 말한다.

有善)'은 본래부터 선이 있지 않아 이전에 불종(佛種)이 심어지지 않은 중생으로 절복의 대상을 말한다. 기관의 두 번째는 기연(機緣)으로, 순연(順緣)은 문하의 제자·단나[檀那, 즉 檀家]를 말하며, 역연(逆緣)은 문외의 모든 사람들을 말하는데 일본국의 미입문자(未入門者)를 말한다. 후자는 정법을 믿지 않고 자비의 가르침에 따르지 않으며 정법의 스승을 훼손하며 원해(怨害)하는 자를 말하는데 모두가 절복의 대상이다.[20]

이러한 타나카의 말법관과 기근론은, 정토종계가 중생의 내적인 근기의 분류를 통해 종교적인 이행도(易行道)의 실천을 염불행으로 극복하려고 한 것과는 대조된다. 타나카는 미선과 역연을 보다 배타적인 입장에서 교화의 대상으로 삼았던 점이다.

셋째는 타나카가 이러한 기존의 교학에 대한 확대 해석을 바탕으로 활동하는 배경은 무엇보다도 출가교단에 대한 비판과 더불어 재가중심주의의 사고를 기반으로 하고 있다는 점이다.[21] 메이지 유신 이후 불교계의 개혁은 두 가지 갈래로 볼 수 있는데 그 첫째는 메이지 초기의 계율부흥 운동이다. 두 번째로는 개인의 정신적인 세계에 대한 변혁을 시도한 것으로 이 둘의 개혁방향은 전자가 교단의 내부에서 그 체제를 벗어나지 못하였다면 후자는 대사회적인 면에 대한 무관심으로 그 한계를 벗어나지 못하였다.

이러한 가운데 그가 메이지 천황에게 올린 『불교부부론(佛敎夫婦論)』은 근대 일본불교의 세속국가에 대한 대응으로 주목을 받을 만하였다. 거사(居士)불교나 재가불교의 활성화에 대한 논의가 타나카의 주장 이전에 있었지만, 타나카는 출가중심의 교단을 탈피해 세속적인 입장에서 불교를 개혁하고자 하였다. 타나카는 이러한 전제 위에 불법의 국가주의와 더불

---

20 타나카 치가쿠(田中智學), 1901, 앞의 책, p.46 참조.
21 이케다 에이슌(池田英俊)은 "사실 메이지 시대의 불교운동에 나타난 하나의 특징은 재속불교자나 환속불교자가 재가의 생활에 있어서도 불(佛)의 인간이나 재가보살이 될 수 있다고 하는 것으로 교화사상의 성립을 이루었다는 점이다"라고 언급하고 있다. 이케다 에이슌, 『명치의 불교-그 행동과 사상(明治の仏敎—その行動と思想)』, 評論社, 1976.6. p.87.

어 불법의 직접적인 대사회 관계에 중심을 두었다.

그는 "석가의 본지(本旨)는 남녀의 윤도(輪道) 및 세간의 충효의 도의에 있어서 절대적 보호자"[22]라고 한 뒤, "일반불교 신자가 교법교리를 듣기에 앞서 그 능화(能化), 즉 승려를 신앙하는 풍습"이 횡행하고 있는데, 이는 "승려를 통해 불교를 알려고 하는 것에 기인하는 것으로 그 결과 불법을 가볍게 보고, 승려를 높게 보는 폐단에서 나온 것"[23]이며 결국 사람과 법이 전도된 것이 가장 큰 문제라고 보고 있다. 이를 중화시키는 방안으로 메이지(明治) 정부에 의해 인가된 대처(帶妻)제도[24]를 말법의 견지에서 보고 이를 권장하는 한편, 오늘날 일본불교에서 횡행하고 있는 주지세습론 마저 주장했다.

이는 불교에 대한 근대적인 상황에서는 혁신적인 안이었다. 출가와 재가불교식의 결합을 통한 불법교화는, 타나카 자신이 출가자에서 재가자인 거사로 환속한 것이나 출가자와 출가교단에 대한 비판을 통한 새로운 세속적인 불법운동을 전개한 점에서 일련주의 전개의 무대가 지극히 세속적 현실 위에 있었다는 것을 보여주고 있다. 더욱이 이를 넘어 세속인의 결속체인 국가 구제에 대한 논리로써 불법의 내성(內性)적인 활동 범위를 세속국가로 확장시키고자 하였는데, 이는 재가불교를 통한 불법의 세속화라고 볼 수 있다. 이는 타나카가 일본중심주의 법화사상을 전개하는 가장 큰 기반이 되었다. 이러한 일련주의의 구조는 타나카의 불법호국론과 국체론 전개를 위한 근간이자 배경이 된다.

---

[22] 타나카 치가쿠(田中智學)『불교부부론(佛敎夫婦論)』,『獅子王全集〈論叢篇·續〉』, 獅子王文庫, 1937, pp.27~29.
[23] 타나카 치가쿠, 앞의 책.
[24] 승려의 대처제도에 대해서는,「사원보호의 필요, 가족부양의 필요, 승려처세의 명징성을 지키기 위한 필요 외에도 부인의 도움을 이용하여 신도 유발(誘發)의 공을 가정 간에 이룰 수 있으며, (중략) 사원승 이외의 포교가(布敎家)는 대처, 독신을 각자의 뜻에 맡기고 그 부인은 우바이림 [優婆夷林, 즉 재가신자를 위한 학원-필자 주] 에 들어가게 하여 포교사의 부인으로서 사회의 세력이 될 여러 자격을 배양하게 한다」고 주장한다. 타나카 치가쿠(田中智學) (1931), 앞의 책, p.63.

Ⅲ. 타나카 치가쿠의 불법호국론

1. 타나카 치가쿠의 불법과 일본관

　폐불훼석 이후 불교계는 호법에 대한 이론을 내세우는 한편, 에도(江戶) 시대를 거치면서 체질화된 불법호국론을 주창하게 되었다. 특히 1868년 최초로 열린 종교간의 회합인 제종동덕회맹에서 8개의 의제 가운데 첫 번째가 왕법불법불리지론(王法佛法不離之論)임은 널리 알려진 사실이다. 막말(幕末)이래 불교계에 형성되어 온 호법・호국・방사[防邪, 기독교 배척론]사상25의 연속선상에 있는 것이다. 그러나, 한편으로 그 다음해에는 종파의 참가자들이 황실을 위해 불석신명(不惜身命)의 자세를 맹세하였다. 형식적으론 양자의 일치이지만 실질적으론 불법에 대한 왕법의 우위, 사상적으론 신도와 불법의 일치를 확인한 것이다. 이는 피폐해져 가는 불교를 보호하기 위한 명분으로도 이해할 수 있었다. 그런데 1872년 불교의 세력을 끌어들이기 위한 정부의 전략의 일환으로 교부성(敎部省)과 교도직(敎導職)을 설치하여 경신애국・천리인도・존왕존조(尊王尊朝)의 삼교교칙(三敎敎則)이 정해지고, 천황제와 이의 논리적 기반인 신도의 우월을 강요하게 되었다. 여기에 세력이 가장 컸던 정토진종이 가세했지만 이의 주도자였던 시마지 모쿠라이(島地默雷, 1838~1911)가 신교의 자유와 정교의 분리를 주장하면서 비판의 입장으로 돌아서고 1877년과 1884년에 차

---

25 카시와하라 유센(柏原祐泉), 『日本仏敎史 : 近代』, 吉川弘文館, 1990. 6. pp.21~22 참조. 저자는 에도시대에도 왕법의 대상이 된 막부(幕府)와 제번(第藩)에 대해 양자를 마차의 양 바퀴, 새의 양 날개처럼 한 쌍으로 한 윤익론(輪翼論)이 왕성하게 설해졌다고 하며, 메이지에 들어와서는 왕법을 신정체(新政體)로 바꾸는 한편 진언종과 정토종과 같은 종파에서는 양자의 일치에 대한 다양한 론이 전개되고 있음을 보이고 있다.

례대로 이 기관이 폐지되기에 이른다.[26] 그러나 왕법불법불리지론의 흐름은 이후 불교계몽가들에게로 이어져 기독교에 대한 배타성을 내포하면서 호국불교, 더 나아가서는 삼교교칙의 존왕존조론에까지 경사되기에 이른다. 타교에 대한 배타성의 강화가 신도와 불교의 결합 내지는 신도 중심의 정체(政體)로 이어진 천황제에 순응하는 기반이 형성된 것이다. 이러한 불교계의 전반적인 왕법위본(王法爲本)의 상황은 일련종계에서도 예외는 아니었다. 그 대표적인 인물이 일련종계에서는 출가교단의 입장에선 앞에서 언급한 혼다 닛쇼였으며 재가불교자의 활동에선 타나카였다. 이 양자의 공통점은 근대국가의 이념형성에 적극적인 자세로 대응했다는데 그 특색이 있다.

특히 타나카는 두 가지 측면에서 주목할 수 있는데 그것은 선민의식에 바탕한 일본관과 고대의 신화에 바탕한 신국(神國)에 대한 관념이었다. 그는 이에 대해,

> 일본의 건국은 일본민족의 발전만이 아니라, 세계일류의 대구제(大救濟)를 목적으로 한, 더욱이 고원한 이유로부터 출발한 건국이므로, 한 마디로 말하자면 세계의 끝 매듭을 짓기 위한 나라로서 생겼기 때문에 일본국과 일본국민의 사명은 막중하다.[27]

타나카의 입장에서는 일본은 세계를 건질 선민(選民)으로 이루어져 세계 구제를 위한 사명을 띤 국가인 것이다. 그 근원적인 이유로는 일본이 아마테라스 오오카미(天照大神)[28]의 선국수통(選國垂統), 즉 신이 건국의 장

---

[26] 비록 교부성이 폐지되기는 했지만, 신교의 자유를 표방한 메이지 정부는 신도를 종교의 범주에서 제외시킴으로 인해 오히려 국가와 종교통합의 이론적 우월성을 점하는 한편, 국가주의 불교계의 활동도 활발해진다.
[27] 타나카 치가쿠(田中智學), 「일본은 어떠한 나라인가(日本とは如何なる國ぞ)」, 『獅子王全集〈國體篇·續續〉』, 獅子王文庫, 1937, p.179.
[28] 천황가의 조신(祖神).

소를 일본으로 정하고 그의 자손인 니니기(瓊瓊杵)[29]를 보내어 만세일계의 천통(天統)을 이루었다는 신칙(神勅)으로부터 시작되고, 진무천황의 건국즉진(建國卽眞), 즉 이러한 신칙을 실행하기 위해 야마토(大和)[30]에서 천황의 자리에 즉위하고 국가를 열었다는 선언으로 이루어졌기 때문이라고 한다.[31] 즉 일본은 신국(神國)이며 그 자손들은 신의 자손들인 셈이다. 그리고 세계통일의 실행자는 일본국에 왕통을 세워주신 진무(神武)천황이다. 일본국의 선조는 태고 인도지방으로부터 일본의 땅에 왕통을 뿌리내린 자로서 전륜성왕(轉輪聖王)과 동근일체이며, 석가불의 진의를 전하고 세계통일의 근본의를 유감없이 구비한 가르침이 있고, 그것이 마침내 통일주의의 실행자와 일체가 되고 인류 최후의 광명을 부여하는 것으로써 이미 선전포고된 것이며 더불어 이것이 말세의 명교(名敎)인 본화묘종 일련주의임을 언명하여 둔다고 하였다.[32] 선국(選國)-신칙-신국-통일주의의 일관된 체계가 일본의 땅에서 이루어지고 있으며 이것이 곧 일련주의의 뿌리가 된다고 본 것이다. 일본왕실의 신통이 인도에서 유래되었다고 하는 점에 대해, "전륜성왕이라고 하는 것은 이 세계를 통일하는 왕종(王種)으로 …… 일본국의 선조는 태고 인도지방으로부터 일본의 땅에 왕통을 내린 것이라고 하는 것은 종종 다른 방면으로부터 입증할 수 있다. 현재의 인도에도 석가의 멸후, 최고 종족의 일단이 동방에 이주했다고 하는 전설이 있다"고 한다.[33]

---

[29] 『고서기(古事記)』 및 『일본서기(日本書紀)』에 등장하는 신의 하나로 니니기노 미코토(瓊瓊杵尊)라고도 한다. 아마테라스의 자손으로 그가 지배하는 천상계인 타카마노 하라(高天原)로부터 하계(下界)인 일본의 휴우가[日向, 지금의 宮崎縣]에 강림하였다고 하며, 풍작에 관련된 신으로 보고 있다.
[30] 왜(倭)라고도 표기하며 나라(奈羅)지방을 중심으로 건국된 고대국가의 이름.
[31] 타나카 치가쿠(田中智學), 『일본은 어떠한 나라인가(日本とは如何なる國ぞ)』, 앞의 책, p.197.
[32] 타나카 치가쿠(田中智學(巴之助)) 『일본국체의 연구(日本國体の硏究)』, 獅子王文庫, 1922.4. pp.85~90.
[33] 타나카 치가쿠(田中智學) 『세계통일의 천업(世界統一の天業)』, 『獅子王全集〈國體篇〉』, 獅子王文庫, 1932, p.85.

이러한 견강부회에 「일(日)」의 사상이라는 것을 더한다. 일본의 일(日)은 아마테라스의 이름인 오오히르메무치(大日靈貴), 석가씨의 이름인 일종(日種)씨, 진무천황의 이름인 칸야마토 이와레히코(神日本磐余彦), 니치렌(日蓮)의 일(日)를 드러내 각각에 의미를 부여한다. 타나카의 이러한 선민사상은 일본의 내셔널리즘 가운데서도 매우 특이한 것으로 여기에는 정치적인 통일을 행하는 전륜왕=천왕에 대해서 종교적인 교화를 담당하는 것은 일련주의[34]라고 본 것이다.

그러나, 니치렌은 여러 교의서나 서간 등의 유문에서 일본을 일염부제(一閻浮提)로 보고 있는데, 이는 고대 말인 헤이안(平安, 794~1192) 후기에 말법의식이 고조되었을 때, 일본이 염부제 주변의 작은 섬으로 불연이 엷은 땅이라는 의식이 니치렌에게도 있었던 것으로 보여진다. 그는 속세의 왕권을 부정하고 일본은 말세의 국가이자 변토(邊土)의 국가로 보고 일본마저 절대시하지 않았다. 또한 국내의 불법의 역사를 서술하는데 있어 수행공덕을 쌓은 불자(佛子)의 현현(顯現)으로 일본의 신들과 국왕을 언급하고 있을 뿐이다. 더욱이 일본은 『대집경(大集經)』[35]에서 말하는 말법기의 모든 법이 멸할 때에 일본도 또한 멸망의 대해에 합류할 것이라고 예언하고 있다.

> 지금, 말법에 들어온 지 200여년, …… 고려 600여 국도 신라 백제 등의 모든 나라들도 다 대몽고국 황제에게 핍박을 당하였으니 지금의 일본국 잇키(壹岐), 츠시마(對馬)와 아울러 9국(國)과 같음이라, 투쟁견고라고 하신 부처님의 말씀이 땅에 떨어지지 않고 마치 대해의 조수가 때를 어기지 않음과 같음이라. 이로써 생각하니 대집경의 말씀이 백법이 은몰한 다음에 일본국과 아울러 일염부제에 광선유포될 것도 의심할 수 없으리라.[36]

---

34 스에키 후미히코(末木文美士), 『메이지 사상가론(明治思想家論)』, 中嶋廣, 2004.6. p.236.
35 일본불교에서는 주로 「제15 월장분(月藏分)」의 말법에 대한 설에 근거를 두고 있다.

한편으론 이를 『법화경』 신앙의 입장에서는 다시 불법과 이를 행하는 자를 핍박함으로 인해 일본이 환난을 당할 것으로 보고 있다.

> 니치렌은 염부제일의 『법화경』의 행자(行者)라. 이를 비방하고 이를 원망하는 사람을 좋아하는 사람은 염부제일(閻浮提一)의 환난을 당하리라. 이는 일본국을 뒤흔들은 쇼오카(正嘉, 1257~1259)의 대지진이요, 하늘이 벌한 분에이(文永, 1264~1275)의 대혜성 등이라. 이 같음을 보라. 불멸후에 불법을 해하는 자를 원망하였다 할지라도 지금과 같은 대난은 없었음이라.[37]

니치렌의 일본관은 바로 말법관과 불법과의 상관관계 속에서 이해되고 있다. 서문에서 언급한 자계반역(自界叛逆)과 타국침핍(他國侵逼難)의 말법시의 난 또한 말법과 변토라고 하는 최악의 상황과 배경으로써 규정한 것도 이와 일맥상통한다. 이로써 『법화경』 행자로서의 자기 정당성을 스스로 부여하고 있는 것이다. 이러한 니치렌의 입장에서는 일본의 신화도 일본의 조신(祖神)도 모두 상대적인 대상에 지나지 않는다. 일본신화와 일본의 국토에 대한 타나카의 절대성은 찾아 볼 수 없다. 이는 곧, 종조의 불법 절대주의를 오히려 상대화시킨 것이라고 보지 않을 수 없다. 따라서 불법호국의 논리가, 역으로 절대화된 왕권과 이의 근원인 일본신화로부터 도출하고 있음은 니치렌이 평생을 통해 관철한 불법호지(護持)의 열망이 타나카의 일련주의에 의해 전도(顚倒)된 것으로 보아야 할 것이다.

---

36 니치렌(日蓮) 『찬시초(撰時抄)』, 高佐貫 編纂의 전게서), p.110.
37 니치렌(日蓮), 위의 책, p.112.

2. 왕불명합론(王佛冥合論)³⁸의 전개

이러한 일본과 일본신화를 절대화한 타나카는 아마테라스와 진무천황의 황통(皇統)을 이은 메이지 천황을 지금의 전륜성왕이라고까지 명명하며 이 셋을 일본의 삼대관절(關節)이라고 한다. 타나카는 토쿠가와 막부가 무너진 것은 사츠마(薩摩藩)와 쵸오슈번(長州藩)이나 공경(公卿)이 무너뜨린 것이 아니고 외교의 곤란(困難)함으로 인해 토쿠가와 막부 스스로 무너진 것이라고 한다. 이는 일본의 국운으로 볼 때, "불세출의 영주(英主)인 메이지 천황을 일으켜 받들기 위해, 천운의 사도 페리가 이즈(伊豆)의 관문을 두드린 것이다. 이것은 세계의 운명으로, 메이지 천황을 요하는 시기가 왔기 때문이다"³⁹라고 한다. 일본의 개국은 미국의 페리(Perry M. Calbraith, 1794~1858)의 개국요구(1853년)와 일미(日美)화친조약(1854년)에 의해 이루어졌으며, 메이지 유신은 웅번(雄藩)인 사츠마번과 쵸오슈번의 신정부군이 중심이 되어 왕정복고와 막부타도를 내건 내란의 종식에 의해 막이 올랐다는 것은 널리 알려진 역사의 정설이다. 이러한 역사를 천황중심의 사관으로 해석한 타나카는 역사적 객관성을 상실했다고 보아야 할 것이다.

타나카는, 이러한 전륜성왕인 메이지 천황은 국체의 의의와 실체를 명확히 천명하였다고 한다. 왜냐하면 이는 국민도덕 상에서는 교육칙어를, 정치 상에서는 제국헌법을 통해서 밝혔기 때문이라고 보았다. 이를 통해 메이지의 중흥은 신무천황의 재흥이며, 이를 이끈 메이지 천황은 조종(祖宗)의 유훈을 환원시켰고, 고대 이후의 국병(國病)을 완치시켜 국민을 완

---

38 왕법불법 상자론의 일련종식 표현. 명합은 드러나지 않는 가운데 합치되는 것으로 신불(神佛)의 의지에 의해 보이지 않는 깊은 곳에서 일치가 된다는 뜻이다.
39 타나카 치가쿠(田中智學)『명치대제론(明治大帝論)』,『獅子王全集〈史傳篇〉, 獅子王文庫. 1932, pp.210~211.

전한 일본인으로 만들었으며, 국망(國網)을 우주에 보급시켜 마침내 세계 평화의 신의 뜻을 대성한 일이 그의 커다란 업적이라고 하였다. 또한 메이지 천황을 "국가 및 인류의 성표(聖標)이며, 아마테라스 오오카미의 산체(散體)이자, 진무천황의 재현으로 곧, 그가 국체, 일본, 도(道)의 주(主), 교(敎)의 스승, 민(民)의 부모"⁴⁰라고 까지 칭송하고 있다.

그런데 타나카는 종교분리와 신교의 자유야말로 메이지 천황의 현명한 결단에 의해 이루어진 일로 일국의 주권자가 천하를 통일하여 국교가 정해지기 전까지는 절대로 종교를 가져서는 안 되는 일이기 때문이라고 하였다. 그의 입장에서는 일본신화에 바탕한 신도는 정부가 주장한 데로 종교의 범주에는 포함되지 않았을 뿐 아니라 신도를 종교로 간주하지 않았음을 알 수 있다. 오히려 천신국신(天神國神)에 대한 순정경신(純正敬信)을 위해 종교적인 냄새를 분리시킨 것은 천운에 합일한 영단이라고 보고 "나무 구원실성(久遠實成)! 천조황태신(天祖皇太神)! 나무 대일본천황"⁴¹을 외치고 있다. 이러한 이유로써 타나카는 "국민도 제실(帝室)도『법화경』의 통일주의를 신봉하는 때야말로 왕법불법의 명합일체가 실현되는 것으로 이 때야말로 일본건국의 국시(國是)인 제정일치의 주의에 도달하는 것이다"⁴²라 하고 있는데, 이는 그야말로 근대국가의 실질적인 제정일치의 정체(政體)인 천황제 국가의 모습을 은폐시키고 있다. 전륜성왕으로서의 메이지 천황은 이렇게 살아 있는 현인신(現人神)으로서 또한 전륜성왕으로서 명합일체의 상징적이면서 법화통일을 이끄는 주체였던 것이다. 그리고 메이지 천황 후, 타이쇼(大正) 천황에 의해 내려진『흥국(興國)의 대소(大詔)』를 구체를(國體), 무진소서(戊申詔書)는 국성(國性)을 밝혔으며, 또

---

40 타나카 치가쿠(田中智學), 위의 책, pp.240~243.
41 타나카 치가쿠(田中智學), p.981.
42 타나카 치가쿠(田中智學(巴之助)),『일본국체의 연구(日本國体の硏究)』, 獅子王文庫, 1922. 4. p.980.

한 『흥국대소』는 국상(國相)을 밝혔다고 한다.[43]

타나카의 천황귀일주의는 니치렌의 입장에서 볼 때 통치자는 어디까지나 불법을 지킬 수 있는 능력이 있을 때에만 그 정통성이 확보된다고 하는 것으로 타나카가 그 도를 넘어서 천황을 전륜성왕으로 보고 더구나 현재의 천황을 세계통일의 수권자로 본 것은 명합귀일의 본래 의미를 이탈한 것으로 국가주의에 바탕한 국주법종설(國主法從說)[44]로 보아 마땅하다.

니치렌은 『종종어진무어서(種種御振舞御書)』에서, 다음과 같이 말했다. "일련은 유약(幼若)한 자일지라도 『법화경』을 홍포하는 바 석가불의 사자(使者)인 것이다. 아마테라스, 하치만(八幡)을 말하자면 이 나라에서는 중하게 여길지라도 범석(梵釋), 일월, 사천(四天)에 비하면 소신(小神)일 뿐이다."[45]

니치렌은 『법화경』의 홍포자(弘布者)로서 석가의 사자이자 신국의 최고신조차도 석가를 호위하는 범천 등에 비하면 작은 신의 아류에 불과하다는 것이다. 심지어는 서존의 사자에게는 아마테라스도 하치만신(八幡神)[46]도 머리를 숙이고 손을 모아서 땅에 엎드려야 한다고 하였다. 또한 니치렌이 제자에게 보내는 서신에서, "이 일본의 일체중생을 위해서는 석가불은 주(主)이며, 스승이며, 부모이다. 천신(天神) 7대, 지신(地神) 5대, 인왕(人王) 90대의 신과 왕조차도 오히려 석가불의 소종(所從)이다. 어찌 하

---

43 타나카 치가쿠(田中智學)『흥국의 대소(興國の大詔)』, (『獅子王全集〈國體篇·續〉, 獅子王文庫, 1936, p.497.
44 오오타니 에이치(大谷榮一), 앞의 책, p.11.
45 니치렌(日蓮), 『종종어진무어서(種種御振舞御書)』, 高佐貫, 앞의 책, p.789. 또한 『간효팔방초(諫曉八幡鈔)』에서도 같은 의미를 설하고 있다. 『하치만 보살은 오우진 천황이니 소국의 왕이라. 아도세왕(阿闍世王)은 마가대국(摩竭大國)의 대주(大主)라. 천과 인, 왕과 민과의 승렬(勝劣)이라. 그러나 아도세왕도 오히려 석가불에게 적이 되어서 악창(惡瘡)이 몸에 남이라. 하치만 보살인들 어찌 그 벌을 모면하리요』, 니치렌(日蓮), 『간효팔번초(諫曉八幡鈔)』, 高佐貫 編纂의 전게서, p.480.
46 하치만신(八幡神)으로 숭신(崇神)된 고대의 오진(應神)천황의 신격(神格). 이를 모신 이와시미즈 하치만궁(石淸水八幡宮)은 아마테라스 오오미카미를 모신 이세(伊勢)신궁과 더불어 황실의 종묘(宗廟)로 불려진다.

물며 그 신이나 왕의 권속 등이야"⁴⁷고 한 것처럼 그는 일체의 신과 왕의 권위를 석가불의 권위 아래에 둠으로써 불법위본의 입장에 서 있는 것이다. 그는 『찬시초(撰時抄)』에서 말법시대에 이르러 국왕, 대신을 비롯 일체의 인민이 다 불법에 미해 중생의 득도가 그쳤다고 하고, 이러한 시대를 당하여 『법화경』을 유포하는 자는 '일본국 일체중생의 부모'이자 '니치렌은 당제(當帝)의 부모'라고 하였다.⁴⁸ 니치렌이 한 폭에 그린 십계만다라(十界大曼茶羅)⁴⁹에서도 제목인 나무묘법연화경을 중심으로 국신(國神)이 권청(勸請)하는 모습을 배치해 놓았다. 이는 1936년 황조신에 대한 불경과 모독의 근거가 되어 해당 부분이 검게 칠해져 말소되고 원본은 판각 금지조치가 취해졌다.

일련의 입장에서는 세속국가의 왕권도 불법의 비호자로서 불법의 절대 보편적인 이상 아래에서는 부정되기에 이르렀던 것이다. 자칭 불법의 보호자인 『법화경』의 행자(行者)로서의 면모가 드러나 있는 것이다. 이러한 점에 비추어 볼 때 타나카의 논리는 종조의 불법위본의 사상을 정면에서 부정한 것으로 보아야 할 것이다.

---

47 니치렌(日蓮), 『묘법비구니 어반사(妙法比丘尼御返事)』, 高佐貫, 앞의 책, p.1317.
48 니치렌(日蓮) 『찬시초(撰時抄)』, 高佐貫, 앞의 책, p.111.
49 대만다라본존(大曼茶羅本尊)이라고도 함. 불법의 세계로부터 지옥에 이르기까지 십계(十界) 모두가 석가와 『법화경』에 의해 구제될 것이라는 점을 부각시킨 만다라로 천태의 일념삼천의 교의에 바탕해 있다.

Ⅳ. 타나카 치가쿠의 국체론과 그 영향

1. 일련주의와 국체론

치가쿠는 출가의 동기가 1877년 서남전쟁(西南戰爭)⁵⁰에 있었다고 하였다. 그는 메이지 정부에 의해 패배한 사이고 타카모리(西鄕隆盛, 1827~1877)의 정한론은 정당하다고 생각하고, "장래 러시아와의 관계가 틀어지면 이를 진무(鎭撫)하고 동양의 영원한 평화를 세우기 위해서는 조선을 정복하지 않으면 안 된다"⁵¹고 보았다. 이는 타나카 국체론의 맹아라고 할 수 있는데 근대 천황제 국가의 권위가 점차 확립되고 이를 통해 해외에 대한 팽창주의가 확대되어 가고 있던 청일전쟁(1894)과 러일전쟁(1904)을 거치면서 제1차 세계대전(1914)에 이르리 그의 국체론의 논리가 일련주의와 왕불명합론의 심화와 함께 정교하게 다듬어 진다. 이는 천황제 중심국가의 이데올로기가 국민에게로 침투하게 되는 교육현장에서의 교육칙어의 주입과 전쟁수행에 의한 군국주의의 성숙과정, 그리고 혼미를 더해가는 국제사회에 대한 일본의 정체성 확립과정과 맞물려 있다고 할 수 있다.

그는 일본국체의 유래를 『일본서기(日本書紀)』의 「진무천황조(神武天皇條)」에서 찾았다. 즉 "황조(皇祖), 황고(皇考)는, 즉 신성(神聖)하여 경(慶)을 쌓고, 휘(暉)를 더한지 많은 세월이 흘렀다"⁵²고 하는 대목이 조황

---

50 당시 참의(參議)였던 사이고 타카모리가 정한론(征韓論)에 패배해 낙향 한 후, 그를 중심으로 일으난 보수사족(士族)파의 반란. 메이지 정부에 대한 반정부 운동으로 정부의 개혁적 정책과 사족해체에 대한 불만이 그 주원인이었다.
51 타나카 치가쿠(田中智學)『내가 걸어온 길(わが経しあと)』, 『獅子王全集』, 獅子王文庫, 1937. p.318.
52 「진무천황조(神武天皇條)」, 사카모토 타로오(坂本太郎)외 校注, 『일본서기(日本書紀)』 5권, 이와니미 서점(岩波書店), 1994.9~1995.3.

태신(照皇太神) 이래 일본의 규칙이라고 하였다.[53] 일본이 러시아와의 전쟁을 일으킨 해에 이렇게 적경(積慶)·중휘(重暉)·양정(養正)의 세 말을 추출하고 이것이 진무천황에 의한 일본건국의 세 가지 도의이상(道義理想)이자 건국삼강(建國三綱)이며, 또한 종조 니치렌의 삼대비법과 황실의 삼종의 신기(神器)에 조응하는 일본국가 본체라고 하였다. 이러한 이상을 호지하고 그 감화력에 의해 세계통일을 추진하는 것이야말로 일본국가의 천업이라고 주장한다.

타나카는 이 삼대비법과 견주어 이 건국삼강의 중심은, 양정은 본문의 본존, 중휘는 본문의 제목, 적경은 본문의 계단에 해당된다고 한 것이다. 조사 니치렌의 사상은 이렇게 타나카의 일련주의를 가교로 천황제론의 기반과 결합이 된 것이다. 또한 본문의 본존은 진리의 본체로부터 본 세계통일의 이상이자 거울의 의장(意匠)이며, 본문의 계단은 국가의 위력에서 본 세계통일의 실행이자 검의 의장이고, 본문의 제목은 개인의 덕성에서 본 세계통일의 도법이자 구슬의 의장이라고 하고 있다.[54]

여기서 말하는 천업은 진무천황의 말로부터 나온 일본의 주의와 주장을 종합해서 행하는 천황의 사업이나 국가의 사명[55]이라고 한다. 그렇다면 일본국체의 구성요소는 무엇인가. 타나카는 다섯 가지로 제시하고 있는데, 이를 천업의 5대 요소라고 하고 있다. 신(神)은 일본개벽의 황조황종, 도(道)는 황조황종의 마음, 이를 주의로 한 것, 군(君)은 황조황종의 계승자인 영원한 대표자, 민(民)은 황조황종 사업의 익찬자, 그리고 마지막으로 국(國)은 황조황종 사업의 발상지, 실행의 의지(依地)[56]라고 한다.

---

53 타나카 치가쿠(田中智學) 『일본의 건국(日本の建國)』, 『獅子王全集』〈國體篇〉, 獅子王文庫, 1936, p.458.
54 오우미 유키마사(近江幸正), 「파시즘과 불교-국가주의 사상으로써의 일련주의-」, 中濃敎篤 編 『강좌:日本近代와 佛敎·6 —戰時下의 佛敎』, 國書刊行會, 1977. 1. p.131.
55 타나카 치가쿠(田中智學), 「일본은 어떠한 나라인가(日本とは如何なる國ぞ)」, 앞의 책, p.196.
56 타나카 치가쿠(田中智學), 위의 책, p.197.

이러한 건국의 체(體)인 삼강령과 5대 요소의 최종 목적지는 통일론으로 귀착된다. 타나카는 니치렌이 삼대비법을 설정한 이유는 통일에 있다고 하면서, 본문의 본존은 세계의 통일의 표식(標式)으로써, 일본의 조신을 묘법진리의 봉행자로 정하고 실행적 세계통일자로 서기 위함이며, 본문의 제목은 세계 사상의 통일점으로써 일천사해(一天四海)가 묘법으로 귀일하는 대복음을 정하였고, 본문의 계단은 근본 도의 유일한 제재(制裁)를 통해 세계의 혼란을 정리하기 위한 것이라고 한다.[57] 이러한 통일론은 법화주의에 의한 일본국내의 사상의 통일을 전제로 하고 있다.

그는 『일련주의 교학대관』에서 니치렌에 의한 사상의 통일은 승속의 구별을 하지 않는 의상(儀相)의 통일과 수행의 의궤를 통일하는 행궤(行軌)의 통일을 통해 일련주의의 역량을 일본에 구현하는 것이라고 한다. 그리고 이는 교단통일로 이어지고 이어 일련주의에 의한 일본통일의 기반이 되며 마침내 일본을 중심으로 한 세계통일을 이루게 된다는 것이다.[58] 이렇게 법화경에 의거한 회삼귀일(會三歸一)과 일불승, 통일의 사상은 다니카에 의해 확대 해석되고 일련주의의 최종적인 목표가 된다. 타나카는 이러한 통일론의 관념을 실제 일본이 전쟁에 참가한 1894년 러일전쟁 당시에 "천황은 구원본불(久遠本佛)의 정치실현을 위해서 일본에 파견된 세계통일의 임무를 가진 성왕이며, 일청전쟁은 성왕의 성전이다"[59]고까지 언급했다. 이러한 논리로써 타나카는 일본의 제실(帝室)은 네 가지 전륜성왕 즉, 금은동철의 윤성왕(輪聖王) 가운데에서도 금륜성왕이므로, 이는 "전세계를 통일하는 왕이다. 물론 통일력의 배후에는 무력이 있음은 말할 필요도 없으며, 이는 사악을 부수고, 미망을 열기 위하여 요구되는 정의보호의 무력으로 타(他)를 침범하여 약탈하는 의미의 무력이 아니다. 전륜성

---

57 타나카 치가쿠(田中智學), 『세계통일의 천업(世界統一の天業)』, 앞의 책, p.91.
58 타나카 치가쿠(田中智學), 앞의 책, pp.2~24.
59 오오타니 에이치(大谷榮一)의 전게서, p.125. 재인용.

왕의 위력을 가지고 제국을 항복시킨다고 하는 것은 도의(道義)의 배경인 무(武)인 것이다"[60]라고 한다. 즉, 세계통일을 위해서는 무력은 당연하며, 이러한 무력은 정의보호와 도의를 배경으로 하는 무력이라고 하였다. 모든 침략이 그렇듯이 대의명분을 가지고 이루어지고 있음은 두 말할 나위가 없다. 타나카 또한 대외적인 일본의 침략에 무엇보다도 천황을 전륜성왕으로 대치시키고 무력의 정당성을 말하고 있다.

그는 1894년 조선의 갑오 동학혁명에 대해 「국도만원소(國禱滿願疏)」를 통해, "옆 나라 조선에 변(變)이 일어나 상하는 어지럽고, 국민은 안정되지 못하고 있다. 우리 대일본 천황은 이를 깊이 불쌍히 여겨 사신을 파견하여 가르침을 베풀어 치정을 바루었으며, 병사를 파견하여 내외의 민중을 보호했다"[61]라고 하고 있다. 동학혁명 당시 일본군의 파견을 천황의 애민(哀愍)에 의한 것으로 미화하고 있는 것이다.

타나카는 상공업자의 영리주의, 영토확장 병합주의, 인종적 확장의 강자적 통일은 국욕에 의한 통일이지만, 종교적 확장 개발주의의 통일은 도의적 통일이라고 한다. 이는 문명적이며, 도의적 실공(實功)에 의한 통일주의는 일본 천황의 사업이며, 순종교적 통일주의는 일련주의로써 이 둘이 결합하여 명합귀일(冥合歸一)에 이른다고 한다.[62] 그러나 이러한 명합귀일은 어디까지나 타나카의 논리적 귀결이지만, 실제로는 대외적인 일본의 팽창에 대한 찬동에 불과함을 역사가 증명하고 있다. 관념적인 정교동심(政教同心)은 결국 군국주의의 활로를 추인하는 것에 머물고, 종조 본연의 중생에 대한 애민은 실종되고 만 것이다.

타나카는 1904년 국간(國諫)운동을 벌인다. 니치렌이 막부와 민중에게 법화경을 권한 입정안국의 운동을 잇는다는 명분을 걸고, 러일전쟁으로

---

[60] 타나카 치가쿠(田中智學), 『내가 걸어온 길(わが経しあと)』, 앞의 책, p.147.
[61] 타나카 치가쿠(田中智學), 앞의 책, p.157.
[62] 타나카 치가쿠(田中智學) 『세계통일의 천업(世界統一の天業)』, 앞의 책, p.90.

인해 국민의 의식이 고양되는 가운데 대사회 정식개교의 타이틀과 함께 국가의 성불(成佛)을 목표로 운동을 일으킨 것이다. 1914년에는 국주회(國柱會)를 설립, 일본의 아시아에 대한 침략주의 노선지지 활동을 벌이는 가운데 안으로는 종문통일과 법화사상에 의한 일본의 통일을 통한 왕법불법명합(王佛冥合)의 실현를 목표로 활동을 전개한다. 또한 이러한 이념을 정치적으로 실천하기 위해 1923년 입헌양정회(立憲養正會)을 설립하고 중의원 선거에 도전했지만 낙선하였다. 이렇듯 타나카는 자신의 일련주의를 기반으로 왕불명합론과 국체론의 구체적인 실현을 위한 단계적인 운동을 생애를 통해 전개하고자 하였다.

2. 국체론과 천황제 국가의 이념

메이지 정부는 천왕의 교육칙어를 통해 유교적인 덕목을 종으로 천황과 국가에 대한 충성을 강화시키고자 하였다. 이는 천황제 군국주의는 물론 식민지내의 천황 이데올로기를 확산시키는데 지대한 공헌을 하였다.[63] 국민적 천황숭배의례가 의무교육을 통하여 국민 속에 널리 침투해간 쇼와말, 다이쇼기 이후가 되면 천황숭배적인 요소를 스스로 신행(信行)체계의 중핵으로 삼은 새로운 종교운동이 대두한다. 타나카 치가쿠의 국체론적 일련주의나 신도계의 대본교(大本敎) 간부였던 테쿠치 오니사부로(出口王仁三郎, 1871~1948)의 황도대본(皇道大本) 운동이 그것에 해당한다.

---

63 오오타니 에이치(大谷英一)는, "일본이 1900-10년대에 걸쳐서 국가체제의 기초를 공고히 하기 위해 국체신화의 「신빙(信憑)구조」가 확립되어 간다. 국체신화의 신빙구조는 근대천황제(국가)의 정당성을 보증하는 사회기반이기도 했다. 말하자면 근대일본의 내셔널리즘이 확립되어 가는 과정에서 국체신화의 신빙성(信憑性)이 '국민'사이에서 형성되어 국체신화가 사람들에 의해 자명한 것으로 되었다. 그 결과 「일본」은 국체신화에 의해 정당화되어져 갔던 것이다"고 하고 있다. 오오타니 에이치의 앞의 책, p.5. 이러한 점은 또한 니시야마 시게루(西山茂)의 논문 「일본의 근현대에 있어서 국체론적 일련주의의 전개(日本の近・現代における國体論的日蓮主義の展開)」, 『東洋大學 社會學 紀要』 22-2, 1985에서도 잘 지적되고 있다.

타나카는 위의 교육칙어를 칙교(勅教)라고 하고 이에 대해 일련주의의 국체론적 관점에서 해석을 하였다. 이른바 『칙교현의(勅教玄義)』인데 이를 불경에 대한 전통적인 해석방법인 과문(科文)처럼 서분(序分), 정종분(正宗分), 유통분(流通分)으로 나누어 해설을 할 정도였다. 여기서 그는 충효는 한 나라의 전유물이 아니지마는 "이 충효를 국체로써 하고 있는 일본은 인간도덕의 의지처로 하는 국체를 가지고 있기 때문에 이 정의를 파지(把持)함으로 인해 세계인류 전체의 운명을 손에 쥐고 있다"[64]고 하였다.

이를 타나카는 교육칙어에 나오는 충효를 의미하는 것이므로 그 근원은 황조황종(皇祖皇宗)에 있다고 하였다. 즉, 칙어의 조국굉원(肇國宏遠)과 수덕심후(樹德深厚)의 두 조건이 낳은 민족정신이 극충극효(克忠克孝)의 대성격이라고 한다.[65] 또한 일본국체의 정화는 충효로써 선민족인 일본으로 하여금 세계를 구할 마음이 충효이기 때문이라고 한다. 심지어는 중국과 조선에 대한 멸시와 서양과 서양문명에 대한 비굴함은 충효종족인 일본이 보이는 비국체적인 자세로부터 연유한다고 하였다. 니치렌이 "세계를 안정시키고 국가를 안정시키는 것은 충효이다"고 한 것을 들어 메이지 천황의 교육칙어는 일본국체를 세계적으로 해석한 것이라고 한다.[66] 이와 관련해 천황제 교육체제의 근간인 교육칙어에서는,

> 내가 생각하건대 우리 황실의 선조들이 나라를 일으킨 일이 먼 옛날로 이를 세운 덕은 깊고 두터운 것이었습니다. 우리 신민(臣民)은 충과 효의 도를 통해 만민이 마음을 하나로 하고 세상을 살아가는 데에 그 미(美)를 이루어 왔는데 우리 국체(國體)의 영화로써 교육의 근원도 실로 또한 그 가운데 있습니다. (이하 생략)[67]

---

64 타나카 치가쿠(田中智學) 『칙교현의(勅教玄義)』, 『獅子王全集〈國體篇〉』, 獅子王文庫, 1932, p.34.
65 타나카 치가쿠(田中智學(巴之助)) 『일본국체의 연구(日本國体の硏究)』, 獅子王文庫, 1922. 4. p.84.
66 타나카 치가쿠(田中智學(巴之助), 위의 책, pp.87~103 참조.

라고 하여 만세일계의 천황가에 대한 충성과 이에 대한 교육을 강조하는 동시에 후반부에서는 언제나 헌법을 중시하여 비상사태에는 공을 위해 용감하게 봉사하여 천하에 유례없는 황실의 번영을 위해 모든 것을 다 바치도록 하고 있다.

이러한 것을 충실하고 선량한 신민의 입장에서 선조가 남긴 훌륭한 전통을 반영해 간다고 하는 이념으로 승화시키고 있다. 이는 교육의 최고의 규범으로 이용되었으며 식민지 국가인 조선에도 그대로 강요되었던 것이다. 이러한 내용기조는 근대국가의 확립기에 유교적 덕목을 중심으로 막부말기의 존왕양이(尊王攘夷)운동의 이론적 지주이자 근대 천황제 이데올로기의 원류인 미토학(水戶學)적인 국체관의 사상이 그 기반이 되어있다. 이러한 근세 국체론의 근대적 계승과 에도(江戶)시대를 통해 가(家)의 종교로 변모한 불교의 국가에 대한 접근성의 용이함에 타나카는 주목했던 것이다. 가부장적인 근대국가에 대한 근세적인 종교성의 부활을 타나카는 국체론을 통해 실현하고자 한 것이다. 그리고 이러한 국체신회(國体神話)는, 천황의 권위(에 바탕한 근대천황)의 정당성에 기초를 놓아 근대일본의 국가체제를 정당화하기 위한 지식체계이며 근대일본의 정치문화[68]이기 때문에 양자의 결합은 서로의 요구에 의한 것이다.

중일전쟁이 개시되고 식민지 백성은 물론 일본국민을 효율적으로 통제 관리하게 위해 국민동원 총동원 운동을 시작한 해인 1937년에 전쟁의 이념을 확고히 하기 위해 문부성(文部省)에서 간행된『국체론의(國體論)의 본의(本義)』에서는 이러한 타나카류의 사고가 그대로 드러난다.

> 대일본제국은, 만세일계의 천황황조의 신칙을 받들어서 영원히 이를 통치해 왔다. 이것은 우리 만고불변의 국체이다. 그리고 이 대의에 기반하여 일대 가족국가

---
67 「천황제 교육체제의 확립」, 歷史學研究會編『日本史資料 4 : 近代』, 岩波書店, 1997.7. p.200.
68 오오타니 에이치(大谷榮一)의 앞의 책, p.17.

(家族國家)로서 억조일심(億兆一心)의 성지(聖旨)를 봉체(奉體)하고 충효의 미덕을 능히 발휘한다. 이것을 우리 국체의 정화(精華)로 하는 바이다.[69]

이러한 국체이념에 바탕하여 "교육도, 그 근본에 있어서는 제사 및 정치와 일치하는 것으로 말하자면 제사와 정치와 교육은 각각의 활동을 해가면서 그 귀착하는 곳은 완전히 하나인 것이다"[70]라고 하여 메이지 이후 일관해 왔던 교육을 통한 황도국가에 대한 이념의 재생산이 일본이 군국주의를 수행하기 위한 중요한 통로로 이용되어 왔음을 알 수 있다. 이러한 교육칙어가 발포된 이듬해인 1891년에는 대일본 헌법의 제정과 발포로 천황제에 의한 법적인 질서의 확립으로 이어졌던 것이다. 정해진 수순으로 천황제 국가의 이념적 법적 질서가 세워져 갔음을 알 수 있다.

천황제 국가의 이념적 기반인 충효관에 충실한 타나카의 관점은 니치렌의 충효관과 근원적으로 어긋나 있다. 니치렌은 충효를 근간으로 하는 유교에 대해 "비록 유교의 성현이라 할지라도 과거를 알지 못하며 부모, 주군, 사장의 후세를 돕지 못하니 은혜를 모르는 자이며, 참된 성인은 아니다"라고 한다.[71] 불법을 내전(內典), 유교 등의 가르침을 외전(外典)으로 규명한 니치렌은, "예악 등을 가르쳐서 내전이 건너오면 계·정·혜를 알기 쉽도록 하고 또한 이를 위하여 왕신(王臣)을 가르쳐 존비(尊卑)를 정하고, 부모에게는 효를 가르치고 스승에게는 귀의할 것을 가르침이라"[72]고 하여 유교의 가르침을 불법 이해를 위한 전제로 간주하고 있다. 또한 불타의 설교는 외전, 외도(外道)에 비해 대승이라고 하여 불법 중심의 사상을 견지하고 있다. 타나카는 일련주의적 국체론을 기반으로 근대 일본불교가 철

69　文部省 編纂『국체론(國體論)의 본의(本義)』, 내각인쇄국(內閣印刷局), 1937. 5. p.9.
70　앞의 책, p.26.
71　니치렌,『개목초(開目鈔)』, 高佐貫 編纂, 앞의 책, p.28.
72　니체렌, 위의 책.

폐하지 못했던 봉건적 신분질서와 전근대적 교단체제의 온존에 대한 실질적 개혁보다는 오히려 이를 국체론적 충효관으로 재정립하고자 의도함으로써 결국 자신의 불교적 기반을 천황제 국가질서에 위치시키고, 일련주의 국체론의 사상적 체질을 강화시키고 있었다고 볼 수 있다.

3. 타나카 치가쿠와 일련주의자들

타나카의 일련주의와 국체론에 영향을 받은 인물은 그와 동시대 혹은 그의 사후에 사상적으로 수혈을 받은 사람들로 일본의 패망(1945)에 이르기까지 실로 다양하였다. 이들은 당대의 지식인, 문필가, 군국주의 행동가, 천황제론자, 군인 등으로 일련주의를 자기화하여 우익이나 군국주의 활동, 더 나아가서는 사회주의 사상과 결합된 영역에서 강한 실천력을 지니고 있었다.

타나카와 동시대의 인물로 그의 영향을 강하게 받은 문인 티키야마 쵸규(高山樗牛, 1871~1902)가 있다. 타나카로부터 『종문의 유신』을 받고 일련주의에 경도된 그는 이미 이전부터 이미 일본제국주의와 식민지정책에 대한 긍정, 기독교 교육의 배척, 인종경쟁론 등을 주장했다. 그의 일련주의 사상은 그가 활동하던 1890년대와 1910년대 초기에 청년층을 중심으로 커다란 영향을 끼쳤다. 비록 병으로 요절했지만 마지막까지 일련주의에 바탕한 문단활동을 놓지 않았다. 타나카는 그에 대해 비록 병에 걸려 어려움은 있었지만 『종문의 유신』에 매료되어 자신의 주장을 버리고 일련주의의 고취에 만년을 바쳤다고 하였다.[73] 그러나 일련주의에 대한 관심은 타나카에 의해 촉발되었지만, 말년에는 니치렌의 본래 입론이었던 법주국종(法主國從)의 사상으로 회귀하였다.

---

[73] 타나카 치가쿠(田中智學), 『사람의 면모(ひとの面影)』, 『獅子王全集』, 獅子王文庫. 1938, p.124.

❖ 타나카 치가쿠의 이론을 행동으로 옮기고자 한 이시하라 칸지

타나카의 활동기와 사후에도 일련주의는 주로 우익활동에 커다란 영향력을 행사했다. 그 가운데 이노우에 닛쇼(井上日召, 1886~1967)는 일련주의에 의한 우익활동가로 우익청년들에 대한 영향이 지대하였다. 그는 청년들에게 부처는 주(主)·사(師)·친(親) 삼덕(三德)을 지녔으며, 천황도 이와 같다고 하는 왕불명합을 설하였으며, 국체는 국상(國相)·정체(政體) 등과 혼동을 허락지 않는 국가의 정신으로 사해동포 만방일가의 이상사회 건설의 모범국체라고 가르쳤는데 이는 타나카류의 일련주의 그대로였다.[74] 이렇게 타나카의 일련주의적 국체론에 심취된 그는 타나카가 이론만 많고 실천이 적다고 비판하고 현실을 개조하는 것만이 국가와 민중의 요구라고 하여 일본개조운동에 뛰어들었다. 이리하여 그의 지도하에 국가개조를 목표로 농촌청년들 및 제국대학의 학생들과 함께 혈맹단을 조직하여 1932년, 유명한 혈맹단 사건을 일으켰는데 정계와 재계의 20여명의 요

---

[74] 오우미 유키마사(近江幸正), 앞의 글, p.143.

인암살 계획과 결행 중에 체포되어 무기징역을 선고받았다.

또한 육군군인인 이시하라 칸지(石原莞爾, 1889~1949)는 관동군 작전 주임참모로 만주사변을 주도하고 만주국 건설을 추진한 인물로 타나카의 국주회에 참여하여 일련주의를 군국주의 확대의 사상적 도구로 삼았다. 타나카의 천업민족인 일본의 사명에 몰입하여 군인으로서의 사명감을 불태웠다. 이러한 정신적 무장위에 그는 일련이 주창한 말법세의 전대미문의 대투쟁 후에 세계가 『법화경』의 진리로 통일될 것이라는 설을 믿고 세계최후전쟁론을 획책하여, 이를 일본이 일으켜야 한다고 하는 신념을 갖게 되었다. 만주국 설립 후에는 동아연맹을 구상하고 세계최후전쟁을 준비하기 위해 중국과의 제휴를 강조했으나 일중전쟁 돌입 후, 군수뇌부에 의해 받아들여지지 않고 물러나게 되었다. 그는 동아연맹협회를 설립하고, 『세계최종전론(世界最終戰論)』에서 그린 구상을 실천에 옮기려 하였다.

사회주의적인 일련주의 운동에 투신한 키타 잇키(北一輝, 1883~1947)는 다른 사상가들에게도 많은 영향을 주었는데, 그의 사상은 메이지 천황에 대한 신앙, 무력과 일련신앙에 의한 세계통일, 『법화경』의 세속적인 정치화 등 국가주의적인 일련주의 사상에 기반해 있으며, 이는 타나카의 일련주의와 맥락을 같이 한다. 그러나 교육칙어의 국체론을 강하게 비판하는 한편, 『국체론 및 순정사회주의』를 통해 천황이 "국가의 일 분자로서 다른 분자인 국민과 동등한 국가기관"이라고 주장하여 천황주권설을 부정하고, 통치권은 법인인 국가에 있으며 천황은 그 최고기관이라는 소위 천황기관설(天皇機關設)마저 제창하기에 이르렀다.[75] 그렇지만 일본이 통치하는 세계연방을 구축하기 위해서는 천황 및 군대를 핵심으로 하는 것을 주장하였다. 마침내 파시즘 운동의 이론가로서 일본의 개조를 꿈꾸며 일

---

[75] 키타 잇키(北一輝), 『키타 잇키 저작집 1권-국체론 및 순정사회주의(國體論國及び純正社會主義)』, 미스즈 서방(みすず書房), 1959. 3. 참조.

으킨 1936년의 우익혁명인 2·26 사건의 주모자로 사형되었다.

이 외에도 문인으로서는 츠보우치 쇼요(坪內逍遙, 1859~1935), 키타하라 하쿠슈(北原白秋, 1885~1942), 미야자와 켄지(宮澤賢治, 1896~1933), 나카사토 카이산(中里介山, 1885~1944), 종교학자인 아네자키 마사하루(姉崎正治, 1873~1949) 등이 일련주의에 심취, 경도되어 있거나 적지 않은 영향을 받으며 군국주의 하 일본의 문학계와 학문계내의 자신의 영역에서 적극적인 논리를 펼쳤다.

여기에 일련종계의 신종교 입장에서는 창가학회(創價學會)를 빼놓을 수 없다. 창가학회는 마키구치 츠네사부로(牧口常三郞)와 토다 죠세이(戶田城聖)가 1930년에 세운 창가교육학회가 그 토대가 되었다. 1943년 종교통제법에 반대하고 치안유지법에 의해 탄압받았으나 패전후 1946년에 토다가 창가학회라는 명칭으로 바꾸었다. 현세이익은 물론이며 타종파에 대한 절복과 왕불명합론에 의한 현실정치에의 참여로 그 교세를 확장시켜 현재는 신종교 가운데서 최대의 세력을 가지고 있다. 이러한 기본 교리와 활동영역에 있어서 타나카의 일련주의와 비교하여 일련의 삼대비법을 현실정치와 결부시켜 활동하고 있다는 점에 그 유사성을 확인할 수 있다.[76] 이를 실현하기 위해 1964년에는 공명당을 결성하였는데 70년대에 창가학회와의 분리를 선언하였으나 아직도 전자에 대한 후자의 영향력은 남아있다. 무라카미 시게요시(村上重良)는 신종교의 입장에서 창가학회에 대해, "창가학회의 교의는 계통적으로는 일련계의 가운데에서도 반주류소수파인 일련정종의 교학에 속하고 있지만, 내용적으로는 천황숭배와 배외(排外)민족주의를 일련의 사상에 의해 기초를 놓은 타나카 치가쿠의 순정

---

[76] 오우미 유키마사(近江幸正), 앞의 책, p.135. 오우미는 타나카가 1924년 정치결사체인 입헌양정회(立憲養正會)를 결성하여 「존황(尊皇)주의·명분(名分)주의·덕정(德政)주의」를 표방하고 나선 중의원 선거에서 낙선했지만, 이러한 종교정당결성에 의한 정치진출의 의도는 현재의 공명당(公明党)의 선구라고 보고 있다.

(純正)일련주의와 중첩되는 부분이 많다"77고 한다.

이렇게 타나카의 일련주의와 국체론은 많은 지식인들에는 물론 우익 행동가들에게 직간접적으로 정신적 사상적 기반이 되었다. 이는 타나카의 활동 시기가, 메이지(1868~1911) 기간 동안 천황제의 기반이 형성되고 대외전쟁을 통한 패권주의가 주도권을 잡았으며, 타이쇼(1912~1925) 기간 동안 국가주의에 대한 사상적 기반이 마련되고, 이후 쇼와시대의 아시아권에 대한 실천적 패권전략이 강화되는 동안의 정체(政體)를 둘러싼 논란 위에서 배양된 것이다. 더욱이 불교계의 자발적인 국주법종(國主法從)의 이념이 내적으로 군국주의에 대한 저항이 거의 없이 그들 신자와 국민들에게 설해진, 교리교학의 암흑기와 같은 시대의 동일선상에 놓여져 있었다는 배경도 깔려 있었다. 이러한 때 타나카의 일련주의는 군국주의의 우익사상가들에게는 시대에 조응(照應)하는 논리를 제공해 주었다고 할 수 있다.

‡ 1932년 관동군 나무묘법연화경 사령부의 일련주의자들

77 무라카미 시게요시(村上重良), 『신종교-그 행동과 사상 (新宗敎-その行動と思想)』, 岩波書店, 2007. 2. p.218.

V. 일련주의의 한계

앞에서도 언급한 것처럼 타나카는 출가 전에 사이고 타카모리의 정한론에 대한 동감과 한반도에 대한 식민지관을 가지고 있었다. 그는 자신의 회고에서 "사이고 타카모리는 선견지명이 있었다고 해도 좋다. 즉, 얼마 안 있어 일한합방이 되고, 만주승인이 되었다는 것은 늦게나마 사이고 타카모리의 의견이 실현된 것이다"[78]라고 하였다. 이러한 자신의 입장은 일련주의의 주창자로서 생을 마감할 때까지 변함없음을 드러내고 있다.

타나카는 말년에 일본에 식민지화된 한반도를 여행하면서 "아마테라스 오오카미와 메이지 천황(明治天皇)을 조선에 있어서 왕도화육(王道化育)의 수호신으로 모시지 않으면 안 된다"[79]는 기록을 남겼다. 더욱이 서울에서 행한 강의에서는 내선일체(內鮮一體)를 위해 왕도교육이 필요함을 강의하였으며, 한일합방의 정당성에 대해 조선과 일본이 근원적으로 동일국이었으므로, "한일합방이 성취되어 신대(神代)이래의 조선이 국가의 면목으로 환원되었으며", "이제 조선은 한국도 아니고 중국의 속국도 아니고, 고립적인 독립국도 아니며, 훌륭한 대일본제국의 판도에 의해 일본의 국토가 되어 광휘로운 국가가 되었다"[80]라고 하였다. 이는 일찍이 일련종계의 한반도 포교를 위한 진출[81]의 발상이 일본의 조선에 대한 식민주의 정

---

78 타나카 치가쿠(田中智學), 『내가 걸어온 길(わが経しあと)』, 앞의 책, p.318.
79 타나카 치가쿠(田中智學), 『도만기행(渡滿紀行)』, 『獅子王全集〈紀行篇〉』, 獅子王文庫. 1938, p.256.
80 타나카 치가쿠(田中智學), 위의 책, p.267.
81 일련종계의 한반도 포교와 관련해서는 사노 젠레이(佐野前勵)에 의한 조선에의 진출이다. 그는 1894년에 일련종 관장대리의 직함으로 궁내부(宮內府) 대신인 이재만(李載晚)과의 회담 끝에 승려의 입성해금에 대한 약속을 이끌어 내고 마침내 내각총리대신에게 건백서(建白書)를 제출하여 각의(閣議)에서 승인받도록 하는데 기여했다. 그러나 이는 일련종의 종의로 하여금 조선의 불교를 통일시키고자 하는 의도로 전체적으로 볼 때는 이후 타나카의 발언에서 보는 것처럼 식민지 정책과 직결되는 결과를 낳았다.
그는 입정안국회 회두(會頭)의 입장에서 쓴 『조선국왕에게 올리는 서(上朝鮮國王書)』에서 연화경의 일승(一乘)사상과 일련의 삼대비법을 소개한 후, 임진왜란 때에 묘종의 신자인 카토 키

책과 동일선상에 놓여지게 되었음을 확인시키고 있다.[82]

이처럼 타나카는 조선에 대한 식민지 건설과 해외 침략의 정당성에도 충실한 이념을 제공해 주었다. 대외의 팽창주의적인 욕구에 충실했던 일본 군국주의의 이념에 동조함으로써 근대 일본불교의 딜레마를 극복하기보다는 함께 몰락의 길을 재촉했던 것이다. 이는 위에서 고찰한 것처럼, 법화경의 실천자로서 불법위본의 이념을 지녔던 니치렌의 사상과 불법에 내재된 보편성을 근대국가의 이념적 통일의 요구에 따라 일본이라고 하는 세속국가에 편입시킨 것에 근본적 원인이 있었으며 이는 곧 일련주의의 본질적인 한계가 되었기 때문이다.

일련주의는 과거의 문제가 아니라 오늘의 문제이기도 하다. 니치렌 사상을 근간으로 하는 많은 일련계의 종파와 신종교의 활동은 일본 종교계에서 가장 두드러진 활동을 전개하고 있다. 회삼귀일(會三歸一)이 갖는 함의가 종조의 중생구제에 대한 열망과 배치되고 배타적인 상황으로 재발한다면 근대의 역사적 교훈은 뒤안으로 사라질 지도 모른다. 따라서 앞으로도 니치렌의 불법과 근대 일련주의의 연구는 지속되어야 하며, 더불어 군국주의의 탄압을 받았던 소수의 일련계의 활동도 현대와 연동하여 연구할 필요가 있다고 본다. 이는 근대와 관련한 일본 불교계의 정신적인 상황을 역사적인 맥락을 따라 분석하는 것으로 동아시아 삼국의 불교의 근대적 변용 연구에 역동성을 부여함으로써 보다 질적인 연구기반을 마련해 줄 것으로 보며, 이를 추후의 연구과제로 삼고자 한다. ▎원영상

요마사(加藤淸正)에 의해 잡혀온 왕자 임해군(臨海君)이 일본의 고승이 되었음을 알리고, 이러한 연유로 조선도 일본의 태정혁신〔太政革新, 1867년 막부가 정권을 조정에 반납한 사건. 메이지 유신으로 이어지는 계기가 된다〕의 운을 타고 조선을 일신개혁하여 문명화를 꾀하고 불법을 흥륭시킬 것을 권하고 있다. 이러한 타나카의 조선에 대한 인식은 조선과 일본을 동근일체로 보는 관점과 왕불명합론의 법화통일주의에 기반하고 있음을 알 수 있다. 타나카 치가쿠(田中智學),『상조선국왕서(上朝鮮國王書)』,『獅子王全集〈儀文篇〉』, 獅子王文庫. 1932.

82 주지하는 바와 같이 일본이 조선을 일본과 동화시키기 위한 식민지 한반도에 대한 교육방침은 교육칙어에 바탕하였다. 1910년의 「조선에 있어서의 교육방침」에서는 "제국교육의 대본(大本)은 이미 교육에 관한 칙어에 명시되어 있는바, 이를 국체에 바탕하고 이를 역사에 명시, 확고한 것으로 하여 흔들리면 안 된다. 조선교육의 본의(本義) 또한 여기에 있다"고 하여 일본국체가 조선에 대한 교육의 핵심임을 알 수 있다. 歷史學硏究會編『日本史資料 4 : 近代』, 岩波書店, 1997.7. p271.

근대 동아시아의 불교학
제3부 근대화와 불교교육

근대기 한국 승가의 교육체제 변혁과 자주화운동
청말 묘산흥학과 근대불교의 부흥
메이지 말기 가족국가관의 형성과 불교계 여학교
다이쇼시대 일본 불교계의 대장경(大藏經) 편찬사업

근대기 한국 승가의 교육체제 변혁과 자주화운동

I. 근대기 승가(僧伽) 교육의 움직임

　우리나라 근대식 불교교육의 시작은 1906년 5월 명진학교(明進學校)가 세워진 이후라고 보는 것이 일반적이다. 우리나라 최초의 근대식의 사립학교인 원산학사(元山學舍)가 1883년 원산항에 세워졌으니, 이보다 23년 뒤의 일이다. 조선 불교계는 그동안 숭유억불에 의하여 승단의 손발이 묶여 있다가 1895년 승려의 입성금지가 해제되어 비로소 활동이 시작되었다. 그러나 이때는 이미 서구의 종교가 조선에 많이 전파되었고, 일본도 제국주의 시책의 일환으로 일련종을 비롯한 불교종파가 포교를 시작한 뒤였다. 이런 격동의 시기에 불교계는 불교 인재양성의 필요성을 인식하면서 이를 뒷받침할 전통 승가의 교육제도 정비와 변혁이 요구되었다.
　기존의 한국 불교 승가는 불교의 혜명을 잇기 위한 승가 교육제도로 강원과 선원이 그 역할을 해오고 있었는데, 근대기에 들어오면서 새로운 시대상황에 적응하기 위하여 신 교육제도를 필요로 하였다. 특히 조선불교계에 직접적인 영향을 끼치는 관리서(管理署) 사찰령(寺刹令) 30본산주지회 같은 일련의 정치 사건이 발생하면서 이를 헤쳐 나갈 승가의 변혁이 절실히 요구되었다.

여기서는 이러한 때 불교계 승가 교육의 두 가지 변혁에 초점을 두어 고찰하고자 한다. 첫째는 근대기 전통승가의 교육체제는 어떠한 변혁을 보이느냐고, 둘째는 이 시기 일제 강점 속에서 승가는 전통불교를 유지 발전시키기 위한 노력 이른바, 교육 개혁운동과 자주화운동을 어떻게 이루어 냈는가이다. 이를 통하여 근대기 불교계의 근대 교육을 위한 다양한 시도들, 특히 전통교육제도의 계승 발전에 대해 알아보고, 이 과정에서 승가의 주체적인 자주화 모색을 알아보고자 한다.

Ⅱ. 전통승가 교육체제

1. 산중불교시대 삼문수업(三門修業)

조선중기 이후 승가는 교단마저 사라지고 오로지 불교의 혜명을 이어가기 위한 산중불교시대를 맞는다. 이 속에서 전통승가의 교육제도 또한 법맥을 이어가기위한 수선(修禪) 강학(講學)을 중심으로 전개되었다. 이때의 승가는 청허(淸虛)와 부휴(浮休) 이래로 수선에 전념하는 선사(禪師)와 간경하고 강학하는 강학승(講學)이 주류를 이루고, 이들은 나아가 때로는 염불을 하는 정토업을 닦기도 하고, 또는 진언으로 비밀법을 닦기도 하였다.

이러한 승가의 수업체계는 영조 45년(1769) 진허 팔관(振虛捌關)의 『삼문직지(三門直指)』에 의하여 이른바 '삼문의 수업' 체계로 이루어지게 되었다. 삼문은 원돈문(圓頓門)·경절문(徑截門)·염불문(念佛門)으로, 큰 절에서는 이들 삼문을 갖추어 수업이 이루어 졌다. 원돈문은 화엄을 중심으로 간경하고 강학하는 수업으로 강실(講室)에서 강사에 의해 이루어졌고, 경절문은 임제 계통의 선법을 닦는 참선으로 선방에서 수좌들이 가풍을 이었으며, 염불문은 정토수업으로 염불방에서 행해졌다. 곧 강학을 중심으로 하는 강원, 참선 수행하는 선원, 염불업을 닦는 염불원(당), 율업을 닦았던 율원 등과 같은 전문도량이 생기게 되었다. 이들의 수업체계는 후대에 가면 삼문수업을 하는 이판승(理判僧)과 이들을 뒷바라지해 주며 절살림을 도맡았던 사판승(事判僧)이 있어서 승가를 유지하면서 불법을 전할 수 있었다.[1]

2. 선교겸학의 전통승가 교육제도

조선후기에 들어서면서 전통승가는 강원과 선원을 중심으로 한 선교겸학의 승가교육체계로 전개되었다.

강원은 경전에 설해진 교학체계를 수업하는 교육기관이고, 선원은 참선하여 견성성불하는 수선을 전문으로 하였다. 그리고 승려는 수행하는 기간에 따라 법랍이 인정되었다. 강원과 선원은 삼학을 교육목표로 수업의 순서가 특별히 정해지지는 않았으나, 대개의 경우 강원을 이수하고 선원에서 평생 수업하는 것이 일반적이며, 때로는 선원교육을 먼저 하거나 겸하기도 했다.[2]

---

1 金煐泰, 『한국불교사』, 경서원, p.319.
2 南都泳, 「僧伽敎育의 歷史的 考察」, 『승가』 창간호, 1984. 2, p.18.

강원의 기원은 삼국시대 이래 승가에서 행해지던 경교의 교과과정을 수업한데서 유래하는데, 벽송 지엄(碧松智儼, 1464~1535)이 『선원제집도서』·『법집별행록』·『선요어록』·『법화경』·『화엄경』·『능엄경』 등 사집과(四集科) 교과과정으로 제자들을 교육했다고 하여, 이때 강원에 사집과가 생긴 것으로 보기도 한다.[3] 그 뒤 부용 영관(芙蓉靈觀, 1485~1571) 때에는 사집과와 대교과가 이루어지고, 월담 설제(月潭雪霽, 인조~숙종) 때엔 사집 사교(대교과)가 모두 갖추어졌다고 한다.[4]

이때의 학제는 수업의 단계를 사미과·사집과·사교과·대교과의 넷으로 하고, 여기에 수의과(隨意科)를 최상위로 규정했다.[5] 수업연한은 10년 내지 11년으로, 사미과 1년(3)·사집과 2년(2)·사교과 4년(2)·대교과 3년(3)으로 하였다. 그 대강을 나타내면 다음의 〈표 1〉[6]과 같다.

〈표 1〉 학제와 수업연한

과정	수업연한(10년)	과목
사미과	1년	십계를 받음, 조석송주, 반야심경, 초심문, 발심문, 자경문
사집과	2년	선원제집도서, 대혜서장, 법집별행록절요병입사기, 고봉선요
사교과	4년	수능엄경, 대승기신론, 금강반야경, 원각경
대교과	3년	화엄경, 선문염송, 경덕전등록

[3] 李智冠, 『韓國佛敎所依經典硏究』, 동국대학교대학원, 1969, p.25.
[4] 金映遂, 「朝鮮佛敎와 所依經典」 『一光』 창간호(1928), p.3. 김영수의 주장은 "보조국사가 정혜결사하고 돈오점수의 학설을 따라 절요 도서 계초심문을 선종일반에서 익히게 했으며, 고려 말 야운의 자경문을 포함하여 선종수학 10과목(금강 능엄 선요 절요 도서 서장 치문 자경문 염송)이 이루어졌다고, 벽송지엄은 처음으로 법화경을 추가하고, 청허의 4대법손 월담설제에 이르러 화엄 법화 원각 원효의 발심문이 추가되었다. 이때에 이르러 수행자는 초심 발심 자경 치문으로 시작하여 서장 도서 절요 선요의 사집을 讀習하고, 다음으로는 능엄 법화 금강 원각의 사교를 연구하며, 후에 화엄 염송을 강의하게 했다. 후에는 이중에 법화경 대신에 기신론을 포함하였다.
[5] 李能和, 『朝鮮佛敎通史』 하권, pp.989~990.
[6] 이능화, 앞의 책, p.989의 내용을 도표화 한 것임.

과 정	수업연한(11년)	과목
사미과	3년	십계를 받음, 조석송주, 반야심경, 초심문, 발심문, 자경문, 사미율의, 치문경훈, 선림보훈
사집과	2년	선원제집도서, 대혜서장, 법집별행록절요병입사기, 고봉선요
사교과	2년	수능엄경, 대승기신론, 금강반야경, 원각경
대교과	3년	화엄경, 선문염송, 경덕전등록, 십지론, 선가귀감, 묘법연화경

① 사미과는 대개 출가하여 사미계를 받고 3년 이상 경과한 10세 이상의 사미들이 그 대상이며, 계율을 수지하고 이해하여 올바른 승가생활에 임할 수 있는 예비문이다. 교과목은 『수십계 조모송주(受十戒 朝暮誦呪)』・『반야심경』・『초발심자경문(初發心自警文)』을 배우도록 했다. ② 사집과는 전을 볼 수 있는 기초를 습득하도록, 『선원제집도서(禪院諸集都序)』・『대혜서장(大慧書狀)』・『법집별행록절요병입사기』・『고봉절요(高峰禪要)』를 수학하도록 한다. ③ 사교과는 『능엄경』・『법화경』・『금강경』・『원각경』의 대승경전을 익히는 과정이다. ④ 대교과는 강원의 사실상 최고과정으로 『화엄경』・『선문염송』・『경덕전등록』 등을 배운다. 이밖에 수의과는 대교과를 졸업하고 자신의 전공과목을 4년 이상 이수하는 과정이다.

다음 선원의 승가 교육에 대해 보기로 한다. 우리나라 선원의 기원은 신라 말 선법이 전래한 후 고려 초까지 9산선문이 형성되면서 선수행처로 사찰이 그대로 하나의 수행기관으로 자리하였다. 고려태조의 개경 십찰에도 천선원이 보이고[7] 태조 12년조에는 안화선원(安和禪院)을 세웠다는 기록이 있어, 고려 초에는 여러 선원이 있었음을 알 수 있다. 고려시대에는 종파가 이루어지고 승과가 실시되어 선원은 조계선종의 선종사찰 중심으로

---

[7] 『삼국유사』 王曆 제1. "己卯移都松岳郡 是年 創法王 慈雲 王輪 內 帝釋 舍那 又創天禪院 (卽普膺) 親興 文殊 通 地藏"

발달했다. 특히 보조 지눌(1158~1210)의 정혜결사는 선원이 많은 선수행자들이 함께 간경하고 선 수행에 전념했던 결사처이기도 하였음을 보여준다.

선원은 선방 선당 좌선당으로 불리며, 선원에 들어갈 수 있는 자격은 구족계를 받은 20세 이상 된 자로서, 사교 대교과를 마치고 들어와 수행하는 평생 교육기관의 성격이 강하였다. 이곳에서는 일년에 두 번 하안거와 동안거 집중적인 수행을 닦았다. 하안거는 4월 15일 시작하여 7월 14일 마치고 동안거는 10월 15일 시작하여 1월 14일 마친다. 안거를 시작할 때는 결제라 하고, 마칠 때는 해제라 하며, 하안거와 동안거를 선수하여 하안거를 기준으로 법랍을 수여한다. 이 기간 동안 좌선 수행하고 대소승율을 배우며, 수행을 마치면 법계를 받기도 한다. 대선사 대교사는 강원을 졸업하고 선원에서 하안거 20차례를 닦아 법랍이 20하(夏) 이상이어야 한다.

선원에서의 생활 규칙은 각 선원마다 정해져 있으나, 대체로 수선은 8시간 이상 좌선 수행하는데, 때로는 선리를 연구하고 대·소승 율을 설하기도 한다.

Ⅲ. 승가의 교육체제 변혁

1. 승가의 학림(學林)설립

근대기 승가 교육제도의 가장 큰 변화는 불교교단이 30본산 체제로 바뀌고, 이 본산을 중심으로 근대식 학림체제가 설립되어, 이제까지 유지해 오던 전통 교육기관인 강원 선원(선림)과 함께 근대 조선불교 총림(叢林)

을 형성한다는 것이다. 학림이란 전통 승가의 교육기관에서 근대기에 들어 강원과 선원 외에 지금의 학교와 같은 근대식 교육체제를 말한다. 근대기 불교계는 학림이라는 교육체제를 이루어 새로운 신학문을 수용하게 되었다. 이 당시 학림(學林)은 서울 중앙학림과 지방의 지방학림 그리고 보통학교가 중심이 된 교육체계이다. 그 성립과 변천과정을 살펴보면 다음과 같다.

조선불교계에 최초의 근대식 학교교육은 명진학교(明進學校)로부터 비롯되었다. 1899년 불교계에는 개혁의 바람이 일어나 원흥사(元興寺)를 창건하고 한국불교의 총종무소로 삼아 전국 13도마다 수사찰을 1사(寺)씩 두었다. 여기서 불교 교육제도의 개혁이 이루어지는 듯 했으나, 정부는 1902년 바로 관리서(管理署)를 설치하고 36개조의 사찰령으로 전국사찰을 관리하고자했다. 이 대법산제도와 관리서는 1904년 폐지되고, 1905년 을사늑약 이후 통감부가 설치되어 교육정책을 통제하였다. 그리고 이듬해 (1906년) 원흥사에 불교연구회를 설립하였다. 이 불교연구회는 홍월초, 이보담 등을 중심으로 선진 일본의 포교방식을 도입하여 근대화를 이루겠다는 취지로 일본 정토종 이노우에 겐싱(井上玄眞)의 권유를 받고 연구회를 조직했다. 여기서 근대식학교를 설치 운영하기로 함에 따라 학문을 연구하는 교육기관으로 명진학교(1906. 5)를 세우게 된 것이다.

그런데 명진학교는 종명운동으로 인하여 몇 차례 경영권이 바뀌게 된다. 처음은 정토진종의 종지로 설립되어 그 교세가 커지면서 사회의 반대운동에 직면하게 되었다.[8] 1907년 각 도 대표자 50여명이 모여 총회를 열었을 때, 이보담이 명진 학교장을 사임하고 이회광이 후임에 임명되어, 이듬해 원종 종무원이 세워져 명진학교를 이끌어가게 되었다. 하지만 1910

---

8 『대한매일신보』 제347호 광무 10년(1906) 10월 16. "대한매일신보에 西本願寺 開教總監의 來韓을 비판하는 논설 게제됨"(『한국근세불교백년사』 제4책, 일본불교편, pp.20~22)

년 10월 이회광이 단독으로 일본 조동종 종무대표와 연합연맹을 체결하면서, 박한영, 한용운 등의 반대운동으로 다시 조계종이 송광사에 세워져 서울의 원종과 대립하게 되었다. 일본 불교계의 조선교육계 진출의 측면에서 보면, 초기 이보담의 정토진종에서 이회광의 조동종계의 경영권 변화로도 볼 수 있다. 정토종은 그 부속사업으로 1907년 통도사와 결탁하여 사립명진학교를 세우기도 했다. 이 학교는 통도사 대표 승려와 정토종 본종 개교원이 공동으로 경영하여 조선 승려의 포교 및 보통교육을 겸하기로 했다. 이회광이 조동종과 가까워지면서 1910년경에는 일본 정토종의 인사들은 통도사 학림에 초빙되었다가 통도사 사중 실권을 장악한 다음, 통도사를 일본 정토종 사찰로 만들려다가 실패하여 축출되기도 했다.[9]

그 후 명진학교는 1910년 4월 한일합방 전에는 불교사범학교로 개편되었고, 1910년 일제강점기로 들어가면서 사찰령(1911. 6)에 의해서 남북의 원종 임제종의 경영권 다툼도 무산되어, 조선교육문제는 총독부의 간섭하에 이루어지게 되었다.

명진학교[10]는 원흥사에 설치한 보통학교로 시대를 선도할 수 있는 인재양성을 목표로, 13세부터 30세에 이르는 청년 승려들을 모아 2년제로 운영하였다. 전체적으로 기존의 사원교육 방식을 채택하여 학생전원이 기숙사에 생활하도록 했다. 이때 명진학교에서 강의한 교과목은 불교교학, 참선 근행(勤行) 등의 수행, 그리고 다양한 일반 기초 신학문으로 짜여있다. 학교의 직제는 찬성장(贊成長) 1명, 찬성원 몇 사람, 교장 1명, 학감 1명, 요감(寮監) 1명 서기 1명 강사 몇 사람으로 구성되었다. 초대와 3대 교장에는 이보담, 제2대 교장은 이능화, 제4대 교장에 이회광이 각각 역임했다.

---

9 高橋亨, 『李朝佛教』, p.921.
10 이능화, 앞의 책, p.936.
   남도영, 「近代佛教의 教育活動」『近代韓國佛教史論』 불교사학회편, p.227. 명진학교에 대한 자세한 내용은 기존의 여러 논문에서 밝히고 있어 생략한다.

명진학교는 불교중앙 교육기관으로 후일 조선 근대사회발전에 동량이 되는 인재들을 많이 배출하였다. 그중에서도 제1회 졸업생중에는 권상로, 강대련, 안진호, 이종욱, 한용운 등 조선불교계를 이끌어갈 중요한 인물들이 들어있다.

　1906년부터 1910까지 설립된 학교로는 수원 용주사의 명화학교, 고성 건봉사의 봉명학교, 양산 통도사의 명진학교, 합천 해인사의 명립학교, 안변 석왕사의 석왕학교, 동래 범어사의 명정학교, 순천 선암사의 승선학교, 해남 대흥사의 대흥학교, 전주 위봉사의 봉익학교, 대승사·금룡사·남장사·용문사·명봉사·광흥사 등의 경흥학교, 화엄사·천은사·태안사·관음사 등의 신명학교, 승주 송광사의 보명학교, 산청 대원사의 원명학교, 하동 쌍계사의 보명학교, 문경 금용사의 금용학교, 장단 화장사의 화산강숙, 달성 동화사의 광명학교, 장성 백양사의 광성학교, 합천 해인사의 해명학교 등이다.[11] 1907년에는 각 지방에도 학교를 설립하여 교육하게 되었다.

2. 일제 강점기 총림체제 변혁

1) 불교중앙학림과 총림체제
① 중앙학림의 변혁

　명진학교 이후 불교 교육체제는 조선 불교사범학교로 바뀐다. 그런데 이 기간은 일제강점기여서 조선 불교교육제도는 1911년 6월 내려진 7개조의 사찰령에 의해서 사실상 총독부의 통제와 30본산의 합의로 흥폐가 이루어졌다. 그 변천과정을 살펴보면, 원종 종무원은 1910년 명진학교를 불교사범학교로 개편하고, 전국 지방사찰에는 보통학교를 정식으로 인가해줄 것을 신청하여, 4월에 불교사범학교로 개교하게 된다. 이 학교는

11　남도영, 앞의 글, p.237. (학교명 중에 明新은 明進으로, 江明은 源明으로 수정)에서 축약.

1914년까지 유지되는데[12]. 그 학제는 3년제 사범과와 1년제 수의과를 두었다.

이 불교사범학교는 일제에 의해 조선이 병합당한 후, 1910년 10월 원종 대표 이회광이 조동종과 연합동맹을 체결하여 이에 반대하는 임제종이 생기면서 교계가 원종과 임제종으로 나뉘어져 결국 침체에 빠지게 되었다. 이와 같은 상황은 1911년 6월 사찰령으로 인하여 두 종명이 저절로 없어지고,[13] 30본산제가 실시되면서 모든 사찰이 총독부의 관리 체제로 들어가게 되었다. 그리고 그동안 나뉘었던 종명도 조선선교양종으로 종론을 통일하였다. 1913년 30본산 주지회의에서는 포교의 확장과 포교당 유지 교육발전 방법을 논의하고, 보통학교설립을 총독부에 건의해서 시행됨으로써, 본산을 중심으로 한 총림체제로 전개되었다고 할 수 있다.

근대 학림의 학교교육은 1913년 까지 전국사찰에 설립된 보통학교가 15개교, 전문강원은 57개소, 일본 유학생 수가 12인에 이른다.[14](〈표 2〉참조)

〈표 2〉 1913년 교육기관 현황[15]

30본산	학교		선학당	포교당	유학생파견	
	보통학교	전문강당			국내본말사간	일본
해인사본말사	3	7	10	3	경성고등1	보통 1, 사비 1
유점사본말사	-	2	4	설립준비	경성고등1	
마곡사본말사	-	2	4	-	경성고등1	

---

12 남도영, 앞의 글, p.248.
13 김영태, 『한국불교사』, 경서원, p.355.
14 강만길, 『한국근대사』, 창작과 비평사, 2001, p.289. 비슷한 시기 1910년에 기독교계 학교는 장로교는 510개 학교, 감리교가 158개교, 천주교가 124개교, 그 외에도 성공회 안식교 등을 합하면 총 807개 학교에 이른다고 한다.
15 『海東佛敎』 제4호, 1913(대정 2년), 12월, pp.81~93의 내용을 정리하여 작성한 것임.

금룡사본말사	보통강숙 1	4	5	설립준비	경성고등1	사비1
고운사본말사	-	2	4	2		공비1
봉선사본말사	-	-	-	-	경성고등1	
은해사 본말사	1	1	3	1	경성고등1	
동화사본말사	-	4	4	1	경성고등1	
전등사본말사	보통강숙 1	-	1	-	경성고등2	
범어사본말사	1	1	5	4	경성3, 경보2	
성불사본말사	-	-	-	-	경성고등1	
송광사본말사	1	1	3	선암합1	경성고등1	
선암사본말사	2	2	2	송광합1	경성고등1	
건봉사본말사	1	2	3	설립준비	경성고등1	공비1
월정사본말사	-	2	2	-	경성고등1	
통도사본말사	2	5	7	2	경성고등 2, 경성 2	사비1
패엽사본말사	-	1	1	-	경성고등1	
용주사본말사	-	3	2	2	경성고등1	공비1
봉은사본말사	-	1	1	-	경성고등1	
보현사본말사	1	1	1	-	경보2	사비4
보석사본말사	-	1	2			
기림사본말사	2	1		1		
귀주사본말사	-	1	1	1	경성고등1	
영명사본말사	-	-	-	-		
법흥사본말사	-	-	-	-		
석왕사본말사	-	1	1	1	경성고등1	
백양사본말사	1	1	3	1	경성고등3	사비2
법주사본말사	-	1	1	-	경성고등1	
대흥사본말사	1	-	2	설립준비	경성고등1	
위봉사본말사	-	-	-	1	-	
총계	15	47	72	22		12

* 경성: 경성유학, 경보: 경성 보통학교로 유학, 경성고등: 경성 고등강숙으로 유학

삼십본산 주지회의 광경

1914년에는 30본산주지회의 결의에 의해 불교사범학교를 폐지하고, 고등불교강숙을 설립하여, 대교과 이상 과정을 주로 하고, 사교과를 겸수하며 포교원을 양성하도록 했다. 그리고 교수방법은 보통학교 학제와 같았다.[16] 그러나 고등불교강숙은 반년도 못되어 여름에 폐교되었다.

1915년 2월 30본산주지회의 체제를 30본산 연합사무소 체제로 전환하고(1920년까지 이어짐), 사찰령이후 체계적인 포교 및 흥학(興學)운동이 시도되었다. 이 회의에서 제정된 '조선 각 본사 연합제규'의 불교 교육제도에 대한 중요 내용을 정리해보면 다음과 같다.

첫째, 각 본사는 연합하여 강학 포교를 한다(제1조).
둘째, 연합사무를 처리하기 위해 연합사무소를 경성에 설치한다(제2조).
셋째, 연합사찰의 승려교육을 위해 경성에 중앙학림을 두고, 각 본사에 지방학림을 둔다(제12조, 제13조).
넷째, 중앙학림 졸업자 또는 이와 동등 이상의 자격자에게 포교사를 임명한다(제16조).[17]

---

16 『海東佛報』제4호, p.86.

여기서 중요한 점은 전 해에 설립했다가 폐교한 불교 고등강숙 대신 '불교중앙학림'을 설치하고 지방에는 기초학교로 '불교지방학림'을 둔다는 것이다. 이 연합법규는 11월 5일 총독부의 인가를 얻고, 1916년 1월에는 비로소 서울에 중앙학림을 두고 지방에 지방학림, 그리고 그 아래에는 보통학교를 두도록 하였다. 또한 지방학림 졸업자는 중앙학림에 입학시키도록 하여, 보통학교→불교지방학림→불교중앙학림의 단계식 교육제도를 실시하여 근대식 학림체제로 개편하였다. 곧 지방학림에서 3학년 졸업자와 전문강원의 사교과 출신자도 중앙학림에 입학할 수 있었다. 이로써 조선 교육계가 전통적인 강원과 선원의 교육체계와 근대식 교육제도로서 학림이 설치된 뒤, 이들을 일체화하는 총림체제로 정비되었다.

불교중앙학림은 명진학교에서 이어온 불교계 최고학부로 후일의 불교전문학교와 혜화전문을 거쳐 오늘날 동국대학교로 이어진다. 이때 만들어진 학칙은 중앙학림이 총 43조, 지방학림 학칙이 11조로 되어 있다. 학장에는 강대련, 학감에는 김보륜, 요감 김용태, 교사로는 조선 제일 강사로 유명한 박한영이 불교학을 강의하고, 일본인 하야카와 케이죠(早川敬藏)은 일어와 물리, 이명칠이 산수와 미술을, 이지광은 역사·일어·지리를, 송헌석은 국어를 강의했다. 보통학교 과정을 졸업하고 수업 연한은 예과 1년 본과 3년으로 하고 있다.[18]

교육목적은 "조선교육령의 취지에 기초하여 승려에게 종승(宗乘) 여승(餘乘) 및 수요할 학과를 교수하며, 포교 전도의 인재를 양성하므로 써 설치했다"라고 한다. 다시 말해서 종파의 종지가 되는 가르침과 그 밖의 불교학으로 가장 필요한 학과를 가르치는 것을 목표로 한다는 것이다. 이에 따라 과목은 예과와 본과로 나누어 예과에서는 수신·종승·여승·국

---

17 이능화, 『조선불교통사』, pp.1188~1190.
18 『한국근세불교백년사』 제2권, 교육편년 pp.17~21. 『조선불교통사』 하, pp.1207~1227.

◎ 혜화전문학교 교사 모습

어·한문·보조과목을 이수하고, 본과에서는 수신·종승·여승·종교학 및 철학·포교법·국어·한문을 3년에 걸쳐 이수하도록 하였다. 이중에 불교과목으로는 수신 종승(宗乘) 여승(餘乘) 포교법을 들 수 있다. 수신과 목으로는 수신요지 및 승려본분을 배우고, 종승 과목으로는 『화엄경』·『능엄경』·염송과 설법·참선·금행을 배우며, 여승 과목으로는 『백법론』·『천태사교의』·『불조통재』·『열반경』·『범망경』·『유식론』·『종경록』·『팔식규구』와 『인명론』을 배우도록 하고 있다.[19]

또한 이때를 전후하여 교육계는 30본산을 중심으로 학교와 포교원이 전국적으로 설치되기 시작했다. 전국사찰 900여 개소의 지원으로 중앙학림 1개소, 지방학림 10개소, 보통학림 11개, 전문강원 선원을 갖추었다. 중앙학림은 수업연한이 예과 1년 본과 3년으로 하였으며, 학장에는 강대련이 취임하였다.

---

19 이능화, 앞의 책, pp.1215~1216 참조.

신명학교 학생들과 스님

    1917년에는 이 총회에서는 일본불교 각 종파의 시찰과 교육기관 등을 돌아보도록 했다. 또 강학을 위해서 경성에 중앙학림을 두고 각 본사에는 지방학림을 두도록 하였다. 지방 각 사찰에 설립되어 운영된 지방학림은 30본산을 중심으로 금용사 지방학림 등 10개소, 보통학교는 대흥보통학교(대흥사)를 비롯해서 11소가 있었다.[20] 그리고 이때 본산 본말사 학생수는 지방학림 222명, 불교전문강원학생 542명, 보통학교학생 290명 등 모두 1054명이었다.[21] 이중에서 지방학림 10곳을 들어보면(1920년), 금용사 지방학림 · 고운사 · 범어사 · 백양사 · 송광사 · 은해사 · 통도사 · 해인사 · 대흥사 · 선암사 지방학림이 설립되었다. 또 보통학교로는 대흥보통학교

20 李閠宰,『한국불교의 교육행정에 관한 연구』, 1976, 단국대학교, p.32.
21 『佛教叢報』제2호, p.1 ;『한국근세불교백년사』제2권, 교육편년 p.27 〈표3〉 참조.

를 비롯하여 백양사 광성의숙, 송광사 보명학교, 선암사 승선학교, 화엄사 신명학교, 쌍계사 보명학교, 해인사 해명학교, 범어사 명정학교, 통도사 통도학교, 김용사 김용학교, 석왕사 보통학교 등이 있었다. (〈표 3〉 참조)

그리고 이때 들어와서는 일요학교 강습소 야학교 등 다양한 형식의 학교들이 개설되었다. 통도사에서는 용평야학교를 설치 수백의 자제를 교양하였고, 김용사에서도 노동야학을 수년 동안 개설하였으며, 고운사에서는 거액을 들여 안동 불교청년회를 설립 교육에 힘을 쏟았다. 이외에도 경성 평양 함흥 등지에서도 불교청년회를 경영하여 야학교 강습소를 설립하였다. 또 교의와 사학 등을 연구하는 기관이나 선학과 교의를 연구하는 기관도 다수 등장하였다고 한다.[22]

〈표 3〉 1917~1920년 30본산 본말사별 학생수 일람

본말사명	전문강원학생	지방학림의 학교 학생		보통학교 학생	
통도사본말사	58	통도사지방학림	35	동도학교	60
해인사본말사	5	해인사지방학림	15	해명학교	32
범어사본말사	12	범어사지방학림	20	명정학교	48
유점사본말사	46	-			-
건봉사본말사	57	-			-
김용사본말사	54	김용사지방학림	23	김용학교	15
석왕사본말사	5		-	석왕사보통학교	20
용주사본말사	23		-		
동화사본말사	17		38		-
송광사본말사	30	송광사지방학림	17	보명학교	27
선암사본말사	10	선암사지방학림	20	승선학교	35

22 『조선제종교』, p.151.;『한국근세불교백년사』제2권, 교육편년, p.47.

보현사본말사	8		-		-
봉은사본말사	13		-		-
마곡사본말사	-		-		-
대흥사본말사	26	대흥사지방학림	-	대흥보통학교	-
고운사본말사	32	고운사지방학림	43		-
월정사본말사	29				-
법주사본말사	29		-		-
귀주사본말사	15		-		-
보석사본말사	10		-		-
패엽사본말사	-				-
전등사본말사	8		-		1
봉선사본말사	18		-		-
백양사본말사	14	백양사지방학림	5	광성의숙	9
기림사본말사	13				-
은해사본말사	7	은해사지방학림	6		33
성불사본말사	-		-		-
위봉사본말사	-		-		-
법흥사본말사	-		-		-
영명사본말사	3		-		-
				신명학교(화엄사) 보명학교(쌍계사)	
총계	542	10	222	11	290

　1922년에 들어 불교계는 신진 승려들을 중심으로 개혁의 움직임이 일어나 1월에 전국 사찰을 통제할 중앙총무원을 각황사에 설치하였다. 그러

나 이에 반대하는 대부분의 30본산주지들은 같은 해 5월 중앙교무원을 다시 각황사에 설립하였다. 이와 같이 교계가 2원체제로 나누어진 가운데 중앙학림 학생들은 1921년 9월 중앙학림 학생들이 30본산 사무소에 불교전문학교 승격문제 등 6개항을 요구하고 동맹휴업을 벌였다. 이에 1922년 30본산회의에서 중앙학림의 전문학교 승격을 약속하고 5년간 휴교하도록 했다.

② 강원과 선림의 정비

다음에는 전통강원과 선원을 살펴보기로 한다. 각 사찰의 강원과 선원 현황은 앞의 〈표 2〉를 보면 강당이 30본산을 본 말사에 47여개소, 선원이 72여개소가 보인다.

이 당시(1912년) 강원은 보통과와 전문과의 둘이 있고, 전문과는 다시 필수과와 수의과로 나누었다.

이들 필수과의 학과 및 수업연한은 사미과가 2년, 사집과는 3년, 사교과는 4년, 대교과는 3년을 수료하도록 했다. 필수과 사과 수업과목은 다음과 같다(〈표 4〉 참조).

〈표 4〉 1912년 30본산 주지회의 강원의 필수과 교과목

학과	수업연한	수업과목
사미과	2년	사미율의, 조석송주, 반야심경, 예불의식, 초심문, 발심문, 자경문, 치문
사집과	3년	도서, 절요, 선요, 서장
사교과	4년	능엄경, 기신론, 금강반야경, 원각경
대교과	3년	화엄경, 십지론, 염송, 전등

수의과는 필수과를 졸업한 후 근기에 따라 경론을 닦도록 하고 있다. 승려들의 법계는 선종법계와 교종법계가 있다. 선종법계는 대선 중덕 선사 대선사가 있다. 이중에 대선은 비구계 보살계를 받고 안거 10하(夏) 이상 성취하고 사집과 이상을 수료한 자이다. 중덕은 대선을 얻고 다시 5하를 수업하지 않으면 허락하지 않는다고 한다. 선사는 중덕을 받고 다시 3하를 안거하고 전등록 불조통재를 수료한 증명이 없으면 이 지위에 승진을 허락하지 않는다고 한다. 교종법계는 대선 중덕 대덕 대사가 있다. 대선은 비구계 보살계를 받고 안거 5하 이상 성취하고 사교과 이상을 수료한 자이다. 중덕은 대덕을 얻고 화엄경 현담삼현을 수료한 증명이 없으면 이 지위에 승진을 허락하지 않는다고 한다. 대덕은 중덕을 받고 『십지경』·『십지론』을 수료한 증명이 없으면 승진을 허락하지 않는다고 한다.[23]

근대기 선원은 1900년대 초부터 꾸준히 개설되어 본말사에 여럿의 선원을 두기도 하였다. 처음에는 강원을 나와 일정한 자격을 갖춘 자가 선원에 들어갔으나, 뒤에는 선회참가자를 모집하여 개설하기도 했다. 곧 1898년 해인사 선방의 정혜결사, 1926년 도봉산 망월사 활구참선만일결사회, 1921년 건봉사 무차선회 등이 많이 개설되었다.[24] 이때는 일정한 자격을 정하고 선회의 청규도 밝혀서 뜻이 있는 자는 누구나 선수에 참여할 수 있었다.

선원에 들어가면 반드시 그 선원의 청규를 준수해야 한다. 선림규칙은 선원마다 차이가 있었다.

30본산 주지회의에서는 1914년 1월 당시의 선학당에 들어올 자격요건과 선림규칙을 다음과 같이 정하였다. 선림의 목적은 "불조의 심법을 실참하여 견성성불에 달하게 함"에 있고, 선림에 들어올 수 있는 자격요건을

---

23 『조선불교월보』 잡보 제6호, pp.61~62.
24 『한국근세불교백년사』 제2권, 2. 禪房編年, pp.1~24참조.

네 가지로 정하였다. ①바른 신심을 내고 품행이 단정한 자이고, ②구족계를 받은 증서가 있는 자이며, ③불교전문 사집과 이상의 수학증서가 있는 자이고, ④해당사찰에서 3하 이상 안거증서가 있는 자이어야 한다는 것이다.[25]

선림규칙의 중요한 내용들은 첫째, 어떠한 선림을 막론하고 하안거나 동안거 결제 후에 는 다른 절에 가거나 안거 중에 옮기지 못한다. 둘째, 참선하는 시간은 낮에는 상오 하오, 야간은 초야 중야로 정하여 부지런히 닦아 나태함이 없게 할 것. 셋째, 선 수행자중 병고가 발생하면 보살필 간호원을 정하여 탕약 및 음식을 알맞게 공급한다. 넷째, 안거 중에 뇌란이 심하여 대중들이 의논하여 그에 상당한 징계를 할 때는 본사 주지가 집행한다. 다섯째, 선림 유지 비용은 그 절 사무소의 예산 범위 내에서 쓰도록 하여 남용이 없게 한다.[26]

한편, 기존 사찰에 설치한 선원이 아닌, 선리를 연구하고 선법을 펴기 위해 특별히 1921년에 서울 안국동에 선학원이 설립되었다. 그 목적을 "정법 선리를 포교한다"는 데에 두고, 백용성·송만공·오상월 등 3화상이 선학원을 창설하였다. 이듬해 선학원 내에 친목단체로 선우공제회를 설치하기로 했는데, 서무부, 재무부, 수도부의 삼부를 두고, 사무를 토의하기 위해 조선 전 사찰에서 평의원 20인을 선정하였다. 또 지방에는 19개 사찰에 지부를 두었다. 1923년 9월에는 사단법인으로 설립허가를 제출하여, 1934년 12월 재단법인 조선불교중앙 선리참구원으로 발족했다. 회주는 백학명선사, 화주는 이윤근, 단월은 백현숙씨, 입참대중은 15인을 예정하였다고 한다. 참여할 수 있는 자격요건은 20세 이상 35세까지 사교과 졸업 이상자가

---

[25] 남도영, 「韓國 寺院敎育制度(中)」, 『역사교육』 제28호 1980, 역사교육연구회, p.65. 通道寺 청규에는 入參요건으로 품행이 청정한 자, 승적 호적이 있고 의발을 갖춘 자, 만20세 이상 50세까지 신체 건장한 자로 하고 있다. 또 梵魚寺 선원 청규에는 25세 이상 50세 이하의 사교과 이상의 학력을 가진 자와 구납자와 특별히 새로 발심한 자는 허용하였다.
[26] 『해동불교』 제4호, p.89.

들어올 수 있다²⁷고 한다.

선원은 시간이 지나면서 많은 사찰에서 설치하여, 1928년 선방시설을 갖춘 사찰이 75개소에 이르고 본 말사를 통틀어 선당 시설이 전혀 갖추어지지 않은 곳은 평남과 함북뿐이었다고 한다.²⁸ 이때 선방의 청규절목도 정비되어 18조로 규정하였다. 그 내용을 들어보면, ①하안거는 음력 4월 15일 시작한다. ②동안거는 10월 15일에 시작한다. ③결제 기간 중 입참(入參)은 불허한다. ④해제 이전에는 마음대로 거처를 이동하지 못한다. ⑤오후에는 잡식을 불허한다. ⑥대소변 외에는 출입을 금한다. ⑦와병 외에는 다른 방에 옮길 수 없다. ⑧취두훤화는 어느 곳에서나 불허한다. ⑨잠간이라도 자리를 이탈하지 못한다. ⑩만일 병중이면 그 병이 완치되는 대로 다시 입방한다. ⑪백의로써 참선하는 것은 불허한다(봉은사 송광사 도리사 등은 예외). ⑫6일(초6 16 26일)외에 내의 세탁을 불허한다. ⑬선상 위에서 다리를 뻗어서는 안 된다. ⑭문밖에서 고성희소는 불허한다. ⑮자리의 차례는 서로 바꾸지 못한다. ⑯문안에 들 때는 합장곡궁한다(송광사 도리사는 예외). ⑰방선 전에는 타인의 출입을 불허한다. ⑱선방에 있는 이는 사중의 회의에 참여할 수 없다. 이상 18청규는 사찰마다 융통성을 주어 예외를 어느 정도 인정하고 있다. 또 각 사찰의 선방마다 자격과 청규 관련 위반 시 처벌 규정이나 자세한 생활 규칙은 따로 인정하고 있다.²⁹

이와 같이 근대기 선림은 기존의 전통 승가의 교육체제를 유지하면서 새로운 학림과의 교육체제를 교류하였다. 또 시대에 따라 선원의 청규를 정비하고 수선방식을 다양화하면서 변화에 대응하였다. 선림은 전통적인 불조의 심법을 좌선 참구하는 엄격한 수행을 전승하면서도, 시대의 변화

---

27 『불교』 제34호, p.51.
28 「朝鮮僧侶修禪提要」 『한국근세불교백년사』 제2권, 1. 禪房編年, pp.17~18.
29 『한국근세불교백년사』 제2권, 1. 禪房編年, pp.21~26에는 1928년 총독부에서 조사한 각 사찰의 선방 절목들을 소개하고 있다.

에 따라 각종 선회나 결사 등의 수선형식을 통해 선법의 전승과 포교에도 힘을 쏟았다.

선원의 구성은 선주가 방장 또는 조실로 선원 일체의 일을 지휘하고, 수좌는 선주를 보좌하였다. 선주 밑에는 그 소임에 따라 내호법반, 외호법반으로 나누어 입선(入繩), 유나(維那), 시불(侍佛), 병법(秉法), 헌식, 사찰시경(時警), 시봉의 내호법반과 원주, 별좌, 미감, 서기, 원두, 채공, 공사, 부목의 외호법반으로 소임을 맡았다.

2) 불교계의 숙원 불교전문학교 설치

그동안 교단은 중앙 교무원과 중앙 총무원으로 나누어져 있다가, 1925년에 가까스로 타협이 이루어져 사단법인 조선불교 선교양종 중앙교무원을 설치하고 중앙통제의 종무기구를 만들 수 있었다. 교계는 30본산 연합제하에서 중앙불교학림으로 10여 년 동안 흥폐를 거듭해 오면서, 시대적 요청에 의해 종단의 개혁과 교육방법의 혁신을 도모하면서 교육재단의 필요성을 인식하고 마침내 중앙교무원 재단법인을 성립시키게 되었다. 이에 교무원은 1927년 명륜동에 불교전문학교의 교사를 마련하고 1928년 3월 불교전수학교 인가를 받았다. 1928년 5월 불교전수학교로 개교하여, 교장에 송종헌이 취임하고, 전임교수 2명, 촉탁강사 6명, 직원 2명, 학생 31명으로 출발하였다. 수업연한은 3년으로 하고, 입학자격은 고등보통학교(중학교) 졸업자로 하며, 입학준비금 60원(제복 제모 값)과 학자금은 매월 30원이었다.

이후 불교전수학교는 1930년 4월 7일 불교전문학교로 승격하였다. 초대는 송종헌 2대는 김경주, 명예교수로 박한영, 교수진으로는 김영수, 에다 다케오(江田武雄), 김두헌, 권상로 등 10여명, 강사로 이병도, 최남선, 이능화 등 50여명이 교과목을 담당하였다.

또한 불교학 불교사, 종교학(사), 윤리학(사), 철학(사) 교육학(사), 법제 경제, 사회학, 한문 조선문학, 국어 국문학, 영어, 음악, 체조 등 오늘날 대학교 인문학부 교과목과 큰 차이가 없다. 특히 불교학에서는 종승과 여승으로 나누었다. 종승은 조계종지에 입각한 과목으로, 1학년의 조계종지(佛祖 3經), 화엄종지(『기신론』), 2학년의 조계종지(『금강경』, 『화엄경』), 3학년의 화엄종지(『선문염송』, 『화엄경』)를 이수하였다. 불교학 과목들은 우리나라 전통적인 강원에서 다루어지던 과목들을 중심으로 구성되어 있다. 그밖에 불교과목[餘乘]으로는 1학년에 불교개론과 각 종파의 강요(綱要), 2학년에는 구사론, 각종 강요, 인명학, 3학년에는 유식학, 불교서입학, 불교미술을 수학하였다.[30] 중앙불교전문학교는 1928년 입학생이 1931년에 제1회 졸업생으로 강유문, 김용학, 조명기 등 24명을 배출하였다.[31]

1940년에는 혜화전문학교로 교명을 바꾸고, 흥아과(興亞科)를 신설하여 2개과 3학급 150명을 모집하였다. 초대교장은 다카하시 토루(高橋亨), 2대에 와타나베 신지(度邊信治)가 역임했는데, 한국인 교수 강사들이 강제로 사임 당하였다. 그리고 일제 말인 1944년 마침내 전시교육법에 의해 폐교되었다.

이로써 근대기 승가교육은 기존의 강원과 선원에서, 근대 학림이 설립되었다. 중앙 교육기관은 명진학교에서 고등강숙, 중앙학림, 불교전수학교, 혜화전문학교로 변천했고. 지방학림은 지방학림과 보통학교가 설립되었다. 이들은 30본산을 중심으로 기존의 강원과 함께 하나의 총림체제를 이루었는데. 필요에 따라 보통학교에서 지방학림 강원 선원으로 진학하거나 지방의 강원을 포함한 선림이나 지방학림에서 중앙학림으로 진학하는 유기적 관계를 이루었다. 이러한 체제는 급변하는 근대화 속에서 새로운

---

30 『東大七十年史』, pp.40~48.
31 『一光』 제3호, p.128.

사회적 요구에 부응하는 교육제도를 통하여 근대불교를 이끌어갈 인재를 양성하고, 불교 전문 인력을 배양하며, 대중포교를 담당할 포교사 양성을 목적으로 한 적극적인 교육 제도의 변혁이라 할 수 있다.

Ⅳ. 승가의 교육 개혁의지와 자주화 운동

1. 승가의 교육개혁론

근대기 불교계는 불교 교육을 통해 한국불교의 전통을 잇고 일제의 간섭으로부터 독립자존 하려는 노력을 끊임없이 전개하였다. 종단의 정치적 영향과 불교계의 자주화 의지가 반영되어 전통 승가의 교육제도는 강원과 선원에서 중앙학림과 지방학림 보통학교제로 변화하였다. 그리고 이러한 변혁을 겪는 동안 교계에는 시대에 맞는 교육제도를 찾아 다양한 교육개혁론이 등장하였다. 여기서는 그중에 많은 반향을 일으켜 근대기 교육에 영향을 주었던 선각자들의 주요 교육개혁론을 고찰하고, 불교계의 불교교육을 통한 자주화 운동을 살펴보기로 한다.

일제하 교육활동에 대해서 학계에서는 크게 세 가지 유형으로 평가하고 있다.

첫째, 선학에 기반을 둔 전통 불교 교육을 수호 발전시키려는 운동으로 경허대사, 신혜월, 방한암, 송만공 등을 들 수 있다. 이들은 일제의 탄압 속에서도 가람을 수호하고 출세간에 머물며 내관자성으로 오도수행을 하고, 선원을 중심으로 인재양성과 사회발전에 기여했으며, 선풍을 진작시켜 한국 불교의 주체성 확립하고자 했다.

둘째, 교학의 전통을 기반으로 민족 고유의 불교문화를 근대화하고 수호하려는 교육활동으로, 여기에는 이능화, 권상로, 김영수 등이 중심이 되어, 저술과 강학 교육을 통한 신진학도를 배양하고 항일 구국에 앞장섰다.

셋째, 불교 대중화 활동으로 한용운, 박한영, 백용성 등이 중심이며, 일제의 정치적 간섭과 일본불교의 침투에 대해서 한국불교의 주체성을 확립하고자 직접 항일 독립 운동을 전개한 유형이라 한다.[32]

이들 세 가지 불교교육 형태는 근대기 개항과 더불어 밀어닥친 일제와 서구의 종교 문화의 태풍 속에서 그나마 민족 불교의 혜명을 어어 가게 한 중요한 등불이었다. 이 글에서는 이중에서 구습을 타파하고 교육제도 혁신을 통하여 새로운 시대에 맞는 교육제도를 실행하므로써 훌륭한 불교 인재를 양성하고자 했던 불교교육 개혁론을 고찰하고자 한다.

1) 한용운의 교육개혁론

근대기 불교 전반에 큰 영향을 준 만해 한용운은 교육제도에도 남다른 관심을 보였다. 그는 1909년 『조선불교유신론』을 발표하면서 승려교육의 중요성과 함께 승려교육의 새로운 방향을 제시하였다. 그의 주장은 크게 세 가지로 요약할 수 있다.

첫째는 보통학이다. 그가 말하는 보통학이란 승가에서 불교의 전문적인 학문만을 익히고 있어서 세상의 일상적인 일에 뒤떨어지게 되었다는 것이다. 따라서 보통학부터 공부하고 점차 전문적인 학문으로 들어가도록 교과서도 정비하자는 주장이다. 이것은 기존의 불교수업이 불전을 논강하고 장구의 훈고에 치우쳐 학리만 추구하니 정신적 노예로 전락하고 만다는

---

[32] 유병덕, 「일제시대의 불교」, 『근대한국불교사론』, 민족사, pp.157~174.
남도영, 「近代佛敎의 敎育活動」, 『近代韓國佛敎史論』, 불교사학회편, pp.242~247.

판단에서이다. 둘째는 사범학이다. 사범이란 본이 되는 사도를 바로 세우기이다. 여기에는 자연사범과 인사사범의 둘이 있다. 자연사범이란 외부세계를 감각하면서 자연히 받아들여지는 것이고, 인사사범이란 모범이 될 만한 훌륭한 스승으로 이런 사범의 도가 구비되지 않으면 훌륭한 인재를 양성할 수 없기 때문이다. 셋째, 외국유학이다. 외국유학을 통하여 우리나라 불교전적의 모자라는 부분을 전해오고, 우리의 부족한 부분을 외국에서 배워오며, 학문을 교류하여 견문을 넓히게 된다고 한다.[33]

이 이러한 혁신안은 이회광이 일본조동종과 연합맹약을 체결하자, 이를 막아내고자 임제종을 세우고 불교유신으로 불교를 개혁하고자 전개한 운동이었다.

또 한용운은 일사일교주의(一寺一校主義)를 주장하여 각 사찰의 보통학교 설치운동을 벌였다. 이러한 운동에 힘입어 많은 보통학교와 강원이 늘어났다. 그의 교육이념은 새로운 시대에 적응할 수 있는 보통학교 사범학교 외국유학을 장려하였다. 한용운은 한일합방 후에는 만주로 가 한인현의 동창학교 흥경현의 흥경학교 등 의병학교를 성원하면서 독립의지를 굳히게 되었고 이후 3·1운동을 이끌게 된다. 3·1독립운동의 『공약삼장』이나 『조선독립이유서』에는 자주적이고 자유적인 민족자존 정신이 들어 있는데,[34] 이러한 정신은 그의 교육사상에도 그대로 반영되어 있다고 할 수 있다.

2) 박한영의 불교교육 혁신운동

박한영(1870~1948)은 청년교육에 특별한 관심과 의지를 가지고 40여 년간 교육계에 투신하였다. 1914년 고등강숙을 세워 숙사로 있었고, 1916

---

33 李閨宰, 『한국불교의 교육행정에 관한 연구』, 1976, 단국대학교, pp.37~47참조.
34 남도영, 「근대불교의 교육활동」, 앞의 책, p.245.

년에는 중앙학림, 개운사 강원과 대원암 강원에서, 1930년 중앙불교전문학교 교장으로 불교의 주체적 교육과 신문명의 교육을 겸해서 교육해 왔다.

　교육의 필요성에 대해서는 훌륭한 인재양성은 삼보를 잇고 융성시키는 일이라고하면서, "현재 조선불교계에 사람이 없는 것이 진실로 사람이 없는 것이 아니라, 영재를 교육하지 않았기 때문에 사람이 없다"[35]고 판단하고 교육사업을 통하여 인재양성에 힘썼다. 따라서 영호의 교육이념은 첫째, 인재양성을 통하여 불교의 근대화와 일본의 종교적 간섭으로부터 벗어나기 위한 정교분립운동이며, 일종의 항일불교운동이었다. 이회광이 일본과 7개조의 연합조약을 체결하자, 이는 한국불교를 일본 조동종에 예속시키려는 처사라고 주장하였다. 그는 귀암사에서 한용운과 숙의하고 반대운동을 시작했다. 1910년에는 일본불교 합종반대운동의 주도적 역할을 한용운과 함께 전개했다. 둘째, 그는 삼장강설을 주로 하고 교선에 정통하여 전통교학을 계승하고, 근대 학교교육에도 힘썼다. 따라서 도덕적 전통과 새로운 사상을 잘 조화시켜 그 시대에 맞게 응용해야 한다는 것이었다. 셋째, 이를 위해서는 불교계의 구습을 타파하고 불교유신을 통해[36] 불교의 주체적인 대중교육운동을 전개하였다. 이 때문에 박한영은 한국풍토에 맞고 가장 올바른 방향에서 불교근대화를 실천했다는 평가를 받고 있다.[37]

3) 조종현(趙宗玄)의 강원제도 개혁안

　박한영의 개운사 대원강원 출신인 조종현은 특히 강원제도의 개혁에 많

---

35 「해동불보」 제1호, pp.8~10. "現今朝鮮佛敎界之無人焉 豈眞無人也 苟不敎養英才之過也"
36 『해동불교』 2집에 여섯 가지 불교 혁신을 주장하고 있다. ①가짜 계정혜를 제거하고 진짜 계정혜를 修證할 것. ②自利私德만 쫓지 말고 利他功德을 함양 육성할 것. ③고루한 沙門의 훈화에 힘쓰지 말고, 학교를 일으켜 지식보급 영재양성에 힘쓸 것. ④이름뿐인 포교를 止揚하고 성심으로 布道하며 법력을 宣揚할 것. ⑤산업을 일으켜 일신과 가람의 유지책을 강구할 것. ⑥자선사업(병원 고아 교육 빈민구제)으로 救世濟民을 실천할 것 등이다.
37 『韓國佛敎大系』 제8권, p.161.

은 관심을 두었다. 그의 개혁론은 박한영의 교육개혁론의 연장선이라고 할 수 있다. 그는 1931년 불교청년운동 단체인 조선불교청년동맹의 중앙 검사위원으로 활동하면서 전통 승가인 강원의 교육제도 개혁의 필요성을 크게 인식했던 모양이다. 『불교』에 '강원교육과 제도개신'[38]을 통하여 강원교육을 장려하고 강원 교육제도 개선을 주장하였다.

현재 강원제도는 종무 당국자들의 수구적인 자세와 시대가 변해 가는데도 이러한 시대사조를 바로 알지 못하고 있다는 것이다. 또한 현 강원의 교육자는 교수 과목을 해석 설명하는 데 그치고 있고, 또 강원 강사들이 고식적인 자세로 일관하여 현재 시대가 요구하는 교육 이념을 제대로 반영하지 못하고 있다는 것이다. 그래서 현 강원 체제하에서는 민중이 요구하는 불교학자를 양성해 내기가 어렵다고 주장한다. 때문에 시대와 민중의 불교교화를 위해, 그리고 순수 불교학자를 양성하기 위해서 지금까지의 강원제도를 개혁해야한다는 것이다. 그의 강원교육의 문제점을 들어보면,

첫째, 사집과의 교과목이 불교 초학자에게는 적합하지 않으므로 이를 개편해야 한다는 것이다. 사집과는 사미과에 이어 강원 제2기 교육제도로 교과목이 『대혜서장』·『고봉화상선요』·『선원제집도서』·『법집별행록절요』들로 되어 있다. 그런데 이들 과목들은 사미과를 마치고 처음 불교학에 들어가는 사람들에게는 이해하기 어려워 다수의 중도 탈락자가 생긴다는 지적이다.

둘째, 사교과의 소, 초, 기는 초학자가 수학하기 어려운 과목들로, 경론보다 앞서 이들을 배우는 것은 맞지 않다는 것이다. 여기서의 소·초·기는 『능엄경계환소』·『기신론현수소』·『장수기』·『금강반야경오가해』·『원각경규봉소초』들이다. 또 사기과목 강의는 정해의 하나로 이를 우선하여 가르치는 것은 불필요하다는 것이다.

---

[38] 『불교』 제93호, p.35.

셋째, 수업방법에서 초학자들에게 논강제와 문강(門講)은 무리라는 지적이다. 논강은 경론을 완전히 이해하고 서로의 주장을 논하는 것이고, 문강도 초학자에게는 완전한 교수방법이 될 수 없다는 주장이다.

넷째, 강사의 강의문제를 제기했다. 여러 과목을 한 강사가 담당하는 것은 무리이고 무익하다는 것이다.

다섯째, 학인의 능력을 고려하여 교과편차를 정하여 실행하여야 한다는 주장이다. 그의 지적은 강원 교육체계와 교과목, 그리고 강의 방법 등을 개혁해야 한다는 취지이다. 이에 따라 조종현의 개혁안은 강원 편제를 초등과 중등과 고등과로 나누고, 이 위에 고등강원으로 불교연구원을 두고자 하였다. 수업연한도 초등과 2년, 중등과 2년, 고등과(?)를[39] 두는 것이었다.

그의 개혁안은 시대에 맞는 교육책을 표방하여, 특히 교과목을 내전 교과목 외전 교과목을 나누었다. 그리고 강원을 승려들의 보통교육과 의무교육기관으로 삼고자 하였다. 교수방법도 과목에 따라 내전 외전 강사를 다수 두어 전임 교수하도록 하였다. 또 수업이수를 단과와 단과로 수료하던 방식에서 해당과에 시간과 과목을 균등히 배정하여 가르치게 하였다. 강의 형식도 논강에서 칠판강의를 도입하고, 학사운영은 학기 학년별 시험제도를 통해 이루어지게 하였다.

이와 같이 조종현의 개혁안은 강의 내용에 있어서 불교사 등 근대 교과목을 일부 추가하여 시대정신을 반영하고자 했고, 특히 강원제도를 근대식 학교 체제로 바꾸고 승려들을 양성하고자 한 점이 눈에 띈다.

---

[39] 김광식, 「조종현 허영호의 불교 교육제도 인식과 대안」, 『한국독립운동사 연구 19』, 2002, pp.622~623에서는, 고등과의 연한을 알 수 없는 것은 『불교』에서 오류이며, 이전의 학인대회에서 수업연한을 초등과 3년 중등과 3년 고등과 4년으로 하여 조종현안보다 1년씩 적게 되어 있고, 1929년 불교연구원을 3년으로 하고 있어서, 고등과는 아마도 3년일 가능성이 크다고 추정한다.

4) 허영호(許永鎬)의 교육제도 혁신안

허영호는 조종현과 비슷한 시기 교육제도 개혁안을 제시하였다. 그는 『불교』를 통하여 당시 불교의 강원 교육제도가 시대에 뒤떨어져있고 교육주체들이 타락하여 불교학이 사학(死學)의 지경에 이르렀다고 비판하고 있다. 곧 강원은 비능률적이고 비합리적인 제도와 내용을 가지고 있다고 보고, 강독이나 강론위주의 교수방법에서 벗어나 불교입문과 불교학 연구를 수행할 수 있는 교육기관으로 재탄생해야 한다는 것이다. 그러기 위해서는 현 사회에 활용할 수 있는 불교학을 가르치는 제도로 바뀌어야 한다고 주장한다.

그의 개혁안은 수학 연한을 인간 학습 유효기간을 고려하여 25세까지 수업하되, 12세에 득도하고 13세에 보통교육을 시작하여 13년간(25세까지) 수업하도록 하였다. 승려가 되려는 자는 먼저 보통학교를 마치고 사찰의 불교 강원이나 고등보통학교 4년 과정을 거치고, 불교전문학교나 전문학교 및 대학 3년 기한을 이수하며, 최종으로 불교연구원 2~3년을 수업하도록 하였다.

학교의 이수과목은 첫 단계인 강원은 불교학과 외전학으로 나누고, 불교학에는 원시불교, 구사, 중관, 화엄, 선학 등의 경론과 불교요의 총론등 개론, 불교사, 송주, 의식 등을 이수하도록 했다. 외전학은 어학(조선어 일어 외국어), 역사(조선역사와 일본역사 외국역사), 지리(조선지리 일본지리 외국지리), 생물, 화학, 수학, 이과, 음악, 체조 등을 수학하도록 하였다.[40] 불교전문학교의 이수 과목은 중앙불전 이수과목과 과정을 기초로 하여 만들어졌다고 한다. 크게 불교학과 외전학으로 나눈 것은 앞의 강원과 마찬가지이다. 과목도 불교학은 화엄, 반야, 구사, 천태학, 불교개론 등을 익히고, 외전학으로는 불교사, 범어, 팔리어, 일어, 영어, 불어 등 외국어,

---
40 『佛敎』 제 103호 「朝鮮佛敎敎育制度의 缺陷과 改善」, pp.16~17.

윤리학, 종교학, 심리학, 사회학, 교육사, 철학사, 체조 등이 포함되어 있어서 현대 대학과정 수업과 크게 다르지 않다.

연구원 과정은 불교를 전공으로 연구하는 기관이다. 학생은 연구원의 교수에게 자신이 연구할 과제를 지도받고 연구하고 그 결과를 매년 연수회에 제출하도록 한다. 또 연구원은 당시 중앙불전 안에 두고, 졸업연구논문을 통과하면 교사나 불교강학원 강사 자격을 주도록 하였다.

그런데 이상의 교육제도는 교학에 관한 것이다. 수선 자들을 위해서는 특별한 제도와 기관의 필요성을 인식하고 선교기관으로 중앙에 선교원을 설치해야 한다고 주장하였다. 그리고 이 제도는 승려뿐만 아니라 재가인들도 수용할 수 있게 해야 한다는 입장이었다.

허영호의 교육혁신안은 지금까지의 어떤 혁신안보다도 근대 교육제도와 교과목을 대폭 반영하여 새 시대에 맞는 교육편제와 교육내용을 담고 있다. 그것은 허범호가 일본유학을 다녀와서 중앙불전 교수로 있었기 때문에 신학문을 대폭 수용하여 생활에 활용할 수 있는 불교학을 가르치도록 하는데 중점을 두었다고 할 수 있다.

2. 근대 교육계의 자주화 운동

1) 명진학교설립의 자주화 의지

불교연구회에 의해 설립된 명진학교는 그 종지를 무엇으로 할 것인가를 놓고 여러 안들이 제기되었다. 먼저 정토를 종지로 두자는 이보담, 홍월초는 정토를 종지로 삼았으나 해산되었고, 진종으로 삼자는 홍월초, 김포응 등은 일본 불교의 영향에 두려는 속셈이었으나 뜻을 이루지 못했고, 이회광, 김현암 등은 원융을 종지로 하고자 했으며, 진진응, 박한영은 임제를 종지로 삼자고 했으나 역시 이루지 못하고, 결국 선교양종을 종지로 하여⁴¹ 일본불교의 영향으로부터 벗어날 수 있었다.

명진학교의 설립 목적에도 "불교와 신학문을 연습하여 정성스럽게 다듬고 인쇄하여 자강의 진실을 다지면 이 겁운을 해탈하고 자유권을 회복하는데 반드시 길이 있을 것이다"⁴²라고 하여, 이 시대의 식민지 지배에서 벗어나고자 하여 겁운을 해탈하고 자유의 권리를 얻고자 요망한다고 했다. 또한 우리민족이 자강할 수 있도록 하겠다는 의지도 담겨 있다.

명진학교 출신자들은 권상로, 강대련, 안진호, 이종욱, 한용운 등이 있다. 이들은 모두 한국 불교 근대화에 중요한 동량이 되었다. 한용운은 일어과정을 단기에 마치고 일본으로 건너가 신문물을 접할 수 있었다. 1909년 12월 명진학교 부설로 명진측량 강습소 설치를 건의하여 명진측량강습소 소장으로 재직하게 되어 자신의 모교에 임용되었다. 그가 이 강습소를 설치한 목적은 일제의 토지조사사업에 대항할 측량기술자를 빨리 양성해서 사찰 소유지와 민족 재산을 옹호하려는데 목적이 있었다.

민해 스님의 교육 사상은 『불교유신론』의 승려의 교육(論僧侶之敎育)에 보이듯이, 보통교육, 사범교육, 외국유학을 가장 급선무라고 했다. 또 조선불교의 개혁안에서는 교과서의 개편과 교수법의 과학화를 주장하여 큰 영향을 주었다.

2) 불교고등강숙 학생들의 자주화 요구

불교고등강숙은 제3회 선교양종 30본산 주지회의에 의하여 원흥사에 설치하기로 의결하고 4월 1일 개교하게 되었다.⁴³

이 학교의 운영기금과 학생들의 학비는 각 사찰에서 부담키로 하였다. 장소는 동대문 밖 30본산 주지회의소 내에 두기로 하고, 그 목적은 불교전

---

41 『조선불교통사』하권, pp.946~947.
42 『조선불교통사』하권, p.985.
43 『海東佛報』제4호, p.105.

문 필수과중 대교과 이상의 과정을 주요로 하고 사교과는 겸수하며, 또는 포교원을 양성하여 인(人)·천(天)의 사범이 되게 한다는 것이었다. 학사는 보통학교의 학제를 참조하여 년급과 학기와 시험성적을 두기로 하였다. 교육목표는 지체(智體)의 양육(兩育)과 덕육에 두며, 문과를 강습하고 설교와 작문법을 연습하게 하며, 본과 외에 국어와 문학과를 보습하기로 했다고 임시 규약에 정하였다.[44]

그런데 개교한 지 불과 몇 달 후인 여름에 불교고등강숙은 폐지되고 말았다. 이와 같이 폐지된 이유에 대해서는 1920년 7월 3일자 동아일보를 기사를 보면 어느 정도 짐작할 수 있다.

> 당시(1914년 여름) 경성 불교고등강숙 학생 일동이 조선불교로 하여금 새로운 기운(機運)을 얻고자 조선불교회를 조직함에 이회광은 백방으로 주선하여 날마다 동강숙의 학생 총대를 불러 이를 저해코저 하였으나 학생들은 어디까지든지 강경한 태도로 그들의 주의를 굽히지 아니하여 이회광은 30본산에 통문을 돌리어 이제 동 강숙의 학생들이 한 단체를 조직하여 30본산 주지에 대하여 반항의 태도를 보이고 각 본산 주지의 지위를 위태롭게 하고자 하니 각 사찰에서는 즉시 경성 유학생을 불러내리라고 하는 동시에 한편으로는 당시 고등강숙의 강주에게도 무례한 문사로 사면하기를 권고하여 고등강숙을 폐지시키고 그 유지비를 압수하므로 강주와 학생 일동은 부득이 해산하게 되어 조선불교에 많은 공헌이 있을 다수한 인재를 양성하려든 고등강숙은 이와 같은 비참한 운명아래 할 수 없이 넘어지게 되었다.(동아일보 1920. 7. 3)[45]

이 학교의 학생들이 요구한 바가 무엇인지는 정확히 드러나지 않았지

---

44 『海東佛報』제4호, pp.86~87.
45 『한국근세불교백년사』제2책, 교육편년, pp.15~16.

만, 강숙의 학생들이 조선불교에 새로운 기운을 얻고자 조선불교회를 조직하므로 이에 대해, 이회광을 중심으로 한 30본산 주지들의 자신들의 지위에 위협이 된다고 여겨 치졸한 방법을 써가며 이 단체의 결성을 강력 저지하였고 끝내 학교까지 폐쇄시킨 것임을 알 수 있다. 이회광과 30본산 주지들이 학교를 폐쇄시키면서까지 학생운동을 반대한 저의는 무엇일까. 그것은 "30본산 주지에 반항하고 위태롭게 한다"는 대목에서 쉽게 짐작할 수 있다. 그동안 교단은 사찰령에 의하여 설치된 30본산제에 의해 운영되면서 안팎에서 그 문제점을 노출하고 있었다. 30본산제는 이들 주지를 통하여 사찰을 장악하려는 통독부의 통치에는 유용하였으나, 불교계 내부의 의견 수렴이나 실질적인 중앙 통제기구가 없어 30본산 주지들의 권한만 비대해지면서 그 전횡이 자주 문제로 지적되었다. 그리고 이것은 당시 조선불교계의 지적이기도 했다. 이러한 상황에서 불교고등강숙 학생들이 단체를 만들어 30본산제를 폐지하거나 그 잘못을 지적하는 것은 이 학교를 실립한 30본산 주지들과 이를 지휘하던 이회광에게는 매우 거슬리는 학생운동이었던 것이다. "조선불교에 무언가 새로운 기운(機運)을 얻고자 했다"고 한 것에서도 30본산 주지들의 전횡과 그 철폐를 주장했을 가능성은 매우 크다고 하겠다.

또한 "조선불교에 많은 공헌이 있을 다수한 인재를 양성하려든 ……" 계획이 무산되었다는 것으로 보아, 당시 불교계의 바램이었던 불교전문학교를 설치해서 인재를 양성해야 한다는 요구가 있었을 것으로 보인다. 이는 이 학교가 폐쇄되고 이듬해인 1915년에 30본산 회의에서 중앙학림을 설치하는 것에서도 읽을 수 있다.

그밖에도 개교한 지 반년도 안 되어 학교까지 폐교한 것은 당시 본산주지들의 친일태도 및 무능한 교육시책에 반발한 학생운동이기 때문이라는 견해도 있다.[46] 이러한 이유 때문에 이회광과 30본산 주지들이 한 학교의 조그

마한 학생운동 결성에도 그토록 겁을 내고 폐교 조치한 것이라 할 수 있다.

이렇게 본다면, 불교고등학숙 학생들의 불교운동은 그동안 조선불교 내 쌓여왔던 30본산제의 문제, 곧 주지들의 전횡과 친일행각 그리고 불교 전문대학의 설치를 주장한 학생운동이라 할 수 있다. 이와 같은 자주화 운동은 뒤에 일어나는 청년 승려들과 일본 유학생들 중심의 30본산제와 사찰령 철폐운동[47]에도 영향을 끼치지 않았을까 여겨진다.

3) 중앙학림 학생들의 3.1운동

중앙학림과 지방학림의 주체성 교육은 3·1독립 운동 때 표출되었다. 이들은 애국 애족적 정신이 투철하여 1919년 3·1운동이 발생하자 학생이 모두 나서서 항일 구국의 독립운동을 주도 하였다.

3.1운동 때에는 중앙학림의 김법린, 김상헌, 백성욱, 정병헌, 오택언, 신상완, 김규현, 김봉신, 김대용 등과 중앙학교 박민오 등 10명에게 독립선언서를 나누어 주어 시내일원에 배포하게 했다. 이 독립선언서는 천도교의 직영하던 보성사(普成社)에서 비밀리에 35,000매가 인쇄되었는데, 이중 10,000매를 중앙학림 학생들이 배포하였다.[48] 이들은 서울의 3·1운동 후 각 지방 책임자로 동래 범어사는 김법린, 김상헌이 맡았고, 양산 통도사 오택언이, 합천 해인사는 김봉신이, 대구 동화사는 김대용이, 화엄사는 정병헌 등이 맡아서 만세운동을 하도록 했다. 실제로 독립운동 직후 불교중앙학림 학생들은 독립선언서를 가지고 각각 지방 사찰로 내려가 만세운동을 전개했다.

해인사 독립만세운동은 한용운의 지시로 불교중앙학림 학생 김봉신으로부터 김봉률, 김용기로부터 박근섭, 최항형으로부터 최범술에게 독립선

---

46 남도영, 「近代佛敎의 敎育活動」 『近代韓國佛敎史論』 불교사학회편, p.254.
47 김영태, 앞의 책, pp.362~363.
48 임혜봉, 『일제하 불교계의 항일운동』, 민족사, 2001, pp.89~90.

언서와 운동소식이 해인사에 전해지게 되었다. 이때 해인사 지방학림에 학생스님 23명도 함께 독립선언서를 준비하여, 1919년 3월 31일 해인사 홍하문 박에서 200여명의 학승들이 독립만세를 불렀다.

범어사 독립만사운동은 김법린과 김상헌이 맡아서 지방학림의 김상기 등 40여명과 함께 수차에 걸쳐 만세운동을 벌였다. 이외에 통도사에는 오택언이 통도사 부속 보통학교와 지방학림 학생 40~50여명 강원의 학승 10여명이 만세운동을 벌렸다. 그러나 동화사는 불교중앙학림 김대용, 윤학조가 지방학림의 권청학, 김문옥과 합하여, 대구, 달성, 영천 등지의 독립만세운동으로 펴나게 되었다. 이외에도 마곡사, 황해도 신광사, 함남 석왕사, 밀양 표충사, 경북 청암사, 전남 화엄사 등에 만세운동이 벼시게 되었나.

V. 근대기 승가교육제도의 변혁과 그 의의

전통승가의 교육 체계는 삼문수업을 근간으로 하는 선교겸학의 강원과 선원으로 되어 있다. 강원은 벽송 지엄(碧松 智儼)에 의해 구분된 사미과·사집과·사교과·대교과로 이루어져 10여년에 걸친 이수과정을 거치면 수의과를 닦는다. 선원에 들어올 수 있는 자격은 강원의 사교과 대교과를 수료하고 구족계를 받은 승려로, 수선은 여름의 하안거를 기준으로 법랍을 수여하였다.

근대기 승가의 교육제도는 전통적인 강원과 선원을 바탕으로 새로운 학문과 문물을 받아들여 보통학교와 전문 강원이 설립되었다. 특히 근대기 승가의 교육 제도는 30본산을 중심으로 한 학림체제로 전개되었다. 기존

전통교육기관인 강원·선원이 정비되고, 여기에 근대식 교육기관으로 이른바 중앙학림 지방학림의 학림이 설립되었다.

이로써 근대기 승가교육은 기존의 강원과 선원에서, 보통학교와 지방학림 그리고 전문강원 및 선학당 체제로 전개되었다. 이러한 체계는 근대교육을 기치로 설립된 학교 학림을 통해서 근대불교를 이끌어갈 인재를 양성하려는 의도이고, 전문강원과 선학당을 통해 불교 전문 인력을 배양하며, 대중포교를 담당할 포교사 양성을 목적으로 한 적극적인 교육 제도의 변혁이라 할 수 있다.

근대기 불교교육의 내용은 선학에 기반을 둔 전통불교 교육을 수호 발전시키며, 교학의 전통을 기반으로 민족 고유의 불교문화를 근대화하고 수호하려는 교육활동, 그리고 불교 대중화 활동으로 볼 수 있다. 교육제도 개혁의 움직임도 다양하게 나타난다. 한용운의 교육 개혁론은 승려들의 반성과 교육제도의 변혁을 촉구하였다. 그는 가장 시급한 세 가지 개혁안을 내놓았다.

먼저, 보통학의 실시로 보통 교육을 하자는 것이고, 사범이 되는 교육을 주창하였으며, 외국유학을 통하여 선진 문물을 배워오도록 해야 한다는 것이었다. 이러한 교육유신론 외에도 박한영은 전통교육제도를 계승 발전시키고 시대사조에 맞는 교육제도의 변혁을 주장했고, 조종현은 근대학교식 강원의 개혁을 주장했으며, 허영호도 근대식 교육기관설치를 주장하는 개혁안을 내놓았다.

근대 불교학교들은 일제의 간섭을 배제하고 자주 독립하려는 의지가 강하였다. 이들 불교학교의 교수와 학생들은 3·1운동을 주도적으로 이끌었다. 그 예로 한용운, 김법린, 김상현 등의 승려들은 서울에서 만세운동을 한 후, 지방의 대사찰로 들어가 지방으로 만세운동을 확산시켰다. 이를 통해서 근대 불교 교육제도의 자주화 의지를 알 수 있다. ┃이기운

10

청말 묘산흥학과 근대불교의 부흥

I. 청말의 시대상황과 자강운동(自强運動)

근대에 들어서면서 중국은 이른바 '삼천년 이래 없었던 격변의 시국'에 직면하게 된다. 아편전쟁(1840~1842) 이후 민족적 각성을 통하여 끊임없이 다양한 형태와 방법으로 '자강운동(自强運動)'을 펼치지만 청일전쟁(1894~1895)의 패배를 겪으면서 오히려 망국의 위기감 속에 혼란이 가중되기도 했었다. 이러한 혼란 속에서 보다 근원적이고 본질적인 측면에서 정치개혁을 하고자 하는 다양한 구상들이 나타나게 된다. 이른바 담사동(譚嗣同; 1865~1898)은 그의 유명한 저서인 『인학(仁學)』에서 모든 속박[網羅]을 남김없이 부수자[衡決]는 '형결망라(衡決網羅)'를 주장[1]하였고, 강유위(康有爲; 1858~1927)의 『대동서(大同書)』에서 모든 계급과 계층을 없애 '대동(大同)'의 사회를 구현하자는 '파제구계(破除九界)'[2]를 주장하여 전통적인 명교(名敎)에 기반하고 있는 체제 자체를 완전히 바꾸고자

---

1 譚嗣同, 「仁學·自敍」, 『譚嗣同全集』, 中華書局, 1998, p.290.
2 '九界'는 國界·級界·種界·形界·家界·業界·亂界·類界·苦界 등을 말함.

하는 혁명적인 기도를 하기도 했다. 한편, 이러한 혁명적인 사상과 대립적인 측면에서 현존의 청(淸)의 체제를 고수하면서 점진적으로 서양의 새로운 학문을 받아들이자는 관료중심의 양무파(洋務派)의 움직임이 있었다. 양무파의 대표적인 인물 가운데 하나인 장지동(張之洞; 1837~1909)은 양계초(梁啓超), 강유위(康有爲), 담사동(譚嗣同) 등에 의한 변법자강운동(變法自强運動)이 시작되기 전인 1898년 3월에 유명한『권학편(勸學篇)』을 상주(上奏)하여 국내외적으로 막대한 관심을 이끌었다. 그 가운데 이른바 '묘산흥학(廟産興學)'의 주장이 들어 있어 근대 중국불교에 있어서 절대적인 영향을 미치게 된다.

따라서 장지동의『권학편』에 나타난 묘산흥학의 주장과 그 정책의 실행과정, 그리고 불교계에 대한 그 영향 가운데 특히 근대교육과 관련하여 고찰하고자 한다.

Ⅱ. 장지동(長之洞)『권학편(勸學篇)』의 묘산흥학 정책

장지동의『권학론(勸學篇)』은 총 24편의 4만여 자로 이루어져 있다. 그 전체적인 내용은 내편(內篇) 9편과 외편(外篇) 15편으로 구분된다. 이러한 내·외편의 구분은 이른바 "내편은 근본[本]을 힘써 밝힘으로 사람의 마음을 바르게 하고, 외편은 유통[通]을 힘써 밝힘으로 풍조[風氣]를 열게 한다"[3]는 것이다. 여기에서 말하는 '본(本)'은 장지동의 입장에서는 분명

---

3 "內篇務本, 以正人心: 外篇務通, 以開風氣."

히 '강상명교(綱常名敎)'의 유교적 이념을 가리키는 것이고, '통(通)'은 분명히 당시 중국인들에게 두려움과 부러움으로 비추어진 서양의 과학기술과 새로운 사회체제였을 것이다. 이것은 그의『권학편·외편·설학(設學)』에 보이는 "구학(舊學)을 본(本)으로 하고, 신학(新學)을 용(用)으로 하여 치우치거나 막히지 않게 한다"[4]는 구절에서 더욱 확인할 수 있다. 이러한 입장은 바로 '중체서용(中體西用)'의 기본적인 발상이라고 할 수 있다. 실제로 그의『권학편』은 중국 근대에 있어서 가장 최초로 '중체서용'의 사상을 체계적으로 제시하였다는 점에서 더욱 유명하다.[5] 이른바 '체(體)'는 전통적인 중국의 정신을 따르고, '용(用)'에 있어서는 서양의 새로운 문물을 사용한다는 '중학위체(中學爲體), 서학위용(西學爲用)'이다. 물론 張之洞이 이것을 최초로 주장하였다기보다는, 당시 지식인들의 공통된 인식을 최초로 구체적인 논리로 서술하였다고 보아야 할 것이다.

『권학편』은 이러한 장지동의 '중체서용'의 사상적인 바탕에서 저술된 것으로 정치적인 입장에서 말하자면 '입헌군주제(立憲君主制)'를 바탕으로 새로운 정치적 체제와 실용적인 학문의 수용을 권고하는 체계적인 저술이라고 할 수 있다. 이러한 입장은 동시대의 강유위·양계초 등의 유신파(維新派)와는 반대의 입장이고, 당시 수구 성향의 지식인들의 공통된 인식이라고 할 수 있다.

이러한『권학편』이 지니는 당시 시대적인 가치와 의미는 상당히 중대한 것으로서 광서(光緖) 24년(1998) 3월에 이 글이 상주되자, 덕종(德宗)의 찬탄을 받았고, 무술변법(戊戌變法)이 한창이던 7월에 덕종(德宗)은 다시 조서를 내려, "이 글의 부본(副本) 40부를 마련하여, 군기처(軍機處)로 하여금 각 성(省)의 독부(督府)의 학(學)·정(政)에 각 1부씩 배부하도록 하

---

4 "舊學爲本, 新學爲用, 不使偏廢."
5 張之洞,「勸學篇」條,『中國儒學百科全書』, 中國大百科全書出版社, 1997 참조.

고, 또한 널리 간행하여 유포토록 하라"⁶고 하였다. 이러한 상황은 당시 변법운동의 상황에서 『권학편』이 대단히 시기적절한 상주문이었으며, 그 실용적 가치도 또한 적지 않았다는 것을 반증하는 것이다. 이는 『권학편』이 바로 100만부 이상으로 유통되었을 뿐만 아니라, 곧 바로 영어와 독일어, 일어 등으로 번역되었다⁷는 사실로부터 확인할 수 있는 것이다.

『권학편』이 지니는 다른 가치와 의의에 있어서는 다른 분야로 미루고, 이른바 '묘산흥학'의 내용이 담긴 내용을 그의 『권학편』에서 살펴보고자 한다. 『권학편』의 『외편』 가운데 제3편인 「설학(設學)」에서 다음과 같이 논하고 있다.

혹자는 "천하의 학당(學堂)이 많은 것을 가르치나, 국가가 어찌 능히 이와 같은 재력을 공급할 수 있는가?"라며, "먼저 서원(書院)을 개혁하여야 한다. 학당에서 배우는 것은 모두 조서과목(詔書科目) 안에 있으니, 이 서원이 곧 학당인데, 어찌 소용 없는데 쓰겠는가?"라고 말한다. 또한 혹자는, "부현(府縣)의 서원의 경비가 매우 박하고, 가옥과 방이 협소하며, 작은 현은 더욱 누추하고, 심한 것은 그나마도 없으니, 어찌 족히 선비와 유생을 양성하며 책과 기물을 살 수 있겠는가?"라고 주장하며, "한 현(縣)에서는 선당(善堂)의 땅에 굿하고 연희하는 항목을 개혁할 수 있으며, 한 가문에서는 사당(祠堂)의 경비를 개혁할 수 있으나, 그 숫자 또한 한계가 있으니 어찌하리오!"라고 말한다. 불교의 사찰과 도교의 도관을 개혁할 수 있다. 지금 천하의 사찰과 도교의 도관이 어찌 몇 만에 그치겠는가? 도시에는 백여 구(區)가 되고, 큰 현은 수십 개이며, 작은 현은 십여 개로서 모두 전답과 재산이 있다. 그 물건은 모두 보시(布施)로부터 이루어진 것이니, 만약 학당으로 바꾸고자 한다면 가옥과 방, 전산(田産)이 모두 갖추어지리니, 이것 또한 임시방편적이나 간편한 정책입니다.

---

6 胡鈞, 「光緒二十四年條」, 『重編張文襄公年譜』 卷3, 臺灣, 文海出版社, 1974. "備副本四十部, 由軍機處頒發各省督府學政各一部, 俾得廣爲刊布."
7 釋明復, 「中國近代佛敎法難的瞻顧」, 月刊 『獅子吼』 16卷8期, 臺灣, 1977年 8月, p.19 참조.

바야흐로 지금 서교(西敎)[기독교]가 날로 흥성하고, 이씨(二氏)[도교와 불교]는 날로 쇠미해져서, 그 세력이 오래 보존되지 못할 것이다. 불교(佛敎)는 이제 말법 중반의 운(運)이고, 도가(道家) 역시 그 귀신이 신령스럽지 못한 걱정이 있으니, 만약 유풍(儒風)이 진작되어 일어나서 중화의 뜻[義]이 안정을 얻으면, 이씨(二氏) 역시 그 보호를 입게 될 것입니다. 대략 한 현(縣)에 있는 사원(寺院)과 도관마다 열에 일곱을 취해서 학당으로 고치고, 열에 셋은 남겨서 승려·도사를 처하게 하며, 학당의 전산(田産)을 개혁함에, 학당에서 일곱을 쓰고, 승려·도사는 나머지 셋으로 먹게 합니다. 전산(田産)의 가치를 헤아려, 조정에 승려·도사를 표창하게 하고, 표창을 원치 않는 자는 그 친족에게 관직으로써 표창을 옮기도록 상소하라. 이와 같이 한다면 많은 학당이 하루아침에 일어날 것이다. 이것으로 토대를 삼은 연후에 부자들에게 재물을 덜어서 늘리고 넓히도록 권하라. 옛날 북위(北魏) 태무(太武) 태평진군(太平眞君) 7년(446), 당(唐) 고조(高祖) 무덕(武德) 9년(626), 무종(武宗) 회창(會昌) 5년(845)에는 모두 일찍이 천하의 승려와 사찰을(僧寺)를 폐하였다. 그러나 전대(前代)에는 부역하는 장정에게 조세하는데 뜻이 있어 그 법을 폐지하거나 혹은 불교를 억압하여 도교[老]를 위에 놓고자 한 것이었으니, 사적인 것이었다. 지금 본안은 인재를 육성하고 또 표창을 위한 공적인 것이다.[8]

장지동의 주장은 당시의 중국은 절대적으로 교육이 필요하지만 그 비용

---

8 張之洞,「勸學篇·外篇·設學第三」,『張文襄公全集』 卷203, 臺灣 ; 文海出版社, 1966, p.1437. "或曰：天下之學堂以萬敎, 國家安能如此之財力以給之. 曰：先以書院改爲之. 學堂所習, 皆在詔書科目之內, 是書院卽學堂也, 安用騈枝爲. 或曰：府縣書院經費甚薄, 屋宇其狹, 小縣尤陋, 甚者無之, 豈足以養師生, 購書器. 曰：一縣可以善堂之地賽會演戲之款改爲之. 一族可以祠堂之費改爲之. 然數亦有限, 奈何！曰：可以佛道寺觀改爲之. 今天下寺觀何止數萬, 都會百餘區, 大縣數十, 小縣十餘, 皆有田産, 其物皆由布施而來, 若改作學堂, 則屋宇田産悉具, 此亦權宜而簡易之策也. 方今西敎日熾, 二氏日微, 其勢不能久存, 佛敎已際末法中半之運, 道家亦有其鬼不神之憂. 若得儒風振起, 中華安矣, 則二氏亦蒙其保護矣. 大率每一縣之寺觀什取之七以改學堂, 留什之三以處僧道, 其改學堂之田産, 學堂用其七, 僧道仍食其三. 計其田産所值, 奏明朝廷旌獎僧道, 不願獎者, 移獎其親族以官職, 如此則萬學可一朝而起也. 以此爲基, 然後勸紳富捐貲以增廣之. 昔北魏太武太平眞君七年, 唐高祖武德九年, 武宗會昌五年皆嘗廢天下僧寺矣, 然前代意在稅其丁, 廢其法或抑釋上以老, 私也. 今爲本縣育才, 又有旌獎, 公也"

을 국가가 감당할 수 없기 때문에 불교의 사원(寺院)과 도교의 도관(道觀) 등의 토지와 재산을 이용하자는 것이다. 또한 이는 비록 "임시방편적이나 간편한 정책"이고, 이렇게 한다면 "학당이 하루아침에 일어날 것"이라는 것이다. 더욱이 그의 이러한 주장은 역대의 폐불법난(廢佛法亂)과는 다르게 철저히 '공(公)'적인 것이고, 불교와 도교의 재산을 일으켜 '흥학(興學)'을 한다면 결과적으로 불교와 도교에도 도움이 된다고 하는 것이다.

이러한 장지동의 주장은 청초(淸初) 황종희(黃宗羲; 1610~1695)의 『명이대방록(明夷待訪錄)』[9]에 보이는 것과 유사하며, 당대(唐代) 우문현(宇文炫)도 역시 주장하였으나 실시되지는 않았고, 다만 송대(宋代)에 무칙사원(無敕寺院)을 징발하여 '흥학(興學)'의 용도로 사용되었던 사실이 있을 뿐이었다.[10] 장지동의 이러한 상주(上奏)와 거의 동시에 강유위 역시 「청칙각성개서원음사위학당접(請飭各省改書院淫祠爲學堂摺)」라는 제목으로 다음과 같은 내용을 상주하게 된다.

중국민속을 조사해 보면, 귀신에 미혹되거나 음란한 음사(淫祠)가 천하에 널려 있습니다. 신이 광동(廣東)을 논해 볼 때, 향(鄕)에는 반드시 몇 개의 묘(廟)가 있고, 묘에는 반드시 공산(公産)이 있으니, 공산으로 공비(公費)를 삼아서 상법(上法)을 대신하여 서양 여러 나라들을 본받아 백성들의 자제들에게 책무를 지어 6세가 되면 반드시 소학(小學)에 입학하여 공부하게 하십시오.[11]

---

[9] 黃宗羲의 『明夷待訪錄・學校』에 "學宮以外, 凡在城在野寺觀庵堂, 大者改爲書院, 經師領之, 小者改爲小學, 蒙師領之, 以分處諸生受業. 其寺産卽隷於學, 以贍諸生之貧者. 二氏之徒, 分別其有學行者, 歸之學宮, 其餘則各還其業."라고 하여 '廟産興學'과 유사한 주장을 하고 있다.

[10] 黃運喜, 『國際佛學研究』創刊號, 「淸末民初廟産興學運動對近代佛敎的影響」, 臺灣, 1991.12. p.295 참조.

[11] 黃彰健編, 「光緖二十四年五月條」, 『康有爲奏摺』, 中央硏究會史語所, 台北, 1965, "查中國民俗, 惑於鬼神, 淫祠遍於天下. 以臣廣東論之, 鄕必有數廟, 廟必有公産, 以公産爲公費, 上法之代, 旁採泰西, 責令民人子弟, 年至六歲者, 皆必入小學讀書"

이로부터 본다면, 강유위는 바로 '묘산(廟産)'을 이용하여 중국에서도 서양에서 행해지는 의무교육을 본받아 시행하자는 것이다. 이러한 강유위와 장지동의 주장은 '천하위공(天下爲公)'이라는 공통된 인식을 바탕으로 한다고 할 수 있다. 이는 이른바 『예기(禮記)』의 "대도(大道)가 행하여지면 천하(天下)는 널리 공정(公正)하니, 이를 일컬어 대동세계(大同世界)라 한다"[12]라는 구절로부터 나온 말이고, 특히 강유위가 『대동서(大同書)』에서 일관되게 '천하위공'을 주장하고 있는 바탕에는 '묘산'은 마땅히 '공(公)'에 속하는 것이고, 그것을 당시 민족적 위기에 대한 극복의 방법의 하나인 '흥학(興學)'의 수단으로 사용하는 것은 너무도 당연한 것이라는 의식이 깊게 작용하고 있다고 보인다. 이것은 앞에서 인용한 장지동의 문장의 끝부분에 있는 역대(歷代)의 폐불(廢佛)은 '사(私)'적인 것이지만 자신의 '묘산흥학' 주장은 '공(公)'적이라는 말에서 충분히 엿볼 수 있는 것이다.

이것은 당시의 지식인들 사이에 '묘산흥학'의 주장이 어느 정도 공통된 인식이었음을 반증한다고 할 수 있다. 특히 양계초는 『청대학술개론(清代學術概論)』에서 황종희를 자신과 담사동의 사상적 원류로 보았고,[13] 장지동·강유위의 '묘산흥학'의 주장이 황종희의 『명이대방록』에 그 연원을 두고 있다고 생각했다.

장지동과 강유위의 상주에 덕종(德宗)은 드디어 이른바 '묘산흥학'의 실행을 알리는 조서(詔書)[14]를 내린다. 그러나 무술변법(戊戌變法)의 실패로 인하여 덕종의 조서는 무효화되고, 특히 자희태후(慈禧太后; 西太后)는 '묘산흥학'의 금지를 알리는 조서를 내린다. 하지만 의화단운동(義和團運動; 1899~1900) 이후 서태후와 덕종은 민심을 수습하기 위하여 광서(光

---

12 『禮記·禮運』, "大道之行也, 天下爲公, 是謂大同."
13 梁啓超,「黃宗羲和王夫之」,『清代學術概論』, 上海世紀出版社, 2005, pp.14~17 참조.
14 주 13의 "將各省府廳州縣現有之大小書院, 一律改爲兼習中學西學之學堂. 地方捐辦之義學, 社會等, 亦令一律中西兼習, 以廣造就. 至於民間祠廟其有不在祀典者, 卽著地方官曉諭民間一律改爲學堂, 以節糜費, 而隆教育"

緒) 27년(1901) 8월 다시 유사한 내용의 조서를 하달하고, 이에 따라 각 성부(省府)와 주현(州縣)에 중소학당(中小學堂)과 몽양학당(蒙養學堂)을 설립한다.[15] 이러한 과정에서 사묘의 재산을 이용하여 교육을 일으키자는 본래의 목적과는 달리 이른바 '토호열신(土豪劣紳)'과 지방군대, 경찰 및 심지어 각종 사회단체들까지 사원의 재산을 공공연하게 침탈하는 상황으로 전개되게 된다. 이에 따라 중국불교는 근대에 있어서 역대의 '삼무일종(三武一宗)'의 법란(法亂)과 버금가는 위기를 맞게 된다.

Ⅲ. 묘산흥학의 전개과정

장지동과 강유위의 상주로부터 비롯된 '묘신흥학'은 그 본래의 목적보다는 사원의 재산을 침탈하는 수단으로 이용되었던 경우가 더욱 많았다. 그것은 당시 중국의 혼란한 시대상황으로부터 비롯된 것도 있지만, 무엇보다도 당시 중국불교의 전체적인 역량이 사원의 재산을 지킬 수 없는 지경에 처해 있었던 것이 더욱 크게 작용하였다고도 볼 수 있다. 이에 따라 광서(光緒) 31년(1905) 장태염(章太炎)은 『고불자서(告佛子書)』를 발표하여 불교도들에게 스스로 학교를 세우고 시대적 추세를 따를 것을 호소하였으며, 세상 사람들에게 불교는 마땅히 보호되어야 함을 역설하였다.

청말(淸末)에 시작된 '묘산흥학'은 신해혁명을 거쳐 중화민국시기에도 여전히 여러 가지 형태로 전개되었다. 그러한 과정을 정리하면 다음과 같다.[16]

---

15 黃運喜, 『淸末民初廟産興學運動對近代佛敎的影響』, p.295 참조.

1912년 원세개(袁世凱)는「관리사묘조례(管理寺廟條例)」 31조(條)를 선포하여 전국의 불교사원의 재산을 사회공익사업(社會公益事業)으로 전환시키려고 하였다. 이 당시 천동산(天童山) 기선(寄禪; 敬安), 도흥(道興) 등이 상해(上海) 유운사(留雲寺)에서 '중화불교총회(中華佛敎總會)'(회장 경안(敬安)법사)를 발기(發起)하여 사원의 재산을 보호하는 대책을 수립하였다. 9월에 원세개는「중화불교총회장정(中華佛敎總會章程)」을 비준하였다.

　1915년 6월 내무부가「사산관리잠행조령(寺産管理暫行條令)」제정하였고, 10월 원세개가 다시「관리사묘조령(管理寺廟條令)」 31조를 선포하여 사원의 재산에 대한 모든 처리권을 지방장관에게 부여하였으며, '중화불교총회'의 비준을 취소하였다.

　1922년「관리사묘조례(管理寺廟條例)」 31조를 수정하여 24조로 개정하였으나 그 내용은 크게 변함이 없었다.

　1927년 군벌 풍옥상(馮玉祥)은 미신을 타도한다는 이유로 하남성(河南省)의 백마사(白馬寺), 소림사(少林寺), 상국사(相國寺) 등을 몰수하고, 동시에 칙령으로 승려 30만 명을 환속시켰다.

　1928년 3월 내정부장(內政部長) 설독필(薛篤弼)은 사원(寺院)을 학교로 바꿀 것을 건의하고, 남경(南京) 중앙대학(中央大學) 교수(敎授) 태상추(邰爽秋)가 그 구체적인 방안을 기획하였다. 5월에 원영(圓瑛), 태허(太虛) 등이「전국불교도대표회의(全國佛敎徒代表會議)」를 조직하였다.

　1929년 1월,「관리사묘조례(管理寺廟條例)」 21조를 선포하였다. 그 내용이 이전보다 더욱 가혹하여 4월 12일, 상해에서 전국불교도대표회의를 개최하고, '중국불교회(中國佛敎會)'를 발족하였다. 이후 태허와 왕일정

---

16 이하「廟産興學」,『佛光大辭典』, p.5985 ; 釋明復,「中國近代佛敎法難的瞻顧」, 黃運喜,「淸末民初廟産興學運動對近代佛敎的影響」등의 논문을 참조 정리하였음.

(王一亭)이 연명(聯名)하여 장개석(蔣介石)에게 폐지를 주장하였다. 얼마 후「관리사묘조례」를 폐지하여 비교적 완화된「감독사묘조례(監督寺廟條例)」13조를 공포하였으나 묘산의 침탈을 막지 못하였다.

1930년 남경 중앙대학 교수 태상추가 다시 1928년에 주장한 내용을 건의하며 "승벌을 타도하고, 승려의 무리를 해산시키며, 묘산을 칭발하여 교육을 진흥시킴[打倒僧閥, 解散僧衆, 割撥廟産, 振興教育]"을 주장하고, '묘산흥학촉진회(廟産興學促進會)'를 창립하였다. 이로 인하여 전국 불교도들의 대단결이 이루어지고, 상해에서 그 다음해 태허대사는『상국민회의대표제공의견서(上國民會議代表諸公意見書)』를 찬술하여 항의하고, 이에 대해 장개석이 '보호사묘재산규정(保護寺廟財産規定)'을 공포하였다. 이로부터 '묘산흥학'의 상황은 대체적으로 종결되었다.

1935년, 전국교육회의(全國教育會議)에서 다시 전국의 사찰 재산을 교육기금으로 하고, 모든 사묘(寺廟)를 학교로 바꾼다는 조항을 결의하였다. 그에 따라 남경정부는 다시 '보호종교급묘산(保護宗敎及廟産)'의 훈령(訓令)을 공포하였다. 이후, 중일전쟁의 발발로 인하여 '묘산흥학'의 상황은 완전히 종식되었다.

이상과 같이 1898년 장지동과 강유위의 상주에 의하여 비롯된 '묘산흥학'의 과정은 근 40년에 걸쳐서 중국불교에 심각한 피해를 입히게 되었다. '묘산흥학'이 활발하게 진행된 1929년에 출간된 산동성(山東省)『태안현지(泰安縣誌)』의「교육지(敎育志)」는 바로 '묘산흥학'의 진행상황을 엿볼 수 있는 가장 전형적인 자료라고 할 수 있다.

> 당시 전 현(縣)에는 모두 348개의 학교가 세워졌는데, 그 가운데 불교의 사찰 67개, 일반 민속묘당(民俗廟堂)이 203개, 가묘사당(家廟祠堂)이 20개, 청진사(淸眞寺)가 10개, 소속을 밝힐 수 없는 것이 26개로서 모두 328개로서 전 현(縣)의 94.25%를

차지한다. 따라서 지방의 토호 세력이 출자하여 세워진 학교는 거의 없다고 해도 과언이 아니다.[17]

이로부터 보자면, '흥학(興學)'에 사용된 불교사찰이 차지하는 비율이 20%에 달하고 있음을 알 수 있다. 이는 앞에서 인용한 장지동의 『권학편』에 보이는 사원(寺院)·도관(道觀)의 숫자를 "큰 현은 수십 개이며, 작은 현은 십여 개[大縣數十, 小縣十餘]"라고 서술한 것과 비교하여 본다면, 실제적으로 '불교의 사찰 67개'라는 수가 지니는 의미를 충분히 짐작할 수 있는 것이다. 더욱이 바로 앞에서 언급한 1927년 군벌 풍옥상의 백마사, 소림사, 상국사 등에 대한 몰수와 승려 30만 명의 환속은 거의 '삼무일종(三武一宗)' 폐불법란(廢佛法難)의 수준임을 충분히 짐작할 수 있는 것이다.

Ⅳ. 반(反) '묘산흥학'과 승학원의 설립

그러면 이러한 '묘산흥학'의 진행과정에서 불교계의 반응은 어떠했는가? 중국 근대불교의 연구로 유명한 황운희(黃運喜)는 그를 다음과 같은 네 가지 유형으로 분류하고 있다.

첫째 유형은 당시 국가정책에 부합하여 솔선하여 사찰의 재산을 바쳐 '흥학(興學)'에 참여하고 관부로부터 표창을 받는 경우이다. 이른바 '백성

---

[17] 본 자료는 劉成有,「略論廟産興學及其對道敎的影響-從 1928年的一段地方誌資料統計說起-」, 中國道敎協會, 2004年 第1期.)에서 인용한 "葛廷瑛, 孟昭章編:『泰安縣誌·敎育志』(民國十八年刊本) 資料統計"를 재인용.

이 관부와 싸울 수 없다'는 태도이고, 어차피 강제로 징발될 바에야 먼저 순응하여 손해를 최소화하자는 입장이다. 이는 주로 사찰에서 출자하고 향신(鄕紳)이 교육을 담당하는 형식이다. 이러한 예는 광주(廣州)의 육용사(六榕寺), 해당사(海幢寺)와 사천(四川)의 소각사(昭覺寺), 용장사(龍藏寺) 등이다.

둘째 유형은 사묘(寺廟)가 스스로 계몽학당(啓蒙學堂), 초등학당(初等學堂), 중학당(中等堂) 혹은 사범학당(師範學堂)을 설립하여 관부의 개입을 차단하는 것이다. 이 유형은 학교의 경비와 행정권을 모두 사묘(寺廟)가 장악하는 경우로서, 절강(浙江) 보타산(普陀山)에서 세운 자운소학(慈雲小學)과 강소(江蘇) 태현(泰縣)의 지광(智光)법사가 세운 유석소학(儒釋小學), 호남(湖南)의 대선사(大善寺)와 상향(湘鄕)의 여러 사묘(寺廟)가 연합하여 세운 고등학당(高等學堂) 등이 있다.

세 번째 유형은 사묘(寺廟)에서 승학당(僧學堂)을 설립하여 승가(僧家)의 자체적 역량을 배양하는 것이다. 이 유형은 당시 승려들에 대한 근대적 교육의 필요성을 자각한 것에 따른 것이고, 또한 그 이면에는 일본(日本) 승려 이토 요시미치(尹藤賢道), 미즈노 우메아키(水野梅曉) 등의 건의에 따른 것이라고 할 수 있다. 이 유형이 바로 근대에 있어서 본격적인 승가교육의 시작이고, 그 공헌 역시 가장 크다고 할 수 있다. 이러한 유형으로는 기선(寄禪), 송풍(松風), 화산(華山), 월하(月霞), 각광(覺光), 입운(笠雲) 등의 승려들과, 또한 중국의 근대 불교사에서 가장 유명한 승려의 한 사람인 태허(太虛)법사가 그 대표라고 할 수 있다. 이 외에 중국 근대불교의 부흥자이며 '금릉각경처(金陵刻經處)'의 설립자로 유명한 양문회(楊文會; 자(字) 인산(仁山), 1837~1911)가 광서(光緒) 30년(1908)에 각경처에 세운 '기원정사(祇洹精舍)'도 또한 '묘산흥학'과 어느 정도 관련이 있다고 할 수 있다. 특히 '기원정사'는 근대불교에 있어서 승(僧)·속(俗)의 핵심인물인 태허법사와 구양점(歐陽漸) [자(字) 경무(竟無), 1871~1943]을 배출한 것으로 유명하다.

네 번째 유형은 '묘산흥학'의 과정에서 중국불교의 무력함을 인식하고 일본으로 건너간 경우이다. 이들은 대체로 '묘산흥학'의 부당함을 대외에 알리고자 하는 목적과 발전된 일본의 신문명과 근대불교학을 배우고자 하는 두 가지 목적을 가지고 있었다. 장사(長沙) 개복사(開福寺)의 주지 입운(笠雲), 벌유(筏喩), 도향(道香)과 경사(京師) 용천사(龍泉寺)의 각광(覺光), 광주(廣州) 육용사(六榕寺)의 주지 철선(鐵禪) 등이 대표적이다.[18]

'묘산흥학'에 대한 불교의 대응으로서 황운희의 이러한 네 가지 유형은 매우 적합한 결론이라고 볼 수 있다. 그런데 이러한 네 가지 유형 가운데 세 번째와 네 번째 유형이 직접적으로 중국 근대불교학의 부흥과 관련되었다고 할 수 있다. 특히, 세 번째 유형은 근대 승가교육과 관련해서 상당히 중요한 계기이며, 직접적으로 근대불교학의 부흥과 관련된 것이라고 할 수 있다.

'묘산흥학'에 반대하여 최초로 승학당(僧學堂)을 세운 것은 장사(長沙) 개복사(開福寺)의 주지 입운(笠雲)이며, 일본 승려인 미즈노 우메아키(水野梅曉)의 충고에 따라 광서(光緒) 29년(1903) '호남승립사범학당(湖南僧立師范學堂)'를 세운 것이 최초이다.[19] 이에 대하여 『신속고승전(新續高僧傳)』의 「청장사록산사사문석방포전(淸長沙麓山寺沙門釋芳圃傳)」에는 다음과 같이 기록되어 있다.

> 무술정변(戊戌政變)을 맞아 하는 일과 말들이 어지럽고 장황하며, 새로운 주장

---

18 黃運喜, 앞의 글, pp.300~301 참조. 이외에 '廟産興學'과 관련된 기타 연구에 있어서도 거의 모두 黃運喜의 이러한 네 가지 유형에 동의하고 있다. 黃德賓, 「我國近代佛敎圖書館興起背景因素之考察」, 『佛敎圖書館館訊』第30期, 91年6月. 등 참조.
19 黃德賓, 「我國近代佛敎圖書館興起背景因素之考察」, 戒圓, 『開福寺史略』(『湖湘文史』, http://www.hnofa.com), 참조.

들이 성행하고, 다투어 학당을 세우느라 사원을 강제로 침탈하며, 교종(敎宗)을 무너뜨리고, 승가의 재산을 강탈하기를 극에 이르지 않은 바가 없었다. 이에 입운(笠雲)법사는 깊이 걱정하다가 일본 승려 미즈노 우메아키(水野梅曉)가 남옥(南嶽)을 방문하였다가 장사(長沙)에 나타나니, 오래 전부터 명성을 듣고 바라다가, 바로 찾아가 묻고 자문한 끝에, 일본불교는 시대조류의 변화에 따라 국력이 새롭게 갖추어지니, 여러 가지 업력(業力)에는 흥학(興學)도 예외가 아니었으니, 교강(敎剛)을 보호하고 불교의 가르침을 널리 펼치고자 바란다면, 이를 벗어나지 않는다는 것을 들었다. 이에 입운(笠雲)법사는 매우 감동하여 그 다음 해, 개복사(開福寺)에 승학원(僧學院)을 세우고, 법회를 개설하여, 입운(笠雲)법사를 추천하여 감독하게 하여 사원의 재산을 강탈하는 풍조를 멈추게 하였다.[20]

이로부터 '호남승립사범학당(湖南僧立師范學堂)'을 세운 가장 근본적인 원인이 '묘산흥학'이었고, 일본승려인 미즈노 우메아키(水野梅曉)의 충고에 따른 것임을 알 수 있다. 이후 중국의 전국에서 대량의 승학원(僧學院)이 세우지게 되는데, '묘산흥학'이 치열하게 전개되는 기간(1912～1935)에 강소성(江蘇省)에 세워진 승학원은 다음과 같다.

양주보통승학당(揚州普通僧學堂), 남경승사범학교(南京僧師範學校), 법상대학(法相大學), 중국불교회훈련반(中國佛敎會訓練班), 회음각진불학원(淮陰覺津佛學院), 진강옥산불학원(鎭江玉山佛學院), 진강죽림불학원(鎭江竹林佛學院), 의흥룡지산불학원(宜興龍池山佛學院), 태주광효사불학원(泰州光孝寺佛學院), 고우천태사홍불학원(高郵天台四弘佛學院), 상숙법계학원(常熟法界學院), 회안릉화학교(淮

---

20 喩未菴,「淸長沙麓山寺沙門釋芳圃傳」,『新續高僧傳』, 四集, 卷315, ; 臺灣, 琉璃經房, 1967, p.8. "及戊戌政變, 事言龐雜, 新說盛行, 競立學堂, 強侵寺院, 摧殘敎宗, 以奪僧産, 將無所不至, 笠雲甚憂之, 値倭僧水野梅曉尋法南嶽, 道出長沙, 久慕道聲, 逐來參叩, 諮詢之餘, 爲述日本佛乘隨潮流之轉移, 與國力以俱新, 種種業力, 不外興學, 欲謀保護敎綱, 弘揚佛旨, 無出此者. 笠雲頗爲之動, 明年, 遂假開福寺剏立僧學, 並設佛會, 推笠雲董之, 而奪攘之風稍息."

安楞華學校), 염성사구승학원(鹽城沙溝僧學院), 동태계혜학교(東台啓慧學校), 금릉승학원(金陵僧學院), 진강초산불학원(鎭江焦山佛學院), 상주천녕사불학원(常州天寧寺佛學院), 상주청량불학원(常州淸凉佛學院), 남경비로불학원(南京毗盧佛學院), 남경고림불학원(南京古林佛學院), 태주석양니중불학원(泰州石陽尼衆佛學院), 남경서하율학원(南京棲霞律學院), 보화산율학원(寶華山律學院), 양주각해학원(揚州覺海學院).[21]

'묘산흥학' 기간에 강소성에 세워진 상술한 승학원의 숫자로부터 확대하여 전국적 규모를 생각해보면, 그 기간에 세워진 전국적 승학원의 숫자가 얼마나 많을지 충분히 추측할 수 있다. 그러나 이 시기에 세워진 대부분의 승학당(僧學堂)은 승려들에 대한 교육에 그 목적이 있기 보다는 사원의 재산을 지키기 위한 성격이 더욱 강하였다. 위의 승학원 가운데 실제적으

❧ 불학원이 설립되었던 태주 광효사

---

21 范觀瀾, 『中國佛敎發展史述略講義』 21 (華嚴蓮社萬行雜誌 229期, http://www.huayen.org.tw)

▲ 민남불학원

로 교육이 성공적으로 이루어져서, 불교계에 많은 지도자를 배양한 곳은 지광(智光)가 설립한 초산불학원(焦山佛學院)과 태주광효사불학원(泰州 光孝寺佛學院)의 두 곳 정도가 유명하다. 조산불학원은 대만(臺灣)의 성운(星雲)법사와 홍콩(香港)의 성일(聖一)법사를 배출하였으며, 태주 광효사불학원은 성일(成一), 호림(浩霖), 자립(自立), 요중(了中) 등 유명한 대법사들을 배출하였다.[22]

근대중국불교학에 있어서 언급하지 않으면 안 될 인물과 교육기관은 양문회(楊文會)와 금릉각경처(金陵刻經處), 그리고 지나내학원(支那內學院)이지만, 묘산흥학과는 직접적인 관련성이 조금 부족하여 그에 대한 언급은 생략하기로 하겠다. 그러나 근대불교학에 있어서 가장 중요한 승려인 태허(太虛)법사의 무창불학원[武昌佛學院 ; 1922, 호북성(湖北省) 무한시(武漢市)], 민남불학원[閩南佛學院 ; 1925, 복건성(福建省) 하문시(廈門市) 남보타사(南普陀寺)], 한장교리원[漢藏教理院; 1931, 사천성(四川省)

---

22 주 21 참조.

중경(重慶) 진운사(縉雲寺)] 등의 불학원(佛學院) 설립은 모두 묘산흥학과 직접적인 관련이 있다고 할 수 있다. 이러한 태허법사의 불학원 설립은 그의 이른바 교리(敎理)·교제(敎制)·교산(敎産)의 '삼대혁명'을 바탕으로 한 것으로, 현재에도 그대로 계승되고 있다고 할 수 있다.

    결론적으로 말한다면, '묘산흥학'은 비록 불교사원의 재산을 강탈하는 수단으로 사용되었지만, 다른 한편으로는 그에 대한 대응으로 중국불교도의 각성과 단결을 불러일으키는 계기가 되었던 것이다. 또한 나아가서는 승가에 있어서 근대교육을 촉발시키는 결정적인 계기를 제공하게 되었다고 할 수 있다. 또한 이러한 승학원의 설립은 그대로 근대불교학의 부흥에 직접적이고 중요한 원인으로 작용되었다고 할 수 있다.

V. 결어

    장지동과 강유위의 상주(上奏)로부터 비롯된 묘산흥학(廟産興學)은 그 본래의 의도와는 다르게 '토호열신(土豪劣紳)'과 군벌 등에 의하여 사원의 재산침탈의 수단으로 이용되어 역대(歷代)의 '삼무일종(三武一宗)'에 버금가는 근대의 법란(法亂)이었다고 할 수 있다. 더욱이 본문에서는 언급하지 않았지만, 근세에 '백련교(白蓮敎)의 난(1796~1805)'과 근대의 '태평천국(太平天國)의 난(1851~1864)'에 연이어져 있었기 때문에 중국불교로서는 더욱 치명적인 타격을 받은 사건이라고 할 수 있다. 그러나 다른 한편으로는 묘산흥학이라는 시련을 극복하는 과정에서 중국불교는 필연적으로 시대적 조류와 변화에 대한 각성을 하게 되었고, 불교도들의 전국적인 협력과 단결의 필요성을 자각하여 '불교협진회(佛敎協進會)', '불교대동회(佛敎大同會)', '중화불교총회(中華佛敎總會)' 등의 다양한 단체들을 구성하게 됨으로써, 중국불교의 근대화를 촉진시키게 되는 결과를 가져왔다.

역설적으로 '묘산흥학'의 시련은 중국의 근대불교학의 부흥이라는 긍정적 효과를 발생시켰다고 할 수 있다. 중국 불교의 근대화를 이끈 다양한 형태의 수많은 승학원이 이러한 시련 속에서 설립되었기 때문이다. 비록 승학원이 설립된 배경에는 불교의 인재에 대한 양성과 교육뿐만 아니라 사원의 재산보호라는 측면이 있었다고 하지만, 형식에는 언제나 최소한의 내용이 담보될 수밖에 없는 것이다. 그것은 대륙이나 대만, 홍콩 등의 근·현대 불교의 지도자들이 대부분 승학원(僧學院) 출신과 그 법맥임을 상기한다면 쉽게 수긍할 수 있을 것이다. ▮ 김진무

11

메이지 말기 가족국가관의 형성과 불교계 여학교

Ⅰ. 메이지시대 여학교와 불교

'여학교'를 설립한다는 것은 동아시아 전통사회가 서구근대문명으로부터 받은 자극의 한 수용 형태였다. 메이지 시대 일본사회는 이것을 국가적인 의미로 전환시켜 받아들였는데, 여성의 어머니로서의 역할에 주목하여 여성교육의 의의가 중시된 것이다. 한편, '여성이 차세대 인재를 교육하는 데에 유용하므로 여성교육은 국가적인 의의를 갖는다'고 하는 생각은 일본정부가 '서구'로부터 배운 근대학습의 내용이기도 하였다.[1]

이와 같이 국가적 차원에서 여성교육을 추진하는 것은 초기 메이지 정부의 정책에 반영되었다. 유신 직후인 1871년, 이와쿠라(岩倉)사절단 파견에는 다섯 명의 여자 유학생이 포함되었으며, 그 다음 해에는 최초의 관립 여학교가 도쿄와 쿄토에 창설되는 등, 정부의 여성교육에 대한 열정은 뜨

1　川本 綾, 「양처현모 사상과 부인개방론」, 『역사비평』 No.3, 역사문제연구소, 2000, p.353.

거웠다. 그러나 이것은 그리 오래 지속되지 못했다. 남성엘리트 코스와 초등교육 의무시스템을 만들기 위해 이미 엄청난 부담을 짊어지고 있던 메이지 신정부로서는 여성중등교육의 추진이 능력 밖의 일이었던 것이다.[2]

이런 상황에서 근대 일본의 여성교육을 견인한 것은 기독교였다.[3] 기독교는 메이지 유신 이후 1873년이 되어서야 비로소 정부로부터 금지령이 해제되었지만, 기독교의 여학교설립은 이미 그 이전부터 개항지 요코하마를 중심으로 시행되어, 메이지 초기 20여년 간 여학교를 독점해 왔다.

한편, 불교계는 그동안 폐불훼석으로 인해 교단적 위기에 빠져있었다가, 1875년 신교자유운동을 통해 신불(神佛)합동의 대교원을 이탈하여 겨우 포교권을 회복한 상황이었다. 그런데, 불교 각 파는 다시 천황제 지배체제에 순응시키기 위해 민중교화를 담당하는 교도직을 양성하도록 주문받았다. 1884년에 이 제도가 폐지될 때까지 불교교단의 교육사업은 천황제 국가를 위한 교화담당직 양성에 초점이 맞추어져 있었던 것이다.

불교계에서 여학교를 설립하기 시작한 것은 이와 같이 국가적 교화를 위한 교도직 제도가 사라진 뒤부터였는데, 여학교를 통해 불교계에서 꾀하고자 하는 목적은 이 교도직 양성시대의 그것에서 크게 벗어난 것은 아니었다. 즉, 불교의 여성교육사업은 불교가 근대 서구문명 사회의 변화에 대응하기 위한 형태를 취하지만, 그 내용은 기독교에 대한 대항을 통해 불교의 유용성을 국가사회에 부각시키는 것이었다.

메이지 시대 불교계에서 여학교를 왕성하게 설립한 시기는 둘로 나눌 수 있다. 첫째는 1880년대 중반부터 말까지 서구주의의 물결이 높은 시대적 분위기 속에서 기독교여학교를 견제하기 위하여 설립된 것이고, 두 번

---

[2] 小檜山르이(Kohiyama Rui), 「일본 기독교 여성교육의 성과와 전망 - 1910년~1940년 도쿄기독교여자대학의 상호 문화적 교류 사례를 중심으로 -」, 『이화사학연구』 Vol.27. 이화사학연구소, 2000, p.69.
[3] 中西直樹, 『日本近代の佛教女子教育』, 京都: 法藏館, 2000, p.13.

째 시기는 메이지 말기에 국가체제가 정립되면서 일본의 국체관념을 중심으로 한 국가주의가 강화되었는데, 불교여학교는 이와 같이 국가주의에 부응하고 서구주의에 대항하는 사업으로 간주되면서 1900년대 특히 러일전쟁 이후 다시 한 번 활발한 설립운동이 전개된다.

사실, 메이지 시대 설립된 불교여학교는 다이쇼 시대 이후에 설립된 여학교에 비해 학교 수나 규모에 있어서 매우 작은 비중을 차지한다. 근대일본불교계 여자교육기관 중 70% 가까이의 학교는 다이쇼에서 쇼와 초기에 걸친 기간에 설립된 것이다.[4] 하지만, 메이지 말기의 시대적 상황변화와 이에 따른 불교계의 대응자세가 이후 불교여학교의 방향을 결정짓고 있기 때문에, 이에 대한 분석은 근대 일본 불교계의 여성교육을 고찰하는데 있어서 불가결한 요소라 할 수 있다.

또한, 메이지 말기에는 국가를 가족의 연장선으로 비유하는 소위 '가족국가관'에 의해 천황제 지배가 재편성되는데, 이와 같은 가족국가주의가 불교와 갖는 연관성 그리고 이를 위한 여성교육에 대한 기대 등이 이 시대 불교여학교를 고찰하면서 검토되어야 할 중요한 부분이다.

이 글에서는 당시 불교계의 국가관 혹은 가족국가관을 고찰하기 위해, 이와 관련한 이 시대 불교학자들의 저술을 살펴볼 것인데, 특히 국가주의와 여성교육에 대해서는 무라카미 센쇼(村上專精)를, 그리고 가족주의와 결합한 국가주의에 대해서는 다카쿠스 준지로(高楠順次郎)의 글을 중심으로 분석하여, 가족과 국가 그리고 불교, 여학교 등이 메이지 시대 일본에서 어떻게 연관되었는지를 확인해 보고자 한다.

---

4 兒玉邦二, 「佛敎系高等女學校-大正期を中心とした敎育史の考察-」『武藏野女子大學紀要』 通号 22, 武藏野女子大學紀要編集委員會, 1987, p.137.

Ⅱ. 불교계몽운동과 여학교

1. 불교계 여학교 설립의 착수

　근대 일본 불교계가 여학교를 설립하기 시작할 무렵은, 사회적으로 서구화가 한창 유행하던 1880년대 중반, 소위 로쿠메이칸(鹿鳴館)시대라고 불리던 시기였다. 이 시기는 에도막부시대에 체결했던 서구열강들과의 불평등조약을 개정하기 위해, 정책적으로 서구화주의가 전개되었는데, 즉 일본이 세계 일등국 대열에 있음을 강조하고자 구미의 문화와 생활습관을 적극 도입하였다.

　그리고, 이러한 시대적 분위기에 따라서 남존여비의 풍속타파와 여성의 지위향상 등이 서구화 및 문명개화의 필수로 논해지면서 이를 실현하기 위한 여학교가 사회적으로 활황하게 되었다. 그런데, 이 당시 여학교는 기독교계가 주류를 차지하고 있었다. 1870년 페리스여학교가 요코하마에 설립된 이래, 고베와 오사카 그리고 도쿄에까지 여학교가 지속적으로 설립되어 1882년 무렵에는 기독교 여학교수가 20개교 정도였으며, 1889년에는 50개교가 넘을 정도로 활성화되었다.[5]

　한편, 1880년대 중반까지 일본의 불교계는 교도직양성을 위한 교육기관을 정비해야 했다. 진종 서본원사파의 경우, 1876년 자체적으로 학제를

5　中西直樹, 앞의 책, p.14. 이 시기의 기독교 여학교수에 대한 통계자료는 논문마다 차이가 많다. 齋藤昭俊은 '1888년까지 기독교학교가 101교에 이르렀다'고 하는데,(齋藤昭俊(1971), 앞의 논문, p.392.참조) 약 10년뒤의 상황이기는 하지만, 1900년의 한 기사에 의하면, 일본에 전국 여학교수 통계가 158교이며, 이 중 기독교계가 전국에 75교, 불교계가 9교라고 발표하고 있어, 50개교정도였다는 자료가 더 신빙성이 있다고 생각된다. 하지만, 불교여학교의 경우에도 설립되었으나 곧 폐쇄된 여학교가 많은 것을 감안해 보면, 기독교 여학교가 100교가 넘게 설립되었을 가능성도 없지는 않다.

정하고, 1881년경까지 쿄토 본산에 대교교(大敎校)라고 하는 고등교육기관[류코쿠(龍谷)대학의 전신]과 전국에 40개 가까운 소학교를 설립했다.[6] 교도직이 폐지된 이후에도, 불교교단의 주요 교육사업은 여전히 승려의 자제들을 중심으로 한 승려 양성교육에 집중되어 있었고, 일부에 의해서만 불교보통교육이 실시되었는데, 이러한 상황은 1900년 무렵까지 지속되었다.[7] 따라서 1880년대 설립된 불교여학교는 불교계 내에서 주류인 승려 양성교육에 비하여 소수 보통교육기관이었고, 또한 남성중심의 교육 속에서 주변적인 위치에 있었음을 알 수 있다.

그리고, 불교계 여성교육론의 배경으로서 메이지 초기 여성교육론의 양상을 검토해보자면, 근대여성교육에 있어서 가장 큰 영향력을 미친 서구주의 문명개화론[8]을 빼놓을 수 없으나, 유교사상에 입각한 수구세력의 이에 대한 견제 또한 존재하였음을 지적할 수 있다. 즉, 최초의 학교교육관련 법제인 '학제' 제정에는 서구 문명지향의 개혁주의가 강세였다면, 이후 1878년 학제개정은 유교적인 수구세력의 견제가 작용한 것이었다.

초기 학제 제정에는 탈아입구(脫亞入歐)론으로 유명한 후쿠자와 유키치(福澤諭吉)가 특히 강한 영향력을 미친 것으로 알려져 있는데, 그는 유교적 여성관이 남자를 위해서는 편리하나 남녀의 위계적인 명분을 정해놓은 가르침이라고 비판하는 등,[9] 문명개화를 위해서 극복해야 할 가장 큰

6　中西直樹, 앞의 책, p.15.
7　齋藤昭俊, 「明治期における佛敎主義敎育」『印度學佛敎學硏究』 16(1), 東京: 日本印度學佛敎學會, 1967.12, p.262.
8　일본 근대 여성교육론에 가장 강한 영향력을 보여준 것은 明六社가 발간한 계몽잡지 『明六雜誌』에 게재된 문명개화적 여성론이라고 지적된다. 明六社라는 학술단체의 기관지로서의 명육잡지는 명치 초년의 계몽사상에서 계도적인 역할을 이루었다. 1874년 3월에 창간되어 다음해 11월에 폐간될 때까지 정치 경제 문화 등 다방면의 문제에 대한 논설을 게재하여 사회적으로 많은 영향을 미쳤다. 森有礼은 이 단체 사장이었으며, 福澤諭吉, 津田眞道 등 당시 일류의 학자들이 소속되어 활동하였다. 이에 대해서는 이은송, 「일본의 근대여성교육론의 형성에 대한 연구」, 『한국교육사학』 제20집, 1998 참조.
9　이은송, 앞의 글, p.372.

장벽은 '유교'라고 지목하였다. 또한 모리 아리노리(森有禮)도 국가독립과 문명화를 위해 일부일처제에 입각한 부부동등론을 주장하였는데, 이러한 초기 계몽주의자들의 개혁론은 곧 메이지 정부 내 보수적인 관료들의 비난을 사게 되었고, 그리하여 유교적 윤리관에 기초한 학제로 다시 개정했던 것이다. 즉, 1880년대 서구화정책이 강하게 추진되기 이전에 이미 교육문제와 관련하여 보수세력이 서구화를 견제한 일이 있었던 것인데, 이것은 1900년대에 들어서서는 국가주의에 입각하여 서구주의를 견제한 일련의 행동에 대한 예고편이었다고도 말할 수 있다.

그런데 좀 더 엄밀하게 말하자면, 계몽주의자들의 여성교육론에도 여성차별석인 요소가 없었던 것은 아니었다. 예를 들면, 여성교육은 기술과 학문의 교육보다는 수신경신(修身敬神)의 교육이 더 유익하다고 하는 견해가 있었는데,[10] 이는 여성으로 하여금 근대사회에 부응할 수 있는 지식습득이나 정신함양의 교육을 배제하고, 오히려 봉건적 전통을 수호하게 하는 교육으로 제한하는 성차별적 교육론이었다. 그리고 메이지 여성교육의 지향점을 집약적으로 표현한 '현모양처론'은 유교적 전통의 여성교육론이라기 보다는 미국을 비롯한 서구 여성교육관의 수용이었다.[11] 그리고 현모론 혹은 현모양처론은 여성을 '어머니'와 '아내'라고 하는 성역할로 규정하여 공적영역 진출을 억압하는 이데올로기였다.

불교계가 여학교를 설립할 무렵에는 이와 같은 여성교육론들이 있었는데, 불교 계몽운동가들은 이것을 선택 혹은 변형하면서 다음과 같은 불교의 여성교육론을 제기하기 시작했다.

---

10 中村正直,「善良ナル母ヲ造ル說」『教育の體系』日本近代思想大系 6, 東京: 岩波書店 1996, ; 이은송, 앞의 글, p.380. 참조.
11 메이지 정부의 초대 문부상이었던 모리 아리노리는 그의 재미공사 시절, 미국의 지식인들로부터 '공화국의 어머니'를 사상적 기초로 하는 빅토리아 시대의 소위 '현모론'을 제안받았고 이것은 이후 메이지 여성교육정책에 반영되었다.

2. 불교계몽운동가의 여성교육론

1) 불교의 문명개화성과 여성교육

메이지 정부가 주도하는 문명개화의 풍조에 부응하기 위해 불교계에서도 계몽운동을 전개해 나갔는데, 문명개화라는 시대적 조류는 수용하면서도, 서구화를 앞세운 기독교는 견제하고, 이와 아울러 불교의 사회적 위상과 전통은 고수하려고 하는 것이 불교계몽가들의 기본적인 태도였다.[12] 여성교육을 문명국의 상징이자 지표로서 간주되어 그 필요성은 적극 홍보하였지만, 문명과 기독교의 관계는 분리하고자 노력하였다. 그리고 여성을 대상으로 이러한 내용을 유포시키는 계몽운동의 실천을 위해 불교교단은 여성신도조직을 개편하기도 하였다.

정토진종 본원사파의 경우, 에도시대 여성교도의 조직으로 여인강(女人講), 여방강(女房講), 니강(尼講) 등이 있었는데,[13] 이것을 근대적으로 개편한 것이 '부인교회(婦人教會)'라고 하는 여성조직이었다.[14] 부인교회 결성운동은 법주 묘뇨(明如, 大谷光尊 1850~1903)가 직접 주도하였고, 이 운동이 전국적으로 전개되는 것을 도모하고자, 월간『부인교회잡지』를 발행하기도 하였다.

이 종파의 대표적인 계몽운동가인 시마지 모쿠라이(島地默雷)와 아카

---

12 이 밖에도 불교계몽가들의 공통적인 자세는 1870-80년대에는 계몽성을 보이지만 1890년대 이후에는 현저하게 국가주의로 기울어지는 것이다. 이것은 앞서의 계몽성이 기성불교의 껍질에서 탈피한 근대불교지향을 의미하지 않았고, 불교가 시대에 적응하는 역할을 완수하는 정도의 성격 정도 밖에 갖지 않았던 것이라고 지적된다. (柏原祐泉,『日本佛教史 近代』, 東京: 吉川弘文館, 1998, pp.112~121.참조)
13 千葉乘隆,「佛教における 女性組織の近代化 - 婦人教會の 設立運動 -」,『龍谷大學論集』통호421호, 京都: 龍谷學會, 1982.10, pp.26~27. 에도 말기에는, 진종의 법주 廣如가 여성들의 협력을 통해 교단의 재정난을 해결하기 위해 최승강(最勝講)이라고 하는 진종 전체 여성을 통일하는 조직체를 결성하기도 하였다.
14 이때 개편된 진종본파의 조직은 승려, 승속공동, 그리고 신도 등의 3종의 교회결사(教會結社)가 있었다. 이 중 부인교회는 여성신도를 주체로 하는 신도결사에 해당한다. (千葉乘隆, 앞의 글, p.30.)

마츠 렌조(赤松連城)[15]도 도쿄 축지별원(築地別院)에 '영여교회(令女敎會)'를 1888년 10월에 조직하였다. 이 부인교회를 설립하기 한 달 전에 시마지는 여자문예학사라는 여학교를 설립하였다. 영여교회는 도쿄에 있는 상류부인을 조직한 것이었는데, 상류층 여성을 대상으로 한 불교 전도는 진종 대곡파에서는 이미 2년여 전부터 시행하고 있었다.[16] 이처럼 진종에서는 경쟁적으로 상류층 여성에게 불교를 유포하여 교파의 위상을 높이고자 하였음을 알 수 있다. 시마지는 이 단체의 여성들을 대상으로 계몽운동을 전개하였는데, 먼저 강조된 것은 다음과 같이 '불교를 중심으로 문명개화를 전개해야 한다'는 주장이었다.

> 학문기예보다도 첫 번째로 존중되어야 하는 것은 도덕품행으로서, 이 도덕품행을 기르는 것이 바로 종교의 수지이다. 종교도 오늘날에는 여러 가지 교법이 행해지지만, 우리 일본은 천여 년 동안 불교의 덕육으로서 사람의 마음을 기르고 문명을 진전시켰는데, 이 천여 년 동안의 습관에 기반하여 종교의 힘 아니, 불교의 힘에 의해서 도덕문명을 진전시킬 수 밖에 없다.[17]

이처럼 시마지는, 일본은 불교의 힘으로 천년동안 문명을 진전시켜 왔으므로, 앞으로도 이러한 불교에 근거하여 문명을 발전시켜야 한다는 주장을 펴고 있는데, 이는 다른 '교법'으로 칭해지는 기독교가 문명개화의 원동력으로 간주되는 것을 견제하기 위함인 것은 말할 필요도 없다. 하지만, 서구의 문물을 직접 견학하고 왔던 시마지로서는 서구문명의 발전까지 부

---

15 赤松連城은 島地默雷와 함께 1870년대부터 사회적인 문명개화운동에 자극을 받아, '공존동중(共存同衆)'을 조직하여 기관지『공존잡지(共存雜誌)』를 발행하였고, 80년대에는 좀 더 불교적 성격을 강화한 結社活動으로서, 1884년 '令知會'를 결성하여『令知會雜誌』를 발행하기도 하는 등 대표적인 불교계몽운동가였다.
16 千葉乘隆, 앞의 글, p.32.
17 島地默雷,「令女敎會第七會講話」,『婦人敎會雜誌』제16호 東京: 婦人敎會, 1889. 5, p.3.

정할 수는 없었다. 즉, "일본과 서양이 다른 것은 세상의 문명이 진전되었기 때문"이라고 하면서 서양문명의 발전은 인정하는데, 다만, 여기에 대해서 그 공은 "반드시 종교만의 공이라고는 말할 수 없"다고 하여, 서양의 문명과 기독교의 연관성을 끊고자 하였다. 여성교육의 필요성을 제기하면서는 이것이 "시대가 문명에 나아가기 때문에 그런 것이지, 결코 예수교에서 비롯된 것이 아니다"[18]라고 하여, 기독교에서 여성교육을 주도해 온 현실을 인식하면서도 애써 그 영향력을 부정하고자 하였다.

그리고 여성의 지위는 문명의 지표로 간주되고 있는데, 이것과 관련하여 시마지는 불교의 여성차별성에 대한 비판을 해명하는데 특히 심혈을 기울였다. 즉, '동양 여성의 지위가 서양보다 낮은 것은 유교와 불교 두 종교의 허물이다'라는 비판에 대해, "부인을 거칠게 취급하는 것은 미개한 습속"이라고 규정하지만, 이것이 불교의 과실이라고 하는 것은 "불교를 모르는 망령된 평"이라고 비난한다.[19] 그리고는 경전의 여인불성불설과 고야산과 비예산 등에서 여인출입을 금지하는 불교적 관습에 대해서, 그것은 여성을 혐오하거나 차별하는 것이 아니라고 주장하면서[20], 불교가 여성을 폄하하지 않는 문명의 종교임을 보이고자 노력하였다. 한편, 시마지에게 있어서 문명은 여성의 지위와 연관된 것이어서, 여성교육은 여성의 지위를 향상하기 위한 것으로 설명되고 있다.

> 여자가 점점 교육에 의거해서 지식을 닦고 혹은 직업 등의 기술을 학습해 가면, 지식사회에서 보아도 경제사회에서 보아도 반드시 여자를 존경하지 않을 수 없게 되고, 그 지위가 높아짐에 따라서 존경이 더욱 커지는 것은 (후략) [21]

---

18 島地默雷, 앞의 글, p.3.
19 島地默雷, 앞의 글, pp.3~4.
20 島地默雷, 앞의 글, p.5. ;「京都婦人敎會に於て」,『婦人敎會雜誌』제45호, 東京: 婦人敎會, 1891.3, p.8.
21 島地默雷,「京都婦人敎會に於て」, p.10.

그가 여성교육을 지식과 직업, 그리고 기술 등의 학습으로 설명하고 있는 것이 주목되는데, 앞에서도 언급하였듯이, 여성교육은 학문보다는 수신(修身)에 합당하다고 여기는 견해가 있었기 때문이다. 하지만 그의 여성교육관이 일관된 것은 아니었다. 즉, "여자가 배우는 것과 남자가 배우는 것은 다른데, 여자는 안을 다스리는 것이 직분이다"[22]라고도 말하고 있어, 여전히 성역할론에 근거한 여성교육을 상정하고 있음을 알 수 있다. 즉, 그의 여성교육관은 일관적인 철학이 있었다기 보다는, 위에서 말한 바처럼 시대적 조류에 불교가 적응하는 차원에서 제기하였다고 보는 것이 타당할 것이다.

2) 여성의 자립을 위한 교육론

불교여성교육론에 있어서 다음으로 주목되는 것은 여성의 자립을 위한 교육의 제기이다. 불교여학교를 실리적인 면에서 제일 먼저 지적한 사람은 이기미츠 쇼도(赤松照幢)와 이가마츠 야스코(赤松安了) 부부였다. 야스코는 앞에서 언급한 서본원사파의 아카마츠 렌조(赤松連城)의 딸이었으며, 쿄토의 공립[京都府立]여학교 제1기 졸업생이기도 하였다. 그녀의 남편 쇼도는 아카마츠 렌조의 절 덕응사(德應寺)에 양자로 들어왔다가, 야스코가 졸업한 다음 해에 결혼하여 이 절 주지가 되었다. 이 둘은 1886년에 결혼하자마자 불교계에서 처음으로 근대식 여학교인 덕산(德山) 부인강습회를 창설하였는데, 학교를 개설하자마자 쇼도는 1886년 5월에 「여자학교를 일으키는 뜻」이라는 글을 일간신문에 기고하였다. 여기서는 불교계에 여자교육기관이 필요한 이유를 다음과 같이 3가지 점에서 제기되고 있다.[23]

---

22 島地默雷, 앞의 글, p.7.
23 『奇日新報』 1886.5.23, 25. ; 中西直樹, 앞의 책, p.21. 재인용.

첫째, 여자교육은 장래 어머니로서 자식에게 큰 영향력을 가지는 점에서 중시되어야 한다. 둘째, 포교 전도의 일익을 담당할 여성을 양성하기 위해서도 여자교육기관은 반드시 필요하다. 셋째, 사원경제를 신도에게 전면적으로 의존하는 체질을 고치기 위해서 취업교육을 받아서 여성의 자립을 촉진하지 않으면 안 된다.

이 중에서 첫 번째는 일반적인 현모론의 연속이지만, 둘째, 셋째의 목적은 불교계의 상황을 반영한 현실적이고 구체적인 교육론이라 할 수 있다. 남성 일변도의 불교교원 양성교육이 전부였던 당시의 상황에서 여성포교사를 키우기 위한 불교여학교가 필요하다고 주장한 것은 매우 진보적이고 또한 참신한 것이었는데, 이것은 여학교를 이제 막 졸업한 야스코의 진취적인 견해가 포함된 것이 아니었나 생각된다. 그리고 세 번째 사원경제적인 목적에서 여성의 취업교육을 제기한 것은 이 들 부부의 여학교에서 실천되었다. 즉, 1888년에는 교명을 백련(白蓮)여학교라고 변경하면서 학생수는 70명을 넘었으며, 야스코는 직접 영어와 예절, 창가 등을 가르치면서 이와 함께 뽕나무 재배, 양잠, 방적 등의 실습교육도 시행했던 것이다.[24]

그런데, 사원의 경제 자립을 위해서 여성의 자립을 도모한다는 것은 일반 여성의 경우를 지칭하기 보다는 사족(寺族)의 특수한 상황을 말하는 것이었다. 사족이란, 남성승려의 배우자를 말하는 것으로, '주지 이외의 사원 내 가족' 등으로 명시되기도 한다. 일본불교에서는 현실적으로 엄격하게 출가주의가 지켜진 것은 아니었을지라도, 공식적으로는 정토진종을 제외한 모든 종파가 승려의 혼인을 금지해 왔었다. 그런데 1872년 태정관 포고에 의하여 '승려의 대처식육을 자유로이 할 수 있다'라고 규정됨으로써,[25]

---

24 이 학교는 이후 1891년에 교사를 신축하고 교명을 '德山여학교'로 변경하였다. 지역사회에서 좋은 평을 받으며 계속 발전하다가 1916년 공립여자고등학교의 정비에 따라 30년간 존속한 학교를 폐쇄하게 되었다.
25 熊本英人, 「近代佛教敎團と女性 –曹洞宗における「寺族問題」, 『駒澤大學禪硏究所年報』 제13, 14호, 東京: 駒澤大學禪硏究所, 2002. 2.

많은 승려들이 혼인을 하여 처와 함께 사원에 살고 있었던 것이다.²⁶ 그런데 승려의 가족이 사원재정에 전적으로 의존하는 것은 신도들의 불만을 야기시키는 것이었으므로, 이에 승려의 부인으로 하여금 경제적 자립을 갖도록 하는 논의가 제기된 것이라 할 수 있다. 백련여학교의 창립자이자 교사인 야스코 역시 승려의 부인이었으며, 이 학교의 여학생들은 이와 같이 승려의 부인들로 구성되었을 가능성이 높다. 따라서, 이 여성자립의 교육론은 여성자신을 위한 것이라기보다는 사원의 경제를 위한 것이었으며, 어떤 의미에서는 아내로서의 역할론의 연장이라고도 말할 수 있을 것이다.

한편, 일반여성에 대해서도 자립을 지향하는 교육론이 불교계 내에서 제기되었다. 앞에서도 언급했던 『부인교회잡지』의 1889년 4월호의 사설 제목은 '부인의 자립에 힘쓰고 아울러 여자교육의 활성화를 바란다'였는데, 여기서 여성자립을 통해 지향하는 것은 다음과 같은 것이었다.

> 부인들이 모두 자립하여 남자의 경애를 받게 되면 스스로 남존여비의 폐풍을 깨뜨리고, 또한 일국의 문명의 푯대가 되고, 제국 자립의 근저를 이루게 된다.²⁷

이러한 여성교육론은 앞에서 살펴본 시마지의 문명의 지표로서의 여성교육론과 아카마츠 부부의 여성자립지향의 교육론이 결합된 것으로 보이는데, 하지만 여기서 더 주목되는 것은 '제국자립의 근저로서 여성자립'이라는 관념이다. 여성교육을 여성의 자립과 연결시키려는 것은 아직 메이지 초기의 문명개화론의 영향이 남아있다고 할 수 있지만, 이것을 다시 제국의 자립이라는 대의명분에 종속시키는 것은 국가주의적 관점을 보이기

---

26 종파마다 승려들의 저항이 없었던 것은 아니나, 승려의 세속화 조류는 매우 빠르게 진행되었다.(熊本英人, 앞의 글, 참조)
27 「婦人の自立を勸め倂せて女子敎育の旺盛を望む」, 『婦人敎會雜誌』 제3호, 東京: 婦人敎會, 1889.4.10, p.2.

시작한 것이라고 생각된다. 아무튼, 이와 같은 여성교육론들은 여학교설립의 필요성을 불교계에 일깨워 주었으며, 그 결과, 1886년부터 89년까지 약 3~4년 동안 20여개의 불교여학교가 왕성하게 설립되었다.

3. 1880년대 설립된 불교여학교

앞에서 언급한 덕산부인강습회와 함께 1886년에는 삼주학교여학부(三州學校女學部)가 창설되었는데, 이 두 학교를 효시로 불교계에서는 여학교설립이 왕성해졌다. 특히 1888년은 가장 절정에 달하여서 한 해에 10개의 학교가 집중적으로 설립되기도 하였다. 이 시기 설립된 불교여학교의 특징을 간략히 살펴보자면 우선, 학교 설립의 주체 면에서는 거의 70% 정도가 진종 서본원사파와 관련되어 있는 것을 볼 수 있다. 정토진종은 근대 일본불교계의 최대 종단으로서 여학교 설립에도 가장 적극적이었다고 볼 수도 있겠지만, 여학교 설립에 있어서 종단의 의지가 반영된 사례는 상애(相愛)와 적덕(積德)여학교 등 몇 개 정도에 한정될 뿐이었으며, 대부분은 신도개인이나 신도조직에서 설립하였거나, 지방사찰의 주지가 직접 여학교를 설치하기도 하였다. 예를 들면, 삼주학교여자부, 청양(淸揚), 애화(愛和)여학교 등이 서본원사파 신도개인이 학교를 설립한 경우이며, 이 종파의 신도조직이 여학교를 세운 경우는 순승(順承), 친화(親和)여학교 등이 있었다. 그리고 서본원사파 지방사찰 혹은 승려개인이 여학교를 설립한 예는 시마지의 여자문예학사를 비롯하여, 수총(手塚)재봉여학교, 세심(洗心), 영덕(令德)학회, 박애(博愛)여학교 등이 있었다. [28]

서본원사파 이외에서 설립한 여학교로는 임제종의 오리엔탈여자부, 조동종의 선엄학원(仙嚴學園), 진언종의 종예종지원(綜藝種智院) 등이 있었

---

[28] 中西直樹, 앞의 책, pp.25~39.

다. 그리고 그 나머지는 지역의 불교 각 종단이 협력하여 설립한 여학교들이다. 그 예로는 고양(高陽)·육화(六和)·고량(高粱) 여학교 등이 있는데, 이와 같이 종파합동의 여학교를 설립한 것은 이 시기의 또 하나의 특징이라고 할 수 있다. 한편, 불교여학교의 설립에 있어서 지역의 행정가들과 협력하는 경우도 보였는데, 앞에서 언급한 종파합동의 고량(高粱)여학교도 여기에 해당하였으며, 행정가들이 주체가 되고 불교종단에서 지원한 경우로는 히로시마(廣島)여학교가 있었다.[29]

마지막으로 주목되는 특징은 여성교육사업에 설립자와 교장 등으로 활약한 불교여성들이 등장하고 있다는 것인데, 선엄여학교는 설립자 선엄비구니의 이름을 딴 것이었으며, 덕산여학교에서는 앞에서 살펴본 야스코가 설립자와 교사로서 활동하였다. 그리고 광도·상애·육화 여학교에는 여성교장들이 리더쉽을 발휘하면서 초기 불교여학교의 운영에 힘썼다.

불교여학교의 특징으로서 두 번째로 살펴볼 부분은 설립목적인데, 여기에는 기독교에 대한 대항의식이 압도적이었다. 불교여학교의 설립에 있어서 지역행정가들의 협력이나 부호상, 부호농 등 지역유지들의 원조를 얻어낼 수 있었던 것은 이와 같이 기독교 대항의식을 설립목적으로 내걸었던 것에서 기인하였다고 할 수 있다. 또한 이 목적은 불교종파 간의 단합을 이끌어 내기도 하였다.

마지막으로 교육내용의 특징을 살펴보자면, 먼저 이 시기에는 교과목에 영어가 포함된 경우가 많았는데, 여성들로 하여금 실질적으로 영어능력을 함양시키기 위해서였는지 몰라도, 개화기 시대 영어교과가 하나의 유행이었던 것 같은데, 이 시기에서만 보이는 독특한 면이다. 그리고 여교사양성교육이 이루어진 학교도 있었는데[종파합동의 고양(高陽)여학교], 이는 승려의 딸들을 여교사로 키워 포교의 일익을 담당하게 하는 목적에서 설

---

29 中西直樹, 앞의 책, pp.32~39.

립된 것이었다.[30]

이 시기 불교여학교 교육내용에는 분명 다양성이 존재했다고 할 수 있는데, 여자문예학사와 같이 양가집 딸의 가정교육을 중심하는 교육과 여성의 경제적 자립지향의 교육, 그리고 선엄(仙嚴)여학교와 같이 여학생들에게 연설을 교육시키는 여성리더쉽 계발교육 등이 공존하고 있었다. 그런데 특이한 점은 불교여학교이면서도 대부분 불교교육이 시행되지 않은 것이다. 이와 같이 불교학교로서의 정체성을 내적으로 확립하지 못하고, 기독교의 약진에 대한 위기감으로 학교를 설립하여 방어적인 교육만을 시행했던 대부분의 불교여학교들은 설립된 지 1, 2년 내에 폐쇄되어서, 여성의 근대적 교육을 위한 여러 가지 시도들은 결실을 맺지 못한 채, 다음의 국가주의 교육시대를 맞이하게 되었다.

Ⅲ. 국가주의 교육시대의 불교여학교

1. 국가주의의 전개와 여성교육

서구화의 물결이 높았던 1880년대 불교여학교 설립운동이 기독교여학교에 대한 대응으로서 진행되었다면, 1900년대는 반대로 서구화에 대한 사회적 반감이 높아지면서 대신에 국가주의가 강화된 시기로서, 이때는 공립여학교가 비약적으로 증가하고 있는데, 불교는 이에 부응하는 형태로서 여학교 설립에 다시 관심을 기울이게 된다. 이와 같이 메이지 시대

---

30 中西直樹, 앞의 책, pp.34~35.

교육은 정치적 상황과 맞물려 많은 변화를 보였는데, 이에 대해서 불교학자 무라카미 센쇼(村上專精)[31]는 다음과 같이 3기로 나누어 이를 설명하고 있다.[32]

제1기 구화적 교육시대 (1870년대 중반~1880년대 중반)
제2기 과도기적 교육시대 (1880년대 중반~1890년대 중반)
제3기 국가적 교육시대 (1890년대 중반~1900년대 중반)

이것은 1905년도 저술에서 정리된 것이므로, 메이지 시대 전체의 교육을 대상으로 한 것은 아니지만, 이 무렵에 불교계에서는 당시와 그 이전의

▌ 무라카미 센쇼(村上專精)

---

31 村上專精(1851~1928)은 대곡파 승려의 아들로서 대곡파의 교육기관에서 줄곧 교육을 받았고, 이후 이 교단의 교사를 역임하다가, 고마자와대학 강사를 거쳐서 이 글을 저술할 당시에는 도쿄제국대학의 불교학강사를 맡고 있었다.
32 村上專精, 『女子教育管見』, 東京: 金港堂, 1905, p.134.

교육을 어떻게 평가하고 있었는지 엿볼 수 있다. 즉, 무라카미의 분류에 의하면, 1900년대는 '국가적 교육시대'로 접어들었는데, 이때는 메이지 초기의 교육을 '구화적 교육' 즉 서구화교육시대로 규정하였고, 또한 이 시대 교육에 대하여, "완전히 구미를 모방한 것으로, 일본인을 만드는 것이 아니라 외국인을 만드는 것이었다"라고 비판하였다.

'일본인'을 만들어야 한다는 교육관은 '국가적 교육시대'의 인식이라 할 수 있다. 이 교육관에 근거하여 초기교육이 '외국인'을 만드는 것이었다고 본 것인데, 이러한 시각은 거꾸로 앞의 '과도기적 교육시대' 동안, '서구에서 일본으로'라고 하는 전환의 과정을 거쳐 형성된 것이었다.

즉, 1890년대를 전후로 한 과도기에는 서구에 대한 반감과 근대국가 형성과정에서의 일본 정체성 모색이 만나, 이에 서구주의의 탈피와 천황제 국가주의로의 이행이 이루어 졌던 것이다. 우선, 1880년대 말 일련의 조약 개정 실패는 서구화의 효력을 회의하게 하였고, 청일전쟁 이후의 삼국간섭은 일본인에게 국가적 모멸감과 함께 서구화에 대한 강한 반감을 일으키게 했다.[33] 한편, 1889년에 일본 최초의 헌법이 공표되는 등 근대국가가 형성됨에 따라, 메이지 정부는 모든 가치를 천황에 대한 충성으로 합일시켜 나갔고, 또한 소위 만세일계의 황실을 국가의 핵심으로 하는 일본 국체관념을 확산시켰는데, 천황제 국가의 이 '국체 관념'은 이제 일본의 새로운 정체성[34]이 되었으며, 이에 근거하여 서구주의에서 탈피하고자 하였던 것이다.

무라카미가 서구주의교육의 문제점을 지적하면서 곧 이어서, "천황폐하께서 교육칙어를 내리시자 국가적으로 수신윤리의 도를 가르치는 표준도 일정하게 되었다"[35]라고 하는 것은 국가주의 교육으로의 전환에 있어

---

33 박지향, 『일그러진 근대』, 서울: 푸른역사, 2003, p.233.
34 박지향, 앞의 책, p.229.
35 村上專精, 앞의 책, p.134.

서 교육칙어가 중요한 계기였음을 지적한 것인데, 교육칙어는 '국체 관념' 양성에 있어서 결정적 역할을 하였던 것으로서,[36] 천황제 국가주의 교육은 바로 이 '국체 관념'을 중심으로 전개되었음을 알 수 있다. 따라서 앞에서 말하는 '일본인'을 만드는 교육이란 시민사회를 주축으로 한 근대국가의 '국민'을 양성하는 교육이 아니라, 충군애국의 수신교육을 중심으로 하는 천황의 '신민'을 만들기 위한 교육이었던 것이다.

그런데, 국가주의가 서구주의에 대해서 우위의 자리를 확보하게 된 것은 러일전쟁 이후이다. 1905년 러일전의 승리는 일본으로 하여금 서구를 이겼다는 자부심을 강하게 만들어 주었는데, 이를 통해 반서구주의를 보다 확고하게 하였던 것이다. 메이지 말기 『중앙공론』 잡지에 실린 나음의 글은 그 변화에 대해 기술하고 있다.

(청일전쟁의) 전승 원인으로는 서양문명의 유입이 우리 나라[일본-역자주]가 청국보다 일보 앞선 것으로 돌리려는 경향을 면할 수 없었으나, 메이지 37, 8년의 전승[러일전 승리-역자주]의 영향은 이것과 내용이 크게 다르다. 왜냐면 러시아인은 동양인과 다른 서양인이기 때문이다. 이 서양인에게 이겼다고 하는 일은 실로 대단하여 우리 국민의 자부심 – 동양의 일본인으로서의 자부심을 강하게 만들었다. (중략) 이제는 그 서양문명의 숭배가 경멸하고 배척하는 것으로 바뀌고, 그 유입의 환영은 경계하고 금지하는 것으로 변하게 되었다. 이것이 어찌 놀랄 만한 사상계의 일대 변화가 아니랴.[37]

여기서는 두 차례에 걸친 일본의 대외전쟁 기간 동안, 서구주의에 대한 태도가 어떻게 변화하였는지 잘 보여주고 있다. 즉, 청일전은 서구주의의

---

36 호리오 데루히사, 『일본의 교육』, 심성보, 윤종혁 역, 서울 : 소화출판사, 1997, p.71.
37 中西直樹, 앞의 책, pp.91~92.

위력을 확인함과 동시에 반서구의 감정을 키우게 하였는데, 이러한 일본의 서양컴플렉스는 러일전의 승리를 통해 비로소 벗어날 수 있었던 것이다. 서구주의를 '숭배'하는 것에서 '경멸'하는 것으로 사상 조류가 바뀌었다고 하면서 이를 '일대 변화'로 표현한 것은, 러일전을 계기로 사회적 분위기가 완전히 전환되고 있는 것을 보여준다.

한편, 이와 같은 국가주의의 전개 속에서 메이지 정부는 뒤늦게 여성교육에 관심을 가지면서 공립여학교 설립에 박차를 가했다. 앞에서도 언급한 바와 같이 메이지 정부의 교육정책은 소학교중심의 의무교육과 남성엘리트 양성교육에 집중되어서, 여자중고등교육은 공교육으로서는 거의 방치되어 있다시피 하였다. 정부가 설립한 여학교는 1880년도에 이르러서도 그 수가 불과 5개교에 지나지 않았는데,[38] 다만, 여자 초등교육 취학률은 청일전쟁이 있었던 1894년에 이미 40%를 넘었고, 이후 급속히 상승하여 러일전쟁 이전에는 약 90%에 이르렀던 것으로 보고된다.[39] 이것은 청일전쟁이라는 대외전쟁의 경험을 근거로 국력의 증장에는 여자교육이 필요하다라는 여론이 확대된 것에서 기인한 것이었다. 하지만 여기서 제기한 여자교육은 초등교육수준에 한정된 것이다.

그런데, 1900년대로 접어들면, 공립여학교의 수가 갑자기 비약적으로 증가한다. 앞서, 1899년에는 고등여학교령이 중학교령 개정, 실업학교령, 사립학교령과 함께 공포되는데, 이것은 그간 중학교제도에 속해 있었던 여학교 관련법령을 독립 규정화한 것으로서[40], 이는 여성교육을 국가주의 체제 내로 조직하는 작업이 본격적으로 착수되었음을 의미하였다. 그런데 고등여학교령은 사실 1895년에 규정이 제정되었다가 1899년에 비로소 실시된 것이었는데,[41] 왜 이 법령은 곧바로 공포되지 않고 4년이나 유보되었

---

38 中西直樹, 앞의 책, p.13.
39 中西直樹, 앞의 책, p.58.
40 齋藤昭俊(1967), 앞의 글, p.261.

다가 이 시기에 갑작스럽게 실시되었던 것일까? 그것은 이 해에 있었던 조약 개정과 연관된 것으로 생각된다.

즉, 1899년에는 드디어 근대 일본의 숙원이었던 불평등조약이 개정되었다.[42] 이것은 일본이 서구와 동등한 조건에서 문호를 개방한다는 것으로, 메이지 정부는 그동안의 외국인 거주제한을 폐지해야 하는 등, 조약개정에 따른 사회적 변화에 대처하기 위해 법령과 조례들을 발표한다. 그리고 국가의 교육통제를 보다 강화하였는데, 그 중에서 문부성 훈령 12조에는 정부에 의해 승인된 학교의 커리큘럼 내에서 종교교육을 금지시키는 조항이 있었다. 학교교육에 있어서 국가주의적 독점을 확보하려는 의도였다. 승인을 받은 학교에 대해 정부가 주었던 특혜는 상급학교 진학자격과 징병면제였는데, 따라서 이 조항은 여학교보다는 종교계 남학교에 보다 초점을 맞춘 것이었다.[43] 여학교에 있어서 더 큰 영향을 미친 것은 이보다 고등여학교령이었다.[44] 즉, 이 법령은 여성중등교육의 목표와 정부의 승인을 얻기 위해 준수해야 하는 규칙과 통제를 정의하고 있고, 정부가 각 현마다 적어도 하나의 여학교를 세우도록 의무화했다. 이 법령에 의하여 1900년대 공립 여학교수는 매우 증가하였는데, 러일전쟁 직전에 거의 전국에 설치되어 기독교계 여학교를 능가하기 시작했고,[45] 이후에도 지속적인 증가를 보여 전쟁 이전에 91개교였던 학교가 메이지 말년인 1912년까지는 200

---

41 中西直樹, 앞의 책, p.58.
42 幕末 1858년 서양 여러 국가와 체결했던 불평등조약은 청일전쟁 직전인 1894년 7월에 영국과 조약개정한 것을 시작으로 1897년에는 15개국과 調印하고 1899년 7월부터는 평등조약이 실시되었다. 이에 대해서는 柏原祐泉, 앞의 책, p.141 참조.
43 小檜山르이(Kohiyama Rui), 앞의 글, p.69.
44 이 시기 불교여학교가 많이 설립될 수 있었던 조건으로 훈령12호의 종교교육금지조항이 현실적으로 반영되지 못했던 실정을 지적하는 견해도 있지만(兒玉邦二, 앞의 글, p.138.), 실제로 이 조항은 종교계 남학교에 더 큰 영향을 미쳤으며, 본래 종교교육의 색채가 강하지 않았던 불교여학교가 종교교육금지때문에 설립이 어려웠다고 보기에는 무리가 있는 듯하다. 또한 고등교육기관에 상급하는 문제도 이 당시 여학생에게는 해당하지 않았기 때문이다.
45 中西直樹, 앞의 책, p.112.

개를 넘어서게 되었다.⁴⁶

이처럼 조약개정 이후, 메이지 정부는 한편으로는 종교교육금지령으로 또 한편으로는 여학교 공립화정책을 통해서 교육을 통제하고자 하였다. 특히 여자중등교육기관을 적극적으로 설립한 것은 천황제 국가주의의 전개에 있어서 여성교육이 중요한 역할을 할 것으로 기대되었다는 것을 알 수 있다.⁴⁷

2. 국가주의에 부응하는 불교여학교

메이지 시대 일본이 서구중심주의에서 천황제 국가주의로 기울어져 가는 것은 불교교단으로서는 다시 한 번, 불교의 필요성을 어필하여 교단의 위상을 회복할 수 있는 기회로 간주되었다.⁴⁸ 예를 들면, 정토진종의 경우, 1890년 교육칙어가 선포되자 곧바로 '성의(聖意)'를 받들어 모시라는 지침을 내렸고, 이어서 소위 '교육과 종교 충돌사건'⁴⁹때에는 기독교를 공격하고 불교를 사회적으로 부각시키기 위해,⁵⁰ 적극적으로 저술 선전활동을

---

46 小檜山르이, 앞의 글, p.69.
47 조약개정 이후 정부가 여성교육에 열을 올린 것은, 서구인들로부터의 유혹에 일본여성이 저항하도록 하기 위한 맥락에서 여성교육 강화가 필요해졌다고도 분석하는데(小檜山르이, 앞의 글, p.70.), 서구에 대한 반감과 국가주의의 전개가 팽팽하던 시기에 이와 같은 견해도 가능하나, 이것 역시 국가주의의 교육통제 일환으로 볼 수 있을 것이다.
48 근세 일본불교는 도쿠가와 막부의 기독교금지정책인 사청제도로 인해 공적인 위상을 가지고 있었으며, 이를 위한 단가제는 교단유지의 기반이 되었다. 그리하여 기독교를 공격하면서 이러한 불교의 위상을 다시 회복하고자 하는 불교교단측의 기대와 시도는 메이지 시대에 와서도 계속 발견된다.
49 1891년 제일제국고등학교 기독교영어교사였던 우치무라 칸쵸(內村鑑三)가 천황의 사진과 교육칙어에 대한 배례를 거부한 것에 대해, 당시 제국대학 교수인 井上哲次郎이 이를 '교육과 종교의 충돌'로 규정하면서 "기독교가 국체에 반하고 있다"고 비난하였다. 이 사건은 천황제 국가가 유사 종교국가의 성격을 보이며 일어난 최초의 이단배척 사건이라고 지적되기도 한다. (호리오 데루히사, 앞의 책, p.69 참조)
50 이와 관련하여 허남린은 불교의 근대화의 통로가 기독교를 대표로 하는 서구에 대한 대중들의 반감을 지렛대로 하고 있다고 지적한다. (허남린, 「일본에 있어서 불교와 불교학의 근대화」『종교문화비평』 8, 서울: 한국종교문화연구소, 2005, p.48.)

펼치기도 하였다.⁵¹ 무라카미도 또한 이 때, 『불교충효편』을 저술하여, "불교는 본래부터 충효를 가르쳤으며, 불교의 충효사상은 불교가 일본에 동화된 결과가 아니라, 불교가 일본인을 동화시켜 온 내용"이라고 주장하면서, 충효를 기독교에 대비되는 불교정신인 것으로 강조하였다.⁵² 그리고 청일전쟁과 러일전쟁 때는 많은 불교교단이 불교가 갖는 민중교화력과 호국논리를 십분 발휘하여 전쟁에 적극 참여하였는데,⁵³ 불교의 '호국'론은 근대의 '국가주의'와 쉽게 결합되어, 메이지 말기 불교는 '국가'를 보호하고 '국가'를 우위에 두는 '국가주의 불교'가 되어 갔다. 1899년 조약개정 시기에는 불교를 국가의 보호 하에 둘 것을 요구하는 불교공인화운동이 전체 교단차원에서 전개되기도 하였는데,⁵⁴ 이러한 발상은 그 당시 불교교단이 가지고 있던 국가주의적 성격을 분명하게 드러낸 것이라 할 수 있다.

조약개정 이후, 메이지 정부가 공립여학교를 확대하고자 하는 교육정책을 펼칠 무렵, 이 국가주의적 여성교육운동에 불교계의 참여가 기대되고 있는 것은 이러한 맥락에서이다. 즉 1900년 1월, 도쿄의 한 일간 신문에는 다음과 같이 기독교와 불교의 여학교수 통계가 비교되고 있다.⁵⁵

> 우리나라에서는 종교와 교육을 분리하지만, 기독교도는 교육을 전도의 한 사업으로 삼는데, 이것은 불교도가 단순히 종파 내의 승려양성이라고 하는 취지와 같은 것이 아니다. 기독교도는 특히 여자교육에 힘을 쏟는 일이 실로 많다. 2월 모잡지가 조사한 바에 의하면, 기독교계가 설립한 사립여학교 수는 도쿄에 18개, 전국에 75개교가 있어서, 일본 전국 관공사립 여학교 수 통계가 158교가 된다고 한다. 이에

---

51 毛利悠, 「近代眞宗敎團と敎育勅語」, 『印度學佛敎學硏究』 제24권 2호 (통권48호), 東京: 日本印度學佛敎學會, 1976, p.314.
52 村上專精, 『佛敎忠孝編』, 東京: 哲學書院, 1893. 9, pp.188~189.
53 조승미, 「근대 일본불교의 전쟁지원- 정토진종의 역할을 중심으로 -」, 『불교학보』 제46집, 서울: 동국대불교문화연구원, 2007.
54 柏原祐泉, 앞의 책, pp.141~144.
55 兒玉邦二, 앞의 글, p.137.

반해, 불교도가 설립한 것은 도쿄에 불과 2개교이고, 전국을 통틀어서도 9개교가 있을 뿐이다.

이 기사에 의하면 당시 기독교여학교는 전국여학교의 약 50% 정도의 비중을 차지하는데, 불교여학교는 너무나 부진하다는 것을 지적하고 있다. 이는 공립여학교 설립이 아직 많이 추진되지 않았던 상황에서, 불교를 자극시켜 기독교 여학교를 견제하는데 참여시키고자 한 것이라고 생각된다. 따라서, 1900년대 초, 여학교의 설립은 불교의 유용성을 국가사회에 어필할 수 있는 좋은 사업[56]이었으며, 그리하여 불교교단 지도자들은 여학교설립에 다시 눈을 돌리기 시작하였다. 그런데, 이 시기는 종교교육금지령이 있었는데, 이것은 처음부터 엄격하게 적용되는 법령은 아니었지만,[57] 시간이 갈수록 점점 국가주의 도덕교육에 있어서 종교의 활용이 필요하다는 견해들이 사회적으로 많아지면서 상황이 바뀌었다. 즉, 1908년 경, 당시 대표적인 교육잡지 『교육시론(敎育時論)』에서는, '종교가 국체사상과 대립하지 않는다', "서구에서는 종교가 국민도덕교육을 담당하는 것에 비해, 일본은 소학교 외에 이러한 교육이 부족하다"는 등의 주장들을 통해서 종교교육의 필요성이 제기되어 갔다.[58] 불교계에서는 이보다 앞서 종교교육의 유용성을 주장했었다. 즉, 무라카미센쇼는 "교육상, 수신적 윤리를 가르침에 있어서 불교나 기독교 등 종교를 다소 가미하는 것은 좋지 않은 것이 아니라, 도리어 효과가 현저하다"[59]라고 하였던 것이다. 그리고 이어서

---

[56] 中西直樹, 앞의 책, p.73.
[57] 兒玉邦二, 앞의 글, p.141.
[58] 中西直樹, 앞의 책, pp.94~96.
[59] 村上專精, 『女子教育管見』, p.170. 여기서 그가 불교뿐 아니라 기독교를 포함한 종교교육의 효과를 주장하고 있는 것이 주목된다. 그가 10여 년 전에 기독교와 충효론은 양립할 수 없다는 것을 주장하면서 기독교를 비판했던 것에 비하면, 이는 기독교교단의 성격이 그동안 변화한 것에서 기인한 것인지, 아니면 기독교의 반국체성을 이미 논증하였기 때문에, 종교의 효과라고 말하여도 그것은 이미 불교를 지칭하는 것이었는지는 모르겠다.

그는 여성교육에 있어서도 종교교육의 결합이 국가에 기여한다고 다음과 같이 말하였다.

> 자애적 감정이 풍부한 여성에게 자비인애(慈悲仁愛)를 근본으로 하는 종교의 진정신(眞精神)을 투입시키면, 질투 등의 부정적 감정을 가진 여자는 바로잡고 자애적 감정은 증장시켜, 마침내 현모양처가 되어 가정의 기둥이 되고 국가의 기둥이 되게 할 수 있기 때문에, 여성은 특히 종교로써 감화시킬 필요가 있는 것이다.[60]

여성에게 종교교육이 더욱 필요한 이유로는, 여성과 종교가 '감정의 동일성'을 갖고 있다는 것을 말한다. 여성이 감정적이라고 규정되고 있는 것은 부인과 아내라는 성역할로 여성을 정의한 것과 연관된다. 그리고 종교의 본질도 감정적이라고 설명하는 것이 눈에 띄는데, 이는 여성과 마찬가지로 종교도 국가에 대한 보조적인 역할로 정의되고 있는 것에서 기인하는 것 같다. 아무튼 감정의 동일성을 근거로 여성교육에 있어서 종교의 효과를 주장했는데, 이는 개인적인 것이 아니라, 가정을 통해 국가적 의의를 갖는 것이었다.

이와 같이 종교교육의 가치가 사회적으로 새롭게 부각된 것은, 불교교단의 교육사업을 보다 고무시켰다. 그런데, 이때 불교계에서 여학교를 적극적으로 설립한 것에는, 불교계 남학교가 일반 학교에 비해 경쟁력이 줄어들자, 교단 교육사업의 방향을 여학교 설립으로 전환한 것에도 원인이 있었다. 서본원사파의 경우 1900년도 학제개편 때, 40개의 소학교를 17개교의 불교중학으로 통합했는데, 이것도 2년 뒤에는 다시 5개교로 정비되었다. 이와 같이 불교계에서 남자교육사업이 축소되자 이를 여학교설립으로 전환할 수 있었던 것이다. 실제로 폐쇄된 남학교에 그대로 여학교를 설

---

60 村上專精, 앞의 책, p.175.

치한 예도 있었는데, 히메지시(姬路市) 대곡고등소학교는 1900년 3월에 폐교되고, 4월에는 그 자리에 대곡여학교가 곧바로 개교하였다. 정토종에서도 이와 같은 경우를 볼 수 있는데, 1911년에 설치된 화정(華頂)여학원은 정토종 지은원(知恩院) 내의 구 남학교 교사를 이용하여 설치된 것이었다.

불교계는 이와 같은 배경으로 그동안 국가주의에 부응해 온 자세를 여성교육사업에 적용하여, 1900년대에 많은 불교여학교를 설립하고 있다. 특히 러일전 이후에는 보다 왕성한 학교신설이 이루어져, 러일전 이전에 15, 6개 존재했던 불교여학교가 이후 메이지 말년인 1912년까지 20개교 정도 더 신설되었다.[61] 다음 절에는 이 시기에 설립된 여학교들에 대해 간략히 살펴보기로 하겠다.

3. 1900년대의 불교여학교 설립

앞서 1880년대 활발했던 불교여학교의 설립은 신도 개인이나 혹은 신도단체 그리고 말사주지들에 의한 경우가 많았는데, 1900년대 다시 활기를 띤 불교여학교 설립운동은 대부분 교단차원에서 주도한 것이었다. 즉, 불교 여러 교단들은 새로운 여학교를 직접 창설하거나 또는 기존에 있던 여학교를 교단 직할화하기도 하였다. 예를 들면, 서본원사파는 여자문예학사[62]를 1906년에, 상애여학교도 1911년에 교단 직할화하였고, 정토종에서도 문성(聞聲)비구니가 설립했던 숙덕(淑德)여학교를 1903년에 교단 직할교로 정하였다.[63]

---

61 中西直樹, 앞의 책, p.100.
62 시마지가 설립, 1909년에는 千代田여자고등학교로 교명이 바뀌는데, 高楠順次郎은 나중에 이 학교 교장을 역임하기도 하였다.
63 中西直樹, 앞의 책, p.54.

정토종은 이 밖에 지은원에서 설립한 고등가정여학교(1904년), 화정여학원(1911년) 등이 있었으며, 조동종에서도 1909년에 제미(濟美)여학교를 설립하기도 하였다. 그러나 이 시기에도 여전히 정토진종 특히 서본원사파 계열이 가장 많은 학교를 설립하였고, 대곡파 동본원사도 뒤늦게 여성교육사업에 뛰어들어 경쟁적으로 여러 여학교를 설립, 운영하였다.

대곡파 교단은 우선, 1901년에는 쿄토숙(京都淑)여학교를 교단차원에서 설립하였고, 홋카이도 하코다테(函館)지역의 종파합동 육화(六和)여학교를 경영인수하여 대곡(大谷)여학교로 개칭하였다. 1902년에는 히메지시 대곡(大谷)여학교가 교단경영으로 바뀌었다. 이 시기 대곡파 교단의 여학교설립 및 경영인수는 정부의 여학교설립운동에 즉각 부응한 것으로 보인다. 그러나 곧 이어 러일전쟁기에는 몇몇 여학교의 원조를 단절하는데, 이는 교단에서 전쟁지원과 관련하여 재정적 부담이 발생하자 여학교사업 지원을 중지한 것으로 생각된다. 러일전쟁이 끝나자 여학교 설립운동은 다시 재개되어, 1906년에는 홋카이도 삿포로지역의 북해(北海)여학교가 법주 오타니 코엔(大谷光演)의 지시에 의해 설립되었고, 1910년에는 불교 각 종파가 함께 나라여학교를 설립했는데, 점점 대곡파 단독 경영화 되었다.[64] 이 밖에, 말사승려가 학교를 인수한 사례로는 1909년의 아오바(青葉)여자수예학교가 있다. 그리고 '부인법화회'라고 하는 이 종파 여성신도 조직이 여학교운영사업을 펼친 것이 눈에 띈다. 즉, 1906년에는 오사카지부가 대곡재봉여학교를 설립했는데, 1911년 학과를 고치면서 대곡여학교라고 개명하고 대곡파 법주부인을 교장으로 세웠다. 카나자와(金澤)지부는 1910년에 카나자와여학교의 경영을 인수하였다. 대곡파의 경우, 여학교신설보다는 기존 여학교의 경영인수 사례가 많이 보이는데, 이는 여학교 사업의 후발로서 부진을 빨리 만회하기 위한 것이었다고 생각된다.

---

[64] 中西直樹, 앞의 책, p.37.

한편, 여성신도조직을 통해 여학교를 설립하거나 운영하는 사례는 서본원사파에서 더 많이 발견된다. 먼저, 수선(修善)여학교는 하기(萩)부인회에서 설립한 것으로, 재정문제로 휴교하였다가 1903년에 재흥되었는데, 이때 교명을 하기(萩)부인회수선여학교로 바꾸어 부인회설립학교임을 강조하기도 하였다. '불교부인회'를 조직하는 것은 교단차원에서 추진한 것으로, 이는 러일전쟁 직후 후방지원을 보다 강화하기 위한 것이었다. 결국 이 여성조직은 국가와 교단에 동원되는 단체로서의 성격을 벗어나기 어려운 것이었다. 따라서 부인회가 여학교설립에 적극적으로 나서고 있는 것은 자발적인 여성사업이기 보다는 여성들이 교단의 사업을 대행하는 의미였다.

이 부인회 조직의 중심에 서본원사 법주 코지(光瑞)의 부인, 오타니 카즈코(大谷籌子)가 있었던 것은 그러한 성격을 더 잘 보여준다. 즉, 카즈코는 1906년 홋카이도를 순교하면서 이 지역 관문인 오타루(小樽)시의 불교부인회 발대식에 참여했는데, 여기서 그녀는 불교여학교 설립을 호소하는 연설을 하여, 그 다음 해에 오타루(小樽)실천여학교가 이 부인회 부속사업으로서 개교되고 있다. 같은 해에는 홋카이도 삿포로(札幌)의 일요학교가 역시 이 지역 불교부인회에 의해 설립되었다. 이처럼 1907년은 서본원사 불교부인회의 활동이 가장 활발한 시기였는데, 전국의 불교부인회를 총괄하는 연합본부도 이때 조직되었다. 이 중앙조직의 총재에는 역시 법주부인 카즈코가 맡고 있어, 전국부인회조직을 교단의 직접적인 통제 하에 두는 시스템이 갖추어지게 되었다. 이 불교부인회연합본부에서도 여학교를 설립하였는데, 이때는 쿄토에 불교여자대학을 설립할 계획으로 기존 여학교들을 인수 또는 흡수 합병하여 쿄토여자고등학교를 1910년에 설립하기도 하였다.

⁑ 정토진종 서본원사 불교부인회에서 설립한 쿄토여자고등학교

 이와 같이 1900년대 설립된 불교여학교는 정토진종 동·서 양본원사교단에 의해 설립된 경우가 가장 많았는데, 서로 경쟁적인 두 파의 관계가 여학교사업에서도 그대로 드러나는 것을 볼 수 있다. 여성신도를 조직하여 이들로 하여금 여학교설립을 추진하게 하게 하는 것이나, 법주부인을 여학교사업에 참여하게 하여 교단의 통제 하에 두는 방식이 서로 비슷한 것도 모두 경쟁적인 관계에서 비롯된 것이라 할 수 있다. 지역적으로 경쟁이 가장 치열했던 곳은 바로 홋카이도였다. 대곡파 법주의 지시에 의해 여학교를 설립한 곳도 홋카이도였으며, 본원사파 법주부인이 학교설립을 호소한 곳도 이곳으로, 두 교단 모두 이곳에 여러 여학교를 집중적으로 배치하였다. 이곳은 메이지 유신 직후부터 식산흥업과 북변방비책의 일환으로 개척사업이 추진된 곳으로서,[65] 특히 동본원사교단은 일찍부터 정부의 이

---

[65] 홋카이도는 메이지 신정부가 들어서자마자 전쟁을 통해 일본국 체재에 편입시킨 아이누족의 땅이었다. 이곳은 현 일본국토면적의 5분의 1을 넘는 광대한 북쪽 대지로서, 일본의 근대화를 지탱하기 위한 농어업생산, 석탄을 비롯한 광물생산 등으로 중요한 역할을 담당하였다. (일본

사업을 지원하고 동참하였는데,⁶⁶ 이와 같은 진종 양파의 홋카이도 여학교 설립 경쟁은 식민개척사업의 연장이었던 것으로 생각된다.⁶⁷

이와 같이, 교단적 차원의 여학교설립이 교단의 이해만을 반영하는 한계가 있었다면, 불교를 대표하는 인사들의 여학교설립은 '불교'를 사회적으로 어필하고자 하는 의지가 있었다. 대표적인 것으로 동아(東亞)불교회가 있는데, 이 조직은 1901년에 불교홍통을 목적으로 도쿄에 있는 각 종파의 저명인사를 승속을 불문하고 망라하여 결성되었다.⁶⁸ 샤쿠 운쇼(釋雲照), 시마지 모쿠라이, 오우치 세이란(大內靑巒), 난죠 분유(南條文雄), 무라카미 센쇼 등 불교계 유명승려와 학자들이 발기인으로 참여하였는데, 곧 바로 여자부를 설치할 정도로 여성관련 사업은 이 단체에서 큰 비중을 차지하였던 것 같다. 즉, 1902년 쿄토에 자애여학교를 설립하였고, 도쿄에도 1904년에 동아정화(東亞精華)여학교를 설립하였다.

무라카미 센쇼는 개인적으로도 여학교를 따로 설립하였는데, 그가 설립한 동양여학교는 각계 저명인사와 조동종, 정토종 등의 지원을 받아 러일전쟁 중인 1905년 4월에 개교하였다.⁶⁹ 학교 목적에는 특별히 불교정신을 밝히지는 않았지만, 매주 토요일에 무라카미교장자신이 불교강연을 하거나 저명한 불교학자를 여러 차례 초빙하는 등, 교과 외의 불교교육을 중시

역사교육자협의회 편, 『동아시아 역사와 일본』, 서울: 동아시아, 2005, pp.184~190. 참조)
66 대곡파 법주 오타니 코오엔(大谷光演, 彰如)는 여러 개발사업으로 인한 부채로 1925년에 법주직에서 쫓겨났는데, 이중에는 홋카이도에서의 탄광사업도 포함되어 있었다. (柏原祐泉, 앞의 책, p.20, p.207.)
67 홋카이도의 아이누학교에서는 비문명으로 규정된 아이누족의 전통습속을 금지하고 '우수한 대일본제국' 야마토(大和) 민족의 언어와 습관을 익히게 하는 동화정책이 추진되었다. (일본역사교육자협의회, 앞의 책, p.189 참조) 이와 같이 근대일본의 홋카이도 개척과 지배에 불교계가 참여한 것은 이후 한국을 비롯한 동아시아 식민지배의 원형으로 여겨지는데, 앞으로 이 부분에 대한 연구가 더 필요하다고 생각한다.
68 中西直樹, 앞의 책, p.76.
69 동양여학교를 설립할 당시 무라카미는, 대승비불설을 주장하여 대곡파로부터 승적을 박탈당한 상태였다. 동양여학교를 설립하기 위한 기부금모금운동에서 조동종, 정토종 등 진종 외의 종단이 참여한 것은 이러한 배경에서라고 생각된다.

하였다.

이와 같이 메이지 말기 불교계에서 설립한 여학교를 살펴보았는데, 이 때 설립된 불교여학교들은 다이쇼와 쇼와시대로 넘어가면서 대부분 폐지 되거나 혹은 인계되어 불교와의 관계가 단절되고 있다. 이것은 이 당시 여 학교를 설립한 불교계의 의지가 여성교육 자체에 있었던 것이 아니라, 이 를 통해 국가주의에 부응하고 아울러 불교나 교단의 위상을 어필하는 데 에만 집중되었던 한계라고 할 수 있을 것이다.

IV. 가족국가관의 형성과 불교여성교육

1. 가족중심의 여성교육

앞 장에서는 불교계가 여학교 설립을 통해 국가주의에 부응하고자 한 것을 설립주체를 중심으로 하여 고찰해 보았다. 그런데 불교가 여학교를 통해 천황제국가에 기여한 것은 학교설립 자체에서만이 아니라, 여학교 교육의 내용면에서도 살펴볼 수 있다. 이 시기 불교여학교에서는 무엇을 가르쳤을까? 학교마다 학과의 내용은 조금씩 차이가 있지만, 대체로 수신, 국어 등의 필수과목 외에 대부분 가사와 재봉이 포함되어 있었다. 1880년 대 여학교에서는 영어교과가 거의 필수로 포함된 것이 특징이었다면, 1900년에는 재봉과 가사과목의 비중이 압도적으로 큰 것을 특징으로 들 수 있다.

학교가 재봉강습회에서 시작한 경우도 많았으며, 아예 재봉을 집중적으로 가르치는 재봉여학교도 있었는데, 대곡재봉여학교의 경우 일주일 36시간 중 31시간이 재봉에 충당될 정도로 재봉교육이 중시되었다. 다른 학교의 경우에도 가사와 재봉은 가장 많은 시간이 배치된 학과였다. 정토종의 가정여자고등학교는 교명을 '가정(家政)'으로 삼고 있는 만큼, 가정교육이 중심이었는데, 본과의 경우에도 50% 정도가 가사, 재봉시간이었다. 오타루(小樽)실천여학교도 본과 40%가 이 교육에 배당되었다. 또한 본과의 재봉교육 외에 다시 '재봉전수과'가 따로 설치된 학교들도 있어, 재봉은 불교여학교 교육내용을 대표하는 것이었다고 할 수 있다.[70] 그렇다면 재봉교육은 왜 이렇게 중시되었던 것일까?

여기에는 먼저, 러일전쟁이 야기한 변화를 들 수 있다. 즉 러일전쟁 이후, 전쟁미망인이 많이 발생하여 사회문제가 되었는데, 이들의 생활난은 여성들에게 자립을 위한 직업교육의 필요를 자각시켰다.[71] 그리고 이와 함께 현모양처교육이 비실용적이고, 비현실적이라는 비판이 높이 제기되면서, 여성교육을 실용적인 방향으로 개선하고자 하였는데, 이에 대한 개선은 두 가지 방향으로 진행되었다. 첫 번째는 현모양처로서의 실용성이 있는 '가사'교육에 비중을 두는 것이고, 두번째는 여성의 직업교육이었다.[72]

재봉은 당시의 여성이 실제로 수입을 얻을 수 있는 수단이었기 때문에 직업교육의 일환으로 간주되었다. 1895년에 나온 『부인과 직업』[73]에도 여성의 직업으로서 재봉이 가장 먼저 언급되고 있다. 그런데 이것은 아무래도 전통적인 수공업을 넘는 것이 아니어서, 근대산업구조에 참여시키는 여성교육은 아니었다.[74] 또한, 재봉교육은 에도시대 이래 여자에게 중시된

---

70 재봉교육이 가사와 함께 불교계 여학교에서 중요시된 것은 다이쇼, 쇼와기에도 이어져서, 이 시기 불교계 여학교 중에 재봉, 가정학교 등의 명칭이 많이 보이고 있다. 이에 대해서는 兒玉邦二, 앞의 글, p.137 참조.
71 女性史總合硏究會編, 『日本女性史』 제4권 近代, 東京: 東京大學出版會, 1982, p.160.
72 中西直樹, 앞의 책, p.160.
73 이 밖에도 여성의 직업으로서 편물, 양잠, 미술, 조화, 바느질, 押繪, 자선사업, 산파, 문학, 교육, 사무가 등을 들고 있다. (『婦人と職業』, 家庭叢書 第10卷, 東京 : 民友社, 1895)

것으로서, 그것은 실생활의 필요에 의해서 기술습득을 목적으로 하는 것뿐 만이 아니라, 여자로서의 '예절'이었다는 것이 지적되기도 한다.[75]

즉, 재봉은 러일전쟁 이후 민중의 직업교육 요구에 일면 부응하는 듯하면서도 동시에 여성적 규범의 틀을 벗어나지 않는 것이었다. 그래서, "재봉교사는 단순히 기술을 전달하는 사람이 아니다. 여아에 대하여 이 가사적 교과교수의 제무로서 훈육의 효과를 거두지 않으면 안 된다"[76]라는 지침이 내려지기도 하였다. 이처럼 재봉교육 역시 큰 틀의 가사교육 범주에 속하는 것이었다. 여성의 자립을 촉진할 수 있는 직업교육의 확대를 막고, 전통적 여성규범을 유지시킬 수 있었던 것이 바로 재봉교육이었던 것이다.

그런데, 불교여학교에서 여성의 자립을 지양하고, 여성을 가족범주 내로 제한하는 교육에 이토록 치중하였던 이유는 무엇인가. 이것은 우선 불교가 남녀동권으로 대표되는 서구주의 교육에 대항하는 위치에 있었던 것으로 설명할 수 있다. 서구기독교에 대한 대항을 통해 국가주의에 부응해 왔으므로, 불교의 가족중심의 여성교육은 국가주의와 연결된다고 말할 수 있다. 하지만 이것만으로는 왜 '가족'인가에 대한 해답을 충분히 주지는 못한다. 서구에 대항하고, 국가주의에 기여하는 것으로서 '가족'이 선택된 과정 그리고, 그 가족 중심의 여성교육을 불교가 주도적으로 한 배경은 무엇인지 분석되어야 할 것이다. 이에 대해서는 다음 항에서 고찰해 보기로 하겠다.

---

74 당시 일본의 산업이 필요로 하는 여자노동력은 주로 제사방적 등에서 였다. 여공들은 직업교육은 고사하고 의무교육조차 충분히 받지 못한 채 생산의 현장에 나가, 값싸게 쓰고 버리는 노동력으로 기대되었다고 지적된다. (永原和子, 「良妻賢母主義敎育における 家と職業」, 女性史總合硏究會編, 앞의 책, pp.153~154)
75 女性史總合硏究會編, 앞의 책, p.152.
76 中西直樹, 앞의 책, p.164.

2. 국가와 불교의 공동기반으로서 '가족'

1890년에 발표된 교육칙어에서는 "충량한 신민이 되는 것은 조상의 유풍을 현창하는 것"[77]이라고 하였는데, 천황제국가에 대한 '충(忠)'이 '조상숭배'와 보다 긴밀하게 연결된 것은 국가주의의 기반으로서 '가족국가'[78] 관념이 도입되면서부터였다. 1889년의 제국헌법이 제정된 이후에 메이지 정치 철학자들은 이 '가족국가'라는 개념에 주목하였다.[79] 이것은 즉, 한 나라는 한 집안과 같다는 생각으로, 신성불가침의 천황은 이제 국민의 부모로 설명되었다. 그러나, 가족국가관은 메이지 이후에 새롭게 생겨난 것이 아니라, 근세의 국가관념에서 비롯된 것이라고 분석되고 있다.[80] 근세의 가족국가관은 메이지시대에 다시 선택되어 천황제에 귀속시켜지고, 이를 통해 국가와 사회의 제 분야는 가족, 즉 '이에[家][81]의 논리로 일원화되었다.

그런데 근대 일본의 국가주의가 가족주의와 결합하는 과정은 다음과 같이 세단계로 발견된다. 먼저, 서구에서 유입된 문화형식이 토착적인 것과 갈등을 일으켜, 서구와 '다른 것'에 대한 규명이 이루어진다. 두 번째는 이후 이것을 '전통적인 것' 또는 '일본 고유의 것'으로 본다. 그리고 마지막에

---

[77] 「敎育勅語」, 山住正己, 『近代思想史大系』 6, 東京: 岩波書店, p.383.
[78] 임경택, 「일본의 이에의 실체에 관한 이론과 일본사회의 이에적 구성」, 『國際地域硏究』 제8권 제3호, 서울대 지역학연구소, 1999, p.116.
[79] W.G.비즐리, 『일본근현대사』, 장인성 역, 서울: 을유문화사, 2004, p.140.
[80] 근세 大名領國은 각각이 國이며 동시에 大名의 家라고 관념화되어 왔다고 지적된다. (임경택, 앞의 글, p.116.) 허남린도, 근대의 천황가를 정점으로 하는 천황제국가, '가족국가'의 이념도 이에(家)의 확대, 연합, 진화의 관점에 의해 근세의 가족국가논리와 같다고 분석하고 있다. (허남린, 앞의 글, p.56)
[81] 일본의 家 즉 '이에' 조직의 가장 핵심적인 특성은 연속성과 계보성이라고 분석된다. 따라서 조상을 봉양하고 후손을 확보하는 것이 가장 중요한 의무이고, 일본의 이에는 혈연보다 계보를 상대적으로 중시하여 비혈연자가 혈연자와 동등한 자격으로 가족 구성원이 될 수 있다. 계보 또는 계보관계가 이에를 구조화하는 필수 조건인 것이다. (조경욱, 「일본사회의 이에의식에 나타난 효와 조상숭배」 『동양사회사상』 제3집, 동양사회사상학회, 2000, pp.227~228. 참조)

는 이 과정을 통해 '일본적인 것'이라는 새로운 관념을 내놓는다.[82] 이 과정 중에 특히 두 번째는 소위 근대에 있어서 '전통의 창조'라고 명명할 수 있는데, 이것은 끊임없이 변화하고 혁신되는 근대사회에 있어서 특정 관습(custom)을 고정적이고 불변적인 것으로 구조화시키려는 시도라고 할 수 있다.[83] 즉 창조된 전통은 전근대 사회에 있었던 '관습'과는 분명하게 구별되어야 하는 것이다.[84]

먼저, 일본의 '가족'이 서구와 '다른' 것에 대한 규명작업 속에서 발견되고 있는 예를 살펴보기로 하겠다. 앞에서도 언급한 무라카미 센쇼는 다음과 같이 서구와 비교하여 다른 점으로서 일본의 '가족'을 고찰하고 있다.

> 미국의 역사는 공화정치 하에서 발달한 나라인데, 우리는 군주정치 하에서 발달한 나라이다. …… 국체가 달라서 사회국민의 조직도 다른데, 예를 들면 미국은 부자별거의 생활을 하지만 일본은 부자동거의 생활을 해야 한다. …… 이 국체, 이 역사에서 비롯하여 우리 국민은 **가족본위** 부자동거의 습관을 지어온 것이다. 그 나라에서는 부부의 도를 근본으로 하고, 우리나라에서는 충효의 도를 기본으로 한다.[85]
> (강조는 역자)

일본의 '가족본위'는 서구의 부부중심과 비교되고 있다. 그런데 흥미로운 것은 사회적인 조직의 차이가 정치구조의 차이에서 비롯된다는 관점이다. 일본의 군주정치체제 즉 국체를 근본적이고, 고정적인 것으로 설정하기 때문이라고 생각한다. 그리고 가족본위의 '습관'은 '충효'라고 하는 도덕을 '전통화'하는 것으로 이어진다. 충효는 특히 일본이 구미열강을 초극

---

82 앤드루 고든, 『현대일본의 역사』, 김우영 역, 서울: 이산, 2005, pp.212~213.참조.
83 Hobsbawm. E,『전통의 날조와 창조』최석영 역, 서울: 서경문화사, 1996, p.40.
84 Hobsbawm. E, 앞의 책, p.40.
85 村上專精,『女子敎育管見』, pp.142~143.

하고자 하는 정체성규명 속에서 사용되어온 척도였는데, 구미의 물질문명과 일본의 도덕이라는 이항대립의 구도는 러일전쟁을 거쳐 2차대전 종전까지 일관되게 행해졌다.[86]

여기서도 비록 가족이 충효와 연결되고는 있지만, 본격적으로 가족주의에 국가적 의의를 부여한 것은 러일전쟁 이후 다카쿠스 준지로(高楠順次郎, 1866~1945)[87]에 의해서였다. 그에게서 '가족주의'는 러시아라는 서구를 일본이 이길 수 있었던 사회의 근본적인 원동력이었으며[88], 또한 고대국가의 성립 이래 연속된 가족국가 '전통'의 기반으로서, 일본 '고유'의 성질을 갖는 것이었다.[89] 그리하여 그는 그가 "2천년 동안의 가족주의"라고 표현했던 가족국가의 역사를 다음과 같이 기술하고 있다.

이천년 전에 신무(神武)천황의 대가족이 다른 군소의 가족을 인솔하여 포안국(浦安國)의 기틀을 여신 것도 가족주의였기 때문에, 많은 신하의 가족이 실로 어문(御門)을 위해 어가(御家)를 위해 일하여, 121대 동안 우리가 오늘날 폐하의 신민으로 있는 것과 같이, 우리의 선조가 황조황종(皇祖皇宗) 대대로 신하였던 것은 삼대

---

86 일본의 정체성 규명은 중국, 한국과 비교할 경우와 구미열강에 비교할 경우에 서로 다른 척도가 사용되었음이 지적된다. 중국, 한국에는 근대국민국가를 기준으로 하여 일본이 문명국으로서의 아이덴터티를 획득하고, 구미열강에는 후진국으로서 굴복하지 않기 위해 전통윤리 규범 등을 사용한다는 것이다. (리우 지엔후이(劉建輝), 「근대일본에 있어서 내셔널 아이덴터티의 성립과 전개-잡지 『태양』과 그 주변의 언설을 중심으로 - 」, 『일본문화연구』 제5집, 서울: 동아시아일본학회, 2001.10 참조)
87 다카쿠스 준지로의 약력은 정토진종 신앙가에서 출생, 서본원사 보통고교 졸업, 1889년 도쿄제국대학 입학, 1890년~1897년 영국을 비롯한 독일, 프랑스, 이탈리아 등에서 유학. 1901년 도쿄제국대학 범어학 담임교수. 그 밖에 도쿄외국어학교장(1900), 중앙상업고교 창립(1902), 武藏野女子學院(1924)을 개설, 동양대학장(1931), 千代田 여자전문학교 교장 등 역임. 주요업적으로는 1934년에 대정신수대장경 100권 출판, 남전대장경 70권의 和譯간행(1931) 등이 있다. 이 글을 쓸 당시 그는 1904년 러일전쟁 발발 즉시 영국으로 갔다가 2년 만에 막 귀국한 상태였다.
88 高楠順次郎, 「日本の家族本位と 歐州の個人本位」, 『新公論』 제5호, 東京: 新公論社, 1906, p.4.
89 일본의 천황숭배와 연결된 가족국가관이 메이지 이후가 아닌 고대부터 이미 싹트기 시작했다고 하는 견해 즉 '고유성의 관점'은 최근까지도 일본 불교학자에게서 발견된다. 이에 대해서는 나까무라 하지메, 『가까운 일본, 낯선 일본인』, 서울: 운주사, 2002, pp.202~203 참조.

상은(相恩) 정도가 아니고 천대 상은(相恩)이라고 말하여도 좋을 것이다.[90]

이와 같이 다카쿠스는 이천년 전의 국가설립이 가족주의로 이루어졌으므로, 소위 만세일계의 황통과 같이 일본의 가족주의도 121대 동안 이어져 온 것이라고 설명한다. 여기에서 가족국가는 천황의 가족이 신하의 가족들을 이끄는 것인데, 우리의 선조가 황조황종의 역대 신하였던 것처럼, 우리는 오늘날 천황의 신민인 것이다. 이처럼 가족국가의 고유성에 있어서 조상과의 연속성 인식이 중요하게 작용하였다. 그리고 조상과의 연속성은 조상숭배관념으로 이어지면서 세 번째 '일본적인 것'의 규명으로 이어진다.

도쿄 제국대학 법학교수였던 호즈미 야스카(穗積八束)가 "우리나라는 선조교(祖先教)의 나라이다"[91]라고 한 것처럼, 조상숭배는 국가 정체성으로 설명되었다. 그리고 그는 "현 천황에 복종하는 것이 황실의 선조에 복종하는 것"이고, 한 집안의 "가장에 복종하는 것은 신조들의 위령에 복종하는 것"[92]과 같다고 하였는데, 여기서는, 조상숭배가 천황제 지배이데올로기를 강화하고 근대 일본사회의 가부장성을 확고히 하는 근거로 사용된 것을 볼 수 있다.[93]

한편, 메이지 말기에 가족국가관이 형성되어 감에 따라, 조상숭배가 중요시된 것은 선조제사에 있어서 독점적인 위치에 있었던 불교의 역할이 다시 조명되는 계기가 되었다. 이와 관련하여 한 여자고등학교 교장은 다음과 같이 국민정신의 발현인 조상숭배의 한 형식으로서 불단배례에 주목

---

90 高楠順次郎, 앞의 글, 1906.
91 穗積八束, 「民法出でて忠孝亡ぶ」, 『家と村』日本近代思想大系 20, 海野福壽・大島美津子 校注, 東京: 岩波書店, 1989, p.391.
92 W.G.비즐리, 앞의 책, p.141.
93 조상을 신으로 숭배한 것은 고래의 풍습이 아니며 에도시대 이후 정치적 主君에게 종교적 힘을 더해 그 지위를 신으로 부르며 특정 영웅을 신격화한 것이라고 지적하는 견해도 있다. (조경욱, 앞의 글, p.229. 참조)

해야 함을 주장하고 있다.

우리나라 국민정신의 근원은 선조숭배의 사상인 이상, 국민교육자라는 사람이 가장 힘을 들여야 하는 요점은 이 사상의 발달조장에 있어야 하는 것은 물론 분명한 일이다. 그러나 종래 이것에 관하여 한 가지 등한히 한 일이 있는데, 즉 불단배례의 일이다. -중략-정부는 집집마다의 불단을 어떻게 보는가. 불단이 이미 아미타숭배이지도 않고 또 여래숭배이지도 않아서 집집마다 선조숭배의 한 형식인 이상, 이것은 불교와 그 형식을 같이하고 있다 해도 역시 이것 또한 종교와 관계가 없어, 일본의 국민적 정신발현의 한 가지라고 보지 않으면 안 된다. [94]

일본 가정에는 불단이나 신단[가미다나, 神棚]을 모셔놓은 집이 많다. 불단에는 조상의 위패를 함께 봉안하여 가까운 조상을 추모하는데, 비록

🏮 집안에 모셔진 불단. 정토진종 신도의 불단

---

[94] 中西直樹, 앞의 책, p.97.

신단도 먼 조상을 예배하는 것이기는 하나, 불단에 비해 조상숭배 의식이 희박하다. 그리고 사찰이 제례를 주관하는 것에 비해 신사신도는 선조 제례를 거의 하지 않는다.[95] 따라서 일본에서 조상제사 및 조상숭배의식은 불교에 전적으로 의존해 있는 것이다.[96]

그런데 여기서 불단예배를 중시하고 있는 것은 종교적인 신앙으로서가 아니라 국민정신 발현이라고 하는 것에 주목할 필요가 있다. 즉, 불교로부터 종교성을 배제하고 그 형식과 결부된 조상숭배정신 만을 국가주의로 귀결시키고 있는 것이다. 한편, 불단예배는 일본의 이에(家)문화와 깊은 관련이 있다. 분가한 새 집에 불단이 마련되는 시기는 그 집에서 사자(死者)가 처음으로 나올 때로서,[97] 이와 같이 불단은 이에의 성립 혹은 이에의 존재를 표시한다고 할 수 있다.[98]

불단예배를 중심으로 한 불교의 가족주의성은 불교의 대사회적인 면이라고 할 수 있는데, 불교 내적인 측면에서 보아도 가족주의는 불교교단의 기반으로서 중시되었다. 근세 도쿠가와 막부의 사청제(寺請制)라는 국가정책에 의해 불교는 이에(家) 단위의 신앙을 고착화하였는데, 이것은 메이지 시대에 들어서 종문인별개제(宗門人別改制)가 폐지되고, 봉건적인 사단(寺檀)관계가 법적으로 해소되었음에도 불구하고, 단가제(檀家制)는 사실상 근대에도 엄연히 계속되고 있었다.[99] 따라서 불교와 가족주의의 연관성은 불교내적인 교단의 기반으로서 그리고 가족주의와 국가주의의 연결고리인 조상숭배문화의 담지처로서 고찰될 수 있다.

---

95 나까무라 하지메, 앞의 책, pp.134~135.
96 창조된 전통과 관습을 구분하는 것과 같이 선조제사와 조상숭배는 구분될 수 있다. 근세 민중에 있어서 선조 '제사'는 광범위하게 보여지는 것이었지만, 그것이 선조 '숭배'로서 전개된 것은 寺檀관계에 입각한 불교교단의 이데올로기였다고 지적된다. (吉田晃, 『近代化と傳統』, 東京: 筑摩書房, 1959, p.68.참조)
97 竹田聽州, 『祖先崇拜』, 京都: 平樂寺書店, 1957, pp.97~98.
98 黑田俊雄 編, 『國家と天皇: 天皇制イデオロギ-としての佛敎』, 東京: 春秋社, 1992, p.35.
99 柏原祐泉, 앞의 책, p.19.

그런데 아무리 가족주의와 연관된 불교일지라도 가족주의가 소위 '일본적인 것'으로 간주되기 시작할 때, 불교는 '일본적인' 가족주의의 타자로 규정되어 버리고 말았다. 즉, 다카쿠스는 다음과 같이 불교와 가족주의일본과의 관계를 설명하고 있다.

> 불교도 예수교도 모두 개인주의로서, 그 근본에 있어서는 일본주의와 다름에도 불구하고 양부신도(兩部神道)를 비롯하여 진종(眞宗)에 이르기까지 완전히 일본화에 매진하였다. …… 가족주의의 일본과 개인주의의 불교의 조화가 이루어져, 인도의 불교와 일본의 불교는 전연 다르게 되었다.[100]

불교신앙자이고 불교학자이면서도 다카쿠스는 불교를 일본주의의 하위로 가차없이 종속시켰다. 그리고 가족주의가 일본주의로 명명되면서 불교는 개인주의로 정의되었는데, 이것은 서구가 개인주의로 규정된 것처럼, 불교를 일본 외의 것으로 타자화하는 시선을 반영하는 것이다. 이처럼 다카쿠스가 개인주의를 강하게 배제하고, 가족주의를 일본주의로 규정하면서 강조하고자 한 것은 바로 '국가'였다. 그리하여, "이 가족주의를 타파해서는 일본의 국가는 실로 위험하게 된다"라고 하고, 또한 "천황의 국가[君國]를 위해 몸을 바치는 것도 대대로 (신하로서의) 상은(相恩)의 덕을 갚는 것에 다름 아닌데, 그와 같은 은혜를 함양함에는 가족주의의 국민이 아니고는 어려운 것이다"[101]라고 하였는데, 이를 통해 우리는 가족주의가 개인을 국가로 동원시키는 도구로 작용함을 볼 수 있다.

---

100 高楠順次郎, 「日本の家族本位と 歐州の個人本位」, p.6.
101 高楠順次郎, 「家族主義と個人主義」, 『新公論』 10호, 東京: 新公論社, 1906, p.5.

V. 불교여학교의 가족국가주의적 역할

　메이지 시기 설립된 불교여학교를 통해 우리는 일본의 불교계가 근대사회의 변화에 대응한 자세의 하나를 엿볼 수 있다. 그리고 이 시기 불교여학교들은 대부분 오래 지속되지 못하고 폐쇄되거나 양도되었는데, 이것은 불교여학교가 여성교육에 대한 불교계의 의지를 반영한 것이 아니라, 국가와 교단의 이해에 초점이 맞추어져 있었음을 보여준다.
　서구주의가 한창인 시기에 처음 설립된 불교여학교는 서구문명개화에 불교가 부응하기 위한 것이었는데, 이때 불교가 취한 논리는 서구문명과 기독교의 영향을 분리하는 것이었다. 그리고 이를 통해 문명개화의 원동력으로서 불교의 위상을 확보하려고 하였다.
　1900년대 국가주의가 강화된 시기의 불교여학교는 공립여학교의 확대 현상에 수반하여 설립되었다. 이 시기에는 보다 교단적인 차원에서 불교여학교의 설립이 이루어졌다. 여성이 여자교육사업에 참여하는 양상도 전 시기와 사뭇 달랐다. 1880년대에는 계몽운동의 차원에서 여성이 자발적으로 여학교를 설립하고 운영하였다면, 국가주의시대에는 여성신도조직을 중심으로 교단사업의 대행적 의미로서 여성교육사업을 전개하였다.
　국가주의적 경향성은 여학교교육의 교과 면에서도 발견할 수 있었는데, 불교여학교 대부분 재봉을 비롯한 '가족'중심교육에 치중하였던 것은 여성으로 하여금 '가족'의 범주를 넘지 않게 하고, 천황제국가와 불교의 공동기반인 '가족주의'를 지탱하게 하는 것이었다.
　한편, 무라카미 센쇼가 여성교육을 충효의 범주에 안치시켜 불교교육의 국가적인 의의를 주장하였다면, 다카쿠스 준지로는 가족주의를 '일본적인 것'으로 정의하고 이를 중심으로 가치를 재구성하여, 불교교육을 일본주의 가족중심교육에 종속되도록 하였다. 그리고 불교가 '일본적인 것'의 하위가치로 간주된 것처럼, 불교여학교에서 불교교육은 일본적인 것으로서의 '가족'중심 교육을 서포트하는 위치에 머물렀다. 이처럼 불교여학교는 일본여성들로 하여금 '가족'을 유지하게 하는 교육을 제공해 가족국가주의에 기여하였던 것이다. ┃조승미

12

다이쇼시대 일본 불교계의 대장경(大藏經) 편찬사업

I. 다이쇼시대의 불교계

일본 근대사에서 다이쇼시대(1912~1925)는 메이지시대(1868~1911) 와 쇼와시대(1926~1989) 사이에 있는 다이쇼천황(大正天皇)의 재위 기간을 말한다. 이 시대는 일본에서 근대적 민주주의와 자유주의가 발전하였던 만큼 다이쇼 데모크라시(大正, democracy)의 시기라고 하는가 하면, 독점자본주의 체제가 구축되고 국가주의와 제국주의가 더욱 고조되어 가던 시기이기도 했다. 메이지시대의 폐불훼석(廢佛毁釋)과 기독교금지 철폐 등으로 심각한 위기의식을 느끼게 된 불교계는 이후 국가주의 노선을 지향하게 되었으며 다이쇼시대에는 국민정신이 강조되고 국가신도(國家神道)가 더욱 견고해짐에 따라 불교의 국가주의적 성격은 한층 강화되어 가는 추세였다. 이와 함께 메이지시대에 도쿄제국대학(東京帝國大學)의 하라 탄잔(原坦山, 1819~1892), 난죠 분유(南條文雄, 1849~1927), 무라카미 센쇼(村上專精, 1815~1929), 다카쿠스 준지로(高楠順次郎, 1866~1945) 등에 의해 일본 근대불교학이 수립되었고, 다이쇼시대에 다수의 사립 불교계대학이 설립되면서 불교학연구는 더욱 활기를 띠며 많은 학문적 성과를 축적할 수 있었다.[1] 특히 다이쇼시대에는 여러 불교전적(佛敎典籍)이 수집 정리되고 대사전(大辭典), 종전(宗典) 등이 편찬되면서 불교학연구의 토대를 확고히 구축해 간 시기이기도 했다. 한문불교경전 중 최고의 것으로 평가되며 전 세계의 불교학자들에게 기본 자료로 활용되고 있는『다이쇼 신수대장경(大正新修大藏經)』의 편찬도 바로 다이쇼시대에 착수, 진행되었던 대사업이었다.

1. 다이쇼 데모크라시와 불교계

일본 근대사에서 다이쇼시대는 다이쇼천황(大正天皇) 일대 14년간의[2] 짧은 기간이지만 근대일본의 정치, 경제, 문화, 사상 부문에 저지 않은 변화를 불러온 시기였다. 일본경제는 메이지말(明治末)에 일어난 러일전쟁(1904~1905)으로 인한 국채누적에 의해서 심각한 경제 불황을 겪던 중 1914년(다이쇼3) 제1차 세계대전의 발발과 참전으로 호황을 맞이했고, 대전 후에는 공황이 덮쳐 만성적인 불황에 시달리게 되었다. 호황과 불황이 교체되는 과정에서 도시의 노동쟁의, 농촌의 소작쟁의 그리고 사회주의운동이 빈발하며 정치, 문화, 사회 등 각 방면에 민주주의와 자유주의 풍조가 파급되어 갔다. 다이쇼시대의 이러한 사조를 보통 다이쇼 데모크라시(大正, democracy)라고 한다.

---

1 林淳,「日本の國家主義と佛敎-近代日本の佛敎學とナショナリズムー」,『한중일삼국의 근대화와 불교』, 서울: 동국대 불기 2551년 부처님오신날 봉축세미나 학술대회, 2007, pp.91~95. 龍谷大學·大谷大學(1922), 立正大學(1924), 駒澤大學(1925), 大正大學·高野山大學(1926)이 설립 허가되었다.
2 다이쇼천황의 재위기간은 1912. 7. 30~1926. 12. 25일까지였다.

다이쇼시대 사회 전반의 기조가 된 다이쇼 데모크라시의 대표적인 사상가는 도쿄제국대학 법학교수 요시노 사쿠조(吉野作造, 1878~1933)였다. 요시노는 민주적인 정부의 필요성을 역설하며 정부에 대한 보다 강력한 국민의 통제, 백성의 요구와 필요에 대해 정부의 보다 효율적인 대응이 있어야 한다고 했다.[3] 그는 또 1916년(다이쇼5) 1월 『중앙공론(中央公論)』의 논설 「헌정의 본의를 논하여 유종의 미를 논함」을 통해 민본주의의 2대 강요를 제시했다. 즉 정치의 목적은 일반민중의 복리(福利)에 있다는 것과 정책의 결정은 일반민중의 의향에 따라야 한다는 것이었다. 특히 정치운용에 있어서 민의(民意)의 존중은 요시노 정치론의 중핵으로서 보통선거론과 대의제론(代議制論) 등으로 전개되어 갔다.[4]

먼저 다이쇼시대 정치계의 변화를 간단히 살펴보면, 1912년(다이쇼1) 12월 소수 그룹정치인 번벌정치(藩閥政治)의 상징과도 같았던 가쓰라 다로(桂太郎) 내각이 출현하자 정치인, 경제인, 언론인, 법조인 등이 헌정옹호(憲政擁護)를 내세우며 번벌정치를 무너뜨리고자 하였다. 다음 해(1913년) 2월 마침내 가쓰라 내각은 격렬한 민중운동으로 석달 만에 총사퇴하게 되는데(大正政變), 이것이 제1차 헌정옹호운동(호헌운동)이었다. 1918년(다이쇼7) 8월 소비에트 출병으로 인해 쌀 소동이 발발하게 되어 데라우찌(寺內)내각이 물러나고, 같은 해 9월 그동안 민중이 고대한 정당내각인 하라다카시(原敬) 정우회(政友會) 내각이 출현하였다. 당시 민중의 생활난에 의해서 일어난 쌀 소동은[5] 노동운동, 농민운동과 같은 대중운동을 낳는 큰 계기가 되고[6] 보다 민주적인 정치개혁을 촉진시키는 중요한 역할을 하였다. 1924년(다이쇼13) 1월 귀족원 중심의 기요우라(淸浦) 내각이 출현하

---

3 피터 두으스, 김용덕 역, 『日本近代史』, 서울: 지식산업사, 1983, p.182.
4 이에나가 사부로 엮음, 연구공간 수유＋너머 일본근대사상팀 옮김, 『근대일본사상사』, 서울: 소명출판, 2006, pp.205~209.
5 정부 추산으로 70만 명 이상이 가담하고 검거자가 8,200명 이상이었던 것으로 전한다.
6 柏原祐泉, 『日本佛教史 近代』, 東京: 吉川弘文館, 1998, p.170.

자 헌정회(憲政會), 정우회(政友會), 혁신클럽의 호헌3파(護憲三派)가 제2차 헌정옹호운동을 일으켜 5월에 기요우라 내각이 물러나고 가토(加藤) 내각이 성립되었다. 가토 내각의 출현으로 이후 헌정회와 정우회 간에 정권이 오고가는 정당내각제의 시대가 시작되었다. 특히 가토 내각 때인 1925년(다이쇼14) 5월에 메이지시대 이래로 꾸준히 요구되어 온 보통선거법이[7] 공포되어 25세 이상의 성년 남자에게[8] 선거권이 주어졌다. 당시의 선거법은 선거권이 성인 남자에 한한 것이고, 이것에 앞서 반정부운동을 탄압할 목적으로 같은 해(1925) 4월에 치안유지법이 공포되는 등 그 한계성이 있었지만 일본 근대민주정치 발전에 큰 전환점이 된 것은 명백하다.

이 같은 정치계의 변화 속에 불교계의 변화양상 또한 이 시기의 일반적 사조인 다이쇼 데모크라시와 무관하지 않았다. 무엇보다도 주목할 만한 사항으로 불교연합회(佛敎聯合會), 불교호국단(佛敎護國團) 등이 중심이 되어 전개한 승려참정권 획득운동이었다. 이것은 다이쇼시대에 대중운동이 활발해지면서 운동으로 발진한 보통선거운동과 병행하여 전개되있다. 불교연합회는 1916년(다이쇼5) 3월에 13종 56파를 결집하여 문부대신에게 승려참정권을 요청하고, 1921년(다이쇼10) 2월에는 각지의 불교호국단과 협의하여 도쿄에서 '승려참정권문제 불교도대회'를 열어 승려의 피선거권제한(被選擧權制限)을 철폐하고 불교계 내부의 개선과 교학 및 사회사업에 힘을 다할 것을 결의했다.[9] 이 승려참정권 획득운동의 신호가 된 불교도대회는 같은 해 1월 23일 도쿄불교호국단 주최의 도쿄불교도대회로서 오카자키 공회당(岡崎公會堂)에서 열렸다. 이 대회에는 효고(兵庫)

---

7 보통선거론이 하나의 운동으로 발전한 것은 메이지 30년대의 일이었다. 家永三郞 편, 『近代日本思想史講座』1 歷史的 槪觀, 東京: 筑摩書房, 1959, p.194.
8 일본에서 20세 이상의 남녀 모두에게 선거권이 부여된 것은 1945년 12월이었다.
9 宣言, 第一二夫ノ衆議員被選擧權二關スル選擧法第十三條第一項不當背理ノ制限ヲ改廢スルノ切要ヲ認ム. … 決議 一, 玆二選擧法第十三條第一項ノ撤廢ヲ期ス. 二, 先ゾ敎界內部ノ廓淸情弊ノ改善ヲ必要ト認メ, 敎學及社會事業ノ勵精刷新ヲ期ス. 土屋詮敎, 『大正佛敎史』, 東京: 三省堂, 1940, pp.95~97.

현, 나라(奈良)현, 시가(滋賀)현, 아이치(愛知)현, 기후(岐阜)현 소재의 여러 불교단체에서 약 5,000명이 참여한 대규모 대회였다. 그리고 1921년(다이쇼10) 3월에는 오사카(大阪)에서 오사카불교도대회를 개최하여 승려의 피선거권제한의 철폐를 기하고 사회교화에 충실을 기할 것을 결의했다.[10] 승려의 참정권획득은 결국 1925년(다이쇼14) 보통선거법에 의해서 이루어짐에 따라 이 운동 역시 다이쇼 데모크라시의 시대적 분위기를 타고 전개, 발전되었음을 알 수 있다. 다만 도쿄불교도대회에서 승려참정권획득운동을 세간의 보통선거운동과는 다른 별도의 것으로 간주했던 점은 불교계가 이 운동을 민권의식보다는 국가주의, 국가의식(國家意識)과 밀착되었음을 보여준 실례가 된다.[11]

1918년(다이쇼7) 쌀 소동이 일어나자 정부의 사회정책은 급격한 변화 양상을 띠었다. 내무성에서는 사회과(社會課, 후에 社會局)를 설치하고, 부현(府縣)에서는 사회과를, 대도시에서는 사회국 또는 사회부를, 문부성(文部省)에서도 사회교육과를 설치하게 되었고 종교계의 사회사업도 적극 독력하기에 이르렀다. 이에 따라 불교계와 관계된 다양한 기구가 조직되고 많은 사회사업활동이 전개되었다. 도요(東洋)대학의 구제학회(救濟學會, 1917), 일련종대학(日蓮宗大學)의 사회사업연구실(1918), 축지본파본원사(築地本派本願寺)의 사회사업연구소(1919), 정토종 종무소 내의 보은조명회(報恩明照會), 증상사(增上寺) 내의 도쿄자선회(東京慈善團, 1916) 등이 세워졌다. 그리고 불교동지회(佛敎同志會), 불교도사회 사업연구회 등을 중심으로 전국 각지에서 궁민보조사업(窮民補助事業), 양로사업, 구료사업, 육아사업, 감화교육사업, 맹아교육사업, 빈아교육사업, 보모교육사업, 유아보육사업, 직업소개, 숙박보호사업, 출감자보호사업 등의 활동

---

10 土屋詮教, 『大正佛敎史』, 東京: 三省堂, 1940, pp.104~106.
11 柏原祐泉, 『日本佛敎史 近代』, 東京: 吉川弘文館, 1998, p.189.

이 실시되었다.¹² 이 같은 불교계의 다양한 사회사업기구와 그 활동은 대중운동이 활성화됨에 따라 민중의 민권의식이 고양되어 간 다이쇼 데모크라시를 배경으로 하여 메이지시대보다 훨씬 발전할 수 있었던 것이다.

다이쇼시대에는 민중의 사회활동이 활발하였던 만큼 불교계에서도 다양한 조직이 결성되어 여러 가지 사회활동이 전개되었다. 메이지정부는 1872년(메이지5) 1월 신분제도의 개혁을 단행하여 사농공상(士農工商)의 신분제를 철폐하고 천민까지를 포함하여 평민으로 삼는 사민평등(四民平等)의 조치를 단행하였지만 이후에도 천민들의 거주지인 피차별부락은 여전히 존속된 상태였다. 에도시대(江戶時代) 이래로 천민(穢多)으로 차별받아온 피차별부락민은 메이지시대 신분제개혁 후에도 개선되지 않은 채 신평민(新平民) 등으로 불리고, 피차별부락을 단가(檀家)로 하는 사원을 예사(穢寺)라고 하는 등 여전히 심한 차별대우를 받고 있었다. 당시 피차별부락의 상당수가 진종(眞宗)의 단가였던 만큼 진종 내부에서는 피차별부락민이 진종교단에 대한 비판이 고조되면서 메이지말기에 대화동지회(大和同志會), 진종화합회(眞宗和合會) 등이 결성되어 부락해방운동(部落解放運動)을 펼쳐갔다. 이 부락해방운동은 1918년(다이쇼7) 쌀 소동에 다수의 피차별부락민이 적극 참여한 것을 계기로 하여 더욱 발전하게 되었고, 1922년(다이쇼11) 3월 쿄토(京都)에서 전국수평사(全國水平社)가 결성되면서¹³ 이 운동은 보다 본격적으로 전개되었다.¹⁴ 이 같은 부락해방운

---

12 土屋詮教,『大正佛教史』, 東京: 三省堂, 1940, pp.83~86.
13 水平社創立의 선언은 다음과 같았다. ㅡ 우리 特殊部落民은 部落民 자신의 행동에 의해서 절대의 解放을 기한다. ㅡ 우리 特殊部落民은 절대로 經濟의 자유와 職業의 자유를 사회에 요구하여 획득을 기한다. ㅡ 우리들은 人間性의 원리에 각성한 人類最高의 완성에 向하여 突進한다. 渡部徹,「部落解放運動史」,『岩波講座 日本歷史』18 近代5, 東京: 岩波書店, 1975, p.189.
14 다이쇼시기에는 부락사연구도 두드러졌다. 기타 사다키치(喜田貞吉)의 「特殊部落硏究」(1919), 사노 마나부(佐野學)의 「特殊部落民解放論」(1921), 다카하시 사다키(高橋貞樹)의 『特殊部落一千年史』(1924) 등을 꼽을 수 있다. 가노 마사나오(鹿野政直), 김석근 역,『근대일본사상 길잡이』, 서울: 小花, 2004, p.151.

동에 대응하여 서본원사(西本源寺)에서는 1924년(다이쇼13)에 일여회(一如會)를 설립하였고, 동본원사(東本願寺)에서는 1926년(다이쇼15)에 진시회(眞身會)를 창립하였다. 두 회는 신란(親鸞)의 동붕정신(同朋精神)에 입각해 융화운동(融和運動)의 전개를 지향하였는데, 교단의 차별적 입장을 반성하고 강연회, 강습회 등을 열며 융화정책을 펴 나아갔다. 당시 정부를 비롯해 많은 단체들이 결성되어 추진해 간 융화개선운동에 동참하였던 것이다.[15]

다이쇼시대는 국내적으로 정치의 민주화가 진전되고 민중운동이 활발히 전개된 시기이기도 하였지만, 외적으로는 대외팽창주의자들에 의해서 대륙침략정책이 꾸준히 추진되던 시기이기도 했다. 일본은 1914년(다이쇼3) 제1차 세계대전이 발발하자 연합국 측에 가담하여 중국 산동반도(山東半島)의 독일 조차지를 점령하였고, 중국에서의 권익을 더욱 확대하고자 다음 해에 북경(北京)정부에게 21개조[16]를 요구하여 원세개(袁世凱)로부터 그 승인을 받아내어 중국국민의 대대적인 반일감정을 불러일으켰다. 그리고 1917년(다이쇼6) 11월 러시아 혁명이 발발하자 다음 해(1918) 8월 소비에트 출병을 단행하여 막대한 인적, 물적 손실을 입게 되었고 앞서 언급하였듯이 국내에서는 미 소동을 촉발시키게 되었다.[17] 이 같은 국가의 대외 침략정책에 대해 호응 내지 선양하는 각종 불교관계의 사회단체가 결성되었는데, 그들의 활동을 간략히 소개하면 다음과 같다.[18]

먼저 1914년 11월 일련주의자(日蓮主義者)[19] 타나카 지가쿠(田中智學,

---

15 柏原祐泉, 『日本佛敎史 近代』, 東京: 吉川弘文館, 1998, p.186. 부락개선운동은 融和主義의 한계를 벗어나지 않은 채 부락민에 대한 差別觀에서 출발한 것으로 평가되고 있다.
16 21개조의 내용은 크게 다섯 부분으로 나누어 볼 수 있다. ① 독일이 차지했던 山東지방의 이권을 일본이 갖는다. ② 남만주 내몽골에서의 일본의 우월권 인정과 여순, 대련, 남만주철도의 조차기간을 연장한다. ③ 漢冶公司의 경영을 중일합작으로 한다. ④ 중국 연안의 항만, 도서를 타국에 양도, 대여하지 않는다. ⑤ 중국정부내에 일본인 고문을 두고 화중, 화남에도 일본의 철도부설권을 인정한다.
17 일본은 1922년(다이쇼11)까지 시베리아에 군대를 주둔시켰다.
18 柏原祐泉, 『日本佛敎史 近代』, 東京: 吉川弘文館, 1998, pp.190~195 참조.

1861~1939)에 의해서 국주회(國柱會)[20]가 설립되었다. 국주회는 일련주의적 국체관의 보급을 목적으로 하여 설립되었고, 후에 일본중심적 세계관의 전개에 큰 영향을 미쳤다. 국주회의 활동방침은 일련주의에 의한 도의적 세계통일과 인류의 궁극적인 구제를 실현하는 것이었다.[21] 일련주의적 왕불일치론(王佛一致論)에 기초하여 국가주의에 호응하며 일본의 아시아 침략주의정책을 지원하는 형태를 띠었다.

그리고 1915년(다이쇼4)에 불교제세군(佛敎濟世軍)이 진종 서본원사파의 사나다 마스마루(眞田增丸, 1877~1926)에 의해 조직되었다. 불교제세군은 자본주의의 발달에 의해 증가하는 공장노동자를 주 대상으로 하고 기독교에 대항하는 호법의식(護法意識)과 진종이 강조한 왕법위본(王法爲本)의 불교관을 기본으로 하였다. 특히 제세군의 선언에서 천조대신(天照大神)을 공경히 받들고, 천황의 유훈을 준수한다고 하는 데서 드러나는 바와 같이 황국(皇國)주의적 색채를 짙게 띤 단체였다.

또한 일련주의부흥(日蓮主義復興)에 힘썼던 혼다 닛쇼(本多日生, 1867-1931)에 의해서 1918년(다이쇼7)에 자경회(自慶會), 1924년(다이쇼13)에 국본회(國本會)가 각각 설립되었다. 두 회 모두 일련주의에 입각하여 사상선도를 지향하였지만, 자경회가 노동자를 대상으로 하였다면[22] 국본회는 국민 전체를 선도의 대상으로 삼았다.[23] 두 회의 역할은 일련주의와 국가

---

19 日蓮主義란 타나카 지가쿠(田中智學)가 만든 말로서 자신들의 日蓮佛敎의 언설과 활동을 다른 일련불교와 구별하기 위하여 1901년(메이지34)에 제창하였다고 한다. 政敎一致에 의한 이상세계의 실천을 최종적인 목적으로 하고 매우 사회적이고 정치적인 지향성이 강한 宗敎運動으로 실천된 특징이 있다고 정의한다. 大谷榮一, 『近代日本の日蓮主義運動』, 京都: 法藏館, 2001, 서문.
20 1885년(메이지18)에 창립된 立正安國會가 개칭된 것이다.
21 大谷榮一, 『近代日本の日蓮主義運動』, 京都: 法藏館, 2001, p.203, "國柱會とは 專ら國聖日蓮大士の解決唱導に基きて、 日本建國の元意たる道義的世界統一の洪猷を發揮して、…(中略)… 人類の究竟救濟を實現するに努むるを以て主義と爲し"
22 자경회 창립선언의 제목이 "自慶會の創立 勞動者に對する福音"이었다. 선언서 서두에서 노동자를 慰安하고 그들을 善導해야할 필요가 더욱 절실하다고 하였다. 大谷榮一, 『近代日本の日蓮主義運動』, 京都: 法藏館, 2001, p.264.

주의를 융합하여 국가의식을 고양시킴으로써 당시 다이쇼시대에 빈발하는 노동문제나 사회문제 등을 잠재우는데 적극적으로 앞장서고자 하였다. 타나카 지가쿠(田中智學)에 의해 건립된 국주회와 유사하게 국가정책 수행에 첨병역할을 담당했던 것이다. 위 불교단체의 활동이 모두 국가정책을 적극 지지, 선양하는 국가주의적 성향을 띠었던 것과는 다르게 일련주의를 표방하며 사회주의 성격을 띤 단체도 나타났다. 그 대표적인 것이 1919년(다이쇼8)에 세노오 기로(妹尾義郎, 1889~1961)에 의해 결성된 대일본일련주의청년단(大日本日蓮主義靑年團, 이하 청년단)이었다. 청년단은 기관지『약인(若人)』을 발행하며 인간적이고 관념적인 일련주의 보급에 힘썼다. 또한 움직이는 절을 표방하며 가두에 진출하여 설교활동을 벌이고 농어촌지역에서 어린이회, 진료, 인생상담 등을 통해 전도활동을 폈다.[24] 이 청년단은 1930년(쇼와5)에 해산되고 새롭게 신흥불교청년단(新興佛敎靑年同盟)[25]으로 결성되었는데, 국가주의와 군국주의를 반대하며 불교정신에 입각한 신사회건설을 위한 운동을 펼치다 정부의 탄압으로 1938년(쇼와13)에 와해되었다.

2. 불교계의 주요 편찬사업

다이쇼시대에는 다이쇼 데모크라시의 자유주의 사조를 타고 사상, 문학 분야에서도 왕성한 활동이 있었다. 철학사상 분야에서는 신칸트학파의 이상주의(理想主義) 철학이 주류를 이루고 새로운 교양사상이 형성되었다.

---

23 趣意에서 民心의 醇化를 도모하고 皇恩에 報答하는 것을 期한다고 했다. 大谷榮一, 『近代日本の日蓮主義運動』, 京都: 法藏館, 2001, p.314.
24 사토 아츠시, 「세노오 기로우(妹尾義郞)의 불교와 사회주의」, 『佛敎學報』46, 서울: 東國大佛敎文化硏究院, 2007, p.212.
25 기관지로『新興佛敎の旗下に』가 있었다. 신흥불교청년동맹은 결성대회에서 부르주아가 아닌 대중적 불교, 자본주의 반대, 기성교단 박멸 등을 내세웠다

또 문학 분야에서는 인도주의(人道主義)에 바탕을 둔 백화파(白樺派)[26]의 활동이 두드러졌고,[27] 이와 함께 불교에 대한 관심이 깊어가는 가운데 불교관계의 문예작품이 붐을 이루며 많은 저작물이 출간되었다.

작자의 종교적 신앙이나 사상보다는 불교 인물 혹은 사건을 소재로 한 작품이 대다수를 차지하며 신란(親鸞, 1173~1262), 호넨(法然, 1133~1212), 니치렌(日蓮, 1222~1282) 등에 관계한 작품들이 많았다.[28] 여기서 불교문학의 선구이면서 대표작으로 꼽히는 것은 1917년(다이쇼6) 6월에 나온 희곡『출가(出家)와 그 제자』였다.『출가와 그 제자』는 구라다 햐쿠조(倉田百三, 1891~1943)[29]의 작품으로서 신란(親鸞)과 그의 여러 제자와의 이야기를 그린 것으로 사랑을 통해 종교적 각성을 촉구한 작품이었다. 이 시기에 특히 고승(高僧)과 관계된 작품이 유달리 많았던 것은 민중의식의 발달에 따른 인간탐구와 아울러 백화파의 한 특색을 이루었던 천재주의(天才主義)[30]의 경향에 의해 고승의 생애를 문예작품으로 그려내고

---

26 1910년(메이지43) 4월에 창간된『白樺』라는 잡지를 통해 인도주의적 문학활동을 편 일파를 말한다. 대부분이 상류층의 고등교육기관인 學習院 출신이었다. 백화파 문학을 대표하는 인물은 무샤노코지 사네아츠(武者小路實篤)였다.
27 이에나가 사부로 엮음, 연구공간 수유+너머 일본근대사상팀 옮김,「다이쇼기의 사상적 상황」,『근대일본사상사』, 서울: 소명출판, 2006, p.279.
28 土屋詮敎,『大正佛敎史』, 東京: 三省堂, 1940, pp.170~174. 倉田百三의『出家와 그 弟子』菊池寬의『俊寬』, 坪内逍遙의『役의 行者』『法難』등이 있고, 親鸞 관계의 작품으로 石丸梧平의『人間親鸞』『受難의 親鸞』『戲曲人間親鸞』『親鸞의 結婚』『山의 親鸞』『流人親鸞』, 三浦關三의『親鸞』(제1,2部), 村上浪六의『親鸞』, 茅場道隆의『戲曲親鸞』, 松田青針의『人間苦의 親鸞』, 江島小彌太의『親鸞』, 山中峯太郎의『戲曲親鸞』, 香春健一의『戲曲親鸞』. 法然 관계의 작품으로 三井晶史의『法然』, 寺西聽學의『戲曲法然上人』, 有門茂의『戲曲念佛의 弟子』, 長尾和彦의『戲曲松蟲鈴蟲』. 그 외 불교 관계의 작품으로 那珂의『提婆達多』, 高木久沙彌의『戲曲大無量壽經의 血』, 渡辺霞亭의『弘法大師』, 倉田百三의『布施太子의 入山』, 藤秀璟의『阿闍世王』, 友松圓諦의『戲曲地에 괴로워하는 釋迦』, 長田秀雄의『石山開城記』, 本莊可宗의『癡愚和尙의 遺書』, 山中峯太郎의『小維摩』, 藤井眞澄의『超人日蓮』, 松岡讓의『法城을 보호하는 사람들』이 있다.
29 대표작으로『출가와 그 제자』외에『사랑과 인식의 출발』이 있다. 후자는 청년들이 직면한 여러 가지 문제를 구체적으로 그리고 상세히 다루고 있어서 영원한 청춘의 책으로 칭송되고 있다. 그런가 하면 구라다는 불교사상이 반영된 니시다 기타로(西田幾多郎, 1870~1945)의 철학을 보급한 장본이기도 했다.
30 백화파의 친재에 대한 찬미이다. 천재는 인류의 의지에 지배되어 움직이는 자이고 사람들은

자 했던 것으로 보인다. 이와 같이 다이쇼시대에 많은 불교 문예작품이 쏟아져 나올 수 있었던 것은 다이쇼 데모크라시의 자유주의적 분위기를 타고 대중문화가 보급, 확대되면서 당시 출판사업이 비약적으로 발전하였고, 또 백화파를 중심으로 전개된 인도주의 경향의 문학사조가 풍미했기 때문일 것이다.

다이쇼시대 불교에 대한 관심이 많은 문예작품을 통해 표출된 것과 함께 불교교학의 연구와 불교 기초자료, 전적에 대한 정리 편찬사업이 어느 때보다 활기를 띠었다. 이같은 사업을 주도한 대표적인 학자들은 난죠 분유(南條文雄), 모치즈키 신코우(望月信亨, 1869~1948), 아네자키 마사하루(姉崎正治, 1873~1949), 나가이 마코토(長井眞琴), 다카쿠스 준지로(高楠順次郎, 1866~1945), 아카누 마라징(赤沼智善), 기무라 다이켄(木村泰賢, 1881~1930), 도키와 다이조(常盤大定, 1870~1945), 우이 하쿠주(宇井伯壽, 1882~1963), 하다니 료우다이(羽溪了諦), 도모마츠 엔타이(友松圓諦, 1985~1973) 등을 들 수 있다. 그중 대표적인 편찬사업 몇 가지를 살펴보도록 하자.

먼저 모치즈키 신코우(望月信亨)가 주도한 『불교대사전』(『모치즈키(望月) 불교대사전』)의 편찬을 들 수 있다. 본래 『불교대사전』은 모치즈키가 중심이 되어 메이지 말기부터 편찬되기 시작한 것이었다. 모치즈키가 출판사 카니온분에이도우(金尾文淵堂)의 의뢰로 『호넨상인전집(法然上人全集)』(1906년)을 간행할 무렵 같은 출판사로부터 불교사전의 간행을 의뢰받고 이 사전 편찬사업에 착수하게 되었다. 그래서 1908년(메이지41) 제1권이 부요도우(武揚堂)에서 출판되었고, 다음 해(1909)에 제2권이 나왔다. 이후 출판사와 모치즈키의 개인사정 때문에 사전편찬은 한동안 중단되었다. 하지만

천재의 작품에 접하여 살아가는 즐거움을 얻고 생명을 충실히 하며 진지한 인생태도를 촉진시킨다고 한다. 이에나가 사부로 엮음, 연구공간 수유+너머 일본근대사상팀 옮김, 앞의 책, pp.269~270.

이 사업이 바로 다이쇼시대에 재개되어 1916년(다이쇼5)에 제3권이 간행됨으로써 메이지시기에 시작된 사전편찬이 총3권으로 일단락 지어졌다.[31]

그리고 일본불교의 최대 자료집으로 평가되는『대일본불교전서(大日本佛敎全書)』편찬이 1912년(다이쇼1)에 착수되었다. 이 작업은 모치즈키 신코우가『불교대사전』을 편찬하던 중 사전편집의 참고자료와 간행자금을 얻고자 한 의도에서 착수하였다고 한다. 1911년(메이지44)에 다카쿠스 준지로, 오무라 세이가이(大村西崖), 모치즈키 신코우 등에 의해 불서간행회(佛書刊行會)가 설치되고, 난죠 분유(南條文雄)를 회장으로 하여 다음 해인 1912년에 사업이 시작되었다. 약 10년에 걸쳐 1922년(다이쇼11)에 본편 151권으로 완성되었다. 이것은 일본불교의 교리, 역사, 문학 등을 망라한 일본찬술의 불교총서였다.

또한『일본대장경(日本大藏經)』(48권)의 편찬이 1914년(다이쇼3)에 시작되어 1921년(다이쇼10)에 완성되었다. 메이지시기에 몇 차례에 걸쳐 대장경이 편찬되었지만 일본불교 입장에서 볼 때 그것만으로는 일본불교 전체를 통람하기에는 부족하다고 여겨[32] 마쓰모토(松本文三郎) 박사를 편찬회장으로 하여『일본대장경』편찬이 기획된 것이었다. 여기에는 일본찬술의 경전 주석서와 여러 종(宗)의 종전(宗典)을 담고 있는 것으로서 주로 교리 관계의 찬술서를 수록하였다.

무엇보다도 다이쇼시대에 가장 주목을 끈 편찬사업은 다카쿠스 준지로가 주축이 되어 추진한『다이쇼 신수대장경(大正新修大藏經)』의 간행이었다. 이것의 편찬과정과 그 의미는 다음 장에서 살펴보도록 하자.

---

31 이후에도 모치즈키 신코우(望月信亨)의『불교대사전』편찬사업은 계속되었다. 제1권이 간행된 지 20여 년이 지난 1930년(쇼와5)에 이미 간행된 총3권을 보완하여 새로운 제1권이 1931년에 출간되고, 1932년에 제2권, 1933년에 제3권, 1935년에 제4권, 1936년에 제5권이 완성되었다. 본편 5권으로 완성된『불교대사전』은 후에 年表와 索引이 각 1권, 增補 1권, 補遺 2권이 더해져 총10권이 되었다.
32 松本文三郎,「日本大藏經序」,『日本大藏經』, 東京:日本大藏經編纂會, 1921, p.5.

Ⅱ. 『다이쇼 신수대장경(大正新修大藏經)』의 편찬과정과 그 형식

1. 메이지시대의 대장경 편찬

다이쇼시대에 『다이쇼 신수대장경』과 같은 대규모의 대장경 편찬사업이 시행되기 전 이미 일본 근대시대가 시작된 메이지시대에 이와 유사한 금속 활자판의 대장경이 간행되었다. 즉 『대일본교정축각대장경(大日本校訂縮刻大藏經)』(『축쇄대장경(縮刷大藏經)』 또는 『축책대장경(縮冊大藏經)』), 『대일본교정훈점대장경(大日本校訂訓點大藏經)』(『만자장경(卍字藏經)』), 『대일본속장경(大日本續藏經)』(『만속장경(卍續藏經)』) 등이 출판된 상태였다.

『대일본교정축각대장경』은 교부성(教部省) 사사국(社寺局)의 시마다 반콘(島田蕃根, 1827~1907)이 새 대장경의 필요성을 통감하여 전통원(傳通院) 후쿠다 교카이(福田行誡)의 지원을 얻고 시키가와 세이치(色川誠一)의 인쇄기술과 이나다(稻田佐兵衛)와 산토 초쿠테이(山東直砥)의 출자에 의해서 1880년(메이지13) 4월에 시작되었다.[33] 그 정본(定本)과 교본(校本)에는 삼록산(三綠山) 증상사(增上寺) 소장의 고려장(高麗藏, 海印寺版), 남송장(南宋藏, 思溪法寶寺版), 원장(元藏, 大普寧寺版)[34]이 제공되었다. 도쿄 홍교서원(弘敎書院)에서 고려장을 정본으로 하여 송·원·명

---

[33] 大藏會 編, 『大藏經: 成立と變遷』, 京都: 百華苑, 1964, p.102.
[34] 증상사 소장의 3藏은 모두 도쿠가 이에야스(德川家康)가 기증한 것으로 高麗藏과 元藏은 1609년(慶長14), 宋藏은 1703년(慶長18)년에 헌상되었다. 미즈노 고겐 지음·이미령 옮김, 『경전의 성립과 전개』, 서울: 시공사, 1996, pp.195~196.

(宋・元・明) 3본을 대교하였고, 각 종파에서 선발된 60여 명의 교정자가 참여하여 1885년(메이지18) 7월에 완성하였다. 이 대장경의 구성을 보면 명(明)나라 지욱(智旭)의 『열장지진(閱藏知津)』(44권)을 참고하여 경(經), 율(律), 론(論), 비밀(秘密),잡장(雜藏) 모두 5장(藏)으로 나누어 총 1,916부 8,534권으로 정리했다. 판식(版式)은 국판(菊版) 금속 5호활자 1단(段), 1단 20행(行), 1행 45자(字)로 총 418책(冊), 40질(帙)이었다.[35] 『축쇄대장경』은 메이지시대의 가장 권위 있는 대장경으로서 불교교학연구에 크게 기여한 것으로 평가되고 있다.

그리고 『대일본교정훈점대장경』(『만자장경』)은 1902년(메이지35)부터 1905년(메이지38)까지 쿄토 장경서원(藏經書院)에서 간행되었다. 한역대장경 및 중국찬술의 주요 장소(章疏) 등을 실어 총 1,625부 7,082권이었다. 이 대장경은 마에다 에운(前田慧雲), 나카노 타슈(中野達慧)가 주재하고, 쿄토 법연원(法然院)의 닌쵸(忍徵)가 일본 황벽판(黃檗版, 明의 萬曆版 覆刻)에 의거해 고려판과 대교한 여명대교본(麗明對校本)을 정본으로 하여 출판하였다. 그 판식은 46배판 4호활자 2단, 1단 20행, 1행 22자로 전 36투(套), 매 투 10책으로 하여 모두 347책이었다. 또 구두점을 부기하여 독송에 편리하도록 하였는데, 이 점이 『만자장경』의 큰 특색이 되었다.[36] 이 대장경에서 누락된 중국찬술 각종(各宗)의 장소와 선적(禪籍) 등은 다음에서 보게 될 『대일본속장경』의 이름으로 출판되었다.

『대일본속장경』(『만속장경』)은 앞에서 본 『만자장경』을 이어서 보완한 대장경이다. 메이지38년 4월 마에다 에운을 회장으로 하고, 나카노 타슈를 편집주임으로 하여 1905년(메이지38) 4월부터 1912년(다이쇼1)까지 쿄토 장경서원(藏經書院)에서 간행되었다. 이것의 구성을 보면 모두 10부문으

---

35 『望月佛敎大辭典』제4권, 東京: 世界聖典刊行協會, 1966, pp.3346~3347.
36 『望月佛敎大辭典』제4권, 東京: 世界聖典刊行協會, 1966, pp.3345~3346.

로 나누고 제1~4부문은 인도찬술을 그리고 제5~10부문까지는 중국찬술을 실어 총 1,660부 6,957권이었다. 주로 중국의 찬술서를 수록한 중국불교 총서였다. 판식은 46배판 4호활자 2단, 1단 18행, 1행 20자로 모두 750책이었다. 특히 이 대장경사업을 착수한 시점이 러일전쟁의 시기였기 때문에 이것을 야스쿠니(靖國)기념사업으로 삼아 매권 끝에 전사자(戰死者)의 성명을 기재하며 충혼(忠魂)을 조위(弔慰)하는 뜻을 나타냈다.[37] 이 대장경을 편찬한 또 다른 의도가 러일전쟁의 승리를 기념하고 전사자의 영령을 애도하고자 한 것이었음을 알 수 있다.

러일전쟁 때 불교계 각 종단의 전쟁협력 활동은 메이지후기의 국가주의 발전과 청일전쟁(1894)[38]을 거치면서 더욱 강화되어 가는 추세였다. 메이지정부가 1904년(메이지37) 2월 러시아와의 전쟁을 결정하자 진종 동서본원사는 곧 바로 임시장의국(臨時獎義局)과 임시부(臨時部)를 설치하여 사태에 대처하고, 본원사파는 전국의 교무소(敎務所)에 20개의 임시출장소와 다수의 출장소지부를 설치하여 군사원호 업무를 담당하도록 했다.[39] 따라서 1905년(메이지38)부터 시작된 『만속장경』의 편찬사업은 『만자장경』을 보완한다는 학술적인 목적 외에도 당시 불교계뿐만 아니라 종교계에서 활발히 전개되어 간 일련의 전쟁협력사업과 궤를 같이하였다고 할 수 있다.[40]

이상과 같은 메이지시대의 대장경 편찬사업을 바탕으로 하여 다이쇼시

---

[37] 『望月佛敎大辭典』제4권, 東京: 世界聖典刊行協會, 1966, p.3348.
[38] 청일전쟁 때 불교계의 각 종단은 戰地로 종군승을 파견하여 군대포교, 전사자 추모, 군인위문, 병원위문 등을 실시했고, 간호용품 기증, 군인가족의 위문사업 등도 벌였다.
[39] 柏原祐泉, 『日本佛敎史 近代』, 東京: 吉川弘文館, 1998, p.164. 관장사무는 다음과 같았다. ① 軍資獻納 또는 恤兵金品寄贈의 獎勵, ② 軍事公債, 國庫債務 응모의 장려, ③ 軍師凱旋의 送迎慰問, ④ 軍人留守家族의 위문 및 구호, ⑤ 軍人傷病者의 위문, ⑥ 戰死者의 葬儀 및 追弔, ⑦ 戰死者遺族의 위문 및 구호.
[40] 1904년(메이지37) 5월 러일전쟁이 발발하자 이때 제3회 宗敎家懇談會(戰時宗敎家懇談會)가 개최되어 神道, 佛敎, 그리스트교 측에서 참가하여 이 전쟁이 정의와 평화를 목적으로 한다고 선언하였다. 柏原祐泉, 앞의 책, pp.148~149, p.165.

대에는 보다 방대하고 체계적인 대장경의 편찬이 진척될 수 있는 여건이 조성된 상태였다.

2. 『다이쇼장경』 편찬의 동기와 착수

『다이쇼 신수대장경(大正新修大藏經)』(이하『다이쇼장경』) 전 100권은 1923년(다이쇼12)에 시작되어 1934년(쇼와9)까지 10여년에 걸쳐 완성된 것으로서 다카쿠스 준지로(高楠順次郎), 와타나베 가이쿄쿠(渡邊海旭), 오노 겐묘(小野玄妙) 등을 비롯한 다수의 불교학자들에 의해서 이루어졌다.『다이쇼장경』의 편찬은 1921~1922년(다이쇼10~11) 경 다카쿠스 순지로(1866~1945)가 도쿄제국대에서 한역 경전과 팔리어(巴利語) 경전을 대조 연구하던 중에 계획되었다. 메이지시대에 간행된『축쇄대장경(縮刷大藏經)』과 같은 대장경은 매우 고가여서 구입하기 어려운 관계로 많은 불교학자들이 연구에 어려움을 겪고 있었고, 또 구래의 여러 대장경을 교정한

❖ 다카쿠스 준지로(高楠順次郎)

우수한 대장경 편찬이 학계에서 절실히 요구되던 때였다. 다카쿠스는 1922년(다이쇼11)에 학계의 요구와 의견을 고려하여『축쇄대장경』에 장소(章疏), 기전(記傳), 비명(碑銘), 보유(補遺) 등을 추가해 개판할 것을 확정하고 와타나베 가이쿄쿠(1872∼1933), 오노 겐묘(1883∼1939), 모치즈키 신코우(1869∼1948) 등 불교학계의 권위자와 함께 편찬에 관한 구체적인 방침을 마련하였다.[41] 다카쿠스는 대장경의 편찬을 결정하기 전 3가지 조건을 가장 숙고했다고 한다. 사업을 세계적으로 하지 않으면 안 된다는 것, 일본의 인도학계와 불교학계를 총동원해야한다는 것, 가능한 저렴한 가격으로 간행해야 한다는 것이었다.[42]

그리하여 다카쿠스는 1923년(다이쇼12) 1월부터 실제의 편집에 착수하게 되었고, 같은 해 4월 다이쇼 일체경(一切經)간행회를 조직하여 와타나베와 함께 도감(都監)이 되고, 오노 겐묘를 편집주임으로 하여 사업경영, 연구, 편찬 등을 총괄하게 되었다. 대장경의 편집, 교정을 위해 그의 제자와 종문대학(宗門大學)의 연구자를 동원하여 도쿄 시바(芝)증상사에 제1교합소(校合所, 高麗·宋·元·明藏), 우에노공원 도쿄 제실박물관(帝室博物館)에 제2교합소(正倉院聖語藏 隋唐古寫經·天平寫經), 궁내성 도서실(宮內省 圖書寮)에 제3교합소(舊宋藏 東禪寺版, 開元寺版)를 마련하였다.[43] 1923년 4월 시바증상사 열장정(閱藏亭)에서 고려 해인사판(高麗海印寺版)을 저본으로 하여 남송 사계법보사판(南宋思溪法寶寺版), 원 대보령사판(元大普寧寺版), 명 만력판(明萬曆版, 方冊本)을 대교하고 같은 해 5월에는 도쿄 제실박물관(東京帝室博物館)에서 정창원성어장(正倉院聖

41　土屋詮敎,『大正佛敎史』, 東京: 三省堂, 1940, pp.163∼164.
42　渡邊楳雄,「大正新修大藏經成立のいきさつ」,『世界佛敎』8卷 7號, 東京: 世界佛敎協會, 1953, p.85.
43　후에 제4교합소(大和法隆寺勸學院)에서 俱舍唯識疏釋이 對校되고, 제5교합소(小石川關口 臺大藏學院敎經臺)에서 章疏, 宗典, 史傳 등이 대교되었다. 그리고 敦煌古寫經(梵本, 巴利本, 西藏本)이 조사되었다.『現代佛敎』11月 特輯, 東京: 大雄閣, 1928, pp.182∼183 ; 田村晃祐,『近代日本の佛敎者たち』, 東京: NHK出版, 2005, pp.269∼270.

語藏)의 수당고사경(隋唐古寫經)과 천평고사경(天平古寫經)을 대교하였다.[44] 메이지시대의 『축쇄대장경』과 『만자장경』의 편찬에서와 마찬가지로 이때에도 고려의 해인사판이 중요한 저본으로 활용되고 있었다. 『고려대장경』이 일본근대의 대장경 편찬에 미친 영향력이 어떠하였는가를 알 수 있게 해주는 대목이다.

다카쿠스는 1923년(다이쇼12) 4월 8일에 발표한 간행취지서에서 과거의 구습에 벗어나 새 시대에 적응하는 새 대장경의 편찬을 열망한다고 밝히며[45] 그것의 5대 특색으로 엄밀하고 폭넓은 교정, 빈틈없고 참신한 편찬, 범한(梵漢) 대교(對校)참조, 경전의 색인목록 작성, 휴대의 편리함과 저렴

신수대장경 제1교합소였던 도쿄 시바의 증상사

---

44 土屋詮教, 앞의 책, p.164.
45 高楠順次郞·渡邊海旭, 「刊行趣旨」, 『大正新修大藏經總目錄』, 東京: 大藏出版株式會社, 1931, p.3, "東西の識者, 茲に於てか何等かの方法に依りて時代適應の新刊藏經を見んことを熱望する, 此年, 大旱に雲霓を臨むの觀あり, 某等不敏自らずして, 茲に大正新修一切經の

한 가격 등을 들었다.[46]

3. 『다이쇼장경』의 완성과 국가주의

1923년(다이쇼12) 가을에『다이쇼장경』제1권을 출판할 예정에 있었지만 이해 9월 1일 관동 대지진이 발생하여[47] 사업은 큰 난관에 봉착했다. 대지진으로 발행소인 신광소(新光社)가 전소됨에 따라 사업운영 전반을 책임지게 된 다카쿠스는 같은 해 10월 자신의 저택 내에 임시 사무소를 설치하여 일을 계속 진행시켰다. 1924년(다이쇼13) 1월부터 궁내성도서료(宮內省圖書寮)에서 북송(北宋) 복주동선사본(福州東禪寺本)의 교정이 시작되었고, 같은 해 5월에 제1권 아함부(阿含部)가 발행소 다이쇼 일체경간행

▣ 다이쇼 신수대장경

　　大業を發願したるもの, 豈止むを得んや."
46　高楠順次郎・渡邊海旭,「刊行趣旨」,『大正新修大藏經總目錄』, 東京: 大藏出版株式會社, 1931, pp.3~4, "第一は嚴密博涉の校訂 …(中略)… 第二は周到淸新の編纂 …(中略)… 第三の梵漢對校 …(中略)… 第四は經典の內容索引を製し …(中略)… 第五は經本の携帶を便利ならしめ頒價を低廉する"
47　진도 7.9의 강진으로 사망자 1만여 명, 부상자 10만 3천여 명, 행방불명 4만 3천여 명, 이재민이 약 340만 명, 재산 피해가 약 65억 엔으로 추산되고 있다. 이때 학살된 조선인을 3,000~6,000명으로 추정하고 있다.

회에서 출판되었다. 그리고 6월 이후부터는 매월 1권씩 간행되어 1928년 (쇼와3) 11월에 제55권 목록부가 발행되어 정장(正藏) 총 2,276부 9,041권 55책이 완료되었다. 이것의 판식은 46배판 5호활자 3단, 1단 29행, 1행 17자였고 난 아래에 이본자(異本字), 고유명사의 범어 또는 팔리어를 각각 주기(註記)하였다. 정장 55권의 완간은 일본 국내만이 아닌 해외에서도 높이 평가되어 같은 해(1929) 5월 프랑스 학사원(學士院)은 그 위업을 칭송하며 쥬리앙상을 수여했다.[48]

이 대장경 편찬을 위한 여러 판본의 대교 작업이 시행되는 과정에서 주목할 만한 사실은 황실의 적극적인 협조와 지원을 꼽지 않을 수 없다. 1923년 5월 나라(奈良) 어부보고(御府寶庫)에 보관되어 있던 정창원성어장(正倉院聖語藏)의 고사경(古寫經)이 도쿄로 이송되어 우에노공원의 도쿄 제실박물관(帝室博物館) 별실 교합소(校合所)에서 교정되었다. 나라시대 8세기 덴표년간(天平年間, 聖武·孝謙天皇代)의 고사경 4,900여 권이 이때에 한하여 처음 공개되면서 대교작업이 실행될 수 있었던 것이다. 그리고 1924년 1월 궁내성도서료의 한 방에서 황실 소장의 북송본 일체경(北宋本一切經, 東禪寺版·開元寺版)이 역시 교정을 위해 이때에 한하여 열람하는 것이 허락되었다. 이 같은 사실은 『다이쇼장경』의 편찬이 단지 불교학자들의 순수한 학적요구에 의해서 시작되어 그들만의 노력으로 진행된 사업이 아니라, 황실의 전례가 없는 후원 속에서 성사된 다분히 정치성을 띤 국가정책사업이었음도 엿볼 수 있는 것이다. 또한 1924년 4월 제1권 아함부 제본이 나왔을 때 쇼토쿠태자(聖德太子) 법요식에 쿠니궁(久邇宮)의 쿠니요시왕(邦彥王)이 참석하고,[49] 다음 해 6월 당시 출판된 대장경 각 1부가 천황과 황후에게 바쳐진 사실을[50] 통해서도 이 사업에 일황실이

---

[48] 武藏野女子學 佛敎文化硏究所編, 『雪頂 高楠順次郎の硏究 その生涯と事蹟』, 東京: 大東出版社, 1979, p.85.
[49] 土屋詮敎, 『大正佛敎史』, 東京: 三省堂, 1940, p.165.

적지 않은 관심과 후원을 보냈음을 알 수 있다.

정장(正藏)이 완료된 후 1929년(쇼와4) 9월부터 속장(續藏)의 편찬, 간행에 착수하여[51] 1932년(쇼와7) 2월경에 제85권 고일의사부(古逸疑似部)의 간행으로 속장 30권이 완료되었다. 그래서 정속장(正續藏) 총 3,053부 11,970권 85책이 10년 만에(1923~1932년) 완성된 것이다. 이때 기관잡지『현대불교』[52](쇼와7년 통권91호)에서는『다이쇼장경』의 완성을 축하하는 각계 인사들의 축사를 게재하여 그 의미와 가치를 극대화했다.

당시 다카쿠스(高楠)는 방대한 85책 12,000권의 대장경을 일본 정신계에 제공하기에 이르렀다고 하면서 엄청난 비용과 인력이 동원된 이 일은 실로 대사업이면서도 난(難)사업이었다고 회고했다. 그가 대장경 편찬과정 중에 있었던 수많은 난관을 극복할 수 있었던 것은 하늘의 도움 외에는 생각하기 어렵다고 하며 그간의 많은 어려움을 토로했다. 정작 다카쿠스 자신에게 돌아온 것은 집도 없고 땅도 없는 무일푼으로서 평생 동안 지불해도 갚기 힘든 거금의 부채뿐이라고 하며 이 일에 자신이 얼마나 헌신하였는가를 드러내기도 했다.[53] 다음 해 1933년(쇼와8) 1월 25일 아사히(朝日)신문은 대장경 완성의 공적을 기리고 일본문화에 공헌한 점을 기념하여 상패와 상금 2,000만엔을 시상했다. 그러나 다카쿠스와 함께 대장경편찬의 도감(都監)을 맡았던 와타나베 가이쿄쿠(渡邊海旭)는 중병으로 시상식에 참석하지 못했고 다음 날 1월 26일 오전 8시에 숨을 거두었다.[54] 두 도감이 대장경사업을 위해 거의 10년 동안 헌신하였지만 그 감격을 함께

---

50 土屋詮敎, 앞의 책, p.187.
51 小野玄妙,「刊行經過要略」,『大正新修大藏經總目錄』, 東京: 大藏出版株式會社, 1931, p.6. 당시의 계획으로는 일본찬술의 章疏, 宗典, 圖像 등을 위주로 燉煌, 한국, 일본 내에서 새로 발견된 古逸章疏를 추가해 총 18책을 續補할 예정이었다고 한다.
52 『大正新修大藏經』의 기관잡지로서 1924년(다이쇼13) 5월에 창간하여 1938년(쇼와13) 3월까지 137호를 발간했다.
53 高楠順次郎,「大正一切經의 完成」,『現代佛教』通卷 91號, 東京: 大雄閣, 1932, pp.130~132 참조.
54 鷹谷俊之,『高楠順次郎先生傳』, 東京: 武藏野女子學院, 1955, p.72.

한 시간은 너무도 짧았다.

 이상의 정속장(正續藏) 85권에 도상(圖像) 12권과 총목록(總目錄, 昭和法寶總目錄) 3권이 더해져 총 3,493부 13,520권 100책의 『다이쇼장경』이 최종 완성된 것은 1934년(쇼와9년) 11월이었다. 『다이쇼장경』의 편찬사업이 다이쇼 말에 착수된 관계로 다이쇼시대에는 20권만이 간행되고 (1924년 5월~1925년 12월),[55] 나머지 80권은 쇼와시대에 간행되었던 것이다.(1926년 1월~1934년 11월)

 『다이쇼장경』이 완간된 후 일본학자들 스스로가 이것을 세계학계의 일대금자탑으로 평가하거나 세계인도학계와 불교학계의 표준 텍스트로 자부하고[56] 또 일본만이 아닌 세계문화를 위한 사업으로 간주한 데에는 『다이쇼장경』만이 갖고 있는 여러 가지 특징 때문이었다. 하나야마 신쇼(花山信勝)는 그것을 15가지로 열거하였는데,[57] 그 주요 내용을 보면 다음과 같다. 첫째 대장경이 학술적 입장에서 편수되었다. 중국에서 보이는 왕명에 의한 편찬과는 달리 학술연구의 목적을 띤 것으로서 그 선례로 메이지시대의 『축쇄대장경』(1880~1885), 다이쇼시대의 『일본대장경』(1914~1921)을 들었다. 둘째 최대 분량의 불서대장(佛書大藏)이다. 정장 55권, 속장 30권은 이전 『축쇄대장경』의 대부분, 『일본대장경』과 『대일본불교전서』의 절반, 새롭게 발견된 고일서(古逸書), 일본 각종(各宗) 조사의 저술을 모두 담고 있다. 셋째 조직이 정연하다. 정·속장 85권의 체재가 질서정연하게 배열되었다. 『다이쇼장경』의 조직 체재는 이전의 경전분류법에 의한 것과는 달리 매우 새롭고 합리적이었다는 것이다. 이것에 대한 구체적인 내용과 의미는 다음에서 보도록 하자. 넷째 교정이 엄밀하다. 메이지

---

[55] 『大正藏經』 제1권 阿含部上~제17권 經集部4, 제23권 律部2, 제31권 瑜伽部下, 제32권 論集部, 『現代佛敎』11月 特輯, 東京: 大雄閣, 1928, pp.130~132 참조.
[56] 渡邊楳雄, 「大正新修大藏經成立のいきさつ」, 『世界佛敎』8卷 7號, 東京: 世界佛敎協會, 1953, p.82.
[57] 花山信勝, 「大正新修大藏經の 眞價」, 『現代佛敎』通卷91號, 東京: 大雄閣, 1932, pp.33~36.

시대의 가장 권위 있는 대장경인 『축쇄대장경』이 4대장경(고려·송·원·명장)을 대교한 것인데, 『다이쇼장경』은 이것에 더하여 정창원(正倉院)의 천평고사경(天平古寫經), 궁내성 도서료(宮內省 圖書寮)의 구송판일체경(舊宋版 一切經), 중국 돈황 천불동(敦煌 千佛洞)의 육조고사경(六朝古寫經), 명산거찰의 귀중본, 『일본대장경』과 『대일본불교전서』에 수록된 여러 본을 폭넓게 대교했다. 다섯째 권위 있는 전문가가 가점(加點)하였다. 중요한 경전(經典), 율전(律典), 논전(論典), 장소(章疏), 종전(宗典), 사전(史傳) 등에 구두점과 훈독점을 찍어 이전의 대장경에 비해 진보되고 해독이 매우 쉬워졌다. 여섯째 범어(梵語)와 팔리어(巴利語) 원전을 대교했다. 범어 및 팔리어의 원전으로서 현전하는 중요한 것은 거의 전부가 대조되었다. 경명(經名), 품명(品名), 고유명사, 학술어 등에 로마자로 원어를 주기하여 학자들에게 편리함을 제공했다. 일곱째 새로 발견된 귀중서를 수장하고 있다. 돈황에서 발견된 고일경류(古逸經類)를 비롯하여 조선, 일본의 고사원(古寺院)에서 발견된 진귀한 서적을 담았다는 것이다.

이상과 같은 특색을 근거로 하여 『다이쇼장경』의 가치를 높이 평가한 점에 있어서는 현재의 학계에서도 상당 부분 공감하고 있는 실정이다. 다만 『다이쇼장경』이 편찬된 시기인 다이쇼 말, 쇼와 초의 일본은 국가주의(nationalism)가 날로 고조되어 가던 시기로서 불교계가 국가주의 노선에 적극 편승하였다는 사실에 주목할 필요가 있다.

일본은 메이지후기에 강력한 제국주의정책을 추진하여 청일전쟁과 러일전쟁에서 승리하고, 대만과 조선 등을 식민지화 했고 다이쇼시대에는 비록 다이쇼 데모크라시의 대두와 함께 제국주의정책에 대한 비판이 일기도 하였지만[58] 제1차 세계대전의 참전과 중국에 대한 21개조의 요구, 시베

---

58 몇 가지 예로 다이쇼 데모크라시의 대표적인 사상가 요시노 사쿠조(吉野作造)는 조선의 식민지정책을 비판하는 '조선통치의 개혁에 관한 최소한의 요구'의 연설을 하였고, 야나이(矢內忠雄)는 '조선의 통치방침'(『중앙공론』1926년 6월호)을 통해 3.1운동은 조선민중의 승리라

리아 출병과 같은 대륙침략에서 나타나듯이 군부세력에 의한 제국주의 노선은 한층 강화되어 가는 추세였다. 그리고 1928년(쇼와3) 6월 일본 관동군(關東軍)은 만주를 점령하기 위해 만주군벌(滿洲軍閥) 장작림(張作霖)을 폭살시켰고, 1931년(쇼와6) 9월 남만철도를 폭파하며 남만주 일대를 무력으로 점령하는 만주사변을 일으키면서 일본은 본격적인 군국주의화의 길로 접어들었다. 쇼와 초기 군국주의의 대두는 국가주의를 한층 더 고조시켜 가며 사회 각 분야에 큰 영향을 끼쳤던 것이다.

이와 같은 시기에 불교계에서는 일련주의가 국가주의와 결합하여 사회의 여러 분야에서 우익활동이 활발히 전개되었다. 타나카 지가쿠(田中智學)의 국수회(1914, 1884년의 입정안국회(立正安國會)), 혼다 닛쇼(本多日生)의 천청회(天晴會, 1909), 자경회(自慶會, 1918), 국본회(國本會, 1928) 등에 의한 일련주의운동과 일련주의자 키타 잇키(北一輝, 1883~1937),[59] 이노우에 닛쇼(井上日召, 1886~1967),[60] 이시하라 간지(石原莞爾, 1886~1949)[61] 등의 우익활동이 대표적이었다. 또한 불교계는 대외전쟁을 통해서 국가주의를 고양시키는 역할을 담당했다. 청일전쟁과 러일전쟁 때 불교계 각 종파는 전쟁터에 종군승을 파견하여 일본군대를 위문하고 포교에 나섰는데, 진종 대곡파의 경우 청일전쟁 때 종군포교를 육군성에 신청하고 승려들은 화장인부(火葬人夫)를 데리고 전쟁터에 나갔던 것이다.[62] 그런가 하면 1912년(다이쇼1) 2월 불교계는 정부의 주선으로 신도

고 하였다. 구견서, 『일본민족주의사』, 서울: 논형, 2004, p.332.
59 1916년(다이쇼5) 『日本改造法案大綱』을 통해 天皇을 중심으로 국가체제를 改造할 것과 일본의 아시아 盟主論을 폈다. 이것은 1936년(쇼와11) 2.26사건을 일으킨 육군 皇道派에게 큰 사상적 영향을 주었다.
60 극단적 우익활동을 편 인물로서 1932년(쇼와7) 2월 총재 후보 이노우에 준노케(井上準之助)를 암살한 血盟團사건의 지도자였다. 같은 해 5월 재벌 團琢磨가 역시 혈맹단원에게 암살되었다.
61 1931년 滿洲事變을 일으킨 주역으로 日蓮主義에 기초하여 침략전쟁을 통한 일본중심의 아시아 지배를 실현하고자 하였다. 1940년(쇼와15) 전쟁의 역사와 日蓮의 예언을 결합하여 『세계최종전쟁론』을 썼다.

(神道), 기독교와 함께 회동하여 국민도덕의 진흥을 꾀하고, 국운의 신장에 도움을 주기로 결의했다.(3교 회동)[63]

그러므로『다이쇼장경』이 편찬되던 기간을 전후한 시점에 이상과 같은 정치적 현실과 이에 따른 불교계의 국가주의 성향을 감안해 볼 때, 하나야마 신쇼가 첫 번째로 언급한『다이쇼장경』의 편찬이 순수한 학술적 입장에 의해서 편수되었다고 한 주장을 그대로 인정하기는 어렵다. 더구나 메이지시기의『대일본속장경』이 러일전쟁의 승리를 기념하고자 한 의도에서 간행된 선례가 있고, 또 청일전쟁과 러일전쟁의 승리 후 일본이 동양의 중심이 되어야한다는 동양의 지도자론을 전개한 대표적인 불교학자가 다카쿠스 준지로(高楠順次郞)였다는 점을 감안할 때 더욱 그러한 것이다. 동양의 지도자론은 대동아공영권이 제창된 제2차 세계대전 중에는 침략전쟁의 정당화에 기여하기도 했다.[64] 다카쿠스가『다이쇼장경』의 편찬은 반드시 세계적이어야 한다는 의지를 표명한 이면에는 청일전쟁과 러일전쟁에 승리한 이후 제국주의의 열기 속에서 일본이 근대화에 성공한 동양의 유일한 국가이고, 서양의 여러 나라들과도 대등한 수준의 문명국이 되었다는 민족적 자만심과 자존심이 반영돼 있다고 할 수 있다. 따라서 1923~1934년(다이쇼12~쇼와9)에 걸쳐 이룩된『다이쇼장경』의 완성을 오로지 불교학자들의 학문적 목적과 순수한 열정의 소산으로만 간주하기 어렵다고 할 것이다.[65]

---

[62] 林淳, 앞의 글, pp.98~99.
[63] 土屋詮敎,「佛敎徒大會와 三敎會同 및 傳道」,『明治佛敎史』, 東京: 三省堂, 1939, "一, 吾等は 各々基敎義を發揮し 皇運を扶翼し 盆々國民道德の振興を圖らん事を期す. 一, 吾等は 當局者が宗敎を尊重し 政治 宗敎及 び敎育の間を融和し 國運の伸張に資 せられんことを望三む." 1912년 三敎會同 전에 삼교는 1896년(메이지29) 9월, 1897년(메이지30) 4월, 1904년(메이지37) 5월 등 3회에 걸친 宗敎家懇談會가 있었다. 특히 제3회의 간담회는 對外戰爭(러일전쟁) 지지를 위한 國論統一의 모임이었다.
[64] 林淳, 앞의 글, p.100.
[65] 1932년 續藏 30권이 완성되었을 때, 그것을 學術的, 宗敎的 국가주의의 입장에서 편찬되었다고 한 견해가 있다. ブルノーベツォールド,「大正新修大藏經」,『現代佛敎』通卷 91號(東

4. 『다이쇼장경』의 체재와 그 의미

『다이쇼장경』전 100권은 정장(正藏, 55권), 속장(續藏, 30권), 도상(圖像, 12권), 총목록(總目錄, 3권) 등 4부문으로 구성되어 있다. 그것의 구성 체재와 그 의미를 살펴보도록 하자.

먼저 정장은 크게 인도찬술의 경, 율, 론 32권과 대부분의 중국찬술과 일부 한국, 일본찬술의 소(疏), 종(宗), 사전(史傳), 사휘(事彙), 외교(外敎), 목록 23권으로 구성되었다. 여기서 경(21권)은 아함부(阿含部), 본연부(本緣部), 반야부(般若部), 법화부(法華部), 화엄부(華嚴部), 보적부(寶積部), 열반부(涅槃部), 대집부(大集部), 경집부(經集部), 밀교부(密敎部)의 순서로 율(3권)은 율부(律部)로 논(8권)은 석경론부(釋經論部), 비담부(毘曇部), 중관부(中觀部), 유가부(瑜伽部), 논집부(論集部)의 순서로 하였고(이상 32권), 그 외 경소부(經疏部, 7권), 율소부(律疏部, 1권), 논소부(論疏部, 4권), 제종부(諸宗部, 4권), 사전부(史傳部, 4권), 사휘부(事彙部)와 외교부(外敎部, 2권), 목록부(目錄部, 1권)가 차례로 배열되었다(이상 23권). 양적인 면에서 정장 55권은 2,276부 9,041권을 수록하고 있어서 당시까지 최대의 대장경이었던 메이지시대의 『대일본교정축각대장경』(『축쇄대장경』) 1,916부 8,534권을 능가하고, 대표적 경전목록인 『개원석교록(開元釋敎錄)』[66]의 1,076부 5,048권에도 거의 2배에 달하는 분량이다.

정장에서의 불전 분류 방식은 위에서 보는 바와 같이 삼장(三藏)인 경, 율, 론을 시작으로 소, 종, 사전, 사휘, 외교, 목록으로 9분하고 경(經)은 아함, 본연, 반야, 법화, 화엄, 보적, 열반, 대집, 경집, 밀교의 순서로 율(律)은 소승율에서 대승율로 논(論)은 석경론, 비담, 중관, 유가, 논집의 순서로 하

京: 大雄閣, 1932), p.65.
[66] 唐 智昇이 730년(開元18)에 편찬한 불교경전 목록이다. 당시 현존하는 경전 1,076부 5,048권을 大小乘의 經,律,論, 聖賢集으로 분류하여 작성했다.

고 소(疏)는 경소(經疏), 율소(律疏), 논소(論疏)로 나누고 다시 경소는 아함(阿含), 반야(般若), 법화(法華), 화엄(華嚴), 보적(寶積), 열반(涅槃), 경집(經集), 밀교(密敎)로, 율소는 사분율소(四分律疏)에서 보살계소(菩薩戒疏)로, 논소는 석경(釋經), 비담(毘曇), 중관(中觀), 유가(瑜伽), 논집(論集)의 순서로 하였다. 그리고 종(宗)은 지론종(地論宗), 삼론종(三論宗), 법상종(法相宗), 화엄종(華嚴宗), 율종(律宗), 천태종(天台宗), 밀종(密宗), 정토종(淨土宗), 선종(禪宗) 등 8종을 역사적 순서로 하였고, 사전(史傳)은 인도, 중국, 한국의 각 통기(通紀), 별전(別傳), 총전(叢傳), 기행(紀行), 사산지지(寺山地志), 호법류(護法類)를 사휘(事彙)는 잡찬(雜撰), 음의(音義), 실담류(悉曇類)의 글을 실었다.[67] 이와 같이 이전 대장경에서의 불전 분류방식과는 달리 크게 9분하고 경전을 다시 아함~밀교 10부로 나눈 것 등은 매우 합리적이고 체계적인 분류로 평가하고 있다. 일본찬술에 해당하는 불전 대부분은 목록부에 실려 있는데,[68] 이것은 정장을 이어 속간된 속장(續藏) 속에 일본찬술의 불전만을 따로 모아 싣기 위해서였다.

다음으로 속장은 크게 속소(續疏), 속제종(續諸宗), 실담(悉曇), 고일의사(古逸疑似)로 구분된다. 속소(14권)는 속경소부(續經疏部), 속율소부(續律疏部), 속론소부(續論疏部)로 나누어지고 속경소부에서는 승만(勝鬘), 유마(維摩), 법화(法華), 금광명(金光明), 반야(般若), 화엄(華嚴), 정토(淨土), 밀(密)의 순서로 하고, 속율소부에서는 범망(梵網)을 속론소부에서는 구사(俱舍), 중관(中觀), 유가(瑜伽), 논집(論集)의 순서로 하였다. 속제종부(15권)는 종의 역사적 순서를 참작하여 삼론종(三論宗), 법상종(法相宗), 화엄종(華嚴宗), 율종(律宗), 천태종(天台宗), 진언종(眞言宗), 임제종

---

67 花山信勝,「大正新修大藏經의 眞價」,『現代佛敎』通卷 91號, 東京: 大雄閣, 1932, pp.33~34 ; 小野玄妙,「刊行經過要略」,『大正新修大藏經總目錄』, 東京: 大藏出版株式會社, 1931, pp.23~31 참조.
68 목록부에는 중국, 한국, 일본찬술 중 일본의 것은 26편이다. 한국찬술로는 고려 義天의『新編諸宗敎藏總錄』이 유일하다.

(臨濟宗), 조동종(曹洞宗), 황벽종(黃蘗宗), 정토종(淨土宗), 서산종(西山宗), 진종(眞宗), 융통염불종(融通念佛宗), 시종(時宗), 일련종(日蓮宗)의 순으로 하였다.[69] 그리고 마지막 고일의사부(1권)는 20세기 초에 새로 발견된 돈황본(敦煌本) 문헌을 담고 있는데, 고일부(古逸部)에서는 경소(經疏), 율소(律疏), 논소(論疏), 제종(諸宗), 잡기류(雜記類)의 순으로 실었다.[70] 속장편에 돈황본의 불전이 수록된 데에는 메이지말에 서본원사의 법주(法主) 오타니 코지(大谷光瑞, 1876~1948)가 조직한 탐사대에 의해 중국 돈황 일대의 불교유적이 3차례에 걸쳐 조사, 발굴된 후 돈황문서에 대한 관심이 고조된 상황이었기 때문일 것이다. 오타니 탐사대가 당시 반출해 간 대량의 돈황문물은 일본 류코쿠대(龍谷大), 여순박물관, 조선총독부박물관(현 서울박물관)에 소장되었고, 일부 유물에 대해서는 이미 1915년(다이쇼4)에『서역고고도보(西域考古圖譜)』(2책)로 편집 출판되었다.[71]

이와 같이 구성된 속장(30권)은 고일의사부(1권)를 제외한 모두가 일본 찬술의 불교문헌이어서『다이쇼장경』이 메이지시대의 다른 총서보다도 월등히 많은 분량의 일본불전을 담고 있는 것이다. 일본은 근대에 들어와 일본찬술의 불전을 대장경(大藏經, 一切經) 속에 넣게 되었는데, 이것은 당시 일본인 스스로가 불교에 있어서 자국이 인도, 중국 등에도 결코 뒤지지 않는다는 자신감의 표현으로 보인다.『다이쇼장경』의 속장은 다이쇼시대에 간행된『대일본불교전서』(1912~1922),『일본대장경』(1914~1921)에 비해 한층 보강된 일본불교총서로서 앞서 언급한 불교계의 국가주의적

---

69 悉曇部 전체는 續諸宗部 마지막 권(제15권)에 함께 실렸다.
70 花山信勝,「大正新修大藏經の 眞價」,『現代佛敎』通卷 91號, 東京: 大雄閣, 1932, pp.33~34; 花山信勝,「大正新修大藏經續編參考目錄」,『現代佛敎』通卷 91號, 東京: 大雄閣, 1932, pp.38~55; 小野玄妙,「刊行經過要略」,『大正新修大藏經總目錄』, 東京: 大藏出版株式會社, 1931, pp.23~31 참조.
71 유진보 지음·전인초 역주,『돈황학이란 무엇인가』, 서울: 아카넷, 2003, pp.315~318. 오타니 탐사대의 제1차 탐사는 1902. 8~1904년, 제2차 탐사는 1908. 6~1909. 11월, 제3차 탐사는 1910. 10~1914. 2월까지였다.

성향이 반영된 편찬으로 볼 수 있을 것이다.

그리고 도상과 총목록은 『다이쇼장경』의 요체가 되는 정·속장에 부가된 부록편에 해당한다. 도상 12권 363부는 각종 만다라, 불상, 보살상 등을 수록하고 그것에 대한 해설을 부가하였다. 그리고 총목록은 쇼와법보목록(昭和法寶總目錄, 3권)으로서 『다이쇼장경』의 총목록을 비롯하여 중국과 일본의 역대 대장경의 목록과 각종 목록 총 77부를 수록하였다.

Ⅲ. 시대의 산물 『다이쇼장경』

다이쇼시대에 『다이쇼장경』을 위시한 많은 불교편찬사업이 시행될 수 있었던 데에는 당시 불교계의 일반적인 정황이 다이쇼 데모크라시와 같은 사회전반의 기조와 결코 유리되지 않았다. 민중에 의한 헌정옹호운동, 정당내각제 시대의 도래, 그리고 보통선거법의 공포 등으로 대표되는 정치계의 괄목할만한 변화는 불교계의 승려참정권 획득운동으로 연결되었고, 쌀 소동 후의 정부의 사회사업에 대한 정책적 배려는 불교계의 적극적이고 다양한 사회사업활동으로 나타났고, 또 당시 민중들의 다양한 사회활동의 전개는 곧 진종교단이 부락해방운동에 적극 동참할 수 있는 계기가 되기도 했다. 이와 더불어 사상, 문학 분야에서의 자유주의와 인도주의의 유행은 불교관계 문예작품의 출간 붐으로 나타났고, 이것은 곧 불교에 대한 학문적 탐구와 불교전적의 방대한 편찬사업으로 이어졌다고 할 수 있다.

다카쿠스를 비롯한 다수의 불교학자들이 갖은 고난과 역경을 헤치며 10

여년 만에 완성시킨 『다이쇼장경』에 대한 평가는 하나야마 신쇼(花山信勝)가 자세히 언급한 바와 같이 대개 학술적인 측면만이 부각된 경향이 있었다. 하지만 『다이쇼장경』이 편찬되던 당시 제국주의정책을 견지하며 국가주의를 고양해 가던 일본의 정치현실과 이에 편승한 불교계의 일련주의 운동과 우익활동 등을 감안할 때 그것이 갖고 있는 국가주의적 색채를 간과할 수는 없다고 할 것이다. 『다이쇼장경』의 편찬사업을 주도한 다카쿠스가 동양의 지도자론을 편 대표적인 불교학자이고, 그 대장경의 세계성을 특히 강조한 점, 또 일본찬술의 불전을 따로 분류하여 그것을 속장(續藏)으로 편성한 것 등은 『다이쇼장경』의 국가주의적 성격을 반영하고 있는 것이다. 게다가 메이지시대 주요 대장경 중의 하나인 『만속장경』이 러일전쟁의 전승을 기념하기 위해 간행되기도 하였고, 또 『다이쇼장경』의 편찬이 전례 없이 일황실의 협조와 관심 속에서 진행되었다는 사실 또한 그러한 개연성을 뒷받침하고 있다. 오늘날에도 양적, 질적인 면에서 학술적 가치가 매우 높은 불교경전으로 평가되는 『다이쇼장경』이지만 그 이면에는 일본근대 불교의 국가주의라는 어두운 그림자가 드리워진 시대적 산물이었다고 할 수 있다. ❙ 윤기엽

| 저자소개 |(가나다순)

| 김상일(金相日)
동국대 대학원 국문학과 석사, 동 대학원 문학박사
현, 동국대 국문학과 부교수
「조선 전기 훈구 사대부의 유불교육론과 승려와의 교유시」(『우리어문연구』 25, 2005)
『불교문학연구의 모색과 전망』(역락, 2005)
『三溟詩話』(역서, 서명출판, 2006)
『金敏榮 所藏 古書目錄』(동국대출판부, 2007)
『佛書를 통해 본 조선시대 스님의 일상』(동국대출판부, 2007)
「허응당 보우의 유불일치론과 시세계 연구」(『불교학보』 48, 2008)

| 김제란(金帝蘭)
고려대 철학과 석사, 동대학원 철학박사
현, 동국대학교 불교문화연구원 연구교수
『중국의 과학과 문명』(역서, 까치출판사, 1998)
『역사 속의 중국철학』(공저, 예문서원, 1999)
『웅십력 철학사상 연구』(고려대 박사학위논문, 2000)
『함께 읽는 동양철학』(공저, 방송대학교 출판부, 2006)
『신유식론 상·하』(역서, 소명출판사, 2007)
『원효의 대승기신론 소·별기 : 한 마음, 두 개의 문』(삼성출판사, 2007)

| 김진무(金鎭戊)
동국대 선학과, 중국 南京大 대학원 철학과 박사.
현, 동국대 불교문화연구원 부교수.
『불교와 유학』(역서, 운주사, 1999)
『선과 노장』(역서, 운주사, 2000)
『佛學與玄學關系硏究』(남경대 박사학위논문, 2001)
『분등선』(역서, 운주사, 2002)
「『壇經』의 '三無'와 老莊의 '三無' 사상의 비교」(『불교학연구』 12, 2005)

「선종에 있어서 돈오의 수용과 그 전개」(『한국선학』 15, 2006)

▌원영상(元永常)

원광대 졸업, 일본 京都 佛敎大學 대학원 불교학과 박사.
현, 동국대 불교문화연구원 연구교수
「한국의 末法사상-雲默의 釋迦如來行蹟頌을 중심으로-」(『佛敎大學大學院紀要』 30, 2002)
「남북조시대의 疑僞經에 있어서의 末法사상의 연구」(『印度學佛學硏究』 51-1, 2002)
「往生傳에 있어서의 臨終出家-依病出家을 단서로-」(『印度學佛學硏究』 53-2, 2005)
『왕생전의 연구-平安시대로부터 江戸시대까지의 전개』(佛敎大 박사학위논문, 2006)
「소태산 박중빈의 재가주의 불교운동과 민족주의」(『한민족문화연구』 23, 2007)
「잘 삶의 의미-왕생정토사상을 중심으로」(『동양철학연구』 53, 2008)

▌윤기엽(尹紀燁)

성균관대 졸업, 연세대 대학원 한국학협동과정 박사.
현, 동국대 불교문화연구원 연구교수
『고려후기 사원의 실상과 동향에 관한 연구』(연세대 박사학위논문, 2004)
「元干涉期 元皇室의 願堂이 된 高麗寺院」(『대동문화연구』 46, 2004)
「원간섭기 원황실의 보시를 통해 중흥된 고려사원」(『보조사상』 22, 2004)
「재원 고려인 관련의 대도사원」(『불교학연구』 11, 2005)
「폐불훼석과 메이지정부」(『불교학보』 45, 2006)
「조선초 사원의 실태와 그 기능」(『불교학보』 46, 2007)

▌이기운(李起雲)

경희대 철학과 졸업, 동국대 대학원 불교학과 철학박사
현, 동국대 불교문화연구원 조교수
『법화삼매의 전승과 수행』(성불사, 2002)
「조선시대 왕실의 비구니원 설치와 신행」(『역사학보』 178, 2003)
「서산대사 휴정의 법화경수용과 신행」(『한국선학』 15, 2006)

「천태의 육근참회와 원효의 육정참회」(『동서비교문학저널』 15, 2006)
「사명지례의 법화삼매 연구」(『한국불교학』 47, 2007)
「중국 두 신라원의 고승과 신행」(『한국불교학』 51, 2008)

▎이봉춘(李逢春)
동국대 대학원 불교학과 석사, 동 대학원 철학박사
현, 동국대(경주) 불교학과 교수
「조선전기 숭불주와 흥불사업」(『불교학보』 38, 2001)
「흥륜사와 이차돈의 순교」(『신라문화』, 2002)
『사명당 유정』(문화관광부, 2003)
『한국불교천년지성사 [무학자초·함허기화 - 역사적 전환기의 두 거목]』(가산불교문화연구원, 2003)
『불교생태학 연구를 위한 초기불교 자료해석』(공저, 불교사회문화연구원, 2004)
「효령대군의 신불과 조선전기 불교활동」(『불교문화연구』 7, 2006)

▎조승미(趙承美)
이화여대 졸업, 동국대 대학원 불교학과 박사.
현, 동국대 불교문화연구원 연구교수
'Interpretation, and Buddhist feminism' (*International Journal of History of Buddhist Thought* 1, 2002)
「불교수행론과 젠더문제」(『불교학연구회』 8, 2004)
『여성주의적 관점에서 본 불교수행론 연구』(동국대 박사학위논문, 2004)
「근대 한국불교의 여성수행문화-婦人禪友會와 婦人禪院을 중심으로-」(『한국사상과 문화』 34, 2006)
「근대 중국불교의 부흥운동과 여성」(『불교와 문화』 1, 2007)
「근대일본불교의 전쟁지원-정토진종의 경우를 중심으로」(『불교학보』 46, 2007)

▎차상엽(車相燁)
동국대 대학원 불교학과 석사, 동 대학원 철학박사
현, 금강대학교 불교문화연구소 HK연구원
「보리도차제론의 유가행 연구」(『보조사상』 21, 2004)

「샤마타 수행으로서의 구종심주에 대한 이해」(『회당학보』 10, 2005)
「티벳불교의 수행체계와 그 특징」(『인문과학논집』 15, 2006)
「관상법의 형성과정」(『구산논집』 11, 2006)
『쫑카빠의 유가행 수행체계 연구』(동국대 박사학위논문, 2007)
『대승불교의 보살』(공저, 씨아이알, 2008)

▌ 한상길

동국대 대학원 사학과 석사, 동 대학원 문학박사
현, 동국대 불교문화연구원 연구교수
『불교민속문헌해제』(공저, 국립문화재연구소, 2005)
『은해사-팔공산 은해사 사지』(공저, 사찰문화연구원, 2006)
『불교근대화의 선개와 성격』(공저, 대한불교조계종 교육원 불학연구소, 2006)
『조선후기 불교와 寺刹契』(경인문화사, 2006)
「개화사상의 형성과 근대불교」(『불교학보』 45, 2006)
「한국 근대불교의 대중화와 석문의범」(『불교학보』 48, 2008)

동·아·시·아
불교
연구
총서

근대 동아시아의 불교학

2008년 8월 17일 초판 1쇄 인쇄
2008년 8월 19일 초판 1쇄 발행

엮은이 동국대학교 불교문화연구원
펴낸이 오영교
펴낸곳 동국대학교출판부

주소 100-715 서울시 중구 필동 3가 26
전화 02)2260-3483~4
팩스 02)2268-7851
Home page http://www.dgpress.co.kr
E-mail book@dongguk.edu
출판등록 제2-163(1973. 6. 28)
인쇄처 (주)보명C&I

ISBN 978-89-7801-220-1 93220

값 16,000원

이 책의 무단 전재나 복제 행위는 저작권법 제98조에 따라 처벌받게 됩니다.